甘肃政法学院2016年度校级重点科研项目"全面建成小康社会目标下甘肃农村扶贫开发研究"（2016XZDZZ05）最终成果

甘肃政法学院重点学科阶段性研究成果

甘肃政法学院马克思主义学院文库

全面小康目标下
甘肃农村反贫困研究

杨智 著

中国社会科学出版社

图书在版编目（CIP）数据

全面小康目标下甘肃农村反贫困研究/杨智著.—北京：中国社会科学出版社，2017.11
ISBN 978-7-5203-1320-9

Ⅰ.①全… Ⅱ.①杨… Ⅲ.①农村—扶贫—研究—甘肃 Ⅳ.①F323.8

中国版本图书馆CIP数据核字（2017）第267167号

出 版 人	赵剑英
责任编辑	车文娇
责任校对	王纪慧
责任印制	王　超

出　　版	中国社会科学出版社
社　　址	北京鼓楼西大街甲158号
邮　　编	100720
网　　址	http://www.csspw.cn
发 行 部	010-84083685
门 市 部	010-84029450
经　　销	新华书店及其他书店
印　　刷	北京明恒达印务有限公司
装　　订	廊坊市广阳区广增装订厂
版　　次	2017年11月第1版
印　　次	2017年11月第1次印刷
开　　本	710×1000　1/16
印　　张	20
插　　页	2
字　　数	325千字
定　　价	86.00元

凡购买中国社会科学出版社图书，如有质量问题请与本社营销中心联系调换
电话：010-84083683
版权所有　侵权必究

前　言

　　共同富裕是社会主义的本质要求。中共十八大报告提出了到2020年即建党100周年时全面建成小康社会的历史任务。在距离这一时间节点越来越近的关键时期，西部贫困地区农村作为全面建成小康社会的短板和难点，已成为扶贫开发的焦点。为了不拖全国实现全面小康的后腿，贫困地区各级党委和政府高度重视，以空前的力度投入扶贫开发事业，制定了一系列旨在促进贫困农村经济社会快速脱贫致富的政策。习近平曾指出：必须时不我待地抓好扶贫开发工作，决不能让贫困地区和贫困群众掉队。

　　然而，西部地区农村的脱贫致富不仅需要高度的热情，更需要科学的措施。农村贫困问题在自然、历史、社会等方面有其特殊的多样化的成因。科学认识西部农村贫困问题，探索脱贫致富的正确道路，需要以科学理论为指导，总结扶贫开发的历史经验，正视现实中的瓶颈，分析发展的条件，只有这样才能找到扶贫开发的正确路径。本书从全面小康建设的要求出发，在梳理小康社会战略思想和分析马克思主义基本原理中关于农村与农民问题的基础上，对中国共产党人在社会主义条件下取得的关于农业、农村、农民问题的理论成果进行了分析。在理论分析的基础上，结合国外关于贫困问题的理论研究和实践经验，对以甘肃贫困地区农村为代表的西部农村全面小康建设的历史、成就、经验、现状、障碍、问题及其精准扶贫、可持续脱贫等关键问题进行全面、深入分析，从而窥斑见豹，为实现全面建成小康社会目标提供有益参考。

　　甘肃作为典型的西部地区，农村贫困人口多，贫困发生率高，贫困程度深，区域集中的特征显著，农村居民人均纯收入多年居于全国末位，脱贫难度大，返贫率高，是全国扶贫开发的主战场之一，在西部地区具有一定的典型代表性。搞好贫困地区农村扶贫开发，对于全省乃至全国实现全面建成小康社会目标都具有重大意义。

马克思列宁主义、毛泽东思想和中国特色社会主义理论体系中蕴含着丰富的关于贫困、农村、农业、农民、城乡关系等科学理论，为我们研究农村贫困和发展问题奠定了理论基础，提供了立场、方法指引。国内外诸多学者从经济学、社会学、人口学等角度直接研究贫困问题的理论成果为我们提供了宝贵借鉴。而且，国外扶贫开发成功实践经验，也为推进甘肃扶贫开发提供了有益借鉴。

今天的扶贫开发是过去扶贫开发思路和实践的延伸和发展。甘肃自20世纪80年代"两西"建设以来，一直是全国农村扶贫开发工作的重点地区。在30多年的扶贫开发中，甘肃贫困地区农村经济社会建设取得了显著成绩，形成的"甘肃经验"以及"甘肃精神""五苦精神"等精神财富，为全国扶贫开发提供了宝贵的经验借鉴和精神动力，并在全世界扶贫界产生了较大影响。

贫困是多重因素共同作用的结果，其外在表现和形成原因具有多元复合性特征，体现在生活的方方面面，其实质是整个社会现代化发展滞后。我们不能就贫困来论贫困，应在"三农"问题基础上以社会现代化转型的大视野来认识农村贫困。对于甘肃集中连片特困地区而言，农村贫困在地域和人口两个方面都有突出表现。从区域角度看，贫困是地理资本贫困、基础设施贫困、社会服务贫困、历史基础贫困、生产能力贫困、经营管理贫困、社会治理贫困、社会文化贫困等多重因素交织作用的结果。特别是在快速城镇化和家庭小规模农业比较经济效益不断下降的影响下，贫困地区青壮年劳动力大量外流，农业劳动力老龄化日益加剧，"留守儿童""留守妇女""空巢老人"等社会问题相伴而生，贫困农村"空心化"问题不断加重，其自我发展能力不断弱化。从人口角度看，其贫困主要在于文化素质、家庭负担、身体健康、思想观念等方面的不足，然而各贫困户的致贫原因各不相同，发展需要也千差万别。扶贫开发虽历经多年，政府也投入了大量人力物力，取得了举世瞩目的成就，但也面临诸多新情况、新问题。扶贫开发政策体系本身也面临诸多内在矛盾和实施困境，扶贫与开发、政府与市场、公平与效率、投入与需求、主导与主体等内在矛盾和资金缺口大、社会参与不够、资源整合不足等突出问题严重制约着扶贫开发的进一步发展。为促进甘肃农村扶贫开发事业进一步发展，加快全面小康社会建设的步伐，我们客观上需要进一步凝聚社会力量，聚焦集中连片特困地区，瞄准主要制约瓶颈，有针对性地采取差异化帮扶措施；需要从发展目标、动力、环境、路径、保障等方面全方位、多层次完善扶贫开发措施体系，在进一步增加投入的同时，完善体制机制，拓展发展路径，激发内生动力。

目　　录

导　论 ·· 1

第一章　研究基础：有关小康和贫困的基本概念 ············· 24

　第一节　有关小康社会的基本概念 ································ 24
　第二节　有关贫困的基本概念 ······································ 30

第二章　研究视角：全面小康建设目标 ·························· 44

　第一节　小康是中华民族古老的社会理想 ····················· 44
　第二节　中国共产党人对小康社会目标的理论探索 ········ 45
　第三节　改革开放实践对农村小康社会建设的不断推进 ··· 55
　第四节　2020年农村全面建成小康社会目标解析 ·········· 67
　第五节　农村全面建成小康社会面临的现实困境 ··········· 78
　第六节　甘肃全面建成小康社会的可行性 ····················· 84

第三章　理论溯源：马克思主义农村发展和城乡关系理论 ··· 93

　第一节　马克思、恩格斯农村发展与城乡关系的思想 ···· 93
　第二节　列宁关于农村建设和城乡关系的思想 ·············· 105
　第三节　毛泽东关于农村建设与城乡关系的思想 ··········· 118

**第四章　理论发展：新时期"三农"问题战略、新型城镇化与
　　　　　精准扶贫** ·· 129

　第一节　改革开放与农村建设思想的发展 ····················· 129
　第二节　科学发展观与农村建设的推进 ························ 140
　第三节　中共十八大以来"三农"问题新战略 ·············· 145
　第四节　新型城镇化战略 ··· 149
　第五节　精准扶贫战略 ·· 155

第五章 国际借鉴：国外反贫困的经验借鉴与思考 ………… 160
第一节 开发式扶贫 ………… 161
第二节 保障式扶贫 ………… 166

第六章 实践基础：甘肃农村反贫困的历程、措施与经验 ………… 172
第一节 改革开放以来甘肃农村反贫困政策历史回溯 ………… 172
第二节 甘肃农村扶贫开发的主要措施归类 ………… 180
第三节 甘肃农村扶贫开发措施的效果分析 ………… 199
第四节 甘肃农村扶贫开发的成功经验 ………… 203

第七章 现状分析（一）：甘肃农村贫困的特征与原因分析 ……… 212
第一节 贫困现状及特征 ………… 213
第二节 甘肃贫困地区农村发展滞后的原因分析 ………… 229

第八章 现实分析（二）：甘肃农村扶贫开发的内在矛盾与有利条件 ………… 252
第一节 甘肃农村扶贫开发的内在矛盾分析 ………… 252
第二节 现行反贫困措施存在的主要问题 ………… 263
第三节 甘肃扶贫开发面临的有利条件与历史机遇 ………… 266

第九章 研究整合：推进甘肃农村扶贫开发的对策思考 ………… 272
第一节 瞄准小康目标，找准脱贫关键 ………… 272
第二节 调动积极因素，增强脱贫动力 ………… 274
第三节 改善发展环境，夯实脱贫基础 ………… 282
第四节 广开增收渠道，拓展脱贫路径 ………… 289
第五节 完善帮扶机制，增强脱贫保障 ………… 292

结 论 ………… 297

参考文献 ………… 299

后 记 ………… 311

导 论

一 选题背景及意义

（一）选题背景

贫困是长期伴随人类的痛苦和难题，缓解乃至消除贫困是全人类的共同愿景和不懈追求，更是广大发展中国家急需解决的主要难题。中国作为世界上最大的发展中国家，由于人口众多、基础薄弱、人均资源占有量少等，贫困人口较多，且主要集中在西部农村。改革开放前，我国绝大多数农村人口处于贫困状态。据统计，1978年我国有2.5亿绝对贫困人口。改革开放以来，伴随着经济持续快速发展和大规模农村扶贫开发，我国贫困人口大幅减少，从1978年的2.5亿下降到2009年的3597万（按照1196元的标准）。由于我国的贫困线低于国际标准，2011年国务院大幅提高贫困线标准，我国农村贫困人口也随之大幅增长。按照提高后的标准（2010年不变价人均纯收入2300元），2013年我国有8249万贫困人口，2014年全国农村贫困人口减少到7017万，2015年减少到5575万，2016年减少到4335万。联合国2015年《千年发展目标报告》显示，我国农村贫困人口的比例，从1990年的60%以上，下降到2002年的30%以下，率先实现比例减半，且于2014年下降到4.2%，对全球减贫的贡献率超过70%。贫困地区人民的生活水平和社会面貌发生了翻天覆地的变化，大面积绝对贫困的现象基本消除，我国初步走出了一条具有中国特色的反贫困道路。我国农村反贫困所取得的巨大成就，充分体现了社会主义制度的优越性，证实了中国特色社会主义道路的正确性，也雄辩地说明了我国扶贫开发战略的科学性。

但是，当前我国农村扶贫开发的任务依然艰巨。一是我国贫困人口总量仍然较大，2014年年底，国家统计局发布的数据显示，我国农村贫困人口数量为7017万，而国务院扶贫开发领导小组办公室建档立卡的农村贫困人口数量为8862万。贫困人口集中于革命老区、民族地区、边疆地区、边远山区、生态脆弱地区等,区域边缘性特征明显,14个集中连片特殊困难地区的贫困人口约占全国贫困人口的70%。① 二是时间紧迫。中共十八大报告明确提出了"确保到二〇二〇年实现全面建成小康社会宏伟目标",并要求到2020年基本消除绝对贫困。实现全面建成小康社会的目标,最大的短板和难点就是西部贫困地区农村。习近平指出:"全面建成小康社会,最艰巨最繁重的任务在农村,特别是在贫困地区。""没有农村的小康,特别是没有贫困地区的小康,就没有全面建成小康社会。"当前阶段是我国全面建设小康社会的关键时期,扶贫开发能否在此阶段取得重大进展,关系到2020年全面建成小康社会目标的实现,关系着未来的国家发展战略。据粗略测算,我国要实现到2020年基本消除绝对贫困的目标,这几年每年需减少贫困人口约1200万。三是扶贫开发的难度加大。根据国际有关减贫理论和经验,当一国的绝对贫困发生率降到10%以下时,通常会进入减贫的瓶颈阶段,这部分贫困人口难以在短期内通过经济增长的带动作用摆脱贫困,仅靠他们自己的力量也不可能脱贫,传统的区域开发式扶贫措施的边际效益不断下降。随着我国扶贫开发事业的不断推进,剩下的贫困人口和贫困地区成为最难啃的"硬骨头"。农村扶贫开发正面临成本攀高、难度加大、效率降低、效果不稳固等现实困境。同时,贫困地区与其他地区发展差距扩大的趋势仍未根本扭转,贫困地区内部不同阶层群众的收入差距也在不断扩大,相对贫困突出。为了确保按期实现全面建成小康社会的目标,党中央提出了"精准扶贫、精准脱贫"的战略指导思想,进一步加大扶贫开发的工作力度。习近平指出:"扶贫开发是我们第一个百年奋斗目标的重点工作,是最艰巨的任务。""必须时不我待地抓好扶贫开发工作,决不能让贫困地区和贫困群众掉队。"

甘肃省作为有代表性的西部省份,农村贫困面广,贫困发生率高,贫困程度深,历来是国家扶贫开发的重要战场。全省有58个县纳入国家集中连片特困地区(六盘山区、秦巴山区、四省藏区),另有17个插花型贫困县(有需重点扶持乡村的非片区县),总量约占全省县级单位总数的87%。按照提标后的贫困线(2010年不变价的2300元),

---

① 范小建:《我国新阶段扶贫开发任务面临"四大挑战"》,http://www.gov.cn/jrzg/2011-12/09/content_2016227.htm,2011年12月9日。

2011年甘肃省确认的扶贫对象达722万人，占全国1.22亿扶贫对象的5.9%，贫困发生率达34.6%，位居全国第二。但实际上建档立卡的扶贫对象为842.2万人，实际贫困发生率为40.3%。到2014年年底，全省有贫困人口417万，规模居全国第7位；贫困发生率20.09%，居全国第二。常年返贫率一般在15%—20%。另外，甘肃农村居民人均纯收入在全国省级单位排名中常年处于最后几位，其中2007—2013年农村居民人均纯收入连续处于全国末位。以2013年为例，当年甘肃农村居民人均纯收入为5107.76元，占全国平均水平的57.4%，约为人均收入最高的上海的26%。而甘肃贫困地区农村居民的收入水平低于全省平均水平，与全国平均水平的差距更大。以2012年为例，该年甘肃省三大集中连片特困区域内农民人均纯收入3747元，低于全国平均水平4170元，约为全国农民人均纯收入的47.33%。全省贫困人口的人均纯收入2078元，低于国家贫困线（2300元）222元，相当于全省平均水平的46.6%和全国平均水平的26.4%。① 可见，甘肃贫困地区农村贫困问题严重，是全国农村扶贫开发的重点场域，其扶贫开发不仅关系到甘肃省全面建成小康社会目标的实现，也必将对全国全面建成小康社会的实现产生影响。

当前，全省乃至全国进入了"精准扶贫、精准脱贫"行动的高潮，甘肃省委省政府举全省之力，大力推进贫困地区农村扶贫开发事业。"精准扶贫、精准脱贫"行动等举措正如火如荼地推进，投入的力度空前。甘肃的农村扶贫开发事业得到了中央的高度重视和大力支持以及兄弟省份的有力支援，习近平、李克强等党和国家领导人多次深入甘肃贫困地区农村考察指导扶贫开发工作。中共十八大以来，在大力扶贫攻坚的推动下，甘肃贫困地区农村的生产生活条件得到显著改善，社会面貌迅速改观，当地农民群众获得了有力的帮扶。然而，甘肃贫困地区农村扶贫开发也面临新的不利条件。由于自然条件、社会、历史等方面的原因，甘肃省经济社会建设长期滞后，不仅与东、中部地区存在较大差距，而且省内发展不平衡问题也较突出，城乡差距不断拉大。人口、资本等生产要素向相对发达地区、城镇和非农产业加速转移，特别是农村劳动力不断外流，农业劳动力老龄化日益加剧，"留守""空巢"问题

---

① 《甘肃省易地扶贫搬迁实施规划（2013—2018年）》。

越来越严重；农业在农民经济生活中的地位下降，越来越多的农田被抛荒；农村医疗、教育等社会事业不断弱化，贫困地区农村后续发展动力严重不足，呈现加速"空心化"态势。

（二）选题意义

在当前加速推进全面建成小康社会和贫困地区农村自然趋向衰落的历史条件下，研究农村扶贫开发事业，具有重大理论和实践意义。

1. 理论意义

改革开放以来，甘肃农村大规模扶贫开发已经走过了30多年的历程，取得了辉煌成就，但过去的"药方"并不能直接用来解决当前的新问题。"头痛医头、脚痛医脚"的应急式扶贫开发措施已不能满足当前贫困地区农村实现全面小康目标的现实需要，推进农村的扶贫开发深入发展需要在科学理论指导下进行顶层设计，采取系统的措施。理论是行动的先导。贫困问题虽然是一个古老的课题，但我国对于贫困问题的研究起步较晚，大部分研究成果形成于20世纪80年代中后期以来的30多年里，而且有较大影响的成果较少，特别是基础理论相对薄弱。目前，国内关于农村反贫困的理论支撑主要来源于西方经济学，如发展经济学、制度经济学、福利经济学等。大部分学者研究农村贫困问题时一般以西方经济学中有关理论成果为基础，很少有人以马克思主义理论为基础来探究我国的农村贫困和反贫困问题，因此，构建马克思主义立场上的农村发展理论，是我们理论工作的重大使命。西方经济学关于贫困问题的研究虽然有一定理论借鉴价值，但并不能充分、准确地解答我国农村的贫困问题，更不能直接用于解决以甘肃农村为代表的贫困地区的贫困问题。经济学家冈纳·缪尔达尔认为：世界经济繁荣之路，在于贫困国家必须独立策划自己的经济道路，不能一味模仿富裕国家。我们要解决好中国自己的问题，必须努力构建和完善我们自己的理论体系，在马克思主义理论与中国实际结合中探索符合中国国情的发展道路。习近平明确提出要"发展当代中国马克思主义政治经济学"，就是要以适合我国国情的科学理论指导我国的未来发展。马克思列宁主义、毛泽东思想和中国特色社会主义理论体系蕴含着丰富的科学的关于农村建设、城乡关系、农村改革等的理论思想，对于促进农村贫困的解决和促进农村发展具有重大指导意义。本书以马克思主义为理论基础，同时也在一定程度上汲取国外关于贫困问题的理论成果和实践经验，以此作为进一步推进甘肃反贫困实践的理论指引。

另外，理论界关于甘肃农村贫困问题的研究已取得了较多成果。但农村反贫困具有动态性，特别是进入21世纪第二个十年以来，甘肃农村扶贫开发所面临的时代背景、发展基础、具体目标、政策环境、群众需求等都较过去发生了变化，因而扶贫开发的思路和举措也要与时俱进。这就需要我们不断地深化对相关问题的研究，为反贫困实践的深入发展提供有价值的参考。

同时，甘肃作为我国大规模有组织扶贫开发的先行先试区，在全国扶贫开发事业中占有重要地位。我们可以认为：世界扶贫看中国，中国扶贫看甘肃。甘肃人民在与贫困长期斗争的历程中，探索出了诸多有效措施，在全国乃至国外广泛推广应用，如"整村推进"扶贫开发模式、集中连片扶贫开发模式、扶贫资金"要素分配法"等。党中央提出的许多扶贫开发战略在甘肃首先试点，积累经验。这使得甘肃诸多扶贫开发措施成为全国的典范，为全国扶贫开发事业的发展做出了贡献。不断总结反思甘肃农村扶贫开发的历史经验教训，可以有效丰富我国农村反贫困理论宝库，不仅有利于促进农村贫困居民脱贫致富，而且可以为促进"三农"问题的解决、社会主义新农村建设等提供有益启迪。

2. 实践意义

全面、客观地认识甘肃贫困地区农村的贫困特征、实际情况以及群众的需要，找准制约瓶颈；同时，系统反思现行扶贫开发措施的得与失，厘清现行扶贫开发面临的时代特征、内在矛盾、主要障碍及其原因，确定扶贫开发的发展目标、思路，提出进一步完善扶贫开发措施体系的合理化对策建议，对于进一步推进甘肃省扶贫开发事业，提高扶贫开发措施的脱贫效益具有重大现实意义。自中共十八大以来，甘肃掀起了新一轮扶贫开发的高潮，投入的力度空前。但外在的帮扶如何有效地转化为贫困地区农村的自我发展能力，如何使有限的政府投入发挥更大的益贫效益，是当前甘肃农村扶贫开发面临的现实难题。研究这些问题并提出合理化建议，对于深化扶贫开发，进一步提高扶贫开发效率，促进贫困农村可持续脱贫致富具有重大现实意义。甘肃贫困农村在广大西部地区具有一定的代表性，其扶贫开发事业发展的有益经验对于整个西部地区农村的发展具有借鉴意义，而西部地区农村的发展对于弥补全面建成小康社会的薄弱环节，促进全面建成小康社会目标的实现具有重大现实意义。

甘肃具有重要的战略区位，不仅是中原地区重要的生态屏障、欧亚大陆桥的交通枢纽、丝绸之路的咽喉，而且是多民族、多宗教交汇融合的地区，具有地缘重要性。同时，农村贫困问题也是"三农"问题的交汇点、各种农村社会问题的聚焦点，脱贫致富对于农村其他问题的解决具有重大现实意义。因此，研究甘肃贫困地区农村居民的脱贫致富，对于促进社会主义新农村建设、民族团结、宗教和顺、边疆稳固等都具有重大现实意义。

二 国内外关于贫困问题的研究综述

（一）国外关于贫困问题的研究

1. 西方学者对贫困问题的研究

贫困、反贫困、发展问题是经久不衰的经济学热点课题，在以"财富增长"为目标的西方经济学中，关于贫困、穷人、反贫困、发展等的研究源远流长，几乎所有的经济学流派都涉及此类主题，有的学派或代表人物则以贫困问题为主要研究对象。著名经济学家西奥多·舒尔茨在获得诺贝尔经济学奖后的演讲中提到："世界上大多数人是贫穷的，因此，如果我们懂得了穷人的经济学，我们就会懂得许多真正重要的经济学问题。"[①] 不少研究贫困问题的西方经济学家获得了诺贝尔经济学奖，如冈纳·缪尔达尔（1974）、威廉·阿瑟·刘易斯和西奥多·舒尔茨（1979）、阿马蒂亚·森（1998）等，还有获得诺贝尔和平奖的穆罕默德·尤努斯（2006）。

西方学者关于贫困问题的研究理论成果丰硕，但流派和主线较多，其内在的凝聚力较弱。我国学者贺静在《西方经济学穷人和贫困问题的研究及启示》中，从经济思想史的角度，对西方经济学各流派及代表人物的理论观点进行了梳理和分析，将西方经济学关于穷人和贫困问题的研究分为三个派别：干预派、自由派、异端学派。干预派的基本主张是：国家应在穷人问题上有所作为，通过改善穷人状况来缓和社会矛盾，从而达到稳定资本主义统治的目的。自由派的主张是：穷人问题是资本主义经济发展中不可避免的一种现象，资本主义的发展必然以牺牲

---

① [美]西奥多·舒尔茨：《穷人的经济学》，罗汉译，上海人民出版社1998年版，第406页。

这部分人的利益为代价，国家的干预不仅不会改善穷人的状况，而且会使问题更糟糕，即使政府在必要时进行干预，其程度和范围也应该是有限的。异端学派一般都以"左"的姿态批判正统学派的观点，揭示资本主义制度的弊端和不良现象，认为社会改良政策无法从根本上解决问题。西方经济学关于贫困问题的研究还存在三条理论主线：国家干预与自由主义理论主线、公平分配理论主线以及和谐与冲突理论主线。与此相关的理论派别有穷人经济学、幸福经济学、福利经济学、发展经济学、经济正义论等。王俊文（2007）认为西方反贫困理论构建主要有三个来源：（1）后凯恩斯主义经济学（简称主流经济学），以经济学家阿瑟·奥肯在《平等与效率——重大的抉择》一书中提出的"漏斗理论"、保罗·A. 萨缪尔森在《经济学》中提出的"收入可能性曲线"等为代表。（2）福利经济学，以 J. A. 霍布森、阿瑟·C. 庇古在《财富和福利》中提出的以增加社会福利总量为宗旨的传统福利经济学，"帕累托最优状态"为前提的新福利经济学，以及阿马蒂亚·森以收入均等程度为指标的福利经济学等为代表。（3）发展经济学，以瑞典经济学家冈纳·缪尔达尔《世界贫困的挑战：世界反贫困大纲》中的反贫困思想为代表。对于反贫困的路径选择，国际上有三种主体模式：（1）资源配送模式，它属于典型的传统西方国家或大多数经合组织（OECD）成员的福利观。（2）惩罚"机能障碍"（Dysfunctional）模式，从研究贫困人口自身社会组织角度入手，针对物品传送解决贫困问题低效状态，侧重考查贫困人口生活方式与社会规范，强调以消除"机能障碍"来彻底解决贫困问题，属于新自由（Neoliberal）主义观点。（3）介入"机遇结构"（Opportunity Structure）模式，将贫困与"机遇结构"缺乏联系在一起，从对贫困人口进行研究转向对导致贫困状态的社会及经济结构进行研究，属于发展中国家的反贫困观。

在研究贫困问题的众多学派中，学者们一般从经济学、社会学、政治学等学科视角出发，研究贫困问题。有的研究则专门针对贫困问题的某一个方面，如贫困概念、标准、成因、反贫困的对策等。在众多研究成果中，不少成果对于我们当前研究甘肃农村贫困问题有较大的借鉴价值。

在贫困的原因上，相关理论主要有地理资本贫乏论、投资短缺论、恶性循环论、人力资本缺乏论、人口挤压论、制度不利论、文化贫困论等。这些理论观点对于我们全面认识我国贫困地区农村的贫困原因具有启迪意义。例如，纳克斯（1953）的"贫困恶性循环"认为：贫困是资本供给方面的"低收入—低储蓄能力—低资本形成—低生产率—低产出—低收入"恶性循环和资本需求方面的"低收入—低购买力—投资引诱不足—低资本形成—低生产率—低产出—低收入"恶性循环，"一国穷是因为它穷"。纳尔逊（1956）的"低水平均衡陷阱"理论认为，欠发达国家的人口增长抵消了投资增长，经济陷入低水平均衡陷阱而无法增长，解决的办法主要包括改良社会结构、改进生产技术、提高劳动人口比例、制定政府投资计划等。缪尔达尔（1957）提出的"循环累计因果关系"理论认为，收入水平低、人口素质不高、劳动生产率低、劳动产出率低等致贫因素相互作用，互为因果，呈现"循环积累"的态势并难以摆脱；他强调通过制度改革来提高资本形成和收入增长，通过发达地区的优先发展带动贫困地区发展。托达罗的"自然资源贫乏论"认为，贫困在地理上与不同的气候环境所引起的某些特殊困难有关。这些观点对于我们认识贫困地区农村的贫困原因具有启迪意义。

在反贫困对策上，罗森斯坦－罗丹的"大推进"理论、西奥多·舒尔茨的人力资本论、罗斯托的成长阶段论、刘易斯的二元经济模型、钱纳里的"两缺口模式"、赫希曼的不平衡增长论、弗朗索瓦·佩鲁的增长极理论、弗农的梯度转移理论等从不同角度提出了欠发达国家或地区摆脱贫困的道路，其中不乏真知灼见，对于我们探索甘肃贫困地区农村发展路径具有启迪意义。例如，哈维·莱宾斯坦（1957）基于"贫困恶性循环"和"低水平均衡陷阱"提出了"临界最小努力"理论，认为落后国家需要通过足够大的推动力冲破"准静止均衡"状态，从而实现长期的持续发展。罗森斯坦－罗丹（1943，1961）的"大推进"理论与之有异曲同工之妙。该理论认为，欠发达国家要克服经济停滞状态，就要有足够大的投资量以推动其走上发展道路，发展中国家摆脱贫困的唯一出路是工业化。此类观点对于我们通过对贫困地区加大投入力度，突破其主要制约瓶颈，打破贫困恶性循环，从而实现可持续发展具有借鉴价值。但是，投资只是解决农村贫困问题的一个要素。纳迪里（1971）认为，资本形成虽然重要，但不能成为经济增长的决定性因素。弗朗索瓦·佩鲁（1955）提出的"发展极"理论主张，欠发达国家或地区应尽可能把有限的稀缺资源集中投入发展潜力大、规模经济和投资效益明显的少数地区或行业，形成具有强大辐射作用的"增长极"或"发展极"，从而带动其他地区发展。这种观点对于我们通过发挥城镇和第二、第三产业来辐射、带动、反哺贫困农村具有借鉴意义。"穷人经济学"代表西奥多·舒尔茨认为，农村的贫穷落后与国家偏向工业化的政策有关，发展中国家应该高度重视农业的基础性地位并加大投入；人力资本的匮乏和对人力投资的轻视是导致个人贫穷的根本原因，国家应采取各种措施提高国民素质。这对于我们科学认识农业的基础地位和通过人力资本培育实现可持续脱贫具有启发意义。刘易斯（1954，1958）的二元经济模型认为，发展中国家存在着二元结构（传统农业部门和现代工业部门），农业部门中存在大量"过剩劳动力"，其边际生产率为零或负数，有向工资较高的工业部门流动的自然趋向；只要两个部门存在收入差距，农业部门就会对工业部门形成无限的劳动力供给；由于过剩劳动力的减少，农业部门的收入水平提高，国民经济得到发展。这种观点在一定程度上契合我国二元经济结构的国情，阐释了当前农村劳动力不断外流的原因，为我们理解农村贫困和探索脱贫道路提供了有益启示。

尽管西方各学派学者在对贫困问题的理解和对反贫困路径的选择上持不同观点，并各有其学术和实践价值，但也都具有一定的局限性：一是立场局限，他们研究贫困问题的立场和宗旨在于维护发达经济体或发达资本主义国家的自身利益。他们对欠发达国家贫困问题的关注，主要是出于发达经济体自身利益的考虑，因为发展中国家的贫困问题日益成为全球经济持续健康发展的潜在障碍。正如美国学者 R. 汉森（R. Hansen）所认为的：一个贫穷世界中的富国没有任何规避之道。发展中国家资源的破坏、生态环境的恶化、社会秩序的动荡以及毒品、传染性疾病的蔓延等，日益威胁发达经济体自身的利益。二是体系局限，西方经济学家们从不同的角度探究贫困的原因及反贫困的途径，理论逻辑相对严密，视角多元，但都没有对贫困问题形成全面的理论框架。相互批评的多，而继承发展的少，缺乏内在凝聚力，具有明显的个人主义色彩。各流派划分界限模糊，因而最终没有形成一个完备的科学体系，只是灿若星河的零散学说。他们的研究和探索理论色彩浓厚，并建立在一定的假设基础之上，往往缺乏为反贫困行动提供可操作的政策与措施的指导价值，所提出的对策往往只针对贫困的某些局部问题，没有全面反映贫困农村的发展需求。三是研究方法局限，他们对贫困问题的研究往往注重表象，如资金、技术、人力资源等生产要素，而没有深入探讨问题的本质，回避阶级分析方法和社会制度问题。

2. 马克思主义经典作家关于贫困问题的理论概述

马克思主义是在实践基础上形成的科学性与革命性高度统一的理论体系。唯物史观为正确认识和解决贫困问题提供了思路和方法，剩余价值理论深刻地揭示了无产阶级贫困的经济根源。与西方经济学者只抓住贫困的某一方面特征不同，马克思主义立足于"现实的人"，从人的社会关系出发研究社会问题，不仅深刻剖析了导致贫困的制度原因，而且指明了解决贫困问题的根本出路。在各种社会关系中，马克思主义抓住了经济关系，并进一步将经济关系归结于生产关系和生产力这一根本性因素，从而为科学认识贫困问题提供了正确方法。

（1）揭示了无产阶级贫困的社会根源。

马克思、恩格斯立足于历史唯物主义，运用阶级分析方法，从经济地位的角度深刻揭示了无产阶级贫困的社会根源，深刻揭露和批判了资本主义制度的不合规律性与不合价值性。恩格斯指出："这样一来，下面这件重大的基本事实就愈来愈明显了：工人阶级处境悲惨的原因不应当到这些小的欺压现象中去寻找，而应当到资本主义制度本身中去寻找。"[①] 无产阶级由于丧失了生产资料，只能出卖自身的劳动力，受雇于资产阶级，而工人一旦受雇于资本家，其命运就由资本家摆布。马克思指出："罗马的奴隶是由锁链，雇佣工人则由看不见的线系在自己的所有者手里。"[②] 在资本主义雇佣关系中，工人并非作为独立的人存在，而是作为创造价值的手段而存在，一旦失去利用价值就会被解雇。由于劳动力具有创造比自身价值更大的价值的功能，工人获得的工资只是劳动力价值，而资本家则获得剩余价值。绝对剩余价值生产和相对剩余价值生产是资产阶级加强经济剥削，赚取剩余价值的基本方式。资本家无偿占有工人创造的剩余价值，是资本制度下财富占有两极分化的秘密，也是无产阶级贫困的社会根源。

为了追逐更多剩余价值和在竞争中占据优势，资本家不断将剩余价

---

① 《马克思恩格斯全集》（第22卷），人民出版社1965年版，第370页。
② 《马克思恩格斯选集》（第2卷），人民出版社2012年版，第258页。

值资本化，即资本积累。资本积累加剧了财富占有的两极分化，并且随着资本积累的增长，资本家有能力不断更新工艺和设备，改良技术和工艺，提高劳动生产率，使得资本有机构成不断提高，对劳动力的需求不断降低。同时，由于女工、童工进入劳动力市场和中小企业的破产，劳动力的供给绝对增长，从而形成了大量相对过剩人口，成为资本主义经济周期性调整的产业后备军。工人就业的竞争进一步加剧了其自身的贫困，并使得工人阶级被牢固地束缚在适合资产阶级统治欲的范围之内。"由此可见，不管工人的报酬高低如何，工人的状况必然随着资本的积累而日趋恶化。最后，使相对过剩人口或产业后备军同积累的规模和能力始终保持平衡的规律把工人钉在资本上，比赫斐斯塔司的楔子把普罗米修斯钉在岩石上钉得还要牢。这一规律制约着同资本积累相适应的贫困积累。因此，在一极是财富的积累，同时在另一极，即在把自己的产品作为资本来生产的阶级方面，是贫困、劳动折磨、受奴役、粗野和道德堕落的积累。"①

剩余价值规律是资本主义的绝对规律，深刻揭示了无产阶级贫困的经济根源。剩余价值根源于资本主义的所有权制度，即生产资料的私有制。资本主义的上层建筑不断巩固着资本主义的基本经济制度。随着生产力的发展，资本主义的生产关系与生产力的矛盾日益尖锐，生产社会化与生产资料私有制的矛盾、生产无限扩大与劳动人民有支付能力的需求相对缩小的矛盾，是资本主义制度内在的基本矛盾。周期性爆发的经济危机就是其基本矛盾的集中爆发和强制性缓解。马克思指出："资产阶级借以在其中活动的那些生产关系的性质决不是单一的、单纯的，而是两重的；在产生财富的那些关系中也产生贫困；在发展生产力的那些关系中也发展一种产生压迫的力量；这些关系只有不断消灭资产阶级单个成员的财富和产生出不断壮大的无产阶级，才能产生资产者的财富，即资产阶级的财富；这一切都一天比一天明显了。"②

马克思、恩格斯明确揭示了剩余价值规律对于说明无产阶级贫困的深层原因，但绝不是唯一原因。他们关于社会历史发展的合力论思想认为，历史发展是无数个体和多种因素相互作用的结果。恩格斯明确指

---

① 《马克思恩格斯全集》（第23卷），人民出版社1972年版，第708页。
② 《马克思恩格斯选集》（第1卷），人民出版社2012年版，第234页。

出:"历史是这样创造的:最终的结果总是从许多单个的意志的相互冲突中产生出来的,而其中每一个意志,又是由于许多特殊的生活条件,才成为它所成为的那样。这样就有无数互相交错的力量,有无数个力的平行四边形,由此就产生出一个合力,即历史结果,而这个结果又可以看作一个作为整体的、不自觉地和不自主地起着作用的力量的产物。"① 恩格斯还进一步指出,经济是基础,但不是历史发展的唯一决定性因素,包括上层建筑在内的多种因素也对历史的发展具有重要作用。"经济状况是基础,但是对历史斗争的进程发生影响并且在许多情况下主要是决定着这一斗争的形式的,还有上层建筑的各种因素……这里表现出这一切因素间的相互作用,而在这种相互作用中归根到底是经济运动作为必然的东西通过无穷无尽的偶然事件(即这样一些事物和事变,它们的内部联系是如此疏远或者是如此难以确定,以致我们可以认为这种联系并不存在,忘掉这种联系)向前发展。"② 1894年,恩格斯在致瓦尔特·博尔吉乌斯的信中进一步指出:政治、法、哲学、宗教、文学、艺术等等的发展是以经济发展为基础的。但是,它们又都互相作用并对经济基础发生作用。这并不是说,只有经济状况才是原因,才是积极的,其余一切都不过是消极的结果,而是说,这是在归根到底不断为自己开辟道路的经济必然性的基础上的相互作用。③

(2)论述了无产阶级贫困的特征。

无产阶级的贫困是绝对贫困与相对贫困的统一。在资本主义的早期阶段,工人阶级的绝对贫困占主体。恩格斯的《英国工人阶级状况》记载了当时工人的悲惨命运。工人阶级的贫困主要体现在吃、穿、住等基本生活条件极端恶劣,工人及其家人时刻面临死亡的威胁。社会保障缺乏,工人及其子女难以得到正规教育,没有基本医疗保障,更缺乏社会救济和保障,处于社会的边缘。而且工人阶级的政治地位低,难以用合法手段维护自身权益。

随着劳动生产率的提高,生活资料价值降低,资本家可以在不减少甚至增加剩余价值的前提下改善工人的生活条件。资本主义中期及以

---

① 《马克思恩格斯选集》(第4卷),人民出版社2012年版,第605页。
② 同上书,第604页。
③ 同上书,第649页。

后，工人阶级的相对贫困成为主体。相对于资产阶级财富的增长而言，无产阶级的生活条件虽然有所改善，但财富占有的比例却在降低，贫富差距不断扩大。马克思指出："但是，吃穿好一些，待遇高一些，特有财产多一些，不会消除奴隶的从属关系和对他们的剥削，同样，也不会消除雇佣工人的从属关系和对他们的剥削。……雇佣工人为自己铸造的金锁链已经够长够重，容许把它略微放松一点。"①"工人的物质生活改善了，然而这是以他们的社会地位的降低为代价换来的。横在他们和资本家之间的社会鸿沟扩大了。"② 资本主义制度下工人阶级的相对贫困是长期存在的，这也是资本主义制度存在的条件，虽然政府为缩小收入差距做出过许多努力，但这一问题在资本主义自身范围内无法得到根本解决。

（3）指出了解决无产阶级贫困问题的道路。

依据马克思唯物史观，贫困作为一种社会现象，既是生产力发展不足的结果，也是生产关系不适应生产力发展要求的产物。生产力是人类社会发展的根本性决定因素，贫困的根源在于生产力发展滞后。如果没有生产力的发展，人们就不能获得基本的物质生活资料，"那就只会有贫困、极端贫困的普遍化；而在极端贫困的情况下，必须重新开始争取必需品的斗争，全部陈腐污浊的东西又要死灰复燃"③。发展生产力是摆脱贫困的根本途径，而生产力的发展离不开人的发展，人的发展与生产力的发展是相互促进的。人民群众作为历史的主体，是推动生产力发展的最重要的力量。马克思指出："在共产主义社会高级阶段，在迫使个人奴隶般地服从分工的情形已经消失，从而脑力劳动和体力劳动的对立也随之消失之后；在劳动已经不仅仅是谋生的手段，而且本身成了生活的第一需要之后；在随着个人的全面发展，他们的生产力也增长起来，而集体财富的一切源泉都充分涌流之后，——只有在那个时候，才能完全超出资产阶级权利的狭隘眼界，社会才能在自己的旗帜上写上：各尽所能，按需分配！"④

贫困问题的解决也离不开生产关系和上层建筑的变革。生产关系反

---

① 《马克思恩格斯选集》（第2卷），人民出版社2012年版，第276页。
② 《马克思恩格斯选集》（第1卷），人民出版社2012年版，第351页。
③ 同上书，第166页。
④ 《马克思恩格斯选集》（第3卷），人民出版社2012年版，第364—365页。

作用于生产力，当生产关系适应生产力发展要求时，生产关系对生产力的发展发挥积极的推动作用，反之则起阻碍作用。对于当前资本主义国家无产阶级的相对贫困，由于生产关系已经在一定程度上阻碍了生产力的发展，所以变革生产关系，特别是变革生产资料所有制关系，建立适合社会化大生产的所有制形式，才能真正解决相对贫困问题。生产关系的调整离不开上层建筑的变革。无产阶级作为推翻资本主义旧制度的依靠力量，只有掌握了国家政权，建立无产阶级专政，进而进行系统的社会改革，才能从根本上变革生产关系，从而使生产关系适应生产力发展的要求。无产阶级要掌握国家政权，基本的途径是通过暴力革命打碎旧的国家机器，当然也不排除特殊情况下的和平过渡。

对于广大经济文化相对落后的国家或民族，马克思提出，不能简单地废除私有制，必须建立与生产力水平相适应的经济制度。"在小工业以及到目前为止的整个农业中，所有制是现存生产工具的必然结果。"①

（4）探索了农民贫困问题。

马克思、恩格斯将唯物史观应用于对农民问题的研究，深刻揭示了小农经济条件下农民贫困的经济根源。唯物史观认为：物质生活的生产方式制约着整个社会生活、政治生产和精神生活过程。在他们看来，农民社会化程度低、农业本身的弱质性、规模狭小、经营分散、生产技术落后、城乡分离等是农民贫困和农村落后的经济根源。1851 年，马克思在《路易·波拿巴的雾月十八日》中指出："小农人数众多，他们的生活条件相同，但是彼此间并没有发生多种多样的关系。他们的生产方式不是使他们互相交往，而是使他们互相隔离。这种隔离状态由于法国的交通不便和农民的贫困而更为加强了。他们进行生产的地盘，即小块土地，不容许在耕作时进行分工，应用科学，因而也就没有多种多样的发展，没有各种不同的才能，没有丰富的社会关系。"② 1847 年，恩格斯在《德国的制宪问题》中指出：农民和小资产者一样，也是一个没有办法的阶级。根据社会生产力发展的趋势，他们认为小农必然被历史淘汰，其前途是无产者，而大规模农业是历史发展的必然趋势。"小块土地所有制按其性质来说排斥社会劳动生产力的发展、劳动的社会形

---

① 《马克思恩格斯选集》（第 1 卷），人民出版社 2012 年版，第 184 页。
② 同上书，第 762 页。

式、资本的社会积聚、大规模的畜牧和对科学的累进的应用。"① "……他们的处境在资本主义还统治着的时候是绝对没有希望的,要保全他们那样的小块土地所有制是绝对不可能的,资本主义的大生产将把他们那无边的过时的小生产压碎,正如火车把独轮手推车压碎一样是毫无问题的。"② 分散性特征还导致农民不能形成有组织的政治力量来维护和发展自身的权益。恩格斯指出:"农民由于乡村居民所特有的分散性,不能成为有组织的反对力量。"③

针对小农生产的劣势,并充分考虑农民的利益和意愿,他们提出了工农结合、消除城乡对立、农业工业化、农业劳动力非农化、加强农村基础设施建设、土地国有化、创办合作社、国家帮助等措施以解决农民贫困问题。

(二) 国内关于农村贫困问题的研究

虽然自中华人民共和国成立后就开始了反贫困斗争,但开展农村反贫困研究主要是在20世纪80年代中期以后。一般认为,国内学者对贫困问题的研究可分为三个阶段。第一个阶段从20世纪80年代初至80年代中后期,研究主要集中于农村贫困程度及其特征、贫困区域类型和地理分布等,主要是为政府的反贫困行为提供参考。第二个阶段从80年代末到90年代中期,这一阶段学者们更多地关注贫困地区发展战略,特别是在扶贫资金的目标瞄准和产业选择上进行了大量实证研究。第三个阶段从90年代中后期开始到现在,对贫困的研究向纵深发展,主题进一步扩展,涉及农村贫困问题的各个方面。

改革开放以来,扶贫开发得到各级党委和政府的高度重视,投入不断增加。学术界对于农村贫困的研究日渐成为热点,涌现出了康晓光、叶普万、汪三贵、林毅夫、胡鞍钢等知名学者。总体来看,我国学者对于反贫困的研究主要集中在贫困的基础理论、贫困原因、贫困分布、反贫困历史、反贫困经验、反贫困措施、农村贫困、西部贫困、少数民族贫困、区域性贫困等方面。

1. 贫困原因

关于我国贫困地区农村贫困的原因,学界观点大体相近,基本形成

---

① 《马克思恩格斯文集》(第7卷),人民出版社2009年版,第912页。
② 《马克思恩格斯选集》(第4卷),人民出版社2012年版,第372页。
③ 《马克思恩格斯全集》(第39卷),人民出版社1974年版,第133页。

了共识。梁平（2009）认为，我国农村区域性贫困有其共性特征，其成因也大致相同，共性特征主要表现为自然条件恶劣、先天禀赋较差，社会生产力水平低、发展能力缺乏，产业结构层次低下，生产方式落后，积累能力差，人口、资源、经济发展矛盾尖锐。造成农村区域性贫困的一般原因有：农业发展条件差，难以提供原始积累；农村社会经济系统封闭，低水平运行；在市场经济中处于弱势地位；中央与省级政府扶持不足；贫困区域自身努力上的缺陷；等等。

我国贫困地区主要集中在西部地区，而西部地区的贫困不仅表现在经济方面，还表现在知识、能力、机会、权利、体制、文化、环境等多个方面。这些因素不仅是贫困的表现，也是造成贫困的原因。多重因素交织并相互作用导致贫困，使得贫困的内在机理十分复杂，且差异性特征显著。胡鞍钢（2002）认为，在21世纪西部地区的经济社会发展中，"西部地区面临着生态环境恶化、社会经济发展滞后等诸多挑战，但面临的最突出、最大的挑战则是人类贫困，应该把缓解人类贫困放在西部发展最优先的地位，并调整西部地区的反贫困战略，由过去单纯关注收入贫困转向关注知识贫困、权利贫困和人力贫困"。林毅夫（2006）从制度安排的层面对中国扶贫体制进行了反思，认为政府的过度主导以及扶贫贷款分配机制的缺陷是反贫困效率低的重要原因，政府应在反贫困的对象、开发模式、公众参与方面进行统筹考虑。《中国反贫困发展报告》（2012）认为：在贫困研究领域，存在贫困的文化论和贫困的制度论两种视角，前者认为贫困的原因是一种长期形成的内在自我维系的文化模式，处于该模式中的人多安于现状，少有进取心，更多依赖外部帮助，而对自我归因并不热衷，这种文化还具有代际传递的特征；后者认为贫困是因为不合理的制度安排，剥夺了其凭借自身努力和劳动获得物质资料的能力。《中国反贫困发展报告》（2012）指出："贫困无法简单理解为物质资料方面的匮乏，表面上看，贫困是经济因素的结果，但贫困群体的自我发展能力建设和外部支持体系建设的约束，才是贫困问题的根本原因。"

2. 反贫困对策

对于扶贫的方式，一般认为以1986年国务院成立扶贫开发办公室为界，此前以救济式为主，此后以开发式为主，开发式扶贫的效率优于救济式扶贫。

有些学者研究了我国政府农村扶贫开发的政策发展轨迹及阶段划分。蒋万胜、宋建昕（2011）认为，我国农村反贫困制度存在明显的阶段性特征：第一阶段以救济式扶贫制度为主，中央政府通过各基层政府将物资分配给贫困农户；第二阶段以开发式扶贫制度为主，由单一物资扶贫到更加重视智力支持；第三阶段实施注重参与、内外兼顾的扶贫制度，注重挖掘并发挥贫困者自身能力；第四阶段实行整村推进的多元化扶贫制度，探索贫困农村的全面发展。丁军、陈标平（2009）通过对影响扶贫方式变迁的因素进行分析，探究了扶贫方式的发展轨迹：在第一阶段，政府主要实施救济式扶贫方式；在第二阶段，扶贫方式开始由区域性的救济式扶贫向全国性的开发式扶贫转变，采用了"内部造血式"的扶贫模式；在第三阶段，实行扶贫开发与贫困救助相结合的"外部输血与内部造血并举"的扶贫开发新机制；在第四阶段，实行"多元造血式"的扶贫模式。①

在反贫困的道路选择上，一般认为市场经济是反贫困的有效选择。张新伟（1999）认为，计划式的非市场经济的扶贫制度解决不了中国当前的贫困问题，以农业市场化为重点的反贫困制度创新才是消除贫困的根本。当前，反贫困要以提高贫困地区的交易效率与分工水平为思路，带动贫困地区农业经济增长。②

针对贫困地区自然条件恶劣的客观条件，学界一般认为扶贫开发要从贫困地区实际出发，扬长避短。陈吉元（1992）认为，要解决粮食问题，消除"越穷越垦、越垦越穷"的恶性循环。魏众（2002）认为移民、从事非农产业、计划生育等是有效的脱贫措施。马忠玉（2001）提出旅游开发与扶贫有机结合是最有效的消除贫困的路径。陈南岳（2003）提出应大力发展生态农业，建立生态补偿机制，从而缓解生态贫困。王成新、王格芳（2003）认为应促进农民现代化，提高其发展能力。

不少学者根据我国农村贫困发生的区域性特征，认为扶贫开发应瞄准连片特困区域，以特困区域为重点。华中师范大学、中国国际扶贫中心出版的《中国反贫困发展报告》（2012）中指出："新阶段，连片特

---

① 郭芹：《我国农村反贫困政策研究综述——文献视角下 2009—2011 年》，《现代商贸工业》2012 年第 16 期。

② 张新伟：《市场化：反贫困制度创新讨论》，《生产力研究》1999 年第 1 期。

困地区的发展与繁荣关系到国家全面建设小康社会目标的实现，关系到国家的边疆稳定、民族发展与民族团结，同时也关系到国家主体功能区划部署的落实和生态治理目标的实现。"① "连片特困地区的扶贫开发不单纯追求经济指标的片面增长，而是寻求在治理的过程中，实现经济目标、社会目标、文化目标、生态目标的共同实现。" "连片特困地区的治理是一个全新的理论和政策命题。" "新时期，不断破解制约当地发展的制度束缚，强化区域发展和扶贫攻坚的硬环境建设依然是主要的任务。"②

基础设施薄弱是我国农村贫困的共性原因，对贫困地区农村的基础设施建设项目的选择及其效益的研究也是学界关注的热点。林伯强在《中国的政府公共支出与减贫政策》中指出：在研发、灌溉、公路、教育、电力和电话等七项公共投资中，对GDP的增长贡献最大，排在前三位的，从大到小依次是研发、教育与公路；减贫的效应排在前三位的，从强到弱依次是教育、研发与公路。农村教育特别是基础教育是促进农村经济增长和消除贫困最重要的因素。樊胜根、张林秀、张晓波（2002）利用1970—1997年的省级数据研究表明，政府在农业研发、灌溉、教育和基础设施领域的投入，不仅推动了农业产出的增长，也有助于缓解农村贫困，但政府投入的效应在不同地区的不同投入类型之间具有显著差异。其中，教育投资的扶贫效果最显著，农业科研推广投资对于农业生产以及整个农村经济增长的贡献最大，政府对农村通信、电力和道路的投资对农村扶贫有较大影响，这里道路投资对非农GDP增长的回报率最高，对整个农村经济的回报率仅次于农业科研投资，灌溉投资对农业生产增长的影响不明显，政府的扶贫贷款所起到的扶贫效果最小。③ 韩建民、韩旭峰、朱院利（2002）通过对甘肃农村乡村集市、乡村道路、乡村电话用户水平的研究表明，乡村集市、乡村道路、乡村电话用户每增长1个百分点，农业总产值分别上升0.377%、0.403%、

---

① 向德平、黄承伟：《中国反贫困发展报告（2012）》，华中科技大学出版社2013年版，第25页。
② 同上书，第26页。
③ 樊胜根、张林秀、张晓波：《中国农村公共投资在农村经济增长和反贫困中的作用》，《华南农业大学学报》（社会科学版）2002年第1期。

0.293%。① "甘肃省生产性公共基础设施在很大程度上直接影响着地方农业生产总值和农村经济增长，进而显著影响到农民的增收程度，尤其是乡村道路和乡村电话的贡献强度最大、持续性长，贡献最为明显。"②

针对我国贫困地区人力资源薄弱，人口受教育程度普遍低下，文盲率较高的状况，学术界普遍认为农村扶贫开发要重视人力资源的培育，教育扶贫得到了广泛的认同和重视。我们可以从知网数据库找到大量有关教育扶贫的学术论文。张车伟（2003）认为投资农民营养和健康至关重要。林东（1997）提出教育扶贫论，认为教育的发展可以切断贫困的恶性循环链，应该把教育纳入扶贫的资源配置中，使公共教育资源向贫困地区倾斜。赵晓晨（2002）认为，"要把扶贫和扶智结合起来，加大在文化教育等精神层面的投入"。③中央政研室、农业部农村固定观察点办公室（2001）的实证研究结果表明，农户受教育程度与农户收入水平呈高度正相关关系。④

针对贫困在性别间的差异，有学者从性别视角强调妇女在农村反贫困中所发挥的重要作用。苏群、周春芳（2005）认为，农民在现实生活方式转变的一系列过程中，女性作为劳动力的主要组成部分和家庭决策的重要参与者，其巨大作用是不可忽视的。⑤韩建民等（2012）通过对甘肃贫困地区农村进行研究发现，贫困地区农村妇女在农村经济发展、农村家庭收入增长、教育子女和赡养老人、保护家庭卫生健康等方面不仅具有自身的优势，而且发挥着重大作用，特别是在人力资源的培育中起到关键性作用，成为影响甘肃省农村经济增长的主要因素。⑥

---

① 韩建民等：《西部农村贫困与反贫困路径选择》，中国农业出版社2012年版，第108页。
② 同上书，第111页。
③ 赵晓晨：《中国和发展中国家的贫困根源及其消除》，《国民经济管理》（人大报刊复印资料）2002年第6期。
④ 中央政研室、农业部农村固定观察点办公室：《"九五"期间中国农民收入状况实证分析》，《农业经济问题》2001年第7期。
⑤ 苏群、周春芳：《农村女性在城镇的非农就业及迁居意愿分析》，《农业经济问题》2005年第5期。
⑥ 韩建民等：《西部农村贫困与反贫困路径选择》，中国农业出版社2012年版，第128—139页。

针对扶贫开发管理运行体制机制不切合贫困地区扶贫开发实际需要的问题，有学者指出应加强制度创新。康晓光（1997）在《论中国反贫困的制度创新》中指出：由自发化向科学化转变、由社会化向专业化转变、由分散化向集中化转变，应成为我国反贫困制度创新的主要方向；"源头有水""渠道通畅""减少渗漏"应当成为我国反贫困领域制度创新必须遵循的基本原则。刘明宇（2004）提出了消除户籍制度对劳动力流动的阻碍、明晰农地产权、减轻农民负担、消除涉农政策性垄断等扶贫开发措施。

不少学者从贫困地区致贫因素复杂多元的实际出发，主张采取综合性扶贫开发措施。赵曦、严红、刘慧玲（2007）认为，西部农村扶贫开发战略模式的重点主要包括创新扶贫制度、强化社会服务、控制人口增长、重视教育培训、发展特色产业、探索移民搬迁、推广小额信贷等。① 徐孝勇、赖景生、寸家菊（2010）认为，西部地区农村扶贫开发模式可分为八种：大规模区域性扶贫开发模式、参与式整村推进扶贫开发模式、山区综合扶贫开发模式、生态建设扶贫模式、特色产业开发扶贫模式、乡村旅游扶贫模式、移民搬迁扶贫模式、对口扶贫模式。②

总体来看，我国国内关于农村贫困和反贫困的研究主要以国家政策为导向，为国家扶贫开发政策提供解读，也为完善扶贫开发政策提供参考和借鉴，具有较强的实践针对性。不足之处在于，系统化的重大理论成果较少，扶贫经验的国际推广不足，未形成成熟的理论体系和学派。相对于国际上关于贫困问题的研究成果，我国学界对贫困问题的研究还有一定差距，因而国际影响力相对较小。这与我国反贫困实践所取得的巨大成就和为世界减贫做出的突出贡献不相协调。我国扶贫开发的经验还需要进一步概括和提炼，形成具有中国特色的反贫困理论。

（三）甘肃农村贫困问题研究

甘肃作为我国农村扶贫开发的重要战场和全国扶贫开发的先行先试区，农村贫困问题受到各方面广泛关注，自20世纪80年代以来一直是省内学者关注的热点，研究成果丰富，问题切合省情实际，关注的焦点

---

① 赵曦等：《西部农村扶贫开发战略模式研究》，《经济问题探索》2007年第12期。
② 徐孝勇等：《我国西部地区农村扶贫模式与扶贫绩效及政策建议》，《农业现代化研究》2010年第2期。

主要集中在甘肃农村贫困的状况、特征、原因以及扶贫开发的环境、政策、措施、绩效、经验等方面。在主要问题上，研究结论差异较小。

在贫困人口的分布方面，一般认为，甘肃农村贫困的区域性特征显著，分布比较集中。汪晓文、何明辉、李玉洁（2012）在《基于空间贫困视角的扶贫模式再选择——以甘肃为例》中提出：甘肃是中国农村贫困程度最深的省之一，贫困人口集中分布在南部和中部，尤其是"两州两市"。周雪瑛、赵利（2015）在《甘肃贫困人口的分布、成因及其扶贫对策》中认为，甘肃贫困人口主要分布在省内四个经济区，即陇南经济区、民族经济区、陇东经济区和陇中经济区，其中，陇南经济区和民族经济区贫困县最多。

致贫因素方面，大部分研究者认为，甘肃农村贫困是多种因素共同作用的结果，具有复杂性。成爱芳、赵景波（2011）在《公元1400年以来陇中地区干旱灾害特征》一文中对甘肃陇中1400—1999年干旱灾害进行历史研究，以客观数据说明了频繁的旱灾对该地区经济社会发展的制约。韩建民（2012）在《新时期甘肃省农村反贫困调查研究》中指出：甘肃农村贫困的原因错综复杂，是集"自然、生态、经济、社会和文化传统"于一体的综合性的深度贫困；在新时期，因病因学致贫已成为最主要的致贫因素，此外，农产品生产经营成本增加、农村经济整体发展水平低、劳动力转移和流失也是新的重要因素。周雪瑛、赵利（2015）认为，致贫的原因主要包括：自然条件差，基础设施建设滞后；地方政策针对性不强；产业结构单一；劳动力素质不高；生态环境脆弱；等等。

在扶贫开发模式方面，学者们从甘肃30多年扶贫开发的历史实践中总结出了诸多有益经验。李兴江、周亚雄（2005）在《甘肃少数民族地区扶贫开发的实践与对策》一文中提出甘肃民族地区扶贫开发成功模式包括项目带动模式、"公司＋基地＋农户＋市场"模式、到村到户模式、群众参与式整村推进模式、旅游开发模式。苏积德（2011）在《甘肃省扶贫开发模式比较研究》中提出甘肃省扶贫开发有张哈模式、麻安模式、唐坪模式、东沟模式四个典型模式。他认为，扶贫开发项目的成功，离不开推动力和内动力。

在新时期甘肃农村扶贫开发面临的形势特征方面，一般认为，21世纪甘肃农村扶贫开发的基础条件已有显著改善，但也面临诸多新情况、新问题，机遇与挑战并存。温友祥（2002）在《略论21世纪甘肃扶贫开发的战略转变》中指出：进入21世纪后，扶贫工作背景的主要特征是"五个化"，即经济市场化、贫困多样化、所有制多元化、生态环境建设优先化和扶贫工作法制化。刘亚桥、杨军、曹子坚（2004）在《甘肃省扶贫开发模式的回顾与探讨》中指出，进入21世纪，甘肃农村贫困呈现出两个新特点，一是剩余的绝对贫困人口"大分散、小集中"，二是大部分贫困地区已基本解决了温饱问题，但要稳定脱贫和致富奔小康还任重道远；西部大开发和加入WTO为解决甘肃农村贫困问题带来了新的机遇和挑战。

在甘肃省改革开放以来扶贫开发的绩效和经验方面，学界高度肯定了30多年来取得的辉煌成绩，但认为也存在诸多不足。贾琼、南平（2009）在《甘肃省农村反贫困道路与现状调查思考》中指出，甘肃农村的反贫困历程可划分为五个阶段，并认为政府的扶贫对贫困地区农户的生计发展产生了一定的作用，尤其表现在其拥有的社会资本和物质资本上，但返贫现象较为突出，减贫效果在不同贫困地区存在显著差异，部分贫困村近几年发展速度缓慢甚至停滞。翟彬（2011）《基于可持续生计的甘肃农村扶贫资金投向及效益研究》的研究结果表明，现阶段甘肃扶贫资金投向与农户现实需求之间存在较大的差异，扶贫资金投向对农户增收与脱贫所起的作用不够理想。

在反贫困对策方面，学者们从甘肃农村贫困的主要致贫因素出发，提出了诸多有针对性的建设性对策建议。刘亚桥、杨军、曹子坚（2004）认为，进入21世纪，过去带有较浓计划经济色彩的扶贫开发模式已不能适应新的形势，"生产观念""工程观念""温饱意识"要让位于"市场观念""效率观念"和"收入意识"，这将是甘肃扶贫开发面临的最综合、最严峻的考验；对就地扶贫难度大的剩余绝对贫困人口，应拓宽移民脱贫的渠道；对已基本解决温饱的贫困地区，应积极探索市场化反贫困模式，走产业化道路。周雪瑛、赵利（2015）认为，我们应该从加强贫困地区基础设施建设、调整产业结构、拓宽扶贫政策、加大扶贫力度、加强技能培训、保护生态环境、控制人口增长等方面制定适合各贫困地区的扶贫对策。苏积德（2011）提出应注重发挥NGO（非政府组织）在扶贫中的作用。

总体来看，学界对甘肃农村贫困问题的研究比较全面，仁者见仁，智者见智,但也存在一定不足,需要进一步深化发展:一是一般就贫困言贫困,视野不够开阔;二是针对实践研究较多,现实针对性强,调研成果多,理论提升不够。如何将实践经验上升为具有长远指导意义和普遍推广价值的理论体系,还需要进一步加强研究。

第一章 研究基础：有关小康和贫困的基本概念

第一节 有关小康社会的基本概念

一 小康社会

在中华民族传统文化中，"小康"是仅次于"大同"的社会理想，表达了古代劳动人民对幸福生活的追求。而我们现在作为社会发展目标的"小康社会"，则是邓小平在改革开放之初提出来用以表达"中国式现代化"阶段性发展目标的概念。邓小平立足于我国社会主义初级阶段的基本国情，继承和发展了党的第一代领导集体关于现代化建设的思想，实事求是地提出20世纪末我国现代化建设可能实现的目标——小康社会。

"小康社会"这一概念被提出之后，人们对其内涵进行了深入的探讨，从不同的角度对"小康社会"进行解读。学者李君如从以下八个方面概括了小康社会的内涵：第一，小康社会是一个社会生产力发展、人均国民生产总值和人民生活水平不断提高、国家的综合国力特别是经济实力将会显著增强的社会发展阶段；第二，小康社会是一个坚持社会主义道路、不断实现社会主义本质、人民生活水平普遍提高的社会发展阶段；第三，小康社会是一个国内外市场不断扩大、国家宏观调控也不断完善的过程；第四，小康社会在经济体制和其他体制上将不断完善、定型；第五，小康社会是一个精神文明建设将有大变化的发展阶段；第六，小康社会国防实力将有明显增强；第七，小康社会将在继续发展沿海地区的同时，突出地提出和解决好内地的发展问题；第八，小康社会也是我国国际影响大大扩大的社会发展阶段。① 向德平、肖小霞认为小康类似于国际上通用的生活质量标准，一般包括三层含义：物质生活状况，包括食品、衣着、住房、交通等物质条件；生活环境状况，包括空气、交通、水质和绿化等方面；社会环境状况，包括社会秩序、生活安全感、社会道德风尚等内容。② 他们还综合了学术界研究成果，总结出四种代表性观点：一是从生活水平、生活状况或生活质量方面界定小康社会，小康社会意味着人民生活水平的提高；二是认为小康社会是一种发展模式，是社会结构协调发展、全面进步的社会模式，是不断地进行自我改革和自我完善的社会模式；三是认为小康社会是社会主义初级阶段一个特定的历史发展过程，小康社会的发展是坚持社会主义道路、不断完善社会主义本质的过程，同时也是中国特色社会主义制度逐步完善的定型时期；四是将小康社会看作一种社会理想，认为小康社会是经济发展、政治民主、文化繁荣、社会和谐、环境优美、生活殷实、人民安居乐业和综合国力强盛的经济、政治、文化全面协调发展的社会，是中华民族走向伟大复兴的社会发展阶段。③

综合各种关于小康社会内涵的观念，我们可以发现，小康社会是一个内涵丰富且动态发展的概念，可以从不同的角度来理解、界定。本书主要是从我国现代化建设的奋斗目标来理解小康社会。作为奋斗目标的小康社会是一个全方位的有机体系，包括经济建设、政治建设、文化建设、社会建设、生态环境等多个方面，其中最主要的是经济建设，特别是人民生活水平。邓小平曾明确提出："所谓小康，从国民生产总值来说，就是年人均达到八百美元。"④ "所谓小康社会，就是虽不富裕，但日子好过。我们是社会主义国家，国民收入分配要使所有的人都得益，没有太富的人，也没有太穷的人，所以日子普遍好过。"⑤ 1990 年 12 月，中共十三届七中全会指出："所谓小康水平，是指在温饱的基础上，生活质量进一步提高，达到丰衣足食。这个要求既包括物质生活的改善，也包括精神生活的充实，既包括居民个人消费水平的提高，也包

---

① 李君如：《十六大与"全面建设小康社会"》，《新华文摘》2003 年第 3 期。
② 向德平、肖小霞：《小康社会研究综述》，《社会与经济发展》2003 年第 8 期。
③ 同上。
④ 《邓小平文选》（第 3 卷），人民出版社 1993 年版，第 64 页。
⑤ 同上书，第 161—162 页。

括社会福利和劳动环境的改善。"1991年,《关于国民经济和社会发展十年规划和第八个五年计划纲要》指出:"我们所说的小康生活,是适应我国生产力发展水平,体现社会主义基本原则的。人民生活水平的提高,既包括物质生活的改善,也包括精神生活的充实;既包括居民个人消费水平的提高,也包括社会福利和劳动环境的改善。"1991年,国家统计局会同有关部门建立了小康社会指标体系,该指标体系由经济水平、物质生活、人口素质、精神生活、生活环境五个部分和人均国内生产总值、人均收入水平、人均居住水平、人均蛋白质日摄入量、城乡交通状况、恩格尔系数、成人识字率、人均预期寿命、婴儿死亡率、教育娱乐支出比重、电视机普及率、森林覆盖率、农村初级卫生保健基本合格以上县比重等16项分指标组成。

综合分析,"小康社会"主要包括三个层面的内涵:一是在国家层面,"小康社会"就是经济建设、政治建设、社会建设、文化建设、生态环境全面协调发展,国家的整体实力和国际地位大大提高,对世界做出更大贡献,对外开放水平更高的现代化建设的阶段性目标,也是全面实现现代化的新阶段的起点;二是在人民生活层面,"小康社会"是介于温饱和富裕之间的特定阶段性状况,物质生活丰衣足食,精神生活充实,社会福利和劳动环境显著改善;三是在社会发展层面,它是社会文明程度逐步提高的一个历史阶段。2000年,我国社会总体上达到了小康水平,党中央随即提出全面建设小康社会的目标。理论上,2000—2020年为总体小康阶段,2020年到21世纪中叶为全面小康阶段。

二 全面小康

1995年,我国国民生产总值已经达到了比1980年"翻两番"的目标,提前五年实现了预定的"小康社会"目标。在此情况下,中共十四届五中全会对小康战略目标做了进一步调整:到2000年,在人口比1980年增长3亿左右的情况下,人均国民生产总值比1980年翻两番;基本消除贫困现象,人民生活达到小康水平。2000年,小康社会目标已经总体实现,我国进入了"总体小康"阶段。2002年11月,中共十六大报告明确提出全面建设小康社会的历史任务:我们要在21世纪头二十年,集中力量,全面建设惠及十几亿人口的更高水平的小康社会,使经济更加发展、民主更加健全、科技更加进步、文化更加繁荣、社会更加和谐、人民生活更加殷实。中共十七大、十八大报告进一步强调和明确了全面建设小康社会的目标和任务。

"全面小康"具体包括哪些内容？与"总体小康"又有什么不同？胡鞍钢将全面建设小康社会的内涵概括为"九个社会、一条道路"，即共同发展社会和共同富裕社会、全面学习型社会、全民健康社会和全民健身社会、安居乐业型安康社会、生态文明型社会、开放创新型社会和知识型社会、和谐社会和稳定社会、社会主义民主社会和法治社会、中华文化文明道德社会，走和平发展道路。① 陆学艺认为衡量"小康社会"不仅需要经济指标，还需要社会指标。② 乌东峰将"全面小康"社会的标准概括为十个方面：一是人均国民总收入超过3000美元，这是建成全面小康社会的根本标准；二是城镇居民人均可支配收入到2020年达到18000元；三是农村居民家庭人均纯收入8000元；四是恩格尔系数低于40%；五是城镇人均住房建筑面积达30平方米；六是城镇化率达50%；七是居民家庭计算机普及率达20%；八是大学入学率达20%；九是每千人医生数达2.8人；十是城镇居民最低生活保障率为95%以上。③ 赵长茂、曹立从时间、空间和质量三个方面把握全面小康的内涵：从时间上看，全面小康社会以人均国民生产总值800美元、人民生活总体上达到小康水平为起点，终点是到21世纪中叶，人均国民生产总值达到4000美元，基本实现现代化。从空间上看，全面小康社会可以分为空间结构和空间布局两个层次：在空间结构上，全面小康社会是一个经济、政治、文化、军事、环境等全面发展的目标；在空间布局上，全面小康社会是一个发展比较均衡，工农差别、城乡差别、地区差别扩大的趋势逐步扭转，城镇人口比重超过50%，社会保障体系比较健全，家庭财产普遍增加，广大人民过上更加富足的生活的过程。从质量上看，全面小康社会是一个由低水平向更高水平趋进的过程。④ 刘方棫、李振明认为，与总体小康相比，全面小康社会可概括为三个"更"，即"更高水平""更全面"和"更平衡"。更高水平，是指到

---

① 胡鞍钢：《2020年中国全面建成小康社会》，清华大学出版社2012年版，第51—67页。
② 陆学艺：《全面建设小康社会 社会指标难于经济指标》，《党政干部文摘》2002年第12期。
③ 乌东峰：《论中国小康社会》，《求索》2002年第6期。
④ 赵长茂、曹立：《解读"全面建设小康社会"》，《解放军报》2002年11月18日。

2020年我国的经济总量和人均收入要达到一个更高的水平，使我国的小康社会建立在一个更加雄厚的物质基础之上；更全面，是指到2020年我国居民在解决温饱的基础上获得发展资料和享受资料更为充分的满足，获得政治、精神文化生活更为充分的满足，获得优美生态环境和个性自由方面更为充分的满足；更平衡，是指到2020年我国目前明显存在的工农差别、城乡差别、地区差别和社会阶层差别等不断扩大的趋势得到扭转并逐步缩小，使中等收入者的比重大幅度提高，逐步实现共同富裕。① 贺铿认为，相对于基本小康，全面小康经济更加发展，民主更加健全，科教更加进步，文化更加繁荣，社会更加和谐，人民生活更加殷实。从标准看，全面小康有新的标准，比如国内生产总值到2020年要比2000年翻两番，人均GDP应该超过3000美元，符合世界银行2000年关于世界各国收入水平四类划分标准的中上收入国家的水平。②

综合学术界的研究成果，结合中共十六大、十七大、十八大报告关于全面建设小康社会的论述，我们可以认为：全面小康是总体小康的进一步发展和提升，是经济更加发展、民主更加健全、科教更加进步、文化更加繁荣、社会更加和谐、发展更加均衡、人民生活更加殷实、环境更加美好、现代化水平更高、惠及我国十几亿人口的更高水平的社会发展目标。其实质特征是人民生活水平在总体小康的基础上有了更高的质量，体现了人的全面发展的价值追求。从发展阶段上看，全面小康社会以2020年为实现的期限，是实现"三步走"战略目标的重要阶段性目标。

三 农村小康

由于我国城乡经济社会发展水平差距较大，农村小康目标不可能与城镇小康画等号。2000年我国总体小康目标已经实现，因此农村小康在此专指农村全面小康。

我国是一个农业大国，农业人口占总人口的大多数，但农业相对薄弱，农村发展相对滞后，农民相对贫困，"三农"（农业、农村和农民）

---

① 刘方棫、李振明：《论小康社会》，《光明日报》2003年2月18日。
② 朱剑红：《全面小康什么样——人民日报记者朱剑红访国家统计局副局长贺铿》，《石油政工研究》2004年第6期。

问题已成为我国建设小康社会的重点和难点，成为政府工作的重中之重。中共十三届八中全会审议通过的《中共中央关于进一步加强农业和农村工作的决定》指出：农业是经济发展、社会安定、国家自立的基础。没有农村的稳定和全面进步，就不可能有整个社会的稳定和全面进步；没有农民的小康，就不可能有全国人民的小康；没有农业的现代化，就不可能有整个国民经济的现代化。由于自然、历史等方面的原因，我国城乡二元经济社会结构长期存在，城乡差距、地区差距、收入差距在改革开放中逐步扩大，特别是西部地区和民族地区的农村，发展明显滞后。我国的全面小康建设目标是一个总体的平均化目标，农村是其下限。然而，只有实现农村全面小康，全国的小康才是"全面"的。

农村全面小康社会建设的核心问题是农村居民在温饱之后的发展问题，它不仅包括物质生活水平的提高，还包括科学文化、人口素质、民主法治、社会保障、生活环境、可持续发展等内容。1998年10月，中共十五届三中全会通过的《中共中央关于农业和农村工作若干重大问题的决定》指出："农村实现小康，就是使广大农民温饱有余，生活资料更加丰富，居住环境有一定改善，健康水平和受教育程度进一步提高。"2003年9月，国家统计局农村社会经济调查总队提出了"农村全面小康指标体系"，该指标体系由经济发展、社会发展、人口素质、生活质量、民主法制、自然资源六个方面18个评价指标构成。而且，"生产发展、生活宽裕、乡风文明、村容整洁、管理民主"既是社会主义新农村建设的目标要求，也是农村全面小康社会建设的基本要求，二者是一致的。

综观有关全面建设小康社会奋斗目标的论述，我们可以认为：农村全面小康就是在发展农业生产力、促进农村社会文明进步的基础上，在工业反哺农业、城市支持农村的条件下，逐步缩小发展差距，基本消灭绝对贫困现象，农村居民在丰衣足食的基础上拥有发展的剩余，基层民主法治进一步健全发展，科技文化水平进一步提高，人口素质进一步提升，社会保障体系基本健全，生态环境满足可持续发展要求的阶段性现代化目标。

第二节　有关贫困的基本概念

一　贫困

贫困是一种自古以来就困扰人类的复杂的社会现象。什么是贫困？在不同的历史时期，学者们对贫困从不同的角度有过不同的论述，其内涵具有多样性和多变性。从最早研究贫困问题的英国人布什（1889）的《伦敦东欧人民的劳动和生活》与朗特里（1901）《贫困：城镇生活研究》中对贫困所下的定义到现在，学者们对贫困的定义不胜枚举。从经济学和社会学出发，理论界对贫困的界定经历了一个从经济层面向能力、权利、文化、环境、制度等层面扩展的历程。学者们对贫困的定义一般与对贫困原因的分析密切相关，界定贫困也是在分析贫困的原因。综合有关研究成果，贫困主要包括以下几个方面的内涵。

（一）贫困是收入或消费不足

这种观点从收入和消费的视角来界定贫困。这种视角的定义是学术界对贫困最早的定义，也是应用最为广泛的定义。这种从物质视角定义的贫困一般被认为是狭义的贫困。从这个角度看，贫困被视为个体或家庭的经济收入不能满足一定水平的物质生活的需要，或者是一个地区的经济相对落后的状态。这个层面的贫困又进一步划分为绝对贫困和相对贫困。绝对贫困是指居民收入绝对匮乏，不足以维持家庭或个人基本的生理（主要是食物、衣着、住房、医疗）或社会活动的需要。解决绝对贫困的基本途径是发展经济，提高居民收入水平。广大欠发达国家对贫困的界定一般采用绝对贫困。朗特里（1901）在《贫困：城镇生活研究》中指出："如果一个家庭的总收入不足以维持家庭人口最基本的生存活动要求，那么，该家庭就基本陷入了贫困之中。"[①] 朗特里对贫困的定义开了绝对贫困的先河，对后世产生了深远影响。在我国农村反贫困的实践中，主要针对的是绝对贫困。国家统计局课题组（1990）在《中国农村贫困标准》一书中提出：贫困一般是指物质生活困难，

---

① 转引自吴理财《"贫困"的经济学分析及其分析的贫困》，《经济评论》2001年第4期。

即一个人或一个家庭的生活水平达不到一种社会可接受的最低标准。国家统计局农调总队（1989）在《中国农村贫困标准研究报告》中认为：贫困是指个人或家庭依靠劳动所得和其他合法收入不能维持其基本的生存需求。白人朴（1990）在《关于贫困标准及其定量指标的研究》一文中提出："贫困首先是指经济范畴的贫困，即物质贫困，指人们生活资料和生产资料的匮乏。"[①] 周彬彬（1991）在《向贫困挑战——国外缓解贫困的理论与实践》一书中指出：贫困指个人或家庭的经济收入不能达到所在社会"可接受生活标准"的那种生活状况。汪三贵在《贫困问题与经济发展政策》中指出：贫困是缺乏生活资料，缺少劳动力再生产的物质条件，或者因收入低而仅能维持相当低的生活水平。康晓光在《中国贫困与反贫困理论》一书中认为：贫困是一种生存状态，在这种生存状态中，人由于长期不能合法地获得基本的物质生活条件和参与基本的社会活动的机会，以至于不能维持一种个人生理和社会文化可以接受的生活水准。然而，绝对贫困也不是绝对不变的，随着社会的发展，绝对贫困参照的"最基本需要"的内容也在不断扩大，标准也在不断提高，因而绝对贫困也具有社会性和相对性。相对贫困的概念最早是在20世纪六七十年代被提出来的，最早明确提出相对贫困的是美国斯坦福大学经济学教授V.法克思（V. Fuchs）。英国学者P.唐森德（P. Townsend）对相对贫困做了详细的解释，并提出贫困只能是相对意义上的。相对贫困是以一个社会的平均生活水平（收入或消费）为标准来衡量的，即一个家庭或个人的收入相对匮乏，低于社会平均水平（如平均或中值）的一定程度，如低于平均收入或消费水平50%或最低20%收入的人口，就被认为是贫困。相对贫困的实质是收入分配的不平衡状态，与经济发展水平没有直接关系，解决的基本途径是政府加强对收入分配的调节和干预。在经济相对发达的国家，反贫困主要针对的是相对贫困。随着经济和社会的不断发展，相对贫困越来越突出。西奥多·W.舒尔茨认为，"贫困是作为某一特定社会中的特定家庭的特征的一个复杂的社会经济状态"，"现在仍然存在的绝大部分贫穷是大量

[①] 白人朴：《关于贫困标准及其定量指标的研究》，《农业经济问题》1990年第8期。

的经济不平衡之结果"。① 挪威学者艾尔泽（2000）将贫困定义为：贫困是经济、政治、社会和符号的等级格局的一部分，穷人就处在这个格局的底部。②

（二）贫困是基本能力、权利、机会被剥夺

这种观点认为贫困的实质是基本能力、权利或机会被剥夺。这些能力、权利、机会包括获得劳动报酬、医疗、教育、安全、社会保障等。从这种角度界定的贫困一般被认为是广义的贫困。被人们称为"经济学良心"的阿马蒂亚·森是这种观点的重要代表人物。他认为收入或消费不足只是贫困的结果，而不是贫困的真实状态。衡量贫困的标准应该是个人福祉（Well-Being），但是福祉不能简单地用收入来衡量。由于不同人的需要各不相同，同样的收入给有不同需要的人所带来的福祉是完全不同的。福祉是以能力为保障的，因而贫困的主要原因就是获得更多收入的能力和权利丧失，能力是由免于饥饿、免于疾病、获得教育等一系列功能（Functioning）构成的。这些基本功能包括获得足够的营养、基本的医疗条件、基本的住房条件、一定的受教育机会等（阿马蒂亚·森，1983）。这些功能的丧失既是贫困的表现，又是贫困产生的原因。如果一个家庭或个人缺少这些功能或者其中的一项功能，那就意味着处于一种贫困状态。阿马蒂亚·森（1993）提出：贫困不仅仅是相对地比别人穷，而且还基于得不到某些基本物质福利的机会，即不拥有某些最低限度的能力……贫困最终并不是收入问题，而是一个无法获得某些满足最低限度需要的能力问题。"有很好的理由把贫困看作是对基本的可行能力的剥夺，而不仅仅是收入低下。对基本可行能力的剥夺可以表现为过早死亡、严重营养不良（特别是儿童营养不良）、长期流行疾病、大量的文盲以及其他一些失败。""在分析贫困情况时，最重要的是针对社会具体情况确定一些衡量最低限度物质能力的绝对标准。不管与别人相比相对地位如何，只要他达不到这个绝对水平，就是贫困

---

① ［美］西奥多·W. 舒尔茨：《经济增长与农业》，郭熙保、周开年译，北京经济学院出版社1991年版，第65页；《论人力资本投资》，吴珠华译，北京经济学院出版社1990年版，第65页。

② ［挪威］艾尔译：《减少贫困的政治》，《国际社会科学杂志》2000年第4期。

者。"① 他对贫困的一种典型现象——饥荒——进行了深入的研究,以此探讨贫困的本质及其原因,强调了贫穷是因为穷人增收能力不足,而能力不足主要是由于交换和社会保障权利的丧失,交换与社会保障的不足又加深了贫困,形成恶性循环。他还认为,确定统一的收入/消费贫困线没有必要,界定一个家庭或个人是否贫困可以直接观察其是否缺少这些功能或这些功能匮乏的程度。

以舒尔茨为代表的贫穷经济学强调了人力资本对于农村贫困家庭脱贫的重要意义,也论证了能力对于脱贫的重要性。舒尔茨认为:完全以农民时代使用的生产要素为基础的传统农业是贫穷的,只要增加农户识别及有效使用"较好"的技术知识,特别是对农民进行人力资本投资,引进现代农业的高质量投入,便有望改造传统农业,消除农民贫困;教育、卫生等方面的投资形成的人力资本可产生"知识效应"和"非知识效应",从而直接或间接地促进产出增长,产生递增效应,以克服资本和劳动要素的边际收益递减倾向。②

贫困还是发展权利和机会被剥夺的状态。彼特·H. 沙里温在《亚洲开发银行与中国扶贫——在"21世纪初中国扶贫战略国际研讨会"上的致辞》中指出:"贫困是一种对个人财产和机会的剥夺。每个人都应该享有基础教育和基本健康服务。穷人有通过劳动获取应得报酬供养自己的权利,也应该有抵御外来冲击的保护能力。除了收入和基本服务之外,如果他们不能参与直接影响自己生活的决策,那么,这样的个人和社会就处于贫困状态。"我国学者洪朝辉在《论中国城市社会权利的贫困》中指出:经济贫困是社会权利贫困的折射和表现,其深层原因不仅是各种经济要素的不足,更重要的是社会权利的贫困,当然还包括与社会权利相关的政治权利、文化权利和经济权利的贫困。奥本海默(1993)在《贫困的真相》中指出:"贫困是指物质上的、社会上的和情感上的匮乏。它意味着食物、保暖和衣着方面的开支要少于平均水平……首先,贫困夺去了人们建立未来大厦——'你的生存机会'的工具。它悄悄夺去了人们享有生命不受疾病侵害、有体面的教育、有安

---

① 阿马蒂亚·森:《衡量贫困的社会学》,载《国外贫困研究文献译丛》,国务院贫困地区经济开发领导小组办公室编译,改革出版社1993年版,第79页。
② [美] 西奥多·W. 舒尔茨:《论人力资本投资》,吴珠华译,北京经济学院出版社1990年版,第17—20页。

全的住宅和长期间的退休生涯的机会。"世界银行《2000/2001 年世界发展报告》进一步指出:"贫困不仅指收入低微和人力发展不足,它还包括人对外部冲击的脆弱性,包括缺少发言权、权利被社会排斥在外。"我国学者童星、林闽刚(1993)在《我国农村贫困标准线研究》中指出:"贫困是经济、社会、文化落后的总称,是由低收入造成的基本物质、基本服务相对缺乏以及缺少发展机会和手段的一种状况。"

(三)贫困是资源的贫乏

从导致贫困的客观因素出发,这种观点认为贫困主要是社会部分成员缺乏必要的发展资源,从而导致其生活水平低于一定标准,这种资源包括自然资源和社会资源。《牛津简明社会学辞典》对"贫困"词条是这样解释的:"是一种缺乏资源的状况,通常是缺乏物质资源,但有时也好似缺乏文化资源。"① 欧共体委员会于 1989 年给贫困下的定义是:"贫困应该被理解为个人、家庭和人的群体的资源(物质的、文化的和社会的)如此有限以致他们被排除在他们所在的成员国可以接受的最低限度的生活方式之外。"世界银行在《1980 年世界发展报告》中认为:"当某些人、某些国家或群体没有足够的资源去获取他们在那个社会公认的一般都能享受到的饮食、生活条件、舒适和参加某些活动的机会,就是处于贫困状态。"美国经济学家托达罗是自然资源贫乏论的典型代表,他在《第三世界的经济发展》一书中指出:"几乎所有第三世界国家都位于热带或亚热带地区,而历史事实是,现代经济增长一切成功的范例几乎都发生在温带国家。这样一种分歧不能简单归之于巧合,它必然与不同的气候环境直接或间接引起的某些特殊困难有关。"也有研究证明,贫困与降雨量在地图上相契合,贫困国家几乎都分布在年降雨量 1000 毫米以上和 250 毫米以下的地区。空间贫困理论将贫困与空间地理因素关联起来,研究自然地理条件对贫困造成的影响以及贫困的空间分布。世界银行专家雅兰和瑞福林提出:由一系列指标合成的"地理资本"(空间地理位置与自然环境条件所形成的物质资本、社会资本与人力资本等组合在城乡、贫富群体等之间的差异的空间表现)对农村家庭消费增长有显著的影响,自然地理因素导致了"空间贫困陷阱"。这里的"地理资本"包括地理位置、气候条件、生态环境、市

---

① 《牛津简明社会学辞典》,商务印书馆 1992 年版,第 428 页。

场连通、国家政策等资源。资本短缺说也可归入资源贫乏论。纳克斯的贫困恶性循环论是资本短缺说的典型代表,他认为,发展中国家的贫困是由若干个相互作用的"恶性循环"造成的,中心环节在于资本形成不足,一国穷是因为它穷。

（四）贫困是穷人的心理感受

这种观点认为贫困不完全体现在物质生活水平上,更体现在部分社会成员由于比较而形成的痛苦心理感受。莫利·欧桑斯基（Mollie Orshansky,1969）认为,贫困,就和美丽一样,只是存在于观察者的主观标准之中。马尔科姆·吉利斯在《发展经济学》中指出:"贫困不完全是对绝对意义上的生活水平而言的,它的真正基础在心理上。穷人指的是那些自认为是社会中的一部分但又感到被剥夺了与社会中另一部分人同享欢乐权利的人（用心理学术语来说是他们的'参照群体'）。由于教育和通信的发展,参照群体会扩展。在早先,农民至多把自己的地位和村庄里的头面人物相比较。而现在,他们正越来越向往他们本国城市上层人物的生活标准,甚至开始注意那些富强国家的生活标准,因而这种失落感会愈加强烈起来。"这种观点对于研究贫困人口的心理具有重要启示意义。

（五）贫困是供养负担过重

这种观点从人口学的角度来分析贫困,认为贫困是家庭劳动人口过少而供养人口过多的结果。实践中,经济文化相对落后国家的家庭贫困往往与人口增长过快相关。马尔萨斯人口论认为,人口数量按几何级数增长,而生活资料按算数级数增长,因此必然导致贫困。他还断言,除非人口问题得到解决,否则改进穷人生活状况的努力都是徒劳。俄国经济学家恰雅诺夫创立的"家庭生命周期说"认为,小农经济状况主要随农户家庭消费者与生产者的比例的周期性变化而起落,劳动消费比例（劳动力占家庭总人口的比重）越小则家庭越贫困,越大则贫困程度越轻,没有需要供养的人时经济状况最好。我国学者孔祥智、马九杰在《中西部地区农民贫困的机理分析》中指出:"'劳动消费比率'指标,对于分析和解释中国农村的贫困以及农户的贫困水平,具有重要的理论和实践价值。""在贫困地区,相同条件下的农户,人口越多,家庭总人口中劳动力越少,则农户的贫困程度越大。"

从世界范围看,经济文化相对落后的国家或地区一般也是人口增长快、人口密度大的地区，贫困与人口增长过快、总量过大具有必然联系。托达罗认为："第三世界人口的规模、密度与增长，构成了欠发达国家和发达国家的又一个重要差别……在欧洲和北美洲各国现代增长时期，每年的人口自然增长率从未超过2%。""相反，大多数第三世界国家的人口在过去几十年里一直在以高于2.5%的增长率增加……"①

（六）贫困是"文化贫困"

这种观点认为贫困是贫困者在恶劣的生活环境里所形成的相对稳定的一套行为规范和价值观。美国人类学家奥斯卡·刘易斯在1959年首先提出了"文化贫困"这一概念。文化贫困论认为，当穷人遭受世代的经济剥夺时，在适应这种极端的环境过程中形成了一种自我保护的文化观念。贫困文化的特点包括屈从感、不愿为未来制订计划、不能控制对欲望的满足和对权威的怀疑，这些价值观在没有希望改善条件的环境下具有其适应性。②贫困文化一般表现为愚昧落后、消极无为、抱残守缺、故步自封、各安天命等心理态度，这种心态经过长期的沉淀，形成相对稳定的思维定式、价值观念，进而形成顽固的文化习俗、生活习惯和意识形态。富兰克林有句名言：贫穷本身并不可怕，可怕的是自己以为命中注定贫穷或一定老死于贫穷。贫困文化使得贫困者安于现状、不思进取、听天由命，并代际传递，与其物质生活形成相对稳定的均衡状态，难以被打破。

（七）贫困是多元社会需求不能满足的状态

这种观点从贫困的结果出发，力图揭示贫困的基本特征，认为贫困是多元基本需求不能被满足的状态，这些需求既包括经济方面的，也包括政治、精神、社会生活等方面的，属于广义的贫困。联合国开发计划署在《人类发展报告1997》中指出：贫困是指人们在寿命、健康、居住、知识、参与、个人安全和环境等方面的基本条件得不到满足，从而限制了人的选择，即人文贫困。2000年联合国开发计划署进一步指出：人文贫困是指人们生活中最基本的发展能力的丧失，包括文盲、营养不良、预期寿命不足、健康恶化、可控疾病感染，其间接衡量指标包括缺

---

① ［美］M.P.托达罗：《第三世界的经济发展》，于同申等译，中国人民大学出版社1988年版，第171页。

② 沈红、周黎安等：《边缘地带的小农——中国贫困的微观理解》，人民出版社1992年版，第187页。

乏获取维持基本生活需要的商品、服务和基础设施（能源、教育、卫生、通信、饮用水）的途径。我国经济学家董辅礽在《怎样理解贫困》中指出："贫困大体上，首先是指生理方面的需要不能满足的状况；其次是指除了生理方面的需要不能满足的状况以外，又产生了精神方面的需要不能满足的状况；再次，除二者之外，又产生了社会方面的需要不能满足的状况。"贾大武（1997）认为："贫困是先天不足又加后天失调而历史积累的整体落后的表现，这种表现又往往是物质贫困与精神贫困相交织、经济贫困与文化贫困相伴随，贫困的原因是多元的、纵深的、综合的。"唐均在《中国城市居民贫困线研究》中指出：第一，贫困作为一种社会客观存在的生活状况，是与"落后"或"困难"联系在一起的；第二，贫困作为一种社会上普遍公认的社会评价，是低于"最低"或者"最起码"的社会水准的；第三，贫困作为一种社会环境造成的社会后果，与"缺乏"有关，其实质是缺乏"手段""能力"以及"机会"。郑宝华、张兰英（2004）综合多派观点，认为贫困是指没有权利、没有发言权、脆弱性和恐惧感而导致的较低的福祉或者生活质量。①

由于贫困本身的复杂性和历史性，迄今为止还未形成统一的定义。学者们从各个角度的界定都为科学揭示贫困的本质特征提供了有益的借鉴，但都只是一家之言，不能适用于不同时代不同国家不同地域的不同贫困。笔者认为，要准确把握贫困概念的内涵，必须把握贫困本身的动态性、多样性特征。贫困具有时间性，是一个不断变化的过程；贫困具有地域性，不同国家、民族、区域具有不同的标准；贫困具有模糊性，与非贫困难以完全划清界限；贫困具有相对性，与社会资源分配和收入差距相关；贫困具有主观性，与人们的主观感受相关；贫困具有多元综合性，其外在表现和形成原因是复杂多样的。从表现上看，贫困表现为经济收入不足、营养不良、健康水平差、居住条件差等基本物质或生理需求无法满足的状态；从成因上看，贫困是指发展能力、机会、权利、资源等不足。给贫困下一个统一的权威定义几乎是不可能的，在不同时代、不同地域，贫困的内在成因和外在特征各不相同。同时，在不同的

---

① 郑宝华、张兰英：《中国农村反贫困词汇释义》，中国发展出版社2004年版，第10页。

价值文化背景下，贫困的内涵也是不同的。

结合我国的扶贫政策，对于以甘肃贫困地区农村为代表的西部农村的贫困，本书倾向于认为，贫困是一种由于自然、历史、体制、文化、能力、机会等多方面因素的制约而导致的部分社会成员在经济、文化、社会等方面的实际生活质量低于社会公认的基本水平和发展相对困难的生活状态。此界定主要出于以下三个方面的考虑：第一，在我国西部农村，绝大多数人的温饱问题已经解决，生活状况发生了巨大变化，即便在目前认定的贫困人口中，绝大多数温饱问题也已经解决，相对贫困凸显，发展能力不足。第二，当前我国贫困人口面临的主要问题是生活质量进一步提高和发展困难的问题，即在增收、就业、医疗、教育、住房、公共服务、基础设施（公路、电力、自来水、通信、清洁能源等）、民主法治、社会保障、精神文明、资源环境等方面的发展困难，贫困不仅体现在经济生活方面，也体现在政治生活、精神生活、社会活动等方面。第三，从政策目标看，我国的扶贫开发具有明显的迈向共同富裕和促进人的全面发展的目标性，也具有缩小发展差距、促进不同区域或群体间平衡发展的政策取向，而不是简单地着眼于满足低收入群体的生存和维护社会稳定的需要。我国西部农村的扶贫开发实质上是缩小发展差距，逐步共同富裕。这一点，可以从我国贫困线不断提高中得到证实。

二 贫困线

一般来说，只有从经济收入和支出角度界定贫困，才能制定贫困线，从权利、能力、机会、心理等视角界定贫困，则无法确定贫困线。因此，贫困线本身有其局限性。贫困线一般是依据家庭收入或支出制定的，用于区别贫困与非贫困的基本标准。个人或家庭收入或消费水平在此线以下，就属于贫困。我国学者马俊贤（2001）认为，所谓贫困线，就是指在一定的时间、空间和社会发展阶段的条件下，人们维持基本生存需求所必须消费的物品和服务的最低费用（用价值量表示）。[①] 黄颂文（2005）认为，贫困线是指衡量和判定哪些人应该是或者不应该是

[①] 马俊贤：《农村贫困线的划分及扶贫对策研究》，《统计研究》2001年第6期。

贫困人口的重要临界线或者度量标准。① 王荣党（2006）认为：贫困线就是通常所说的最低生活保障线，一般为度量贫困而针对最起码的生存条件或者相对社会中等生活水平的差距，所做的定量化界定。也就是说，采取什么样的标准将贫困人口与其他人口区分开来，这个标准就是贫困线。② 我国学术界对贫困线主要有三种理解：（1）贫困线是绝对贫困的度量；（2）贫困线分为绝对贫困线和相对贫困线；（3）贫困线分为生存线、温饱线和发展线。③ 由于本书中研究的贫困主要是政府有关部门认定的贫困，因而贫困线指我国政府为测定贫困人口而制定的贫困线，主要是绝对贫困，但也融合了相对贫困、发展贫困等因素。在精准扶贫的实践中，贫困户的认定不仅考虑经济收入，还包括家庭负担、劳动能力、生存环境等因素。

科学确定贫困线对于准确识别贫困对象，测定贫困程度，提高扶贫效率，防止扶贫资源漏出，具有重大现实意义。一般来说，基本需求成本法是确定绝对贫困线的基本方法。基本需求可以分为基本食物需求和基本非食物需求两部分，满足基本食物需求的消费支出称为食物贫困线，食物贫困线是根据营养（热量）需求及与之相应的食物结构和价格确定的。满足基本非食物需求的消费支出称为非食物贫困线，非食物贫困线是根据效用方程推导出来的。世界银行在1990年将每天消费1美元（1985年的不变价）作为国际贫困线，也称全球贫困线。随着经济的发展和社会的进步，2008年世界银行将国际贫困标准提高到了每人每天生活费1.25美元。该标准是世界银行以全球最贫穷的15个国家的贫困标准为基础，按照2005年购买力平价调整后得出的平均数。2015年，世界银行将该标准调整为1.9美元/天，此标准仍然是以这15个国家的贫困标准为基础，按照2011年购买力平价进行计算得出的，因而没有实质性提高贫困标准。另外还有一条低收入贫困线，标准是每人每天生活消费2美元。

改革开放以来，我国政府对贫困线的制定经历了一个不断调整的过程。1984年，中共中央书记处农村政策研究室提出我国集中连片贫困

---

① 黄颂文：《21世纪初西部民族地区农村反贫困法制保障研究》，博士学位论文，中央民族大学，2005年，第7页。
② 王荣党：《农村贫困线的测度与优化》，《华东经济管理》2006年第3期。
③ 王雨林：《中国农村贫困与反贫困问题研究》，浙江大学出版社2008年版，第16页。

地区的贫困标准：南方稻米产区人均口粮为400斤，北方杂粮产区为300斤，折合人民币120元。1986年，国家统计局农调总队通过对全国6.7万户农村居民的收支状况进行调查后测算出1985年农村贫困线为年人均纯收入206元，这条线被认为是我国第一条贫困线。此后，根据物价水平，贫困线被逐年调整。2000年，中央制定了低收入线，我国农村贫困线实际上成为两条，一条是绝对贫困线，另一条是低收入线。从测算方法和更新方法看，前一个标准更应该被视为生存标准或极端贫困标准，而后一个只是一种温饱标准。[①] 从相对与绝对的概念看，（两条线）都属于绝对贫困范畴。[②] 2007年以前，中央政府一直以绝对贫困线作为扶贫工作标准。2007年中共十七大提出"逐步提高扶贫标准"的精神，2008年我国开始以低收入标准作为主要扶贫工作标准，绝对贫困标准与低收入标准统一。从2009年开始，不再划定绝对贫困线；同时，大幅度提高低收入贫困线。当年国务院将农村贫困线提高到农民人均纯收入1196元，2010年提高到1274元，2011年提高到2300元（见表1-1）。《中国农村扶贫开发纲要（2011—2020年）》明确指出：我国的扶贫开发已经从以解决温饱为主要任务的阶段转入巩固温饱成果、加快脱贫致富、改善生态环境、提高发展能力、缩小发展差距的新阶段。

表1-1　　　　　1985年以来我国农村贫困线变动情况　　　　单位：元/人

年份	绝对贫困线	低收入线
1985	206	
1986	213	
1987	227	
1988	236	
1989	259	
1990	268	
1995	530	

[①] 国家统计局农村社会经济调查总队：《2001中国农村贫困监测报告》，中国统计出版社2001年版。

[②] 国家统计局住户调查办公室：《2011中国农村贫困监测报告》，中国统计出版社2012年版。

续表

年份	绝对贫困线	低收入线
1997	640	
1998	635	
1999	625	
2000	625	865
2001	630	872
2002	627	869
2003	637	882
2004	668	924
2005	683	944
2006	693	958
2007	785	1067
2008	895	1196
2009		1196
2010		1274
2011		2300（2010年不变价）

资料来源：根据《2000 中国农村贫困监测报告》《2011 中国农村贫困监测报告》整理。

我国政府最新确定的 2300 元（2010 年不变价）的标准主要参考了国际标准。它以 2010 年不变价为基础，其现价每年变动，如 2014 年现价约为 2800 元。有专家指出，如果按照购买力平价计算，相当于每天 2.19 美元，显著高于世界银行的标准。[①] 习近平在《中共中央关于制定国民经济和社会发展第十三个五年规划的建议》的说明中指出："综合考虑物价水平和其他因素，逐年更新按现价计算的标准。据测算，若按每年 6% 的增长率调整，2020 年全国脱贫标准约为人均纯收入 4000 元。今后，脱贫标准所代表的实际生活水平，大致能够达到 2020 年全面建成小康社会所要求的基本水平，可以继续采用。"

三 反贫困

由于贫困的长期性和复杂性，人们对反贫困的内涵存在不同理解。

---

① 顾仲阳：《政策解读：5 年脱贫 7000 万，有难度能实现》，《人民日报》2015 年 10 月 18 日。

冈纳·缪尔达尔于20世纪六七十年代最早提出"反贫困"这一概念，并引入学术研究。在反贫困学术研究中，一般认为，与"反贫困"相近的概念表述主要有以下四种：一是减贫（Poverty Reduction），即减少贫困的发生因素或贫困人口数量；二是缓贫（Poverty Alleviation），即减轻、缓和贫困的程度；三是除贫（Poverty Eradication），即根除、消除贫困，反贫困的最终目标就是消除贫困；四是扶贫（Support Poverty），即帮助贫困人口或地区发展。从古至今，贫困长期伴随着人类，消除贫困至今仍然只是一种美好的理想。在当前，贫困只能通过一定的帮扶措施减轻、缓解，而难以根本消除。王俊文（2007）认为反贫困至少包括三层内涵：其一，从制度化、规范化的角度，保障贫困人口基本生活水平，使其能够生存下去，在我国就是要建立和完善一个规范运作的贫困人口最低生活保障制度，这是反贫困的基本底线；其二，从体制和政策上，缩小贫富差距，促进收入分配的公平性，减少贫困人口在社会转型期所遭受的剥夺，谋求经济社会稳定、和谐与持续发展；其三，提高贫困人口的生存与发展能力，矫正对贫困人口的社会排斥或社会歧视，保证其就业、迁徙、居住、医疗、教育等应有权利，维护贫困者人格尊严，促进贫困阶层融入主流社会，避免贫困人口疏离化、边缘化，充分弘扬反贫困的人文关怀精神。[①] 笔者认为，结合我国的反贫困实践可知，反贫困既要着眼于贫困人口，也要着眼于贫困地区；既要着眼于绝对贫困，又要兼顾相对贫困；既要落实扶贫，更要实施开发。因此，反贫困在我国至少应包括以下三方面的内涵：一是通过对绝对贫困人口实施救助性帮扶，改善其生计，保障其衣食无忧，逐步消除绝对贫困；二是通过对低收入人口实施帮扶性措施，提高其发展能力，逐步缩小收入差距，迈向共同富裕；三是通过在集中连片贫困地区实施倾斜性扶持开发政策，促进该地区经济社会全面发展，实现区域协调发展。当前，随着我国经济社会的发展，生存性贫困已经基本消除，贫困线大幅提高，反贫困主要针对特殊贫困家庭和集中连片贫困区域，目标在于缩小居民间的收入和地区差距，迈向共同富裕。

四　扶贫开发

扶贫开发亦称开发式扶贫、"造血式"扶贫，是相对于救济式扶贫

---

① 王俊文：《当代中国农村贫困与反贫困问题研究》，博士学位论文，华中师范大学，2007年，第27页。

（亦称"输血式"扶贫）而言的扶贫方式。20世纪80年代中期以前，我国农村的扶贫主要是救济式扶贫，政府逐级调拨物资和现金，分配给扶贫对象，以使其能够维持基本物质生活。1986年，我国中央政府正式启动扶贫开发工作，扶贫方式逐步向开发式扶贫转变。

  一般认为，开发式扶贫主要是指扶贫主体通过投入一定的扶贫资源来扶持贫困地区和农户，改善其生产和生活条件，发展生产，提高其教育和文化科技水平，以促进贫困地区的农户生产自救，逐步走上脱贫致富道路的扶贫行为。[①] 相对于救济式扶贫，开发式扶贫的重点在于提高扶贫对象的自我发展能力，实现扶贫对象的内生性发展。因此，其扶贫效果具有可持续性，逐步得到扶贫界的公认，已成为主要的扶贫方式。

[①] 王雨林：《中国农村贫困与反贫困问题研究》，浙江大学出版社2008年版，第132页。

第二章 研究视角：全面小康建设目标

第一节 小康是中华民族古老的社会理想

"小康"作为一种社会理想，有着源远流长的历史。学术界一般认为，"小康"一词最早出现在《诗经·大雅·民劳》的"民亦劳止，汔可小康"。此处的"小康"意为"小安""小息"，表达的是劳动人民对休养生息的追求。作为传统社会理想追求的"小康"出自西汉经学家戴圣编纂的《礼记·礼运》篇。此文中"小康"被描述为低于"大同"的理想社会模式。作者借孔子之口说道："大道之行也，天下为公，选贤与能，讲信修睦……是谓大同。今大道既隐，天下为家，各亲其亲，各子其子……是谓小康。"可见，"大同"是儒家崇尚的最高层次的理想追求，是一种符合"天性"的理想状态，但离现实社会比较遥远；"小康"则是现实可能达到的相对较低层次的目标，符合"人性"的现实要求。"小康"的构建以礼、义为原则，集中反映了劳动人民对和平安定、丰衣足食生活的向往，具有巨大的思想魅力，对后世产生了深远的影响。在漫长的封建社会中，思想家们对小康思想进行了大量补充和拓展。宋人洪迈在《夷坚甲志·五郎君》中提出：久困于穷，冀以小康。庄季裕在《鸡肋编》（卷上）中提出：众率财以助，积微以至于小康。清代蒲松龄在《聊斋志异》中用狐鬼故事阐述"小康"。"妻言：'自汝去后，次日即有车徒，资送布帛菽粟，堆积满屋，云是丁客所赠。又给一婢，为妾驱使。'杨感不自已。由此小康，不屑旧业云。"

近代，康有为对小康思想进行了改造。他提出了"据乱世""升平世""太平世"的历史演进阶段论，其"升平世"意指"小康社会"。

"三世为孔子非常大义……据乱者,文教未明也。升平者,渐有文教,小康也。太平者,大同之……文教全备也。……此为春秋第一要义。"①"升平世"就是"小康",是人类社会从初始阶段的乱世发展到世界大同的中间阶段,是"大工之世","渐有文教","人主垂拱无为"。梁启超说:康有为的本意,是"世界非经过小康之级,则不能进至大同,而经过小康之级,又不可以不进至大同"。② 然而,康有为并没有找到实现"小康"的科学途径,他以"托古改制"为名,依靠封建统治阶级自上而下的改良来实现小康,在当时的历史条件下根本不可能实现。毛泽东评价说:"康有为写了《大同书》,他没有也不可能找到一条到达大同的路。"③

孙中山把"小康""大同"与苏联社会主义联系起来,寻求救国救民的新道路。他说:"民生主义就是社会主义,又名共产主义,即是大同主义。"④ "大同世界,所以异于小康者,俄国新政府之计划,庶几近之。"⑤

第二节 中国共产党人对小康社会目标的理论探索

一 邓小平"小康社会"思想

作为我们社会建设目标的"小康社会"是邓小平提出来的,是他对我国社会主义现代化建设的发展阶段、发展规律系统思考的集中反映,是中国特色社会主义理论体系的重要组成部分,其内涵与传统文化中的"小康社会"存在根本区别。邓小平不仅明确提出了"小康"目标,而且做了比较详尽的论述。在《邓小平文选》中,"小康"一词出

---

① 康有为:《春秋董氏学》,载朱维铮校注《中国现代学术经典·康有为卷》,河北教育出版社1996年版,第137页。
② 《康南海自编年谱》,中华书局1992年版,第249页。
③ 《毛泽东选集》(第4卷),人民出版社1991年版,第1471页。
④ 《孙中山选集》(下卷),人民出版社1956年版,第765页。
⑤ 《孙中山文集》,团结出版社1997年版,第766页。

现了40多次。①

（一）邓小平"小康社会"思想的提出

"小康社会"是同"中国式的现代化"直接相关联的。实现现代化是中国共产党领导人民在社会主义初级阶段奋斗的基本目标，也是实现中华民族伟大复兴的必由之路。1954年9月，周恩来在第一届全国人民代表大会第一次会议上的政府工作报告中第一次明确提出了建设现代化的工业、农业、交通运输业、国防的目标。1956年中共八大将这一目标写进了党章。1959年年底1960年年初，毛泽东指出："建设社会主义，原来要求是工业现代化，农业现代化，科学文化现代化，现在要加上国防现代化。"② 1964年第三届全国人民代表大会第一次会议把交通运输业现代化改为科学技术现代化，确定了"四个现代化"的内涵。同时，周恩来还进一步明确提出了实现"四个现代化"的"两步走"战略：从第三个五年计划开始，第一步用15年时间，建成独立、完整的工业体系；在20世纪内，全面实现农业、工业、国防和科学技术现代化。1975年，周恩来在第四届全国人民代表大会第一次会议上重申20世纪末实现四个现代化的任务。以毛泽东为核心的第一代党的领导集体对社会主义现代化建设进行了艰难的探索，取得了巨大成就，也遭遇过严重的挫折，这为小康社会思想奠定了物质和思想基础。

中共十一届三中全会后，邓小平对"四个现代化"进行了深入的思考，从实事求是的思想路线出发，提出了"中国式的四个现代化""中国式的现代化"等概念。1979年3月，邓小平在会见中英文化协会执行委员会代表团时指出："我们定的目标是在本世纪末实现四个现代化。我们的概念与西方不同，我姑且用个新说法，叫做'中国式的四个现代化'。现在我们的技术水平还是你们50年代的水平。如果本世纪末能够达到你们70年代的水平，那就很了不起。"③ 两天后，他在中央政治局会议上又把"中国式的四个现代化"进一步表述为"中国式的现代化"。3月30日，他在《坚持四项基本原则》的重要讲话中强调："过去搞民主革命，要适合中国情况，走毛泽东同志开辟的农村包围城

---

① 徐友龙：《邓小平小康社会思想的历史渊源及其全面性》，《观察与思考》2014年第3期。

② 《毛泽东文集》（第8卷），人民出版社1999年版，第116页。

③ 《邓小平思想年谱（1975—1997）》，中央文献出版社1998年版，第76—77页。

市的道路。现在搞建设，也要适合中国情况，走出一条中国式的现代化道路。"① 为了进一步明确"中国式的现代化"的目标，1979年7月28日，邓小平在接见山东省委和青岛市委负责人的谈话中提出："如果我们人均收入达到1000美元，就很不错，可以吃得好，穿得好，用得好。"② 10月4日，邓小平将"人均收入"修改为国际上通用的"人均国民生产总值"，不仅与国际接轨，而且降低了标准。"我们到本世纪末国民生产总值能不能达到人均上千美元？""现在我们的国民生产总值人均大概不到三百美元，要提高两三倍不容易。我们还是要艰苦奋斗。就是降低原来的设想，完成低的目标，也得很好地抓紧工作，要全力以赴，抓得很细，很具体，很有效。"③

为了更具体地说明"中国式现代化"的发展蓝图，邓小平将我国的现代化建设在20世纪末的发展目标表述为"小康社会"。1979年年底，邓小平同志在会见日本首相大平正芳时，首次明确用"小康"来描述"中国式的现代化"："四个现代化这个目标是毛主席、周总理在世时确定的……我们要实现的四个现代化，是中国式的四个现代化。我们的四个现代化的概念，不是像你们那样的现代化的概念，而是'小康之家'。到本世纪末，中国的四个现代化即使达到了某种目标，我们的国民生产总值人均水平也还是很低的。要达到第三世界中比较富裕一点的国家的水平，比如国民生产总值人均一千美元，也还得付出很大的努力。就算达到那样的水平，同西方来比，也还是落后的。所以，我只能说，中国到那时也还是一个小康的状态。当然，比现在毕竟要好得多了。"④

此后，邓小平对"小康社会"目标进一步丰富和发展。1980年六七月间，他先后到四川、陕西、河南、湖北等地考察如何实现小康。经过仔细考察，邓小平认为，国民生产总值人均1000美元的目标难以达到，因此将标准降低为800—1000美元。1981年他指出："一九七九年我跟大平首相说到，在本世纪末，我们只能达到一个小康社会，日子可以过。经过我们的努力，设想十年翻一番，两个十年翻两番，就是达到

---

① 《邓小平文选》（第2卷），人民出版社1994年版，第163页。
② 《邓小平思想年谱（1975—1997）》，中央文献出版社1998年版，第126页。
③ 《邓小平文选》（第2卷），人民出版社1994年版，第194—195页。
④ 同上书，第237页。

人均国民生产总值一千美元。经过这一时期的探索，看来达到一千美元也不容易，比如说八百、九百，就算八百，也算是一个小康生活了。"①1984年3月25日，邓小平在接见日本首相中曾根康弘时提出："从提出到现在，五年过去了。从这五年看起来，这个目标不会落空。翻两番，国民生产总值人均达到八百美元，就是到本世纪末在中国建立一个小康社会。这个小康社会，叫做中国式的现代化。翻两番、小康社会、中国式的现代化，这些都是我们的新概念。"②为了实现人均国民生产总值800美元这个目标，邓小平又进一步提出了20世纪最后20年每10年翻一番的目标。"搞了一二年，看来小康目标能够实现。前10年打基础，后10年跑得快一点。"③然而，改革开放带来的经济发展速度逐步超出了人们的预计。邓小平预见"800美元"的"目标肯定能实现，还会超过一点"④。1986年6月，他又将人均国民生产总值800美元调整为800—1000美元。

邓小平提出的20世纪末达到小康社会的战略思想被写入中共十二大报告中，报告把"力争使全国工农业的年总产值翻两番……人民的物质文化生活可以达到小康水平"确定为20世纪末党的奋斗目标。1987年，邓小平在会见西班牙副首相格拉时，第一次比较完整地概括了"三步走"发展战略："我们原定的目标是，第一步在八十年代翻一番。以一九八〇年为基数，当时国民生产总值人均只有二百五十美元，翻一番，达到五百美元。第二步是到本世纪末，再翻一番，人均达到一千美元。实现这个目标意味着我们进入小康社会，把贫困的中国变成小康的中国。那时国民生产总值超过一万亿美元，虽然人均数还很低，但是国家的力量有很大增加。我们制定的目标更重要的还是第三步，在下世纪用三十年到五十年再翻两番，大体上达到人均四千美元。做到这一步，中国就达到中等发达的水平。这是我们的雄心壮志。"⑤1987年10月，中共十三大报告确定了"三步走"的战略目标，把"小康"水平确定为20世纪末的建设目标，并进一步从社会经济、科学技术、文化

---

① 《邓小平思想年谱（1975—1997）》，中央文献出版社1998年版，第187页。
② 《邓小平文选》（第3卷），人民出版社1993年版，第53—54页。
③ 《邓小平年谱（1975—1997）》（下），中央文献出版社2004年版，第837页。
④ 同上书，第1093页。
⑤ 《邓小平文选》（第3卷），人民出版社1993年版，第226页。

教育、社会生活等方面将"小康社会"建设目标具体化:"社会经济效益、劳动生产率和产品质量明显提高,国民生产总值和主要工农业产品产量大幅度增长,人均国民生产总值在世界上所占位次明显上升。工业主要领域在技术方面大体接近经济发达国家 70 年代或 80 年代初的水平,农业和其他产业部门的技术水平也将有较大提高。城镇和绝大部分农村普及初中教育,大城市基本普及高中和相当于高中的职业技术教育。人民群众将能过上比较殷实的小康生活。"①

(二) 邓小平"小康社会"思想的基本内涵

从精神意蕴看,"小康社会"是立足于我国社会主义初级阶段基本国情的战略蓝图,是实事求是思想路线的体现。"小康"具有鲜明的中国特色和浓烈的"中国味",同时将抽象、复杂的经济发展目标简化为人们熟悉的"吉祥话",贴近群众生活,容易被群众理解和接受,极大地鼓舞了人民群众建设社会主义的热情。"小康社会"目标展现了党领导人民建设社会主义的雄心壮志,也体现了实事求是、脚踏实地的工作作风。

"小康社会"目标立足于我国社会主义初级阶段的基本国情。人口多、底子薄,是我们必须清醒认识并立足的基本国情。中华人民共和国成立初期提出的实现工业化以及中共八大和数次全国人民代表大会上提出的四个现代化目标,都被规划在一二十年,最多三四十年内实现。1975 年,第四届全国人民代表大会第一次会议强调 20 世纪末实现四个现代化。这种急切摆脱贫困和落后的思想脱离了我国实际国情。毛泽东深刻总结社会主义建设的经验教训后指出:"中国的人口多、底子薄,经济落后,要使生产力很大地发展起来,要赶上和超过世界上最先进的资本主义国家,没有一百多年的时间,我看是不行的。"② 中共十一届三中全会以后,在实事求是思想路线的指引下,社会主义初级阶段理论逐渐成熟并成为共识。邓小平指出:"社会主义本身是共产主义的初级阶段,而我们中国又处在社会主义的初级阶段,就是不发达的阶段。一切都要从这个实际出发,根据这个实际来制定规划。"③ "不要离开现实

---

① 中共中央文献研究室:《十三大以来重要文献选编》(上),人民出版社 1992 年版,第 16—17 页。
② 《毛泽东文集》(第 8 卷),人民出版社 1999 年版,第 302 页。
③ 《邓小平文选》(第 3 卷),人民出版社 1993 年版,第 252 页。

和超越阶段采取一些'左'的办法,这样是搞不成社会主义的。我们过去就是吃'左'的亏。"① "小康社会"、中国式的现代化,就是克服"左"的错误,从具体国情出发制定规划,脚踏实地,避免好高骛远,使目标切实可行。1979 年 10 月,邓小平提出:"我们开了大口,本世纪末实现四个现代化。后来改了个口,叫中国式的现代化,就是把标准放低一点。"② 这表明了邓小平的慎重态度和历史负责的精神。

从性质看,"小康"是社会主义的小康,是在坚持社会主义基本制度的基础上实现的奋斗目标。1984 年 6 月,邓小平在与日本民间人士的谈话中提出:"所谓小康,从国民生产总值来说,就是年人均达到八百美元。这同你们相比还是低水平的,但对我们来说是雄心壮志。中国现在有十亿人口,到那时候十二亿人口,国民生产总值可以达到一万亿美元。如果按资本主义的分配方法,绝大多数人还摆脱不了贫穷落后状态,按社会主义的分配原则,就可以使全国人民普遍过上小康生活。这就是我们为什么要坚持社会主义的道理。不坚持社会主义,中国的小康社会形成不了。"③ "我们社会主义制度是以公有制为基础的,是共同富裕,那时候我们叫小康社会,是人民生活普遍提高的小康社会。"④ "一旦中国抛弃社会主义,就要回到半殖民地半封建社会,不要说实现'小康',就连温饱也没有保证。"⑤ 在这里,他强调实现"小康社会"必须坚持走社会主义道路,坚持社会主义的分配原则,而不能搞两极分化。

从发展目标看,"小康社会"是介于温饱与现代化之间的阶段性目标,是一个包括人民生活、综合国力、社会发展、民主法治、精神文明等在内的全方位的综合体系。1979 年 7 月,邓小平在接见山东省委常委时指出:"如果我们的人均收入达到一千美元,就很不错,可以吃得好,穿得好,用得好,还可以增加外援。"⑥ "所谓小康社会,就是虽不富裕,但日子好过。我们是社会主义国家,国民收入分配要使所有的人

---

① 《邓小平文选》(第 2 卷),人民出版社 1994 年版,第 312 页。
② 同上书,第 194 页。
③ 《邓小平文选》(第 3 卷),人民出版社 1993 年版,第 64 页。
④ 同上书,第 216 页。
⑤ 同上书,第 206 页。
⑥ 《邓小平思想年谱(1975—1997)》,中央文献出版社 1998 年版,第 126 页。

都得益，没有太富的人，也没有太穷的人，所以日子普遍好过。"① "第一，人民的吃穿用问题解决了，基本生活有了保障；第二，住房问题解决了，人均达到二十平方米……第三，就业问题解决了，城镇基本上没有待业劳动者了；第四，人不再外流了，农村的人总想往大城市跑的情况已经改变；第五，中小学教育普及了，教育、文化、体育和其他公共福利事业有能力自己安排了；第六，人们的精神面貌变化了，犯罪行为大大减少。"② 同时，小康还意味着综合国力的增强。"实现这个目标意味着我们进入小康社会，把贫困的中国变成小康的中国。那时国民生产总值超过一万亿美元，虽然人均数还很低，但是国家的力量有很大增加。"③ 此外，"小康社会"还是区域、城乡协调发展的小康。邓小平明确提出了"两个大局"的思想，进一步指出："可以设想，在本世纪末达到小康水平的时候，就要突出地提出和解决这个问题。"④ 小康社会是法制更加成熟、社会主义民主进一步完善的社会。1992年南方谈话中，邓小平提出："改革开放以来，我们立的章程并不少，而且是全方位的。经济、政治、科技、教育、文化、军事、外交等各个方面都有明确的方针和政策，而且有准确的表述语言"，"恐怕再有三十年的时间，我们才会在各方面形成一整套更加成熟、更加定型的制度。在这个制度下的方针、政策，也将更加定型化。"⑤ "我们进行社会主义现代化建设，是要在经济上赶上发达的资本主义国家，在政治上创造比资本主义国家的民主更高更切实的民主。"⑥ 最后，"小康社会"还包括精神文明的提升。1984年10月，邓小平指出：那时年国民生产总值达到一万亿美元，百分之一就是一百亿美元，这百分之一"如果用于科学教育，就可以开办好多大学，普及教育也就可以用更多的力量来办了。智力投资应该绝不止百分之一"。⑦ "真正到了小康的时候，人的精神面貌就不同了。"⑧

---

① 《邓小平文选》（第3卷），人民出版社1993年版，第161—162页。
② 同上书，第24—25页。
③ 《邓小平思想年谱（1975—1997）》，中央文献出版社1998年版，第385页。
④ 《邓小平文选》（第3卷），人民出版社1993年版，第374页。
⑤ 同上书，第371—372页。
⑥ 《邓小平文选》（第2卷），人民出版社1994年版，第322页。
⑦ 《邓小平文选》（第3卷），人民出版社1993年版，第88页。
⑧ 同上书，第89页。

从发展方向看,"小康社会"是全面实现现代化的新起点。1980年,邓小平在中央工作会议上指出:"只要全国上下团结一致地、有秩序有步骤地前进,我们就能够更有信心经过二十年的时间,使我国现代化经济建设的发展达到小康水平,然后继续前进,逐步达到更高程度的现代化。"① 1987 年 4 月,在会见香港特别行政区基本法起草委员会委员时,他提出:达到小康水平之后,"再过五十年,再翻两番,达到人均四千美元的水平……中国是个中等发达的国家了。那时,十五亿人口,国民生产总值就是六万亿美元……这个数字肯定是居世界前列的。"②

从对外关系上看,"小康社会"是国际地位大大提高,对世界做出更大贡献,对外开放水平更高的阶段。实现小康后,"国家的力量真正是强大起来了,中国在国际上的影响也会大大不同了。""到了那个时候,我们有可能对第三世界的贫穷国家提供更多一点的帮助。"③"那时中国对于世界和平和国际局势的稳定肯定会起比较显著的作用。"④ 小康社会同时也是对外开放水平更高的阶段。"没有对外开放政策这一着,翻两番困难,翻两番之后再前进更困难。"⑤

综合分析邓小平关于"小康社会"目标的思想,我们可以发现,小康社会不仅具有实事求是的现实性,而且具有高瞻远瞩的前瞻性;不仅是积极的,而且是稳妥的;不仅有时间表,而且具有可操作的具体步骤;不仅具有经济发展的硬任务,而且具有科学文化、制度建设等方面的软任务,构成了完整的中国特色社会主义建设的目标体系。"小康社会"思想是邓小平理论的重要组成部分,丰富了科学社会主义理论和中国特色社会主义理论体系,具有重大实践指导意义。

二 全面建设"小康社会"

(一)全面建设"小康社会"思想的形成

以江泽民为核心的党中央领导集体继承和发展邓小平"小康社会"思想,提出了"全面建设小康社会"重要思想。1995 年中共十四届五

---

① 《邓小平文选》(第 2 卷),人民出版社 1994 年版,第 356 页。
② 《邓小平文选》(第 3 卷),人民出版社 1993 年版,第 216 页。
③ 《邓小平文选》(第 2 卷),人民出版社 1994 年版,第 237 页。
④ 同上书,第 105 页。
⑤ 同上书,第 90 页。

中全会通过的《中共中央关于制定国民经济和社会发展"九五"计划和2010年远景目标的建议》提出：全面完成现代化建设的第二步战略部署，到2000年，在我国人口将比1980年增长3亿左右的情况下，实现人均国民生产总值比1980年翻两番；基本消除贫困现象，使人民生活达到小康水平。该建议还提出了2010年我国小康社会建设的目标和任务。

1997年，中共十五大报告提出："现在完全可以有把握地说，我们党在改革开放初期提出的本世纪末达到小康的目标，能够如期实现。在中国这样一个十亿人口的国度里，进入和建设小康社会，是一件有伟大意义的事情。"该报告还确定了实现"第三步"目标的"小三步"发展步骤：21世纪第一个十年实现国民生产总值比2000年翻一番，使人民的小康生活更加宽裕，形成比较完善的社会主义市场经济体制；再经过十年的努力，到建党一百年时，使国民经济更加发展，各项制度更加完善；到21世纪中叶中华人民共和国成立一百年时，基本实现现代化，建成富强民主文明的社会主义国家。该报告还从经济、政治、文化等方面对进一步深化改革进行了部署，以保障社会主义现代化目标的实现。

在"小康社会"建设目标已经总体实现的基础上，党中央提出了"全面建设小康社会"的战略任务。中共十五届三中全会通过了《中共中央关于农业和农村工作若干重大问题的决定》，提出了21世纪第一个十年农业农村发展目标，强调要不断增加农民收入，促进农村实现全面小康。2001年7月1日，江泽民在《庆祝中国共产党成立八十周年大会上的讲话》中庄严宣布：我国已进入了全面建设小康社会、加快推进社会主义现代化的新的发展阶段。同时号召全党和全国人民"为到本世纪中叶基本实现社会主义现代化而奋发工作"。2002年，中共十六大报告将"全面建设小康社会"列为主题，深入论述了"全面小康社会"目标。该报告提出：人民生活总体上实现了由温饱到小康的历史性跨越，人民生活总体上达到小康水平；但现在达到的小康还是低水平的、不全面的、发展很不平衡的小康；我国进入全面建设小康社会、加快推进社会主义现代化的新的发展阶段；明确提出了全面建设小康社会的目标，即"我们要在本世纪头二十年，集中力量，全面建设惠及十几亿人口的更高水平的小康社会，使经济更加发展、民主更加健全、科教更加进步、文化更加繁荣、社会更加和谐、人民生活更加殷实"；进一步从经济建设、政治建设、文化建设和可持续发展四个方面将目标具体化。在经济建设方面，该报告明确提出在优化结构和提高效益的基础上，国内生产总值到2020年比2000年翻两番，基本实现工业化。2007年中共十七大报告不仅将"为夺取全面建设小康社会新胜利而奋斗"列为报告主题，而且报告中70多次提及"小康"。该报告提出确保到2020年实现全面建成小康社会的奋斗目标，全面深刻阐述了科学发展观，并从经济、政治、文化、社会建设等方面论述了社会主义建设方针。

（二）全面建设小康社会的基本内涵

从时间上看，全面建设小康以已经达到的总体小康为起点、以基本实现现代化为战略目标，是落实"第三步"战略目标的历史过程。我们可以把小康社会大体分为两个阶段，即"前20年"和"后30年"，2001—2020年的20年为总体小康，2021—2050年的30年为全面小康。

从内容上看，全面小康是总体小康的进一步发展，是以科技进步为先导，以经济发展为中心，以经济社会协调发展为途径，以不断提高人口素质和生活质量为目标，分阶段推进并逐渐走向现代化的动态发展过程。相对于总体小康，全面小康提出了更高的目标，即经济更加发展、民主更加健全、科教更加进步、文化更加繁荣、社会更加和谐、人民生活更加殷实，而且全面小康更加注重全面和均衡发展。

三　全面建成小康社会

2012年中共十八大报告将"为全面建成小康社会而奋斗"列为报告主题，明确提出了全面"建成"小康社会的具体目标和实现路径。该报告提出：确保到2020年实现全面建成小康社会的宏伟目标；全面建成小康社会，必须坚定不移走中国特色社会主义道路。该报告还对全面建设小康社会目标提出了新的更高要求：经济持续健康发展，人民民主不断扩大，文化软实力显著增强，人民生活水平全面提高，资源节约型、环境友好型社会建设取得重大进展。相对于中共十五大、十六大确定的2020年小康目标，中共十八大报告提出的全面建成小康社会目标导向更加明确具体。另外，中共十八大报告还专门论述了全面建成小康社会的路径：（1）深化改革，以更大的政治勇气和智慧，抓住有利时机，针对重点领域深化改革，破除妨碍科学发展的思想观念和体制机制，形成完善、成熟、定型的制度体系；（2）进一步完善基本经济制度、经济体制、分配制度、宏观调控体系、开放型经济体系,推动我国经济健康、稳定、持续发展。

为了贯彻落实中共十八大确立的目标,2014年习近平提出了"四个全面"战略,即全面建成小康社会、全面深化改革、全面推进依法治国、全面从严治党。"四个全面"紧密联系,形成了严密的逻辑体系,即全面建成小康社会是总目标,全面深化改革与全面推进依法治国是基本举措,全面从严治党是根本保证。"四个全面"进一步丰富、完善了中国特色社会主义理论体系,使全面建成小康社会的思路更为清晰。

第三节 改革开放实践对农村小康社会建设的不断推进

中国是一个正在向工业化迈进的发展中国家,虽历经多年发展,但农村人口占比仍然较大,城乡二元经济结构下农村发展相对滞后,特别是西部地区,因而小康社会建设的难点和重点都在农村。邓小平曾经指出:没有农民的小康就没有全国的小康。江泽民进一步指出:没有农村的稳定和全面进步,就不可能有整个社会的稳定和全面进步;没有农民的小康,就不可能有全国人民的小康;没有农业的现代化,就不可能有整个国民经济的现代化。小康社会建设只有突破农村,特别是欠发达地区农村这个瓶颈,才能真正建成。

我国农村小康社会建设的起点低,基础薄弱。据统计,1949年农民人均纯收入只有43.8元。① 中华人民共和国成立后,党领导人民开展土地革命和对农业的社会主义改造,农业得到迅速发展,农民生活迅速改善。据统计,"一五"期间,农民收入年均增长约10%,1957年农民人均纯收入达到73元,农民生活消费支出水平年均提高6%。但此后的20多年里,由于"左"倾错误的影响,再加上苏联模式的计划经济体制不适合我国农业生产力实际水平,农村经济发展缓慢,农民生

---

① 秦兴洪、廖树芳、武岩:《近50年来中国农民收入变动的五大特征考察》,《学术研究》2003年第11期。

活水平长期未达温饱水平。1957—1978年,农民人均纯收入由73元提高到133.6元,平均每人每年仅增2.9元,年均增长率仅为2.9%;生活消费支出由人均70.9元提高到116.1元,年均增长率仅为2.4%,平均每人每年增长2.2元。到1978年,全国有2.5亿人处于绝对贫困状态。①

一 家庭联产承包责任制改革促进农村温饱

1978—1984年,我国实施了以家庭联产承包经营责任制为核心的农业经营体制改革,有效地促进了广大农民温饱问题的解决。中共十一届三中全会以后,随着实事求是思想路线的恢复和以经济建设为中心的落实,农村率先实行了以家庭联产承包经营责任制为主要内容的农业经营体制改革,极大地提高了农民的生产积极性。1980年,我国开始实施"包产到户"。1983年年初,开始在全国范围内推广家庭联产承包经营责任制。到1983年年底,全国已有1.75亿农户实行了家庭联产承包责任制,99.5%的生产队实行"包产到户",形成了以家庭承包经营为基础、统分结合的双层经营体制。在实行农村经济体制改革的同时,取缔了人民公社,政社分开、村民自治的农村管理体制开始实施。农村经济和社会管理体制的改革极大地调动了农民的生产积极性,促进了农业生产的快速发展,农村贫困人口迅速减少。据统计,1978—1984年,我国农业产出平均每年保持了7.7%的增长速度。1981—1984年,按一天1美元的收入标准,我国农村贫困发生率从49%下降到24%。1984年,农村居民的恩格尔系数降低到59%。② 1980—1984年,农民人均纯收入由191.33元增加到355.33元,年均增加近33元,年均增长15.9%。③ 按国家贫困线测算,农村贫困人口从1978年的2.5亿降到1985年的1.25亿。④ 大部分人基本解决了温饱问题。

二 社会主义市场经济体制改革促进农村总体小康

1985—2002年,我国实施了以建立社会主义市场经济体制为核心

---

① 张春光等:《农村全面建设小康社会及评价体系研究》,山东人民出版社2004年版,第92页。
② 同上书,第93页。
③ 秦兴洪、廖树芳、武岩:《近50年来中国农民收入变动的五大特征考察》,《学术研究》2003年第11期。
④ 韩建民等:《西部农村贫困与反贫困路径选择》,中国农业出版社2012年版,第44页。

的经济体制改革,进一步解放了生产力,促进了农村总体小康的实现。

(一)以社会主义市场经济为导向的改革

在20世纪80年代初农村经济快速发展之后,农村出现了"卖粮难"现象,亟须解决严重制约农村经济进一步发展的农产品流通体制问题。1985—1988年,国家重点进行农产品流通体制改革。1985年1月,中央出台了《关于进一步活跃农村经济的十项政策》,改革农产品的统购派购制度,实行合同定购制度,1990年又实行国家定购制度。同时,国家鼓励发展乡镇企业,1986年发布的中央一号文件放宽了乡镇企业贷款的条件,促进了乡镇企业的发展。乡镇企业的快速崛起有效地拓展了农民的增收门路,增加了农民收入。据统计,1989年,农民年人均纯收入601.5元,比1978年增长了4.5倍,年均增速达28.5%,快于改革开放前30年的4.4%的年均增速。1989年,年人均纯收入500—1000元的农户占农户总数的40.4%,超过1000元的农户占农户总数的12.9%。[1] 按照不变价格计算,1987年我国GDP达到9129亿元,提前三年实现了国民生产总值比1980年翻一番的目标。[2]

1989—1992年是国民经济调整时期。农村深化改革主要围绕发挥市场调节作用,提高农业生产力展开。首先,大幅提高粮食销售价格,使粮食购销同价,1991—1992年提价幅度达140%。其次,培育农产品市场,先后建立了一批区域性、综合性、专业批发市场,为农产品市场调节奠定了基础。1992年邓小平南方谈话进一步解放了思想,中共十四大明确提出了建设社会主义市场经济体制的目标,农产品购销"双轨制"逐步被取消。中共十四届三中全会通过的《中共中央关于建立社会主义市场经济体制若干问题的决定》进一步明确了社会主义市场经济体制的基本框架。随着《农业法》《乡镇企业法》等法律法规的颁布,农村经济运行体制进一步规范化,特别是土地的二次承包期延长到30年,夯实了农业稳步发展的制度基础。

另外,为了加快贫困地区农村的发展,1980年,中央设立了"支持经济不发达地区发展资金",专项支持少数民族地区、老革命根据

---

[1] 张春光等:《农村全面建设小康社会及评价体系研究》,山东人民出版社2004年版,第93页。
[2] 胡鞍钢:《2020年中国全面建成小康社会》,清华大学出版社2012年版,第18页。

地、边远地区和贫困地区的发展。1984年,中央发布了《关于帮助贫困地区尽快改变面貌的通知》,将18个贫困带作为重点进行扶持。1986年6月,国务院贫困地区经济开发领导小组成立,标志着我国进入开发式扶贫阶段。该机构1993年更名为国务院扶贫开发领导小组,负责组织、领导、协调、监督、检查贫困地区扶贫开发工作。1994年3月,国务院启动"八七扶贫攻坚计划",计划用7年时间解决8000万贫困人口的脱贫问题。

1998年10月,中共十五届三中全会通过了《中共中央关于农业和农村工作若干重大问题的决定》,总结了农村改革成功的基本经验,为农业、农村的进一步发展指明了方向。该决定明确提出:我国农村总体上进入由温饱向小康迈进的阶段;要长期稳定以家庭承包经营为基础、统分结合的双层经营体制;土地使用权在自愿、有偿的原则下可以合理流转。这次会议首次提出"三农"问题是关系我国改革开放和现代化建设全局的重大问题,标志着农村小康进入了第二个快速推进的阶段。

(二)农村初步达到小康水平

20世纪最后20年里,通过深化改革,在农业经营制度改革和农业科技进步的推动下,农村社会面貌发生了翻天覆地的变化,农民生活水平整体达到温饱,并初步实现了小康。根据20世纪90年代初国家统计局制定的《全国农村小康生活水平的基本标准》,2000年全国农村小康实现程度达到了91.5%,16项具体指标中有12项接近或达到目标要求(见表2-1)。

表2-1　　　　　　　　　　2000年我国农村小康实现程度

指标	单位	2000年实际值	实现程度(%)
农村小康综合评价			91.5
一、收入分配			87.2
1. 人均纯收入	元	1066	85.1
2. 基尼系数		0.3536	100.0
二、物质生活			94.8
3. 恩格尔系数		0.4913	100.0
4. 蛋白质摄入量	克/日·人	71.26	86.6

续表

指标	单位	2000年实际值	实现程度（%）
5. 衣着消费支出	元/人	69.31	98.4
6. 钢木结构住房比重	%	79.75	99.3
三、精神生活			100.0
7. 电视机普及率	台/百户	≥70	100.0
8. 文化服务支出比重	%	≥10	100.0
四、人口素质			90.8
9. 人口平均预期寿命	岁	≥70	100.0
10. 劳动力平均受教育程度	年	7.67	83.5
五、生活环境			82.8
11. 已通公路的行政村比重	%	≥85	100.0
12. 安全卫生水普及率	%	64.7	36.8
13. 用电户比重	%	≥95	100.0
14. 已通电话的行政村比重	%	≥70	100.0
六、社会保障与社会安全			100.0
15. 享受社会五保人口比重	%	≥90	100.0
16. 万人刑事案件立案件数	件	≤20	100.0

注：人均纯收入和衣着消费支出额价值量指标按1990年可比价格折算。实现程度满分按100%计算，低于温饱值按0计算。

资料来源：转引自张春光等《农村全面建设小康社会及评价体系研究》，山东人民出版社2004年版，第91页。

从表2-1可以看出，我们虽然取得了巨大成就，但到2000年，我国农村小康实现进程指标明显不平衡。从16项具体指标看，安全卫生水普及率实现程度最低，仅达到36.8%，劳动力平均受教育程度仅实现83.5%，人均纯收入和蛋白质摄入量实现程度分别仅为85.1%、86.6%，形成了小康社会的短板。分地区看，东、中、西部地区实现程度也存在较明显的差距。2000年，东部地区12省（市、区）农村整体小康综合实现程度达到97%，中部地区农村整体小康生活实现程度达到90%，而西部地区农村整体小康生活综合实现程度仅为68%。[1]

---

[1] 张春光等：《农村全面建设小康社会及评价体系研究》，山东人民出版社2004年版，第90页。

从全国（包括城市和农村）小康社会实现情况看，依据1991年国家统计局等12个部门制定的"全国人民生活小康水平评价标准"和国家统计局数据，2000年在16项评价指标中，除农民人均纯收入、人均蛋白质摄入量、农村初级卫生保健三项指标基本合格以外，其他13项指标均完成或者超额完成。据测算，1990年全国小康实现程度为48%，2000年为96%，人民生活总体上达到小康水平。① 2000年年底，中国实现了从温饱向小康的历史性跨越，人民总体上实现了小康目标。中共十六大充分肯定了这一伟大成就，明确宣布：经过全党和全国各族人民的共同努力，我们胜利实现了现代化建设"三步走"战略的第一步、第二步目标，人民生活总体上达到小康水平。实际上，1995年我国GDP达到了19578亿元，提前5年实现了比1980年翻两番的目标。②

三 统筹城乡发展，稳步进军全面小康

21世纪，伴随着改革开放的深入发展，我国进入了城市反哺农村的阶段，建设更高水平的小康社会成为国家发展的基本目标。

（一）21世纪初通过农村深化改革迈向全面小康社会

中共十六大召开之后，我国农村改革进入了以工促农、以城带乡、工农互惠、城乡一体和农业农村农民综合发展的新阶段。2002年，中共十六大报告明确提出把发展作为执政兴国的第一要务。基于全面建设小康社会的重大历史任务和21世纪头20年战略机遇期判断，中共十六大报告在"三农"问题上明确提出：统筹城乡经济社会发展，坚持党在农村的基本政策，长期稳定并不断完善农业经营体制，有条件流转土地承包经营权，发展规模经营。中共十六大报告翻开了农村小康社会建设的新篇章，进一步深化了农村改革，推进了城乡协调发展，促进了农村综合开发。中共十六届三中全会进一步明确了要长期稳定并不断完善农业经营体制，逐步发展适度规模经营，保障粮食安全和农民合法权益，完善农产品市场体系，加大国家对农业的支持保护力度，深化农村税费改革，加快城镇化进程。2004年，在中共十六届四中全会上，胡锦涛提出了"两个趋向"的重要论断，即"纵观一些工业化国家的发展历程，在工业化初始阶段，农业支持工业、为工业提供积累是带有普

---

① 周鹏翔：《农村全面小康评价指标体系研究》，硕士学位论文，安徽大学，2006年。
② 胡鞍钢：《2020年中国全面建成小康社会》，清华大学出版社2012年版，第18页。

遍性的趋向；但在工业化达到相当程度以后，工业反哺农业、城市支持农村，实现工业与农业、城市与农村协调发展，也是带有普遍性的趋向"。该论断为建立和完善支农惠农、城乡统筹发展政策体系提供了有力的理论支撑。同年，中央发出了关于"三农"问题的一号文件，即《中共中央　国务院关于促进农民增加收入若干政策的意见》，提出了"多予、少取、放活"的方针，促进农民增收。紧接着，2005年10月，中共十六届五中全会通过的《中共中央关于制定国民经济和社会发展第十一个五年规划的建议》和2006年2月中共中央、国务院发布的《关于推进社会主义新农村建设的若干意见》，明确提出按照"生产发展、生活宽裕、乡风文明、村容整洁、管理民主"的要求，协调推进农村经济建设、政治建设、文化建设、社会建设和党的建设。此后，大量支农惠农政策相继出台。2007年，中共十七大报告进一步指出："三农"问题事关全面建设小康社会大局，必须始终作为全党工作的重中之重；强调走中国特色农业现代化道路，建立以工促农、以城带乡长效机制，形成城乡经济社会发展一体化新格局。2008年10月，中共十七届三中全会通过了《中共中央关于推进农村改革发展若干重大问题的决定》，专门研究了"三农"问题，在系统总结农村改革经验的基础上，进一步明确了党的农村改革发展方针。该决定首次系统提出了推进农村改革发展的"六大制度"，即稳定和完善农村基本经营制度，健全严格规范的农村土地管理制度，完善农业支持保护制度，建立现代农业金融制度，建立促进城乡经济社会发展一体化制度，健全农村民主管理制度。在这一阶段，支持农村发展的制度供给大量增加，为农村小康社会建设提供了有利的政策环境。

　　同时，支农惠农政策得到落实，农村综合改革逐步深化，农民享受到了前所未有的实惠。从2004年开始，国家实行种粮直补。从2006年起，国家全面取消了屠宰税、农业税、牧业税和特产税。农民告别了田赋，进入"种地有补贴"的时代。2006年，国家不仅免除了西部地区农村义务教育阶段学生学杂费，而且对贫困家庭学生免除书本费，并补助寄宿生生活费（简称"两免一补"）。2007年，"两免一补"政策在全国农村范围内推广。自2003年试点以后，新型农村合作医疗制度逐步得到推广，2008年全国农村基本普及，2012年参合率已超过95%。农村最低生活保障制度也于2007年在全国范围内建立，有效地保障了农村贫困群体的基本生活。2008 年,《中共中央 国务院关于全面推进集体林权制度改革的意见》出台,集体林权制度改革稳步推进。

（二）21 世纪第一个十年全面小康建设进展

根据中共十五大报告确定的"三步走"战略,2010 年是一个重要的时间节点。2010 年,我国国内生产总值达到 397983 亿元,约为 2000 年国内生产总值 89404 亿元的 4.4 倍,超过翻一番的预期目标。2010 年,农村居民人均纯收入 5919 元,约为 2000 年的 2253 元的 2.6 倍；农村居民家庭恩格尔系数为 0.411,比 2000 年的 0.49 下降了约 8 个百分点。① 国家统计局发布的《中国全面建设小康社会进程统计监测报告（2011）》显示：我国全面小康社会实现程度已由 2000 年的 59.6% 提高到 2010 年的 80.1%,提高 20.5 个百分点,平均每年提高 2.05 个百分点。其中,经济发展实现程度由 2000 年的 50.3% 提高到 2010 年的 76.1%,社会和谐实现程度由 2000 年的 57.5% 提高到 2010 年的 82.5%,人民生活质量实现程度由 2000 年的 58.3% 提高到 2010 年的 86.4%,民主法制实现程度由 2000 年的 84.8% 提高到 2010 年的 93.6%,文化教育实现程度由 2000 年的 58.3% 提高到 2010 年的 68.0%,资源环境保护实现程度由 2000 年的 65.4% 提高到 2010 年的 78.2%（见表 2-2）。② 从各具体指标看,一半指标实现程度超过 80%,其余大部分在 60% 以上。2020 年我国基本实现全面建成小康社会目标的规划是有坚实基础的。

表 2-2　　2010 年全面建设小康社会实现程度及与 2000 年比较　　单位:%

指标	2010 年	2000 年	提升
小康社会	80.1	59.6	20.5
一、经济发展	76.1	50.3	25.8
1. 人均 GDP	64.0		
2. R&D 经费支出占 GDP 比重	70.4		
3. 第三产业增加值占 GDP 比重	86.2		

---

① 《中华人民共和国 2010 年国民经济和社会发展统计公报》《中华人民共和国 2000 年国民经济和社会发展统计公报》。

② "全面建设小康社会统计监测"课题组:《中国全面建设小康社会进程统计监测报告（2011）》,《调研世界》2011 年第 12 期。

续表

指标	2010年	2000年	提升
4. 城镇人口比重	83.3		
5. 失业率（城镇）	100.0		
二、社会和谐	82.5	57.5	25.0
1. 基尼系数	79.8		
2. 城乡居民收入比	70.3		
3. 地区经济发展差异系数	100.0		
4. 基本社会保障覆盖率	72.8		
5. 高中阶段毕业生性别差异系数	100.0		
三、生活质量	86.4	58.3	28.1
1. 人均可支配收入	67.0		
2. 恩格尔系数	100.0		
3. 人均住房使用面积	100.0		
4. 五岁以下儿童死亡率	73.2		
5. 平均预期寿命	98.0		
四、民主法制	93.6	84.8	8.8
1. 公民自身民主权利满意度	91.1		
2. 社会安全指数	95.6		
五、文化教育	68.0	58.3	9.7
1. 文化产业增加值占GDP比重	55.0		
2. 居民文教娱乐服务支出占家庭消费支出比重	63.9		
3. 平均受教育年限	82.3		
六、资源环境保护	78.2	65.4	12.8
1. 单位GDP能耗	69.5		
2. 耕地面积指数	94.5		
3. 环境质量指数	76.7		

资料来源：根据《中国全面建设小康社会进程统计监测报告（2011）》整理。

然而，截至2010年，我国小康社会建设仍然是不平衡的。四大区域（东部地区、中部地区、西部地区和东北地区）发展明显不平衡。东部地区全面建设小康社会的实现程度为88.0%，东北地区为82.3%，中部地区为 77.7%，西部地区为 71.4%（见图 2-1）。从年均增长速度来看，东部地区增幅最大，中部地区次之，西部地区最小。①

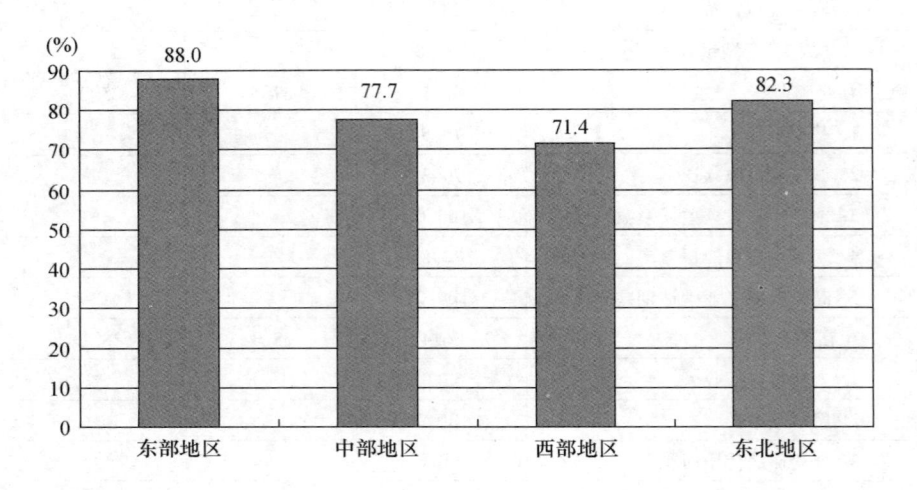

```
(%)
90    88.0
80          77.7                82.3
70                   71.4
60
50
40
30
20
10
 0
    东部地区  中部地区  西部地区  东北地区
```

图 2-1　2010 年我国四大区域全面建设小康社会实现程度

资料来源：根据《中国全面建设小康社会进程统计监测报告（2013）》整理。

（三）农村全面小康社会建设进程

全面建成小康社会最艰巨、最繁重的任务在农村，特别是欠发达地区的农村。从 2009 年监测数据来看，按照"全国农村小康标准"，2009 年我国农村全面小康建设实现程度达到 54.4%（见表 2-3）。

从表 2-3 可以看出，除了农村合作医疗覆盖率、农村居民基尼系数达到目标之外，其余各项与全面小康目标都还有较大距离。人均可支配收入、小城镇人口比重、农村养老覆盖率、万人农业科技人员数、平均受教育年限、农民文化娱乐支出比重等指标均未达到 50%。另外，从区域比较看，2009 年东部地区农村全面建设小康社会的实现程度为 73%，西部地区实现程度为 27.9%，分省份看，宁夏、云南、新疆、贵州、青海和甘肃农村全面小康实现程度小于 33%②（见图 2-2）。可

---

① "全面建设小康社会统计监测"课题组：《中国全面建设小康社会进程统计监测报告（2011）》，《调研世界》2011 年第 12 期。

② 周慧秋、李东：《我国农村全面建成小康社会的主要制约因素及对策》，《东北农业大学学报》（社会科学版）2013 年第 4 期。

以预见，东部地区农村有可能提前实现全面建设小康社会的目标，西部地区农村按期实现的难度较大。

表 2-3　　　2009 年农村全面建设小康社会实现程度

指标	单位	全面小康值	实际值	实现程度（％）
一、经济发展				50.5
1. 人均可支配收入	元/人	≥6000	3875	44.1
2. 第一产业劳动力比重	％	≤35	38.1	79.3
3. 小城镇人口比重	％	≥35	24.9	46.8
二、社会发展				72.2
1. 农村合作医疗覆盖率	％	≥90	94	100.0
2. 农村养老覆盖率	％	≥60	10	14.4
3. 万人农业科技人员数	人	≥4	2.4	46.7
4. 农村居民基尼系数	—	0.3—0.4	0.39	100.0
三、人口素质				15.0
1. 平均受教育年限	年	≥9	7.7	18.8
2. 平均预期寿命	年	≥75	69.5	0.0
四、生活质量				63.8
1. 恩格尔系数	％	≤40	41.0	88.9
2. 居住质量指数	％	≥75	47.1	51.1
3. 农民文化娱乐支出比重	％	≥7	4.7	48.9
4. 农民信息化程度	％	≥60	53.8	80.6
五、民主法制				92.7
1. 对村政务公开满意度	％	≥85	83	93.0
2. 农民社会安全满意度	％	≥85	83	92.0
六、资源环境				39.9
1. 常用耕地面积变动幅度	％	≥0	0	0.0
2. 森林覆盖率	％	≥23	20.4	60.0
3. 万元农业 GDP 用水量	立方米	≤1500	1724	79.6
综合实现程度				54.4

资料来源："农村全面建设小康社会进程监测"课题组：《我国农村全面建设小康社会实现进程过半》，《调研世界》2011 年第 2 期。平均预期寿命为 2000 年人口普查数，故实现程度用 0 表示。森林覆盖率为第七次全国森林资源清查数。常用耕地面积数据缺失，变动幅度取值为 0。农村养老覆盖率、万人农业科技人员数、平均受教育年限、对村政务公开满意度、农民社会安全满意度等根据典型调查推算。

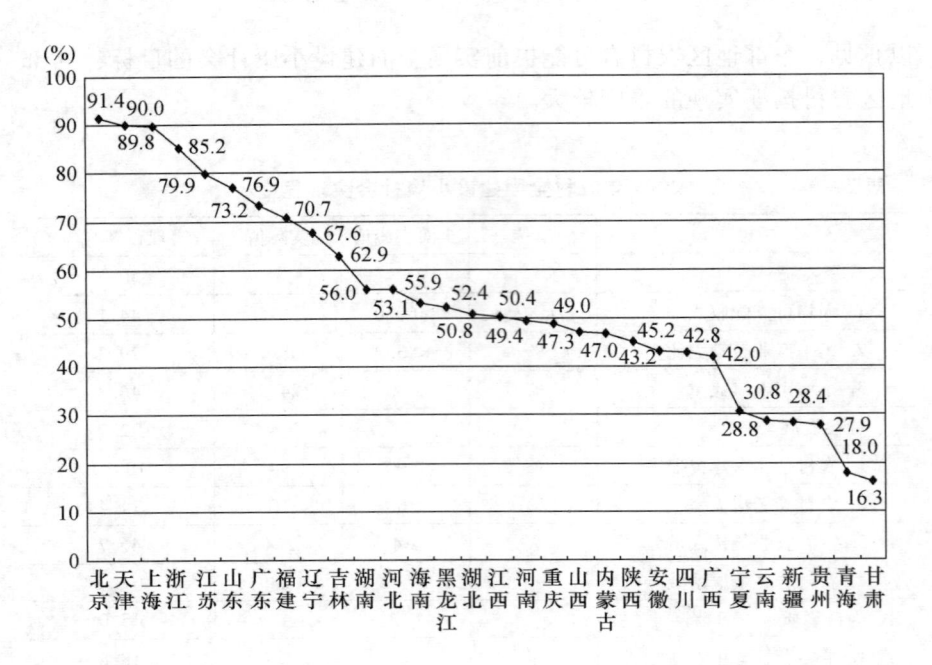

图 2-2　2009 年各省（市、区）农村全面建设小康
社会综合实现程度

资料来源：根据《2010 农村小康蓝皮书：中国农村全面建设小康监测报告》整理。西藏因缺少数据未列出。

（四）中共十八大以来农村改革的进一步深化

在农村经营制度的不断完善和科技的不断进步中，农业生产力不断进步，改革开放之初形成的以家庭联产承包为基础的农村经营体制已不能适应农业现代化的发展要求。特别是平均分配土地造成的土地细碎化、分散化状况不能满足现代农业规模化、集约化、产业化的发展要求，迫切需要改革。2012 年，中共十八大报告再次强调"解决好农业农村农民问题是全党工作重中之重"，明确指出"城乡一体化是解决'三农'问题的根本途径"，首次提出走中国特色的农业现代化道路，推动城镇化与农业现代化相互协调，促进农业现代化与工业化、信息化、城镇化同步发展；培育新型经营主体，发展多种形式的规模经营，构建集约化、专业化、组织化、社会化相结合的新型农业经营体系，加快完善城乡发展一体化体制机制。

为了落实中共十八大改革精神，中共十八届三中全会通过了《中共中央关于全面深化改革若干重大问题的决定》。该决定基于"城乡二元结构是制约城乡发展一体化的主要障碍"的分析，围绕农业现代化和城镇化进一步深化农村改革，做出了进一步推进农村发展的政策部署，如允许农村集体经营性建设用地出让、租赁、入股，并与国有土地同等入市、同权同价；在稳定土地承包关系的前提下，允许农民以承包经营权入股；赋予农民对承包地占有、使用、收益、流转及承包经营权抵押、担保权能；鼓励承包经营权在公开市场上向专业大户、家庭农场、农民合作社、农业企业流转，发展多种形式的规模经营；鼓励农村发展合作经济和承包经营权向专业大户、家庭农场、农民合作社、农业企业流转；扶持农业规模化、专业化、现代化经营；加快户籍制度改革，有序放开农民进城落户限制；等等。这些措施具有更强的针对性，切中了制约农村发展的要害，必将有力推进全面小康社会进程。

第四节　2020年农村全面建成小康社会目标解析

一　全面建成小康社会目标确立的依据

中共十五大报告明确提出了在建党100年时使国民经济更加发展、各项制度更加完善等目标。中共十六大报告进一步明确提出21世纪前20年全面建设小康社会的宏观要求，即经济更加发展、民主更加健全、科教更加进步、文化更加繁荣、社会更加和谐、人民生活更加殷实，并细分了经济、政治、社会事业、生态建设方面的具体目标。中共十七大报告不仅提出确保到2020年实现全面建成小康社会的目标，而且提出了新的更高要求，具体如下。

（1）经济建设方面。更加注重发展协调性，实现质量与速度、总量与人均、科技推动与体制完善、生产与消费、城市与农村、各区域协调统一。转变发展方式，实现经济又好又快发展，"翻两番"从GDP"总量"变为"人均"。强调降低资源能源消耗，保护环境，提升科技创新能力，促进消费拉动，建设社会主义新农村，等等。

（2）政治建设方面。更好保障人民权益，维护社会公平正义，有序扩大公民政治参与，建设法治政府，完善基层民主制度，增强政府基本公共服务能力。

（3）文化建设方面。强调提高全民族文明素质，让社会主义核心价值体系深入人心；基本建立公共文化服务体系，文化产业实现较大发展，国际竞争力增强，文化产品更为丰富。

（4）社会建设方面。进一步完善国民教育体系，基本形成终身教育体系，基本医疗卫生服务人人享有；就业更加充分，社会保障体系基本建立，合理有序收入分配格局基本形成，绝对贫困基本消除，社会管理体系更加健全。

（5）生态文明建设方面。建设生态文明更具可操作性，从产业结构、增长方式、消费模式入手实现能源资源节约和生态环境保护协调发展，进一步发展循环经济，开发利用可再生能源。强调有效控制主要污染物排放，生态环境质量明显改善，牢固树立生态文明观念。

综观中共十七大报告关于2020年全面建成小康社会的思想，它的新的更高要求主要体现在不仅继续强调了发展的速度、总量、协同性，而且突出了发展质量、效益，更为注重环境保护；不仅注重增长，而且注重分配；不仅注重制度体系的完善，而且注重思想观念、文明素质的提升。

中共十八大报告专门论述了全面建成小康社会的目标，明确提出要在中共十六大、十七大确立的目标的基础上，实现新的目标，具体如下：

（1）经济建设方面。促使经济持续健康发展，具体目标包括以下六个方面：①进一步促使经济发展方式由粗放型向集约型转变，取得重大进展。②在发展平衡性、协调性、可持续性明显增强的基础上，实现两个"翻一番"，即国内生产总值和城乡居民人均收入比2010年翻一番。相对于中共十七大报告提出的人均GDP翻一番，进一步提高了要求。③进一步推动科技创新，科技进步对经济增长的贡献率大幅上升，进入创新型国家行列。④首次将信息化列入战略目标，提出工业化、信息化、城镇化和农业现代化协调推进，基本实现工业化，大幅提升信息化水平，明显提高城镇化质量，显著提高农业现代化和社会主义新农村建设成效。⑤充分发挥各地区比较优势，区域协调发展机制基本形成。⑥进一步提高对外开放水平，使我国的国际竞争力显著增强。

（2）政治建设方面。不断扩大人民民主，主要体现在以下两个方面：①进一步推进政治体制改革,加强政治建设,使民主制度更加完善、民主形式更加丰富,人民的积极性、主动性、创造性进一步发挥；②进一步提高法治水平,基本建成法治政府,不断提高司法公信力,使人权得到切实尊重和保障。

（3）文化建设方面。显著增强文化软实力,具体包括以下四个方面：①作为兴国之魂的社会主义核心价值体系深入人心；②全面提高公民道德素质,明显提高公民文明素质和社会文明程度；③让人民享有健康丰富的精神生活,文化产品更加丰富,公共文化服务体系基本建成；④文化产业进一步发展,成为国民经济的支柱性产业,中华文化的影响力不断增强,中华文化"走出去"迈出更大步伐,社会主义文化强国的基础更加坚实。

（4）社会建设方面。全面提高人民生活水平,总体实现基本公共服务均等化,主要包括以下五个方面：①教育方面,明显提高全民受教育程度和创新人才培养水平,使我国进入人才强国和人力资源强国行列,基本实现教育现代化,促进人的全面发展；②就业方面,使社会就业更加充分；③分配方面,缩小收入分配差距,合理有序的收入分配格局基本形成,中等收入群体持续扩大并占多数,扶贫对象大幅减少,使改革成果惠及全体人民；④社会保障方面,社会保障覆盖全民,人人享有基本医疗卫生服务,住房保障体系基本形成,实现老有所养、住有所居、病有所医；⑤社会管理体系更加健全,社会和谐稳定,人民安居乐业。

（5）生态文明建设方面。资源节约型、环境友好型社会建设取得重大进展,具体包括以下四个方面：①优化国土开发格局,主体功能区布局基本形成；②全面促进资源节约,资源循环利用体系初步建立；③单位国内生产总值的能源消耗和二氧化碳排放量大幅降低,主要污染物排放总量显著减少；④实施重大生态修复工程,提高森林覆盖率,增强生态系统稳定性,明显改善人民居住环境。

中共十八大报告提出的全面小康目标任务与中共十六大、十七大报告所提出的目标是一脉相承的,是对前者的进一步明确和完善。从十六大报告到十八大报告,我们全面建成小康社会的目标、思路越来越清晰。

二 中共十六大全面建设小康社会指标体系

国际上没有关于小康社会评价标准的研究,但有大量关于现代化评价的研究成果，这为我国研究小康社会评价体系提供了借鉴。我国政府有关部门和学术界从20世纪90年代初开始研究小康社会评价指标体系。1990年，国家计委、国家统计局、中国社会科学院、农业部等部门就着手开始进行小康社会的"细化工作"。1990—1991年，中国社会科学院"小康社会研究"课题组出版了《2000年中国的小康社会》。1991年，国家统计局在综合各方面研究成果的基础上，提出了"中国小康标准""中国农村小康标准"和"中国城市小康标准"，并于1993年向国务院递交了"关于试行小康标准统计"的报告，确定了16项基本监测指标和小康临界值。2003年，中国社会科学院"全面建设小康社会指标体系研究"课题组出版了《中国小康社会》，其中也制定了一套标准，选取了五个方面28项指标。

2003年年初，根据中共十六大关于全面建设小康社会的目标和要求，国家统计局开始研究制定全面建设小康社会统计监测指标体系。2005年6月国家统计局全面小康课题组出台了《中国全面小康社会统计监测系统研究报告》，该报告提出的监测系统包括了六个方面的25项指标。2007年，根据中共十七大对全面小康社会的新要求，国家统计局又对指标体系做了重要修订。2008年6月，国家统计局正式印发了《全面建设小康社会统计监测方案》（国统字〔2008〕77号）。全国全面建设小康社会指标体系主要从经济发展、社会和谐、生活质量、民主法制、文化教育、资源环境六个方面23项指标来监测全面建设小康社会进展情况（见表2-4）。

表2-4　　　　全面建设小康社会统计监测指标体系

监测指标	单位	权重（%）	标准值（2020年）
一、经济发展		29	
1. 人均GDP	元	12	≥31400
2. R&D经费支出占GDP比重	%	4	≥2.5
3. 第三产业增加值占GDP比重	%	4	≥50
4. 城镇人口比重	%	5	≥60
5. 失业率（城镇）	%	4	≤6
二、社会和谐		15	0
6. 基尼系数	—	2	≤0.4

续表

监测指标	单位	权重（%）	标准值（2020年）
7. 城乡居民收入比	以农为1	2	≤2.80
8. 地区经济发展差异系数	%	2	≤60
9. 基本社会保险覆盖率	%	6	≥90
10. 高中阶段毕业生性别差异系数	%	3	=100
三、生活质量		19	
11. 居民人均可支配收入	元	6	≥15000
12. 恩格尔系数	%	3	≤40
13. 人均住房使用面积	平方米	5	≥27
14. 5岁以下儿童死亡率	‰	2	≤12
15. 平均预期寿命	岁	3	≥75
四、民主法制		11	
16. 公民自身民主权利满意度	%	5	≥90
17. 社会安全指数	%	6	≥100
五、文化教育		14	
18. 文化产业增加值占GDP比重	%	6	≥5
19. 居民文教娱乐服务支出占家庭消费支出比重	%	2	≥16
20. 平均受教育年限	年	6	≥10.5
六、资源环境		12	
21. 单位GDP能耗	吨标准煤/万元	4	≤0.84
22. 耕地面积指数	%	2	≥94
23. 环境质量指数	%	6	=100

注：①人均GDP、居民人均可支配收入、单位GDP能耗按2000年不变价计算。②以城镇登记失业率代替失业率。③居民人均可支配收入用农村居民人均纯收入代替。④失业率（城镇）、基尼系数、城乡居民收入比、地区经济发展差异系数、高中阶段毕业生性别差异系数和耕地面积指数为区间指标，每个区间指标的具体目标区间值，允许下上界限值如下：失业率（城镇），目标区间为［3,6］，允许下上界限值为［0,8］；基尼系数，目标区间为［0.3, 0.4］，允许下上界限值为［0, 0.5］；城乡居民收入比，目标区间为［1, 2.8］，允许下上界限值为［1, 4］；地区经济发展差异系数，目标区间为［0, 60］，允许下上界限值为［0, 80］；高中阶段毕业生性别差异系数，目标值为100，允许下上界限值为［80, 120］；耕地面积指数，目标区间为≥100，允许下界限值为90。

资料来源：《全面建设小康社会统计监测方案》。

三 农村全面小康社会建设目标

（一）农村全面小康评价体系的建立

基于中共中央提出的全面建设小康社会战略思想，国家统计局等有关部门着手制定农村全面小康社会评价标准。根据 2000 年实现初步小康的目标，1992 年国家统计局等 12 部门制定了《全国农村小康生活水平的基本标准》，该标准包括收入分配、物质生活、精神生活、人口素质、生活环境、社会保障与社会安全六个大项 16 个子项。这套标准根据当时人民生活的实际水平，以温饱为参照，体现了"衣食有余"的初步小康特点。随着我国进入小康社会，这套评价体系的使命已经完成。中共十六大报告提出了全面小康社会的明确目标，国家有关部门和研究机构着手制定全面小康社会的评价指标体系。2002 年中共十六大以后，国家统计局农调总队与中央政策研究室农村局成立了联合课题组。2003 年 9 月，国家统计局农村社会经济调查总队出台了农村全面建设小康社会研究报告，制定出了农村全面小康标准体系。该标准体系依据全面小康社会建设的战略构想，参考世界中等收入国家 2000 年前后有关指标的平均水平和我国农村 20% 最高收入农户有关指标的平均水平、2000 年城镇居民有关指标的平均水平、部分大城市郊区有关指标的平均水平，包括六个方面 18 个评价指标（见表 2-5）。这套评价体系充分体现了物质文明、政治文明、精神文明、生态文明等协调全面发展的全面小康社会要求，关注不同地区、不同阶层间的协调发展。这是目前全国监测农村全面小康社会进程的基本标准，2004 年开始执行。

表 2-5　农村全面小康社会评价标准

子目标	序号	指标名称	单位	权重（%）	总体小康值	全面小康标准
一、经济发展	1	农村居民人均可支配收入	元	20	2200	≥6000
	2	第一产业劳动力比重	%	5	50	≤35
	3	农村小城镇人口比重	%	4	16	≥35
二、社会发展	4	农村合作医疗覆盖率	%	8	10	≥90
	5	农村养老保险覆盖率	%	4	1.8	≥60
	6	万人农业科技人员数	人	4	1	≥4
	7	农村居民基尼系数	—	4	0.35	0.3—0.4

续表

子目标	序号	指标名称	单位	权重（%）	总体小康值	全面小康标准
三、人口素质	8	农村人口平均受教育年限	年	12	7.4	≥9
	9	农村人口平均预期寿命	年	3	69.5	≥75
四、生活质量	10	农村居民恩格尔系数	%	4	49	≤40
	11	农民居住质量指数	%	11	18	≥75
	12	农民文化娱乐支出比重	%	3	2.5	≥7
	13	农民生活信息化程度	%	5	28	≥60
五、民主法制	14	农民对村政务公开的满意度	%	3	55	≥85
	15	农民对社会安全满意度	%	3	60	≥85
六、资源环境	16	常用耕地增长率	%	3	-0.3	≥0
	17	森林覆盖率	%	2	16.5	≥23
	18	万元农业GDP用水量	立方米	2	2600	≤1500

资料来源：《农村全面小康测评方法及指标说明》。

（二）中共十八大对全面小康目标的提高

中共十八大提出了全面建成小康社会的目标和新要求。2013年10月，国家统计局按照全面建成小康社会的总体要求，制定了"各地区（省级）全面建成小康社会统计监测方案"，该指标体系由五个大方面39项指标组成（见表2-6），成为目前测算全面小康社会实现程度的主要标准。与2003年的方案相比，该方案更具体、全面。

表2-6　　　　　全面建成小康社会统计监测方案
（全国及各地区统一目标值）

	监测指标	单位	权重	目标值
一、经济发展	人均GDP（2010年不变价）	元	4.0	≥57000
	第三产业增加值占GDP比重	%	2.0	≥47
	居民消费支出占GDP比重	%	2.5	≥36
	R&D经费支出占GDP比重	%	1.5	≥2.5
	每万人口发明专利拥有量	件	1.5	≥3.5
	工业劳动生产率	万元/人	2.5	≥12
	互联网普及率	%	2.5	≥50
	城镇人口比重	%	3.0	≥60
	农业劳动生产率	万元/人	2.5	≥2

续表

	监测指标		单位	权重	目标值
二、民主法制	基层民主参选率		%	3.5	≥95
	每万名公务人员检察机关立案人数		人/万人	3.5	≤8
	社会安全指数	每万人口刑事犯罪人数	%	4.0	=100
		每万人口交通事故死亡人数			
		每万人口火灾事故死亡人数			
		每万人口工伤事故死亡人数			
	每万人口拥有律师数		人	3.0	≥2.3
三、文化建设	文化及相关产业增加值占GDP比重		%	3.0	≥5
	人均公共文化财政支出		元	2.5	≥200
	有线广播电视入户率		%	3.0	≥60
	每万人口拥有"三馆一站"公用房屋建筑面积		平方米	2.5	≥450
	城乡居民文化娱乐服务支出占家庭消费支出比重		%	3.0	≥6
四、人民生活	城乡居民人均收入（2010年不变价）		元	4.0	≥25000
	地区人均基本公共服务支出差异系数		%	1.5	≤40
	失业率		%	2.0	≤6
	恩格尔系数		%	2.0	≤40
	基尼系数		—	1.5	≤0.4
	城乡居民收入比		以农为1	1.5	≤2.8
	城乡居民家庭人均住房面积达标率		%	2.0	≥60
	公共交通服务指数	每万人拥有公共交通车辆	标车	2.0	=100
		行政村客运班线通达率	%		
	平均预期寿命		岁	2.0	≥76
	平均受教育年限		年	2.0	≥10.5
	每千人口拥有执业医师数		人	1.5	≥1.95
	基本社会保险覆盖率		%	3.0	≥95
	农村自来水普及率		%	1.5	≥80
	农村卫生厕所普及率		%	1.5	≥75

续表

	监测指标		单位	权重	目标值
五、资源环境	单位GDP能耗（2010年不变价）		吨标准煤/万元	3.0	≤0.6
	单位GDP水耗（2010年不变价）		立方米/万元	3.0	≤110
	单位GDP建设用地占用面积（2010年不变价）		公顷/亿元	3.0	≤60
	单位GDP二氧化碳排放量（2010年不变价）		吨/万元	2.0	≤2.5
	环境质量指数	PM2.5达标天数比例	%	4.0	=100
		地表水达标率			
		森林覆盖率			
		城市建成区绿化覆盖率			
	主要污染物排放强度指数	单位GDP化学需氧量排放强度	%	4.0	=100
		单位GDP二氧化硫排放强度			
		单位GDP氨氮排放强度			
		单位GDP氮氧化物排放强度			
	城市生活垃圾无害化处理率		%	3.0	≥85

注：全国单位GDP二氧化碳排放暂无数据，待有关部门公布时再纳入计算；复合指标环境质量指数中的PM2.5达标天数比例暂无数据，用城市空气质量达到二级以上天数占全年比重代替；各地区单位GDP二氧化碳排放量、基尼系数、每万名公务人员检察机关立案人数、地区人均基本公共服务支出差异系数数据无法取得，未纳入计算。

资料来源：《全面建设小康社会统计监测方案》。

同时，国家统计局充分考虑我国区域发展不平衡的实际情况，对部分指标按照东、中、西部地区做了区别安排，适当降低了中西部地区的部分目标值（见表2-7）。从表2-7可以看出，三大区域目标值不同的共有15项，其余24项相同。降低西部地区目标值虽然有利于该地区实现全面建成小康社会目标，但必将进一步扩大与东、中部地区的差距。

表 2-7　　东部、中部、西部地区差异化评价方案
（东部、中部、西部不同目标值）

	监测指标		单位	权重	东部地区目标值	中部地区目标值	西部地区目标值
一、经济发展	1. GDP（2010年不变价）		亿元	4.0	比2010年翻一番		
	2. 第三产业增加值占GDP比重		%	2.0	≥50	≥47	≥45
	3. 居民消费支出占GDP比重		%	2.5	≥36		
	4. R&D经费支出占GDP比重		%	1.5	≥2.7	≥2.3	≥2.2
	5. 每万人口发明专利拥有量		件	1.5	≥4.0	≥3.2	≥3.0
	6. 工业劳动生产率		万元/人	2.5	≥12		
	7. 互联网普及率		%	2.5	≥55	≥50	≥45
	8. 城镇人口比重		%	3.0	≥65	≥60	≥55
	9. 农业劳动生产率		万元/人	2.5	≥2		
二、民主法制	10. 基层民主参选率		%	3.5	≥95		
	11. 每万名公务人员检察机关立案人数		人/万人	3.5	≤8		
	12. 社会安全指数	每万人口刑事犯罪人数	%	4.0	=100		
		每万人口交通事故死亡人数					
		每万人口火灾事故死亡人数					
		每万人口工伤事故死亡人数					
	13. 每万人口拥有律师数		人	3.0	≥2.3		
三、文化建设	14. 文化及相关产业增加值占GDP比重		%	3.0	≥5		
	15. 人均公共文化财政支出		元	2.5	≥200		
	16. 有线广播电视入户率		%	3.0	≥60		
	17. 每万人口拥有"三馆一站"公用房屋建筑面积		平方米	2.5	≥450		
	18. 城乡居民文化娱乐服务支出占家庭消费支出比重		%	3.0	≥6		

续表

	监测指标		单位	权重	东部地区目标值	中部地区目标值	西部地区目标值
四、人民生活	19. 城乡居民人均收入（2010年不变价）		元	4.0	比2010年翻一番		
	20. 地区人均基本公共服务支出差异系数		%	1.5	≤40		
	21. 失业率		%	2.0	≤6		
	22. 恩格尔系数		%	2.0	≤40		
	23. 基尼系数		—	1.5	≤0.4		
	24. 城乡居民收入比		以农为1	1.5	≤2.6	≤2.8	≤3.0
	25. 城乡居民家庭人均住房面积达标率		%	2.0	≥60		
	26. 公共交通服务指数	每万人拥有公共交通车辆	标车	2.0	=100		
		行政村客运班线通达率	%				
	27. 平均预期寿命		岁	2.0	≥76		
	28. 平均受教育年限		年	2.0	≥10.5		
	29. 每千人口拥有执业医师数		人	1.5	≥1.95		
	30. 基本社会保险覆盖率		%	3.0	≥97	≥95	≥93
	31. 农村自来水普及率		%	1.5	≥85	≥80	≥75
	32. 农村卫生厕所普及率		%	1.5	≥80	≥75	≥70
五、资源环境	33. 单位GDP能耗（2010年不变价）		吨标准煤/万元	3.0	≤0.55	≤0.62	≤0.65
	34. 单位GDP水耗（2010年不变价）		立方米/万元	3.0	≤105	≤110	≤115
	35. 单位GDP建设用地占用面积（2010年不变价）		公顷/亿元	3.0	≤55	≤62	≤65
	36. 单位GDP二氧化碳排放量（2010年不变价）		吨/万元	2.0	—		
	37. 环境质量指数	PM2.5达标天数比例	%	4.0	=100		
		地表水达标率					
		森林覆盖率					
		城市建成区绿化覆盖率					

续表

	监测指标		单位	权重	东部地区目标值	中部地区目标值	西部地区目标值
五、资源环境	38. 主要污染物排放强度指数	单位GDP化学需氧量排放强度	%	4.0	=100		
		单位GDP二氧化硫排放强度					
		单位GDP氨氮排放强度					
		单位GDP氮氧化物排放强度					
	39. 城市生活垃圾无害化处理率		%	3.0	≥90	≥85	≥80

注：①东部地区包括北京、天津、河北、辽宁、上海、江苏、浙江、福建、山东、广东、海南11个省（市）；中部地区包括山西、吉林、黑龙江、安徽、江西、河南、湖北、湖南8个省；西部地区包括内蒙古、广西、重庆、四川、贵州、云南、西藏、陕西、甘肃、青海、宁夏、新疆12个省（市、区）。②复合指标环境质量指数中的PM2.5达标天数比例暂无数据，用城市空气质量达到二级以上天数占全年比重代替。③各地区单位GDP二氧化碳排放量、基尼系数、每万名公务人员检察机关立案人数、地区人均基本公共服务支出差异系数数据无法取得，未纳入计算。

资料来源：《全面建设小康社会统计监测方案》。

第五节 农村全面建成小康社会面临的现实困境

当前，通过积极努力，我国农村小康社会建设虽然取得一定成效，但其进程仍相对滞后，特别是农村贫困地区。综合分析，我国农村全面小康社会建设主要面临以下困难。

一 农民收入持续较快增长难度大

农村经济底子薄，基础设施建设滞后，农民收入在经历了20世纪80年代和90年代初的快速增长之后，从90年代中期开始，农民收入增长进入缓慢阶段。据统计，农民人均纯收入1997年增长4.6%，1998年增长4.3%，1999年增长3.8%，2000年增长2.1%，直到

2001年才出现反弹，增长4.2%。2003年农民人均纯收入为2575元，比上年增长约4%。① 2004年的中央一号文件再次将"三农"问题纳入重中之重，实施"多予、少取、放活"的政策方针，伴随着前所未有的优惠政策和强农惠农投入，农村经济又进入新的机遇期，人均纯收入从2004年的2936.4元增长到2013年的8895.9元，累计提高了5959.5元，去除通货膨胀因素，年均增速约9%（见表2-8）。

表2-8　　　　2004—2013年农村居民家庭人均纯收入

年份	2004	2005	2006	2007	2008	2009	2010	2011	2012	2013
金额（元）	2936.4	3254.9	3587.0	4140.4	4760.6	5153.2	5919.0	6977.3	7916.6	8895.9
人均纯收入指数（1978年=100）	588.0	624.5	670.7	734.4	793.2	860.6	954.4	1063.2	1176.9	1286.4
按指数计算的增长率（%）	6.8	6.2	7.4	9.5	8.0	8.5	10.9	11.4	10.7	9.3

资料来源：根据国家统计局网站数据整理。

2004—2013年的年均增速虽然不慢，但随着农村居民收入基数的增大，增速必然逐步减慢。由于国际经济环境复杂多变，我国经济整体面临增速放缓的压力，农民收入增长速度也将面临较大的下行压力。气候变化引起的自然灾害频繁，损失严重，使得农业收入不稳定性增强。制约农村经济发展的深层体制性障碍依然存在，严重制约着农民收入的持续稳定增长。农村居民增收难，特别是低收入农户，不仅收入少，而且家庭负担重。根据国家统计局网站数据，按收入五等份划分的农村居民家庭情况，2012年农村低收入户平均每户常住人口是4.5人，平均每户劳动力2.9人，平均每个劳动力负担人口1.5人，为五等份中最多的；人均纯收入2316.2元，其中人均工资性纯收入993.4元，经营性纯收入937.7元，财产性纯收入52.7元，转移性纯收入332.4元，明显低于其他等份收入群体的收入。

---

① 柯鸿芳：《农民增收缓慢问题分析》，《引进与咨询》2006年第7期。

二 城乡、区域发展差距扩大

进入21世纪,城乡居民收入差距从2000年的2.79:1扩大到2007年的3.33:1,2010年开始缩小,之后逐年缩小,但幅度不大,城镇居民人均可支配收入仍是农村居民人均纯收入的3倍以上。从绝对数看,两者的差距已从2000年的4027元扩大到2013年的18059元(见表2-9)。城乡居民收入差距的不断扩大,必将导致农村优质资源加快向城镇集中;农村发展后劲不足,进一步发展受到抑制。

表2-9　　　　2000—2013年我国城乡居民收入差距

年份	农村居民人均纯收入(元)	城镇居民人均可支配收入(元)	城乡绝对收入差(元)	城乡收入比(农村=1)
2000	2253	6280	4027	2.79
2001	2366	6860	4493	2.90
2002	2476	7703	5227	3.11
2003	2622	8472	5850	3.23
2004	2936	9422	6485	3.21
2005	3255	10493	7238	3.22
2006	3587	11760	8173	3.28
2007	4140	13786	9645	3.33
2008	4761	15781	11020	3.31
2009	5153	17175	12022	3.33
2010	5919	19109	13190	3.23
2011	6977	21810	14833	3.13
2012	7917	24565	16648	3.10
2013	8896	26955	18059	3.03

资料来源:根据国家统计局网站数据整理。

另外,我国农村经济社会发展地区不平衡特征明显,"从指标(农村全面小康社会建设)实现情况看,西部地区农村比东部落后10年,比中部落后5年左右。"① 以2013年三大地区农村居民人均纯收入为例（见图2-3），该年东部、中部为西部的1.93倍、1.27倍。

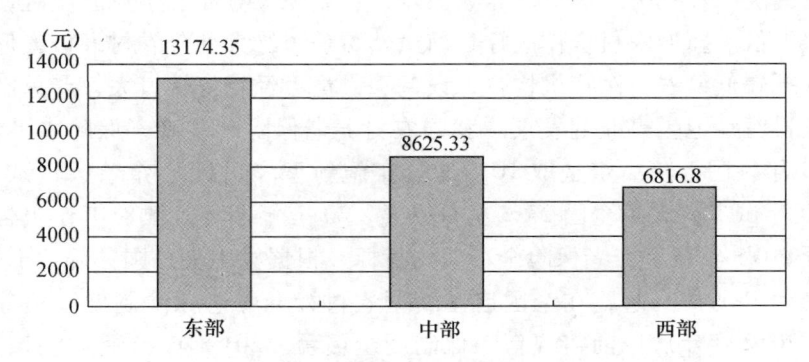

图2-3 2013年三大地区农村居民家庭人均纯收入

东部：13174.35；中部：8625.33；西部：6816.8（元）

资料来源：国家统计局网站。

三 农村社会发展滞后

农村的教育、医疗、社会保障等发展相对滞后，农民科学文化素质提升困难，自我发展能力相对不足。

首先，农村教育事业发展滞后制约了农民自身素质的提升，而素质的缺陷又制约了农民脱贫致富的进度。根据经济学家阿马蒂亚·森的理论，贫困不仅体现在收入水平上，更重要的是体现在劳动能力上，而教育是影响人的能力的最重要因素。农民受教育程度相对较低，而且随着人口城镇化，农村中素质较高、能力较强的劳动力大量流入城镇，留守农村的主要是素质和能力相对不足的老人、妇女等，真正从事农业生产的劳动者大部分文化程度在初中以下，甚至不少是文盲，这与社会主义新农村建设和农业现代化的发展要求不相适应。从前面的研究可知，2009年我国农民平均受教育年限为7.7年，全面小康实现程度仅为18.8%。某课题组2010—2011年对山西省留守农民的调查结果显示，留守农民中以初中及其以下文化程度为主，占84.73%；具有大专及以上文化程度的农民仅占0.60%。② 近年来，由于高等教育社会化的改

---

① 《农村全面小康面临六大难点，应首先从农民增收着力》，《人民日报》2006年4月30日。
② 孟繁华：《对加快农村小康社会建设的思考》，《学习论坛》2013年第8期。

革，大学毕业生"就业难"状况凸显，中高等教育的投资回报率下降，损害了农村家庭投资子女教育的积极性。

其次，农村医疗保险、养老保险、农业保险等社会事业起步晚，保障水平低。新型农村合作医疗目前虽然覆盖了绝大部分农村人口，但保障水平较低，农村医疗机构少，设备、人员、经费等缺口大，严重制约了农村医疗卫生事业的发展。我国农村养老保险起步晚，保障水平低。2009年，国务院决定选取10%的县实施新型农村社会养老保险试点；2010年试点扩大到全国23%左右的县；2011年国务院政府工作报告提出到2015年新型养老保险全覆盖的目标。根据党中央、国务院的部署，2012年7月1日起，在全国启动新型农村社会养老保险制度全覆盖工作，2012年年底以前实现新农保制度全覆盖。2012年10月12日，国务院召开全国新型农村和城镇居民社会养老保险工作总结表彰会议，标志着我国覆盖城乡居民的社会养老保障体系基本建立，提前完成试点目标任务。截至2012年，全国城乡居民参保人数达到4.8亿，其中领取养老金的老年居民达到1.3亿人。[1] 但新型农村养老保险的保障水平较低，最低标准基础养老金仅为55元。我国农村社会保险统筹层次还很低，各地区差异大，特别是东部沿海与中西部贫困地区经济发展水平差异大，使得农村社会养老保险在关系转移过程中面临筹资机制和支付待遇水平等诸多实际问题。[2]

最后，农村体育、文化事业等条件薄弱，农民精神文化生活单调乏味，黄、赌、毒等不良社会风气在农村蔓延。农村基层组织管理或服务能力不强，村"两委"领导农民进行小康社会建设的能力不足。农村集体经济整体薄弱，公共积累少，集体经济发展面临欠缺资金、技术、人才、项目等困难，不能满足农村小康社会建设的现实需要。"无人管事""无钱办事"等现象在欠发达地区农村比较常见。

四 农业现代化发展滞后

农业是国民经济的基础，是社会安全稳定的保障，更是农民增收的重要渠道。然而，我国农业现代化发展长期滞后，成为现代化的难点和

---

[1] 财政部社会保障司：《新型农村和城镇居民社会养老保险制度实现全覆盖》，《中国财政年鉴》2013年第1期。

[2] 郑军、张海川：《我国农村社会养老保险覆盖率低的实证考察与政策建议》，《保险研究》2012年第2期。

短板。一是耕地不断被城镇化、基础设施建设等侵蚀，耕地面积逐渐缩小，土壤肥力逐步下降。二是规模化、产业化、科技化进程滞后，生产规模小、零碎化经营，导致生产成本高；产业链条短，农副产品加工层次低，产品附加值不高，市场竞争力弱，商品化程度不高，导致农民从农业中增收困难；过度使用化肥、农药等有害物质，使得食品安全性下降，农产品面临信任危机。三是我国农业人口众多，平均分配土地使得农业经营管理高度分散、细碎，流转成本高，成为我国农业现代化的主要体制瓶颈。农地经营管理体制的改革涉及千家万户，不得不高度谨慎；然而，若改革的进程太慢，必然会影响农村全面小康社会的实现进程。四是农业基础设施薄弱，粮食生产仍然靠天吃饭，耕地不足、水资源紧缺、自然灾害、农资价格高企、农业劳动力数量减少以及农业产业结构不合理等严重制约了粮食供给的持续增长，导致我国粮食自给率持续降低。近年来，我国主要农产品净进口数量年年增长，反映了我国农业发展的困境。

五　特困地区农村按期实现全面小康目标困难

我国农村贫困人口总量大，贫困发生的区域性特征显著。按照2300元（2010年不变价）的贫困标准，2013年我国农村贫困人口仍有8249万，贫困发生率为8.5%，参考国际标准农村贫困人口还有2亿多；全国有12万个贫困村、832个国家扶贫开发工作重点县和连片特困地区县。[①] 贫困发生的区域性特征显著，农村贫困人口的2/3集中在西部地区。以2010年为例，该年全国农村贫困人口2688万，东部地区124万，中部地区813万，西部地区1751万，占全国农村贫困人口的比重分别为4.6%、30.3%和65.1%。2009年，西部地区农村全面小康实现程度仅为27.9%。[②] 西部贫困地区农民受教育程度普遍偏低，科学文化素质相对不高，特殊贫困人口多，社会发展滞后，自然条件制约程度深，扶贫开发难度大，实现全面小康目标的形势严峻，任务艰巨，是全面建成小康社会的短板和难点。

---

① 黄俊毅：《我国两年再减贫3989万人　农村贫困发生率从12.7%下降到8.5%》，《经济日报》2014年10月15日。

② 周慧秋、李东：《我国农村全面建成小康社会的主要制约因素及对策》，《东北农业大学学报》（社会科学版）2013年第4期。

第六节 甘肃全面建成小康社会的可行性

甘肃省作为西部省份，全面小康社会建设起点低、底子薄，进程相对缓慢。经甘肃省统计部门综合评定，依照2008年的23项监测指标，2007年全省实现了总体小康（实现程度达到91.8%），但比全国晚了7年（2000年全国总体小康实现程度已达到96%）。综合全面小康社会建设进程看，2010年甘肃全面小康建设实现进程为62.7%，各项监测指标纵向和横向比较见表2-10。

从表2-10可以看出，2010年甘肃省的人均GDP、城乡居民收入比、地区经济发展差异系数、居民人均可支配收入、文化产业增加值占GDP比重等与全面小康社会目标差距在60%以上。第三产业增加值占GDP比重、城镇人口比重、人均住房使用面积、文化产业增加值占GDP比重比全国平均水平落后10年或以上。这些方面是甘肃全面建成小康的难点，集中反映了甘肃城乡经济发展不足、收入差距较大、科技文化发展滞后等突出问题。如果按照2013年的39项监测指标，我们从表2-11可以看出2010—2013年甘肃省全面小康实现程度与全国的差距。

表2-10　2010年甘肃省全面建设小康社会实现程度纵向与横向比较

监测指标	纵向差距		横向差距		
	与完全实现全面小康社会的差距（%）	实际值与2020年目标值差距	与全国差距（%）	相当于全国哪一年的水平	与全国差距（年）
一、经济发展					
1. 人均GDP	62.9	19751元	26.9	2004年	6
2. R&D经费支出占GDP比重	59.3	1.48%	29.7	2001年	9
3. 第三产业增加值占GDP比重	25.4	1.27%	11.6	2000年之前	≥10
4. 城镇人口比重	39.8	23.9%	23.1	2000年	10
5. 失业率（城镇）	0.0	0.0%	0.0	2010年	0

续表

监测指标	纵向差距		横向差距		
	与完全实现全面小康社会的差距（%）	实际值与2020年目标值差距	与全国差距（%）	相当于全国哪一年的水平	与全国差距（年）
二、社会和谐					
6. 基尼系数	42.9	0.065	22.7	低于2008年或2009年	有波动
7. 城乡居民收入比	76.7	0.65	65.9	低于2009年	有波动
8. 地区经济发展差异系数	100.0	34.7%	100.0	低于2002年	有波动
9. 基本社会保险覆盖率	31.7	28.57	4.5	2009年	1
10. 高中阶段毕业生性别差异系数	1.8	2.68	1.8	2005年	5
三、生活质量					
11. 居民人均可支配收入	65.1	7765元	32.1	2003年	7
12. 恩格尔系数	4.9	2.06%	4.9	2003年或2005年	5—7
13. 人均住房使用面积	47.8	12.9	47.9	2000年之前	≥10
14. 5岁以下儿童死亡率	0.0	−0.65‰	0.0	2010年	0
15. 平均预期寿命	0.4	0.3岁	0.0	2010年	0
四、民主法制					
16. 公民自身民主权利满意度	8.9	7.12%	0.0	2010年	0
17. 社会安全指数	14.3	14.3%	9.9	2003年或2004年	有波动
五、文化教育					
18. 文化产业增加值占GDP比重	74.6	3.73%	29.6	2000年之前	≥10
19. 居民文教娱乐服务支出占家庭消费支出比重	41.8	6.68%	5.7	低于2009年	有波动
20. 平均受教育年限	23.7	2.49年	6.0	2005年	5

续表

监测指标	纵向差距		横向差距		
	与完全实现全面小康社会的差距（%）	实际值与2020年目标值差距	与全国差距（%）	相当于全国哪一年的水平	与全国差距（年）
六、资源环境					
21. 单位 GDP 能耗	47.7	1.15 吨标准煤/万元	27.2	低于 2005 年	有波动
22. 耕地面积指数	0.0	≤0.0%	0.0	2010 年	0
23. 环境质量指数	20.9	20.9%	0.0	2010 年	0

注：此表是按 2008 年 23 项监测指标体系监测的结果。

资料来源：刘进军、聂佃忠：《甘肃省经济社会跨越式发展的指标、难点与方案选择研究》，《甘肃社会科学》2012 年第 4 期。

表 2-11　　　　　2010—2013 年甘肃省小康指数　　　　　单位：%

监测指标		2010 年	2011 年	2012 年	2013 年
一、经济发展		53.29	57.19	61.97	65.29
1. 人均 GDP（2010 年不变价）		28.27	31.74	35.61	39.32
2. 第三产业增加值占 GDP 比重		79.34	83.19	85.47	87.15
3. 居民消费支出占 GDP 比重		100.00	100.00	100.00	100.00
4. R&D 经费支出占 GDP 比重		40.67	38.67	42.82	42.71
5. 每万人口发明专利拥有量		12.76	17.44	23.38	30.03
6. 工业劳动生产率		72.37	86.44	97.46	99.27
7. 互联网普及率		51.17	54.60	62.00	69.40
8. 城镇人口比重		60.20	61.92	64.58	66.88
9. 农业劳动生产率		32.43	36.93	43.28	49.33
二、民主法制		78.34	79.10	78.19	79.78
10. 基层民主参选率		94.74	96.19	96.19	99.09
11. 每万名公务人员检察机关立案人数		—	—	—	—
12. 社会安全指数	每万人口刑事犯罪人数	94.98	94.70	91.40	91.58
	每万人口交通事故死亡人数				
	每万人口火灾事故死亡人数				
	每万人口工伤事故死亡人数				
13. 每万人口拥有律师数		37.01	38.36	39.57	41.52

续表

监测指标	2010年	2011年	2012年	2013年
三、文化建设	56.26	62.81	67.32	73.76
14. 文化及相关产业增加值占GDP比重	25.20	24.80	27.60	33.74
15. 人均公共文化财政支出	77.62	86.05	100.00	100.00
16. 有线广播电视入户率	45.62	47.62	50.75	59.08
17. 每万人口拥有"三馆一站"公用房屋建筑面积	78.28	100.00	100.00	100.00
18. 城乡居民文化娱乐服务支出占家庭消费支出比重	61.83	65.65	69.14	84.73
四、人民生活	63.47	68.34	71.31	75.63
19. 城乡居民人均收入（2010年不变价）	27.81	30.31	34.61	38.06
20. 地区人均基本公共服务支出差异系数	—	—	—	—
21. 失业率	100.00	100.00	100.00	100.00
22. 恩格尔系数	95.07	98.99	100.00	100.00
23. 基尼系数				
24. 城乡居民收入比	23.29	25.75	29.58	42.14
25. 城乡居民家庭人均住房面积达标率	30.00	39.70	41.34	57.29
26. 公共交通服务指数 / 每万人拥有公共交通车辆 / 行政村客运班线通达率	80.68	84.82	85.11	91.54
27. 平均预期寿命	95.04	95.25	95.47	95.71
28. 平均受教育年限	78.00	79.71	81.62	83.33
29. 每千人口拥有执业医师数	76.92	82.05	87.18	89.23
30. 基本社会保险覆盖率	64.73	80.79	91.13	92.70
31. 农村自来水普及率	74.05	76.11	79.01	82.69
32. 农村卫生厕所普及率	81.68	90.67	88.60	89.13
五、资源环境	44.64	46.01	49.34	53.29
33. 单位GDP能耗（2010年不变价）	41.74	42.82	44.68	46.84
34. 单位GDP水耗（2010年不变价）	37.22	41.49	46.63	52.28
35. 单位GDP建设用地占用面积（2010年不变价）	25.31	28.47	32.05	41.15
36. 单位GDP二氧化碳排放量（2010年不变价）	—	—	—	—

续表

监测指标		2010年	2011年	2012年	2013年
37. 环境质量指数	PM2.5达标天数比例	81.57	82.69	87.04	88.97
	地表水达标率				
	森林覆盖率				
	城市建成区绿化覆盖率				
38. 主要污染物排放强度指数	单位GDP化学需氧量排放强度	29.94	25.97	30.35	34.98
	单位GDP二氧化硫排放强度				
	单位GDP氨氮排放强度				
	单位GDP氮氧化物排放强度				
39. 城市生活垃圾无害化处理率		44.65	49.06	49.04	49.75
甘肃小康指数		57.61	61.28	64.55	68.57
全国小康指数		75.16	79.27	83.55	—

资料来源：根据甘肃省政府扶贫资料整理。

在以上五个大项中，2013年最高的"民主法制"指数为79.78%，最低的"资源环境"指数为53.29%。除了四个小项缺少数据外，在35个小项中，实现程度超过80%的有18项，低于60%的有16项，最低的指数只有30.03%。在与农村直接相关的18项指标中，2013年只有2项（"三馆一站"覆盖率、恩格尔系数）达到小康目标。根据发展趋势，有7项（基层民主参选率、有线广播电视入户率、城乡居民文化娱乐服务支出占家庭消费支出比重、公共交通服务指数、基本社会保险覆盖率、农村自来水普及率、农村卫生厕所普及率）可能按期接近目标值。这些指标属于农村民主政治建设和社会建设，受自然条件约束相对较小，通过增加投入和努力工作就可以提高。这些方面取得的成就表明甘肃省各级党委和政府在"三农"上做了大量扎实的工作。但还有9项（人均GDP、城镇人口比重、农业劳动生产率、城乡居民家庭人均住房面积达标率、城乡居民人均收入、城乡居民收入比、单位GDP水耗、单位GDP建设用地占用面积、环境质量指数①）实现程度都在70%以下，城乡居民人均收入实现程度不到40%，距离目标值较远，

---

① 环境质量指数的子项森林覆盖率2013年小康指数只有49.04。

按期达标的难度很大。这些指标与经济发展的速度、质量密切相关，且权重较大，表明甘肃农村经济发展的基础薄弱，受客观条件约束严苛，发展水平相对较低。可以预见，到2020年，甘肃实现全面建成小康目标还有较大困难。

从以上分析可以看出，经济发展的基础薄弱，发展速度长期相对较慢，发展质量不高，是制约甘肃全面小康社会建设实现进程的最主要瓶颈。甘肃自清代以来就有"苦瘠甲天下"之称。改革开放以来，甘肃经济虽然也进入了快速发展的时期，但与东、中部地区的差距却逐渐拉大，成为全国全面建成小康社会的短板地区。近十年来，甘肃城乡居民人均纯收入较低，位居全国省级单位后列，而且与全国平均水平的差距越来越大（见表2－12）。从全国排名来看，甘肃城乡居民人均收入排名处于最后几位。其中，2011—2012年甘肃城乡居民收入排名居全国末位，2007—2013年农村居民人均纯收入连续处于末位。甘肃城乡居民收入，特别是农村居民收入与全国平均收入水平差距扩大的趋势到目前仍未改变。2013年甘肃农村居民人均纯收入为5107.76元，为全国平均水平的57.4%，约为收入最高的上海的26%。

表2－12　　2003—2013年甘肃省城乡居民收入及与全国平均水平比较　　单位：元

年份		2003	2004	2005	2006	2007	2008	2009	2010	2011	2012	2013
城镇居民	人均可支配收入	6657.2	7376.7	8086.8	8920.6	10012.3	10969.4	11929.8	13188.6	14988.7	17156.9	18964.78
	与全国差距	-1818.0	-2044.9	-2406.2	-2838.9	-3773.5	-4811.4	-5244.9	-5920.8	-6821.1	-7407.8	-7990.22
农村居民	人均纯收入	1673.1	1852.2	1979.9	2134.1	2328.9	2723.8	2980.1	3424.7	3909.4	4506.7	5107.76
	与全国平均水平差距	-949.1	-1084.2	-1275.0	-1452.9	-1811.5	-2036.8	-2173.1	-2494.3	-3067.9	-3409.9	-3788.24

资料来源：2003—2012年数据来源于国家统计局网站，2013年数据来源于政府国民经济和社会发展公报。

从甘肃省近年来的发展速度看，2010—2013年，甘肃小康指数年均提高3.65个百分点，这是历史最高水平。但按照2013年的39项监测指标看，甘肃全面建成小康社会进程仍低于全国平均水平约18个百分点，大概相当于2008年全国平均水平。据测算，要在2015—2020年的6年时间里达到全面小康目标，甘肃小康指数必须每年提高4.5个百分点。因此，尽管甘肃省的经济社会发展呈现改革开放以来最好的态势，但难以在2020年完全达到全面建成小康社会的预期目标。以人均GDP和居民人均可支配收入为例，要甘肃在2015年后不到六年的时间里，达到2008年的23项监测指标要求，则人均GDP年均增速需达到10.11%，人均可支配收入年均增速需达到11.17%；要达到2013年的39项监测指标要求，则人均GDP年均增速需达到15.23%，人均可支配收入年均增速需达到15.58%。这样的高增速显然是难以达到或保持的。有学者研究指出：若按照甘肃省2000—2010年建设小康社会的年均增长幅度1.73%测算，到2020年甘肃省全面建成小康社会实现程度将达到80%（按照2008年23项监测指标计算），相当于全国2010年的水平（全面建设小康社会实现程度为80.1%）；到2030年实现程度为97.3%，才能基本达到小康要求；到2031年和2032年才能全面实现小康的既定目标，届时实现程度将达到99.03%、100.76%。若按照"十一五"期间年均3.0%的增长幅度测算，到2020年实现程度将达到92.7%，基本实现全面小康的既定目标；到2023年甘肃省全面小康的实现程度将能达到101.7%，完全实现全面小康的既定目标。[①] 随着扶贫开发的推进，甘肃实现全面小康速度进一步加快。2014年全省小康指数为72.36%，比上年提高了3.79个百分点。2010—2014年，年均提高3.69个百分点，高于全国（年均提高3.5个百分点）0.19个百分点。[②]

甘肃达到全面小康目标的短板和难点在于贫困地区，三大集中连片特困地区小康指数较低。2014年，六盘山片区贫困县平均小康指数为65.78%，低于全省6.58个百分点；秦巴山片区贫困县平均小康指数为

---

① 刘进军、聂佃忠：《甘肃省经济社会跨越式发展的指标、难点与方案选择研究》，《甘肃社会科学》2012年第4期。
② 包东红、刘克明：《2016甘肃发展报告》，甘肃人民出版社2016年版，第254—256页。

64.69%，低于全省7.67个百分点；四省藏区贫困县平均小康指数为68.63%，低于全省3.73个百分点。58个片区贫困县平均小康指数为66.05%，低于全省6.31个百分点。各片区贫困县小康指数差距显著，最高的平凉市崆峒区达81.85%，最低的临夏州东乡县只有49.18%。58个县中小康指数实现程度70%以上的有13个，占比22.41%；60%—70%的有38个，占比65.52%；60%以下的7个，占比12.07%。从各个小项来看，按照全国统一方案，平均小康指数在50%以下的指标有9项，即人均GDP（平均小康指数为26.28%）、R&D经费支出占GDP比重（15.19%）、每万人发明专利拥有量（6.92%）、城镇人口比重（48.08%）、每万人拥有律师数（14.25%）、城乡居民人均收入（28.66）、文化及相关产业增加值占GDP比重（33.89%）、有线广播电视入户率（32.6%）、单位GDP建设用地占用面积（38.84%）。① 这些指标与全省平均水平也存在较大差距，是短板中的短板。可见，贫困地区实现全面小康任务更为艰巨，形势更为严峻，其经济社会建设成效对于全省按期实现全面小康目标至关重要。

当然，对于国家统计局出台的监测指标体系，学界一直存在争议，实践中也存在值得商榷的地方。如果指标体系建构的目标对于甘肃这样的贫困省份是一个经过不懈努力仍然无法按期实现的目标，其本身也值得反思。国家有关部门应该充分考虑我国各个地区经济社会水平的差异，更多注重各地区发展的过程，而不只是结果。对于甘肃这样的典型西部省份，应该注重其全面小康建设的不懈努力的光辉历程，注重纵向比较，而不是单纯注重其在2020年能够达到什么程度。

即便甘肃在未来几年实现跨越式发展，但随着基数的增大，增长速度必然在达到拐点后逐渐下降。另外，甘肃经济社会发展受制于宏观经济环境的制约。美国次贷危机、欧洲债务危机的阴影尚未消除，全球经济整体进入低速发展时期。随着全国经济进入新常态，国内经济下行压力必将持续加大。据经济学家蔡昉估算，从2010年开始，中国经济增长的人口红利消失，中国GDP潜在增长率将从2006—2010年的平均10.05%，下降到2011—2015的平均7.2%，进而下降到2016—2020

---

① 包东红、刘克明：《2016甘肃发展报告》，甘肃人民出版社2016年版，第254—256页。

年的平均 6.1%。世界银行预测,中国经济潜在增长率从 2010 年起将逐渐降低到 2015—2030 年的 5%。① 自然灾害、社会突发事件等不可预测因素也必然影响全面小康社会建设的进程。

甘肃全面小康社会建设也面临前所未有的机遇。最大的机遇就是大量优惠、扶持政策以及国家"向西开放"战略的实施。无论是兰州新区、华夏文明传承创新区的设立,还是"一带一路"战略的实施,以及中共十八大以后党和国家领导人多次亲临甘肃调研反贫困问题,都表现出甘肃小康社会建设面临大好历史机遇。"十二五"以来,甘肃省经济社会发展的速度明显提升(见表 2-13)。从表 2-13 可以看出,2012 年、2013 年连续两年甘肃城乡居民收入增速超过全国平均增速。2012 年城镇居民可支配收入、农村居民人均纯收入增速均超全国 1.84 个百分点;2013 年城镇居民可支配收入增速超全国 0.81 个百分点,农村居民人均纯收入增速超全国 0.97 个百分点。而且,甘肃农村居民收入增速超过城镇居民,这表明甘肃的发展进入快车道,可以预见,甘肃省在党中央的正确领导下,坚持沿着正确道路前进,有可能按期实现全面小康社会建设目标。

表 2-13　　2011—2013 年甘肃城乡居民收入、增长率及与全国的比较

年份	城镇居民人均可支配收入、增长率		农村居民人均纯收入、增长率	
	甘肃	全国	甘肃	全国
2011	14988.68 元 13.65%	21809.80 元 14.13%	3909.40 元 14.20%	6977.30 元 17.88%
2012	17156.89 元 14.47%	24564.70 元 12.63%	4506.70 元 15.30%	7916.60 元 13.46%
2013	18964.70 元 10.54%	26955.10 元 9.73%	5107.76 元 13.34%	8895.90 元 12.37%

资料来源:根据国家统计局网站的数据整理。

---

① 朱智文、罗哲:《甘肃蓝皮书:甘肃经济发展分析与预测(2014)》,社会科学文献出版社 2014 年版,第 86 页。

第三章 理论溯源：马克思主义农村发展和城乡关系理论

马克思主义理论科学揭示了人类社会发展的基本规律，是社会主义建设的理论基础和指导思想。马克思主义关于农村发展的思想对于全面分析我们当代发展中国家农村贫困落后的原因，探索农村摆脱贫困落后状况的科学路径，促进社会主义新农村建设具有重大理论指导意义。特别是马克思主义经典作家关于东方农村社会的分析，对于经济文化相对落后的我国农村具有重要启迪意义。马克思主义经典作家关于农村发展和城乡关系的思想虽然没有直接针对农村贫困问题，但对于贫困地区农村的现代化发展却具有重大指导意义。当前我国西部贫困地区农村的反贫困斗争，最主要的动力源于贫困地区人民群众的艰苦奋斗，最有利的条件是城市带动农村和工业反哺农业，最大的支持力量是"三农"优惠政策。"三农"问题和城乡关系已成为当前进一步推进农村反贫困事业的主要背景。我们要想正确认识我国西部农村的致贫原因，探寻脱贫致富的正确路径，离不开马克思主义基本立场、方法、观点的指引。

第一节 马克思、恩格斯农村发展与城乡关系的思想

一 马克思、恩格斯关于农村发展问题的思想

马克思、恩格斯对英、法、德、俄等国农业、农村、农民问题进行了研究，用今天的眼光看，形成了丰富的有关"三农"问题的思想。特别是在晚年，他们对农业、农村、农民问题给予高度关注，留下了许多宝贵的思想遗产。

（一）农业是人类社会存续的基础

马克思、恩格斯高度重视农业的基础地位，认为农业是社会存在和发展进步的前提和基础。首先，农业是人类的衣食之源，发展之基。"更进一步考察就是，因为食物的生产是直接生产者的生存和一切生产的首要条件，所以在这种生产中使用的劳动，即经济学上最广义的农业劳动，必须有足够的生产率，使可供支配的劳动时间不致全被直接生产者的食物生产占去；也就是使农业剩余劳动，从而农业剩余产品成为可能。"①"农业劳动（这里包括单纯采集、狩猎、捕鱼、畜牧等劳动）的这种自然生产率，是一切剩余劳动的基础；而一切劳动首先并且最初是以占有和生产食物为目的的。"② 其次，农业劳动的剩余是社会分工的基础，农业劳动生产率的提高是其他产业发展的前提条件。"进一步说，社会上的一部分人用在农业上的全部劳动——必要劳动和剩余劳动——必须足以为整个社会，从而也为非农业劳动者生产必要的食物；也就是使从事农业的人和从事工业的人有实行这种巨大分工的可能，并且也使生产食物的农民和生产原料的农民有实行分工的可能。"③ 再次，农业是资本积累的来源，是剩余价值产生的基础，也是扩大再生产的条件。"农业的一定发展阶段，不管是本国的还是外国的，是资本发展的基础。"④"……剩余价值的全部生产，从而资本的全部发展，按自然基础来说，实际上都是建立在农业劳动生产率的基础上的。"⑤"可见，农业劳动不仅对于农业领域本身的剩余劳动来说是自然基础，而且对于其他一切劳动部门之变为独立劳动部门，从而对于这些部门中创造的剩余价值来说，也是自然基础……农业劳动就必定被看作是剩余价值的创作者。"⑥ 最后，农业生产的发展还是精神文明的条件。马克思指出："社会为生产小麦、牲畜等等所需要的时间越少，它所赢得的从事其他生产，物质的或精神的生产的时间就越多。"⑦ 总之，马克思、恩格斯高度重视农业的基础地位，认为农业生产的发展、农业劳动生产率的提

---

① 《马克思恩格斯选集》（第2卷），人民出版社2012年版，第611页。
② 《马克思恩格斯文集》（第7卷），人民出版社2009年版，第713页。
③ 同上书，第716页。
④ 《马克思恩格斯全集》（第26卷Ⅰ），人民出版社1972年版，第23页。
⑤ 《马克思恩格斯文集》（第7卷），人民出版社2009年版，第888页。
⑥ 《马克思恩格斯全集》（第26卷Ⅰ），人民出版社1972年版，第22页。
⑦ 《马克思恩格斯全集》（第46卷上册），人民出版社1979年版，第120页。

高、农产品的剩余是人类社会发展的前提条件，也是人类文明进步的基础。

马克思、恩格斯揭示了农业的基础地位，对于我们推进社会主义现代化建设具有重大指导意义。农业是基础产业，是第二、第三产业形成和发展的前提基础。农业是弱质产业，其发展需要政府的高度重视和大力支持，应该引起全社会的普遍关注。对农业不能简单以经济效益来审视，而更要看到其巨大的社会效益和极端的重要性。

（二）农民阶级是具有保守性的重要政治力量

马克思、恩格斯高度重视农民的政治地位和作用，认为在农民占人口多数的国家，农民是极为重要的政治力量。恩格斯在《法德农民问题》中指出："……农民到处都是人口、生产和政治力量的非常重要的因素。"①

马克思、恩格斯还运用辩证唯物主义和历史唯物主义的方法科学分析了农民阶级的特征，通过对农民生产生活方式的分析，揭示了农民阶级具有二重性的特征。农民作为小私有者，不代表先进的生产力，与落后生产方式相联系，科学文化素质和政治觉悟相对低下，彼此之间联系协作较少，具有一定的保守性、分散性。马克思在《路易·波拿巴的雾月十八日》中分析了法国小农的特征，指出：小农人数众多，他们的生活条件相同，但是彼此间并没有发生多种多样的联系，就像一袋马铃薯是由一个个马铃薯汇集而成的那样。他们的生产方式不是使他们互相交往，而是使他们互相隔离。利益的同一性没有使他们形成政治组织。"……就这一点而言，他们又不是一个阶级。""因此，他们不能以自己的名义来保护自己的阶级利益，无论是通过议会或通过国民公会。""他们不能代表自己，一定要别人来代表他们。"② 马克思、恩格斯在《共产党宣言》中指出："中间等级，即小工业家、小商人、手工业者、农民，他们同资产阶级作斗争，都是为了维护他们这种中间等级的生存，以免于灭亡。所以，他们不是革命的，而是保守的。"③ 因此，农民阶级的解放事业必须由先进的工人阶级来领导。

---

① 《马克思恩格斯选集》（第4卷），人民出版社2012年版，第355页。
② 《马克思恩格斯文集》（第2卷），人民出版社2009年版，第567页。
③ 《马克思恩格斯选集》（第1卷），人民出版社2012年版，第411页。

同时，农民在经济地位上处于被剥削的地位，具有革命性的一面，可以成为无产阶级的战斗同盟。马克思、恩格斯指出：在农民占人口多数的国度，无产阶级要取得革命胜利，必须建立巩固的工农联盟，获得农民的支持。恩格斯在《1847年的运动》中指出："毫无疑问，总有一天贫困破产的农民会和无产阶级联合起来，到那时无产阶级会发展到更高的阶段，向资产阶级宣战。"① 在《法德农民问题》中，恩格斯进一步指出：在德国，如果党把农民吸引到自己方面来，"普鲁士军队的'劲旅'就会变成社会民主主义的劲旅，那时在力量对比上便会发生那孕育着彻底革命的变动"②。而无产阶级革命要获得农民阶级的支持，就必须采取正确的政策，其核心是满足农民对土地的要求。"在所有的农民当中，小农不仅一般说来对于西欧是最重要的农民，而且还给我们提供了解开整个问题的关键。只要我们搞清楚了我们对小农应有的态度，我们便有了确定我们对农村居民其他组成部分的态度的一切立足点。"③ 此外，对农民进行政治教育，启发农民的政治觉悟，也是必要的手段。

马克思、恩格斯关于农民政治作用和阶级特征的论述，对于我们推进农村的现代化发展具有重要的理论和实践价值。当前，我国农村人口仍然占据多数。农民群众文化素质、政治觉悟、组织化程度等相对较低，经济上具有显著的个体性、分散性等特征，其思想观念相对保守落后，这也是农村发展相对滞后和贫困的重要原因。这就要求，在农村建设中，必须加强农村基层组织建设和民主政治建设。另外，农民有追求自身发展的强烈愿望和要求，他们并不甘于落后，这是农村发展的不竭动力。我们建设社会主义新农村，必须从农民群众的生产、生活以及思想特征出发制定切合实际的政策，特别是要处理好土地问题，维护农民群众的根本利益。同时，要大力发展农村文化教育事业，提高农民的科学文化素质和政治参与水平，让农民群众参与到农村现代化建设中来，充分发挥其积极性。

（三）科学技术是农业发展的有力杠杆

马克思认为，科学技术是推动社会发展的有力杠杆。在农业发展过

---

① 《马克思恩格斯全集》（第4卷），人民出版社1958年版，第511页。
② 《马克思恩格斯选集》（第4卷），人民出版社2012年版，第376页。
③ 同上书，第358页。

程中需要自觉利用现代科学技术,将工业文明的成果应用到农业生产中。马克思、恩格斯以蒸汽机应用于工业促进了城市的发展为例,说明科技应用于农业对于消除城乡差距具有重大意义。他们指出:"……这一发现使工业彻底摆脱几乎所有的地方条件的限制,并且使极遥远的水力的利用成为可能,如果说在最初它只是对城市有利,那么到最后它必将成为消除城乡对立的最强有力的杠杆。"[1] 他们认为未来的农业劳动应该采用现代科学技术,"一切现代方法,如灌溉、排水、蒸汽犁、化学处理等等,应当在农业中广泛采用"。[2]

对于经济文化相对落后的国家和民族,马克思认为,其农村的发展更需要自觉应用人类文明的最新成果,少走弯路。他在分析俄国农村公社时指出:"土地公有制赋予它以集体占有的自然基础,而它的历史环境,即它和资本主义生产同时存在,则为它提供了大规模组织起来进行合作劳动的现成的物质条件。因此,它可以不通过资本主义制度的卡夫丁峡谷,而占有资本主义制度所创造的一切积极的成果。它可以借使用机器而逐步以联合耕作代替小地块耕作,而俄国土地的天然地势又非常适合于使用机器。如果它在现在的形式下事先被置于正常条件之下,那它就能够成为现代社会所趋向的那种经济制度的直接出发点,不必自杀就可以获得新的生命。"[3] 马克思在这里指出,落后国家不必重走发达国家走过的老路,而是可以直接吸收其科技、管理等方面的文明成果,在新的更高起点上发展现代农业;而且,国家和社会有义务帮助农民改善农业生产条件。

(四)生产关系的调整是推动农村发展的必要条件

马克思主义唯物史观科学揭示了社会发展的基本规律,阐明了变革或调整上层建筑、生产关系对于促进生产力发展的重大作用。马克思、恩格斯在农村发展问题上,同样强调生产关系的变革和调整对于农村生产力发展的重大意义,这主要体现在他们关于农业社会主义改造的观点上。马克思指出:农村的贫困落后与资本主义制度直接相关,"资本主义生产方式的这种进步,同它的所有其他历史进步一样,首先也是以直

---

[1]《马克思恩格斯选集》(第4卷),人民出版社2012年版,第556页。
[2]《马克思恩格斯选集》(第3卷),人民出版社2012年版,第176页。
[3] 同上书,第837页。

接生产者的完全贫困化为代价而取得的。"①

马克思、恩格斯提出了土地公有制代替私有制的任务,认为土地公有制能够从根本上消除土地私有制的弊端,适应大规模生产的需要。"社会经济的发展,人口的增长和集中,迫使资本主义农场主在农业中采用集体的和有组织的劳动以及利用机器和其他发明的种种情况,将使土地国有化越来越成为一种'社会必然'。"②"但是,我们所具有的科学知识,我们所拥有的耕作技术手段,如机器等,如果不实行大规模的耕作,就不能有效地加以利用。"③

马克思、恩格斯恩认为,对农业进行社会主义改造不仅是农村建立社会主义公有制的基本途径,也是促进农村摆脱封闭、贫困和愚昧,使农民实现自身解放的有效途径。而农业社会主义改造的主要内容就是对农村土地进行公有制的改造,在公有制下实现规模经营,建立"大农业"。这一过程具体包括三个步骤:第一个步骤是建立农业合作社。通过建立农业合作社,"同样,农业工人,也只有当首先把作为他们主要劳动对象的土地从大农民和更大的封建主私人占有中夺取过来,而变作由农业工人的合作团体集体耕种的社会财产时,他们才能摆脱可怕的贫困。"④ 在社会主义改造中,要区别对待小农、中农、大农和大土地所有者。对于小农,既不能永久保留其私有土地,也不能强制剥夺其生产资料,而应该采取示范引导和提供帮助的方法,坚持自愿原则,引导他们走上建立农业合作社的道路。"我们对于小农的任务,首先是把他们的私人生产和私人占有变为合作社的生产和占有,不是采用暴力,而是通过示范和为此提供社会帮助。"⑤ 对于中农和大农,恩格斯指出:"……这里我们也只能建议把各个农户联合为合作社,以便在这种合作社内越来越多地消除对雇佣劳动的剥削,并把这些合作社逐渐变成一个全国大生产合作社的拥有同等权利和义务的组成部分。"⑥ 对于大土地所有者,应采取直接剥夺或者一定条件下的赎买。"我们的党一旦掌握

---

① 《马克思恩格斯选集》(第2卷),人民出版社2012年版,第606页。
② 《马克思恩格斯选集》(第3卷),人民出版社2012年版,第175—176页。
③ 同上书,第176页。
④ 《马克思恩格斯全集》(第16卷),人民出版社1964年版,第454页。
⑤ 《马克思恩格斯选集》(第4卷),人民出版社2012年版,第370页。
⑥ 同上书,第374页。

了国家政权,就应该干脆地剥夺大土地占有者,就像剥夺工厂主一样。这一剥夺是否要用赎买来实行,这大半不取决于我们,而取决于我们取得政权时的情况,尤其是也取决于大土地占有者先生们自己的态度。我们决不认为,赎买在任何情况下都是不容许的;马克思曾向我讲过(并且讲过好多次!)他的意见:假如我们能赎买下这整个匪帮,那对于我们最便宜不过了。"① 第二个步骤是集体化的大规模经营,但这个步骤的实现需要无产阶级国家的帮助。第三个步骤是在农业实现现代化和农民觉悟极大提高的基础上实现国家经营,这是向共产主义过渡的一种形式。恩格斯还探讨了土地公社占有制,在"大农业"的土地归国有的基础上,公社实际占有土地。公社不仅具有大规模经营农业和采用农业机器的优势,而且还有合作社无法比拟的优势:能向小农社员提供资金去经营(除农业以外)利用蒸汽和水力的大工业,不用资本家,而依靠公社本身的力量去经营大工业。②

另外,恩格斯主张在农业社会主义改造中坚决维护农民的利益,他指出:"而我们坚决站在小农方面;我们将竭力设法使他们的命运较为过得去一些……我们在这个意义上为了农民的利益而必须牺牲的一些社会资金,从资本主义经济的观点看来好像只是白花钱,然而这却是一项极好的投资,因为这种物质牺牲可能使花在整个社会改造上的费用节省十分之九。因此,在这个意义上说来,我们可以很慷慨地对待农民。"③

农业社会主义改造的任务在我国 20 世纪中叶就已完成,农业合作社在我国的社会建设中经历了曲折的发展历程。但农业生产关系一定要适应生产力发展状况却是颠扑不破的客观真理;农业基本生产资料的社会主义公有制也必然是社会主义制度的基础。当前,在我国农业现代化的进程中,以土地经营管理体制为核心的农业经营体制改革,在某种意义上可以说是新型的合作化。当前农村中日益兴盛的专业合作社,有力地推进了农业现代化。要在实现农业现代化的同时防止农民的两极分化,合作化是可行的办法,但合作化的实现方式应根据实际情况走多样

---

① 《马克思恩格斯选集》(第 4 卷),人民出版社 2012 年版,第 375 页。
② 《马克思恩格斯全集》(第 19 卷),人民出版社 1963 年版,第 369 页。
③ 《马克思恩格斯选集》(第 4 卷),人民出版社 2012 年版,第 372 页。

化发展道路。

（五）农业规模化、农民组织化是农业现代化发展的必然选择

农业分散化、细碎化经营不能适应生产力社会化发展的客观要求，规模化、组织化是农业现代化发展的必然选择。规模化与组织化又是相辅相成的，规模化的经济效益为农民组织化提供了内在动力，而组织化为规模化创造了前提条件。

马克思、恩格斯认为以规模化经营为特征的大农业必然取代分散经营的小农业。马克思在《论土地国有化》中指出："但是，我们所具有的科学知识，我们所拥有的耕作技术手段，如机器等，如果不实行大规模的耕作，就不能有效地加以利用。"① 恩格斯在谈到欧洲农业问题时指出："1680年，小农业还是一种常见的生产方式，而大地产只是个别的，尽管不断增加，但总还是个别的。今天，大规模使用机器耕种土地已成了一种常规，而且日益成了惟一可行的农业生产方式。所以，看来农民在今天是注定要灭亡的。"② 分散化经营是自然经济条件下小农业生产的基本特征，这种模式不能适应农业现代化发展的需要，已成为制约农业发展的重大障碍。马克思指出："小土地所有制的前提是：人口的最大多数生活在农村，占统治地位的，不是社会劳动，而是孤立劳动；在这种情况下，财富和再生产的发展，无论是再生产的物质条件还是精神条件的发展，都是不可能的，因而，也不可能具有合理耕作的条件。"③ "小块土地所有制按其性质来说排斥社会劳动生产力的发展、劳动的社会形式、资本的社会积聚、大规模的畜牧和对科学的累进的应用。"④

在实现农业规模化的方式上，马克思、恩格斯反对资本主义私有制性质的大农场制。因为这种方式的经营以私人利益最大化为目标，导致人们追求短期利益（如掠夺式经营土地）而损害社会乃至人类发展的长远利益，不能建立真正"合理的农业"（符合人类长远生存发展需要的农业）。"……而当一小撮人按照他们的任性要求和私人利益来调节

---

① 《马克思恩格斯选集》（第3卷），人民出版社2012年版，第176页。
② 《马克思恩格斯全集》（第38卷），人民出版社1972年版，第306页。
③ 《马克思恩格斯文集》（第7卷），人民出版社2009年版，第918页。
④ 同上书，第912页。

生产，或者无知地消耗地力的时候，生产的需要是不能得到满足的。"①他们主张实行土地公有制下的农民合作化经营。农民合作化是克服小农分散性，实现规模化经营的基本途径。恩格斯在《论住宅问题》中批判了普鲁东把大地产分割成细小农户的主张后，提出了联合的劳动者经营大规模农业的主张。"……现存的大地产将给我们提供一个良好的机会，让联合的劳动者来经营大规模的农业，只有在这种巨大规模下，才能应用一切现代工具、机器等等，从而使小农明显地看到通过联合进行大规模经营的优越性。"② 恩格斯还指出："至于在向完全的共产主义经济过渡时，我们必须大规模地采用合作生产作为中间环节，这一点马克思和我从来没有怀疑过。"③

实现合作化经营就必须引导农民组建合作社，走组织化发展道路。马克思在《法兰西内战》中指出："他们知道，以自由的联合的劳动条件去代替劳动受奴役的经济条件，只能随着时间的推进而逐步完成（这是经济改造）；他们不仅需要改变分配，而且需要一种新的生产组织，或者毋宁说是使目前（现代工业所造成的）有组织的劳动中存在着的各种生产社会形式摆脱掉（解除掉）奴役的锁链和它们的目前的阶级性质，还需要在全国范围内和国际范围内进行协调的合作。"④ 恩格斯在《法德农民问题》中提出：我们既不能永远保存小农的私有土地，又不能用强制手段去剥夺小农的私有土地，可行的途径是引导农民组织合作社。

马克思、恩格斯提出的农业经营规模化、合作化思想反映了农业现代化的基本规律，科学预见了农业发展的必然趋势，从而揭示了农村摆脱贫困、孤立、封闭、愚昧的道路。马克思、恩格斯关于农民合作化的理论对于我们总结反思改革开放前的人民公社化运动以及完善家庭联产承包责任制都具有重大意义。当前我国农村事实上存在的分散化、细碎化农业经营严重制约了农业的现代化和农村小康社会建设，是农村贫困落后的重要原因之一。如何改革完善现行的农业经营体制，建立适合农村生产力水平的经营体制，对于农业现代化发展和农村脱贫致富意义重

---

① 《马克思恩格斯全集》（第18卷），人民出版社1964年版，第65页。
② 《马克思恩格斯选集》（第3卷），人民出版社2012年版，第269—270页。
③ 《马克思恩格斯全集》（第36卷），人民出版社1974年版，第416页。
④ 《马克思恩格斯选集》（第3卷），人民出版社2012年版，第143—144页。

大。当前，我们在坚持农业基本经营体制不变和尊重农民意愿的条件下，应大力推进农地流转，大力发展农民合作组织，促进农业向规模化、集约化方向发展。

二　马克思、恩格斯关于城乡关系的重要思想

（一）城乡融合是农村发展的基本途径

城乡差别是无产阶级运动要消灭的三大差别之一，马克思、恩格斯对城乡差别进行了深刻的研究，并分析了城乡融合的重大意义和实现路径。马克思、恩格斯认为，城乡对立是生产力有所发展而又不够发达的结果，与社会分工和私有制生产关系紧密相关。社会分工是城乡分离的基本原因。"第一次大分工，即城市和乡村的分离，立即使农村居民陷于数千年的愚昧状况，使城市居民受到各自的专门手艺的奴役。""如果说占有土地，城市居民占有手艺，那么，土地也同样占有农民，手艺也同样占有手工艺者。由于劳动被分割，人也被分割了。"① "一个民族内部的分工，首先引起工商业劳动同农业劳动的分离，从而也引起城乡的分离和城乡利益的对立……在交往比较发达的条件下，同样的情况也会在各民族间的相互关系中出现。"② 同时，城乡对立还与私有制相关。"城乡之间的对立只有在私有制的范围内才能存在。"③ 城乡对立还是资本与地产分离的结果。"城市和乡村的分离还可以看作是资本和地产的分离，看作是资本不依赖于地产而存在和发展的开始，也就是仅仅以劳动和交换为基础的所有制的开始。"④

消除城乡对立具有重大意义，是工农业自身发展的需要。恩格斯在《论住宅问题》中指出："消灭城乡对立不是空想，不多不少正像消除资本家与雇佣工人的对立不是空想一样。消灭这种对立日益成为工业生产和农业生产的实际要求。"⑤

城乡融合是解决城乡对立的基本路径。1847年恩格斯在《共产主义原理》中提出了共产主义社会废除私有制，实现"城乡融合"的思想。他指出："……通过消除旧的分工，通过产业教育、变换工种、所

---

① 《马克思恩格斯选集》（第3卷），人民出版社2012年版，第679页。
② 《马克思恩格斯选集》（第1卷），人民出版社2012年版，第147—148页。
③ 同上书，第184页。
④ 同上书，第185页。
⑤ 《马克思恩格斯选集》（第3卷），人民出版社2012年版，第264页。

有人共同享受大家创造出来的福利,通过城乡的融合,使社会全体成员的才能得到全面发展;——这就是废除私有制的主要结果。"① 城乡融合意味着城市反哺农村,工业带动农业,从而把农民从旧的分工中解放出来,使其摆脱封闭落后状态。马克思、恩格斯认为,城市的发展对农村的发展具有巨大的带动作用,"……城市的繁荣也使农业摆脱了中世纪的最初的粗陋状态。人们不仅开垦了大片的荒地,而且种植了染料植物以及其他引进的作物,对这些作物的精心栽培,使农业普遍得到了有益的促进"。② "工业的迅速发展产生了对人手的需要;工资提高了,因此,工人成群结队地从农业地区涌入城市。"③ 只有将工业生产与农业生产紧密结合起来,才能实现城乡融合,从而消除城乡对立。马克思、恩格斯明确指出:"把农业和工业结合起来,促使城乡对立逐步消灭。"④ "只有使人口尽可能地平均分布于全国,只有使工业生产和农业生产发生紧密的联系,并适应这一要求使交通工具也扩充起来——同时这要以废除资本主义生产方式为前提——才能使农村人口从他们数千年来几乎一成不变地在其中受煎熬的那种与世隔绝的和愚昧无知的状态中挣脱出来。"⑤

城乡协调发展需要政府投资农业基础设施建设。马克思、恩格斯认为,政府对农村发展的支持,特别是加强农村交通、灌溉等基础设施建设,对于农村发展具有重大意义。"铁路的敷设可以很容易地用来为农业服务,例如在建筑路堤需要取土的地方修水库,给铁路沿线地区供水。这样一来,作为东方农业的必要条件的水利事业就会大大发展,常常因为缺水而造成的地区性饥荒就可以避免。"⑥

马克思、恩格斯科学揭示了城乡对立形成的原因及解决的办法,这对我们今天解决城乡差距问题,统筹城乡发展具有重大理论启示和实践指导意义。当前,我们破解城乡"二元格局"需要从城乡社会分工格局入手,改善农村产业结构,进一步促进工业反哺农业、城市带动

---

① 《马克思恩格斯选集》(第1卷),人民出版社2012年版,第308—309页。
② 《马克思恩格斯文集》(第2卷),人民出版社2009年版,第222页。
③ 《马克思恩格斯选集》(第1卷),人民出版社2012年版,第101页。
④ 同上书,第422页。
⑤ 《马克思恩格斯选集》(第3卷),人民出版社2012年版,第265页。
⑥ 《马克思恩格斯选集》(第1卷),人民出版社2012年版,第858—859页。

农村。

(二) 农村剩余劳动力的非农化和乡村工业化是农村发展的重要出路

随着科学技术的广泛应用,农业劳动生产力水平的不断提高,农村劳动力必然出现剩余,而农村富余劳动力大量涌入城镇又可能导致城镇的过于拥挤和农村的衰落。为了合理解决农业劳动力的出路问题,恩格斯提出发展乡村工业,促进农业劳动力的就地非农就业。这样不仅有利于解决农村就业问题,而且有利于农村现代化的发展。"经营大农业和采用农业机器,换句话说,就是使目前自己耕种自己土地的大部分小农的农业劳动变为多余。要使这些被排挤出田野耕作的人不致没有工作,或不会被迫涌入城市,必须使他们就在农村中从事工业劳动,而这只有大规模地、利用蒸汽动力或水力来经营,才能对他们有利。"① 另外,恩格斯还认为,城镇工商业会逐步向乡村转移,带动乡村工商业的发展。由于"城市中利润的降低,促使资本流入农村,这就造成对农业劳动的新的需求,从而提高农业劳动的报酬。那时资本就可以说是遍布全国,并在农业中找到用途,于是原来在很大程度上是靠农村积累起来的城市资本又部分地回到了农村"②。"因此,虽然向城市集中是资本主义生产的基本条件,但是每个工业资本家又总是力图离开资本主义生产所必然造成的大城市,而迁移到农村地区去经营。"③ 恩格斯以德国为例指出:"家庭工业已经成了德国出口贸易以及全部大工业的广大基础。因此,它扩散到德国广大地区,并且还在一天比一天发展。……而随着家庭工业的发展,一个个农民地区就相继卷入了现代的工业运动。"④ 马克思、恩格斯的农村剩余劳动力非农化发展思路为我们解决农村发展问题提供了重要启示,我们必须从"农"外来寻找农村发展出路,大力发展中小城镇和乡村第二、第三产业,促进农村剩余劳动力的就近城镇化,无论对于城镇还是农村,都具有重大意义。

---

① 《马克思恩格斯全集》(第25卷),人民出版社2001年版,第584页。
② 《马克思恩格斯全集》(第26卷Ⅱ),人民出版社1973年版,第261页。
③ 《马克思恩格斯文集》(第9卷),人民出版社2009年版,第313页。
④ 《马克思恩格斯选集》(第3卷),人民出版社2012年版,第187—188页。

第二节 列宁关于农村建设和城乡关系的思想

一 列宁关于农村建设的重要思想

列宁不仅在理论上进一步丰富和发展了马克思主义农村理论，而且在实践上领导了苏联社会主义农村建设，将马克思主义农村建设思想付诸实践，为经济文化相对落后的国家和民族的社会主义农村建设提供了理论指导。列宁的农村建设思想的形成也经历了一个曲折的探索过程，不同时期的观点有一定差别。一般认为，列宁的农村建设思想的发展可以分为三个阶段：十月革命后到国内战争前的平均分配土地制度，国内战争时期的共耕制，恢复和发展国民经济时期的合作社制。在实行新经济政策过程中，列宁的农村建设思想逐步成熟完善。经过梳理和分析，列宁农村建设的思想主要包括以下内容。

（一）在尊重农民意愿的基础上改革农村土地制度

土地是农业的基本生产资料，也是农民的命根子。土地制度是农业生产关系的核心，也是农村建设的基础性要素。列宁从当时苏联农村的实际情况出发，顺应农民的意愿，进行土地制度革命。十月革命胜利后，苏维埃政府顺应大多数农民的意志，平均分配农村土地。列宁曾指出："我们布尔什维克本来是反对土地社会化法令的。但我们还是签署了这个法令，因为我们不愿违背大多数农民的意志。对我们来说，大多数人的意志永远是必须执行的，违背这种意志就等于叛变革命。"① 平分地主土地具有资产阶级革命的性质，因为它仍然保留了土地的私有制。1918年夏，苏联国内战争爆发，由于战争局势紧张和农村阶级矛盾的变化，苏维埃开始向共耕制过渡，农村生产关系也发生了根本性的变化。"城市里的十月革命对农村来说，只是到1918年夏天和秋天才真正成为十月革命。"② 列宁指出："分地只在开始的时候是好的。它是要表明土地从地主手里转到农民手里。但这是不够的。只有实行共耕制才

---

① 《列宁全集》（第35卷），人民出版社1985年版，第174页。
② 同上书，第140页。

是出路。"① "只有共耕制才是一条真正可靠、真正能使农民群众更快地过上文明生活、真正能使他们同其他公民处在平等地位的出路,而苏维埃政权现在正竭力通过渐进的办法一步一步地来实现这个共耕制"。② 共耕制包括"农村公社"(生产资料和生活资料公有化)、"农业劳动组合"(社员保留家禽和少量宅旁园地)、"共耕社"(在耕种土地时临时共同劳动)。共耕制保障了农业生产在战争条件下的顺利进行,为巩固苏维埃政权发挥了积极作用。但列宁对共耕制的推行持十分慎重的态度,认为需要用较长的时间才能逐步引导农民走上共耕制轨道,而不能采取强制的办法。他在提出这项任务时就指出:"农村中的建设将遇到很大困难,在这里必须更加稳重地逐步前进,在这里企图用法令和命令来实行共耕制是极端荒谬的,能够接受共耕制的只是极少数觉悟的农民,而大多数农民都没有这个要求。"③ "实现由个体小农经济到共耕制的过渡,显然需要很长时间,绝对不可能一蹴而就。"④ 实际上,到1920年,参加共耕制组织的农户仅占农户总数的0.5%。⑤ 1920年年底,随着国内战争的结束,苏联国民经济进入恢复和发展时期,列宁领导苏共开始转向新经济政策。在农村生产关系上,列宁主张建立和发展合作社制度,把农民个体的合作社逐步转变为社会主义性质的合作社,强调土地和其他基本生产资料的国有制。"在我国现存制度下,合作企业与私人资本主义企业不同,合作企业是集体企业,但与社会主义企业没有区别,如果它占用的土地和使用的生产资料是属于国家即属于工人阶级的。""由于我们国家制度的特点,合作社在我国具有非常重大的意义。……在我国的条件下合作社往往是同社会主义完全一致的。"⑥ 对于如何推进合作社的建立和发展,列宁提出国家大力支持合作社。"在经济、财政、银行方面给合作社以种种优惠,这就是我们社会主义国家对组织居民的新原则应该给予的支持。"⑦ 另外,列宁认为,要对

---

① 《列宁全集》(第35卷),人民出版社1985年版,第174页。
② 同上书,第357页。
③ 同上书,第140页。
④ 同上书,第352页。
⑤ 俞良早:《论列宁关于苏俄农村经济社会发展思想的演进》,《苏州大学学报》(哲学社会科学版)1997年第2期。
⑥ 《列宁全集》(第43卷),人民出版社1987年版,第366页。
⑦ 同上书,第364—365页。

参加合作社的农民和对合作社做出贡献的国家工作人员进行奖励,以鼓励和促进合作社的发展。对于土地的所有制,列宁主张国有化。"国有化在任何情况下都有巨大的意义,既有巨大的物质意义,又有巨大的精神意义。物质意义就在于无论什么办法都不能象国有化那样彻底地扫除俄国的中世纪残余,那样彻底地革新在亚洲式制度中几乎腐烂了的农村,那样迅速地推动农艺上的进步。"①

(二) 在维护农民利益的基础上提高其生产的积极性

列宁在领导苏联社会主义革命和建设的实践中认识到,只有充分维护农民的经济利益,利用经济利益激励农民的生产积极性,才能有效促进农业生产的发展和提高农业生产能力。列宁指出:"要增加粮食的生产和收成,增加燃料的收购和运输,非得改善农民的生活状况,提高他们的生产力不可。"② "从而给小农许多刺激,推动他们来扩大经营,增加播种面积。"③ 在国民经济恢复发展时期,列宁领导实行有利于提高农民生产积极性的粮食税制度,并降低粮食税税额,允许自由贸易,从而有力地促进了农业生产的发展。列宁强调,共产党和苏维埃政府要从农民实际出发,真心实意地帮助农民。"用行动向农民证明,我们是从农民所理解、所熟悉、目前在他们极其贫困的境况下办得到的事情做起,而不是从在农民看来是遥远的、空想的事情做起;证明我们能够帮助农民,共产党人在眼下小农破产、贫困、挨饿的困难时刻,正在实际帮助他们。"④

(三) 充分利用市场机制发展农村经济

在国民经济恢复发展时期,列宁从当时苏联农村经济的实际情况出发,认为市场经济适应当时生产力的发展水平,能够提高劳动者的积极性,促进生产力的发展。他指出:"这种流转对于农民来说是一种刺激、动因和动力。业主能够而且一定会为着自身的利益而努力。"⑤ "在我们主要是苦于产品极端缺乏、苦于极端贫困的时候,担心建立在小的副业上面的资本主义会构成一种威胁,那是很可笑的。担心这一点,就

---

① 《列宁全集》(第16卷),人民出版社1988年版,第289页。
② 《列宁全集》(第41卷),人民出版社1986年版,第207页。
③ 同上书,第65页。
④ 《列宁全集》(第43卷),人民出版社1987年版,第76页。
⑤ 《列宁全集》(第41卷),人民出版社1986年版,第63页。

是完全没有估计到我们经济力量的对比关系,就是完全不懂得:没有相当的流转自由,没有由此产生的资本主义关系,农民经济这种小农经济就绝对不能得到巩固。"① 同时,他还强调用商品交换的方式协调工业与农业、城市与农村的关系。经济基础薄弱和战争的破坏,特别是战时共产主义的余粮收集制的实行,使得苏联工农业间的矛盾十分尖锐,难以为对方提供其所需要的产品。他指出:"既然这一点办不到,那么在农民和工人之间,即在农业和工业之间,除了交换,除了商业,就不可能有别的经济联系。……为了逐渐发展强大的工农联盟,只能在工人国家的领导和监督下利用商业并逐步发展农业和工业,使其超过现有水平,此外没有任何别的出路。"② 列宁虽然强调商品交换的重要意义,但他并不认为市场经济是社会主义性质的经济体制。"既然有交换,那么,小经济的发展就是小资产阶级的发展,就是资本主义的发展;这是无可争辩的真理,这是政治经济学的初步原理,而且被日常经验甚至是普通百姓的观察所证实。"③ 采取市场交换的办法只是战术上的"以退为进",为的是向社会主义过渡创造生产力条件。"我们应当认识到,我们还退得不够,必须再退,再后退,从国家资本主义转到由国家调节买卖和货币流通。"④

(四) 通过合作社发展现代农业

建立和发展合作社是列宁农村建设思想的主要内容之一。1923 年年初,他在《日记摘录》《论合作社》和《宁肯少些,但要好些》中提出了促进苏俄农村经济社会发展的两项基本措施,第一是建立和发展合作社,第二是发展农村文化教育。列宁认为:在无产阶级掌握国家政权,土地和主要生产资料公有的条件下,合作社具有社会主义的性质,合作社的发展是社会主义在农村的发展。要通过建立形式多样的合作社,逐步把农民引导到集体经济的轨道上来,从而逐步在农村建成社会主义。列宁指出:"现在国家政权既已掌握在工人阶级手里,剥削者的政权既已推翻,全部生产资料(除工人国家暂时有条件地自愿租让给剥削者的一部分生产资料外)既已掌握在工人阶级手里,情况就大不

---

① 《列宁全集》(第41卷),人民出版社1986年版,第309页。
② 《列宁全集》(第42卷),人民出版社1987年版,第334—335页。
③ 《列宁全集》(第41卷),人民出版社1986年版,第210页。
④ 《列宁全集》(第42卷),人民出版社1987年版,第228页。

一样了。""现在我们有理由说,对我们来说,合作社的发展也就等于(只有上述一点'小小的'例外)社会主义的发展,与此同时我们不得不承认我们对社会主义的整个看法根本改变了。"① "情况确实如此,国家支配着一切大的生产资料,无产阶级掌握着国家政权,这种无产阶级和千百万小农及极小农结成了联盟,这种无产阶级对农民的领导得到了保证,如此等等——难道这不是我们所需要的一切,难道这不是我们通过合作社,而且仅仅通过合作社,通过曾被我们鄙视为做买卖的合作社的——现时在新经济政策下我们从某一方面也有理由加以鄙视的——那种合作社来建成完全的社会主义社会所必需的一切吗?这还不是建成社会主义社会,但这已是建成社会主义社会所必需而且足够的一切。"②

合作社是小生产农业向社会主义大农业过渡的桥梁。列宁在《论粮食税》中指出:"既然我们还不能实现从小生产到社会主义的直接过渡,所以作为小生产和交换的自发产物的资本主义,在一定程度上是不可避免的,所以我们应该利用资本主义(特别是要把它纳入国家资本主义的轨道)作为小生产和社会主义之间的中间环节,作为提高生产力的手段、途径、方法和方式。"③ 我国学者俞良早指出:"新经济政策允许自由贸易,意味着苏维埃政权向私人买卖的原则作了让步,私人买卖必然导致资本主义的发展,如果通过合作社进行买卖则可以避免私人买卖的弊端,由此可以看出合作社的巨大意义。"④ 此外,合作化还可以将小生产联合起来,向大规模生产过渡,从而适应农业现代化的需要,为建成社会主义奠定物质基础。列宁指出:"合作制政策一旦获得成功,就会使我们把小经济发展起来,并使小经济比较容易在相当期间内,在自愿联合的基础上过渡到大生产。"⑤ 为了完成向社会主义大农业的过渡,列宁领导制定并实施了相关农业法令和政策,起用了大批具有农村实际工作经验的干部,有效地促进了农业生产的恢复和发展。

---

① 《列宁全集》(第43卷),人民出版社1987年版,第367页。
② 同上书,第362页。
③ 《列宁全集》(第41卷),人民出版社1986年版,第217页。
④ 俞良早:《东方视域中的列宁学说》,中共中央党校出版社2001年版,第418页。
⑤ 《列宁全集》(第41卷),人民出版社1986年版,第215页。

（五）加强基层政权组织建设和民主管理

在当时经济文化相对落后的苏俄，农民占人口的绝大多数，是国家政治活动的决定性力量。列宁指出："农民在我国是决定性的因素，这是谁也不会怀疑的。"① 在农村建设中，列宁高度重视农民的政治地位和作用，强调加强农村基层组织建设和社会民主管理。十月革命后，列宁主张在农村建立、巩固和发展农民代表苏维埃，以此作为农村的政权组织，管理农村社会。国内战争时期，农民被划分为贫农、中农和富农，农村的阶级矛盾发生了变化，资产阶级民主革命转化为社会主义革命。为了适应革命形势发展的需要，列宁主张建立贫苦农民委员会，其目标是团结贫农、中农，对抗富农。随着农村形势的发展变化，列宁又提出把贫苦农民委员会改组为正式的农村苏维埃组织，使其成为农村中无产阶级专政的支柱。他强调，农村苏维埃要有群众的广泛参与和监督，特别是要真正保障贫困农民的政治权益。农村苏维埃"应当保证劳动农民的代表在这些机关里占多数，并且要保证贫苦农民代表能起决定作用"②。他还强调要给予农村苏维埃必要的权力，发挥其积极性，解决农村各种实际问题，同时要加强中央对农村苏维埃的领导。

列宁注重加强农村的民主管理，特别是保障贫苦农民的政治权利。他认为，切实保障农民正当民主权利不仅有利于提高农村社会管理的民主化程度，而且对农村经济的发展也会起到积极的促进作用。他多次论述了农民的选举权、参与权、罢免权、集会自由权、出版自由权、申诉权等，还提出了用法制手段和民主监督的办法防治官僚主义作风、利用农村党支部和特殊工会监督农村领导干部、运用法令规范农村政治活动、运用制度规范和保障农民上访权利等诸多关于农村政治建设的重要指导思想。

列宁关于农村政治建设思想的应用对农村发展发挥了重要作用，农民的政治地位有了显著提高，农民自治的村社组织不断发展，并在农村社会生活中发挥了重要作用，农民党员人数不断增多。据统计，农民党员占全国党员总数的比例由1918年的5%增加到了1925年的25%。③

---

① 《列宁全集》（第43卷），人民出版社1987年版，第280页。
② 《列宁全集》（第37卷），人民出版社1986年版，第329页。
③ 孙迪亮：《列宁农村建设理论的逻辑蕴涵探论》，《当代世界与社会主义》2012年第2期。

（六）应用现代科技改造农业

列宁认为技术的落后是制约农业发展的重要因素。1918年年底，他在讲话中指出："技术奇迹首先应该用来改造最接近于全民性的，占用人数最多的又最落后的生产——农业生产。"① "我们的义务和职责是利用这种力量把最落后的农业生产纳入新的轨道，对它进行改造，把它从按照旧的方式盲目经营的农业变成建立在科学和技术成就基础上的农业。"② 他主张积极推广农业新技术，优先分配农业机械和建设农村小型电站。他还提出了电气化改造农村的设想。他说："我们必须让农民看到，在现代最高技术的基础上，在把城乡连接起来的电气化的基础上组织工业生产，就能消除城乡对立，提高农村的文化水平，甚至消除穷乡僻壤那种落后、愚昧、粗野、贫困、疾病丛生的状态。"③

（七）大力发展农村文化教育事业

加强农村文化建设是列宁农村建设思想的显著特色和鲜明亮点。列宁高度重视农村的文化建设，认为提高农民文化水平不仅是实现合作化的重要条件，而且是农村社会主义建设的重要内容和当时农村建设的现实迫切需要。根据1920年的相关统计数据，俄国居民中2/3以上的人是文盲，而且绝大多数在农村。④ 过于低下的农民文化素质不利于农村生产力水平的提高，成为农村向社会主义过渡的巨大障碍。列宁指出："我们的第二个任务就是在农民中进行文化工作。这种在农民中进行的文化工作，就其经济目的来说，就是合作化。要是完全实现了合作化，我们也就在社会主义基地上站稳了脚跟。但完全合作化这一条件本身就包含有农民（正是人数众多的农民）的文化水平的问题，就是说，没有一场文化革命，要完全合作化是不可能的。"⑤ 他在提出建立合作社的任务时，反复强调："说实在的，我们要做的事情'仅有'一件，就是要使我国居民'文明'到能够懂得人人参加合作社的一切好处，并参加进去。"要实现提高农民群众文化素质的目标，就需要一场文化革

---

① 《列宁全集》（第35卷），人民出版社1985年版，第353—354页。
② 同上书，第354页。
③ 《列宁全集》（第38卷），人民出版社1986年版，第117页。
④ 俞良早：《论列宁关于苏俄农村经济社会发展思想的演进》，《苏州大学学报》（哲学社会科学版）1997年第2期。
⑤ 《列宁全集》（第43卷），人民出版社1987年版，第367—368页。

命。"可是为要完成这一'仅有'的事情,就需要一场变革,需要有全体人民群众在文化上提高的一整个阶段。""不做到人人识字,没有足够的见识,没有充分教会居民读书看报……我们就达不到自己的目的。"①"但完全合作化这一条件本身就包含有农民(正是人数众多的农民)的文化水平的问题,就是说,没有一场文化革命,要完全合作化是不可能的。"② 农村文化建设还可以推动农村其他方面的发展,是农村自身建设的关键。"'当前的关键'(链条的环节)=提出的任务之大不仅与物质贫困,而且与文化贫困之间的脱节。"③ 他在晚年提出把工作的重心转移到农村文化建设上,指出:"从前我们是把重心放在而且也应该放在政治斗争、革命、夺取政权等等方面,而现在重心改变了,转到和平的'文化'组织工作上去了。"④

为了推进农村文化建设,根据当时的实际情况,列宁领导制定了一系列行之有效的措施。首先,列宁认为,要加强教师队伍建设,改善教师的物质生活条件,争取和团结大多数教师,充分发挥教师在农村中的文化教育作用。其次,通过精简机构,减少开支,增加对教育的投入,特别是农村初等教育的投入,尽可能为农民子女提供与城市一样的教育条件。他指出,许多国家机关如教育人民委员部、国家出版总局、职业教育总局等,都应该精简机构,节省的开支用于发展农村的文化教育。"在无产阶级和农民的国家里,还有很多经费可以而且应当节省下来用以发展国民识字教育,办法就是把那些……可以不要、可以长期不要而且应当不要的机构一律撤销。"⑤ 再次,列宁提出,要利用城市居民文化教育水平较高的优势,在城市中组建教育团体,下乡开展支农支教活动,带动农村文化教育发展。列宁指出:"经常下农村的做法在这方面一定会起特别重要的作用,这种工作我们已经在进行,还必须有计划地加以发展。对于下农村这类措施,不要舍不得花钱,我们常常在几乎完全属于旧历史时代的国家机关上白花钱。"⑥ 他还提出在城乡党支部间

---

① 《列宁全集》(第43卷),人民出版社1987年版,第363—364页。
② 同上书,第368页。
③ 同上书,第404页。
④ 同上书,第367页。
⑤ 同上书,第358页。
⑥ 同上书,第359页。

建立稳定的联系，由城市党支部帮助农村党支部开展文化教育活动。他曾问道："能不能做到把所有的城市支部都'分配'给各农村支部，使每一个'分配'给相应的农村支部的工人支部经常注意利用一切机会、一切场合，来满足自己的兄弟支部的各种文化需求呢？"① 最后，列宁提出利用报纸等读物来教育农民，对农民进行文化和技能培训等。

（八）国家帮助农村发展

经济文化相对落后的国家，农村经济社会建设先天严重不足，其发展离不开国家的大力扶持和城市对农村的带动。国家对农村的倾斜性扶持和城市对农村的帮扶是消除城乡差距的必然选择，更是社会主义制度优越性的体现。列宁针对当时苏联农业发展基础薄弱的客观现实，强调国家要扶持农村发展，为农村提供资金、机械、化肥、种子等基本生产资料，保障农业生产的正常进行和农民的基本物质生活。列宁曾提出："社会主义国家应当大力帮助农民，主要是供给中农城市工业品，特别是改良农具、种子和各种物资，以提高农业经营水平，保证农民的劳动和生活。"② 列宁认为无产阶级政党的领导机关及其工作人员应帮助贫苦农民和中农，确保农民的土地集中，便于耕种；向农民供应改良的种子和化肥；帮助农民改良牲畜品种；向广大农民群众传授农艺知识；确保国营单位修理农具；帮助改良农田土壤；向农民租赁农具，展示示范田；等等。列宁还强调要从财政上支持农村合作社的发展，"党认为国家为此拨出巨款是很必要的"③。

列宁关于农村建设的思想对于我国西部农村的反贫困具有重大启迪意义，特别是农民合作化、发展农村文化教育事业等思想，揭示了经济文化基础薄弱的农村摆脱贫困落后的科学路径。

二　列宁关于城乡关系的重要思想

列宁将马克思、恩格斯关于城乡关系的基本观点与俄国实际相结合，在俄国无产阶级革命和社会主义建设实践中进一步丰富和发展了马克思主义城乡关系理论，重点分析了资本主义条件下城乡对立的形成及其消除办法。

---

① 《列宁全集》（第43卷），人民出版社1987年版，第360页。
② 《列宁全集》（第36卷），人民出版社1985年版，第198页。
③ 同上。

（一）城乡对立及其对农村发展的影响

列宁认为，城乡分离的根源在于社会分工的发展。随着生产力的发展，社会分工不断深化，工业与农业的分工越来越彻底，城乡差距越来越大。在工场手工业阶段，工业与农业已经分离，但还不明显，因为还有一部分家庭手工业者参加农业生产。而到了资本主义机器大生产阶段，工业与农业彻底分离开来，城乡差距扩大，并形成对立。因为"技术把工人束缚在一种专业上，因而一方面使他不适合于从事农业（体力孱弱等等），另一方面要求他不间断地和长期地从事一种手艺。"[①]社会分工促进商品经济的发展，"商品经济的发展就是一个个工业部门同农业分离……因此商品经济的发展也就意味着愈来愈多的人口同农业分离，就是说工业人口增加，农业人口减少"。[②]

农业本身是风险较大的弱势产业，其比较经济收益低于工业，因此城乡之间自然形成落差。"和欧洲其他国家比较起来，俄国农业的劳动期间同生产时间的差别特别大。'当资本主义生产完成制造业和农业的分离时，农业工人就越来越依赖纯粹带偶然性的副业，因而他们的状况也就恶化了。……对资本来说，周转上的一切差别都会互相抵销，而对工人来说，就不是这样了。'可见，从我们所研究的农业特点中得出的唯一结论就是，农业工人的状况一定比工业工人更坏。"[③]

同时，资本主义工业发展的资本原始积累来自农业，城市工业的发展以牺牲农民利益为代价。这种情况在以农业生产为主的俄国尤为突出，沙皇政府为了扶植资本主义大工业，不惜采取"饥饿输出"方式以获取发展资金。城市工业发展起来之后，城乡差距的扩大不断吸附农村生产要素，特别是农村劳动力资源，导致城乡矛盾加深。"因此，人们从农业逃向工业，可是工业省份中不但没有人流向农业（例如，根本没有人迁离工业省份），甚至还流露出鄙视'愚昧的'农业工人的态度，把他们叫作'牧人'（雅罗斯拉夫尔省），'哥萨克'（弗拉基米尔省），'种地人'（莫斯科省）。"[④] 而且，流入城市的农民一般都是农村中比较优秀的劳动者。越来越悬殊的城乡差别加上工农产品的不等价交

---

① 《列宁全集》（第3卷），人民出版社1984年版，第393页。
② 同上书，第20页。
③ 同上书，第288页。
④ 同上书，第239页。

换,致使农村经济长期处于落后状态,城市对农村资源的剥夺成为导致农村贫困落后的重要原因。"资本主义建立了大生产,产生了竞争,随之而来的是土地的生产力受到掠夺。人口集中于城市,使土地无人耕种,并且造成了不正常的新陈代谢。土地的耕作没有得到改善,或者说没有得到应有的改善。"① 列宁还进一步指出,城乡对立对城市和农村发展的严重危害性。"鉴于城乡对立是农村经济和文化落后的最深刻的原因之一,而在目前危机如此深重的时代,这种对立已使城市和乡村面临衰退和灭亡的直接危险。"②

19世纪末20世纪初,俄国资本主义经济获得较大发展,城市化进程加快,城乡差距和对立表现得更为突出。"城乡分离、城乡对立、城市剥削乡村(这些是发展着的资本主义到处都有的旅伴)是'商业财富'(西斯蒙第的用语)比'土地财富'(农业财富)占优势的必然产物。因此,城市比乡村占优势(无论在经济、政治、精神以及其他一切方面)是有了商品生产和资本主义的一切国家(包括俄国在内)的共同的必然的现象。"③ 同时,由于俄国的资本主义改革不彻底,保留了大量封建残余,农民受到的剥削和压迫更为严重,农村的贫困落后也更为严重。到19世纪末20世纪初,俄国农村约有3000万饥民,绝大部分农民过着半饥半饱的生活。"无论在俄国地主土地占有制或农民份地占有制中,都最大限度地保存了封建残余。在这样的条件下,工业中比较发达的资本主义和农村中骇人听闻的落后状态之间的矛盾,已经到了触目惊心的地步,由于种种客观原因,这种矛盾推动人们去进行最深入的资产阶级革命,去创造农业取得最迅速进步的条件。"④

列宁在看到城乡对立及其危害的同时,也辩证地看到了城市化对农村发展的积极意义,认为资本主义城市工业的发展为农村摆脱落后状态创造了有利条件。他指出:"学生们在谈到'乡村生活的愚昧状态'的同时,还指出资本主义的发展为摆脱这种处境开辟了怎样的出路。"⑤ 首先,城市的发展为农村的发展提供了动力来源。"在所有现代国家甚

---

① 《列宁全集》(第7卷),人民出版社1986年版,第97—98页。
② 《列宁全集》(第36卷),人民出版社1985年版,第113页。
③ 《列宁全集》(第2卷),人民出版社1984年版,第196—197页。
④ 《列宁全集》(第16卷),人民出版社1988年版,第286页。
⑤ 《列宁全集》(第2卷),人民出版社1984年版,第478页。

至在俄国，城市的发展要比农村快得多，城市是人民的经济、政治和精神生活的中心，是进步的主要动力。"①其次，俄国资本主义经济的发展使得"村野的务农者过去同整个外界隔绝的状态就被彻底打破了"②。大工业、交通运输业等现代生产力的发展改善了农业生产条件，提高了农业的生产力水平，带动了农村的现代化发展。列宁在《俄国资本主义的发展》中指出："大机器工业在破坏宗法关系与小资产阶级关系时，另一方面却创造了使农业中的雇佣工人与工业中的雇佣工人相接近的条件：第一，大机器工业把最初在非农业中心所形成的工商业生活方式带到乡村中去；第二，大机器工业造成了人口的流动性以及雇佣农业工人与手工业工人的巨大市场；第三，大机器工业把机器应用于农业时，把具有最高生活水平的有技术的工业工人带到乡村。"③

列宁在肯定资本主义经济的发展对消除城乡对立所具有的积极意义的同时，也指出了资本主义在促进农村经济社会发展方面的局限性。资本主义城市工业的发展虽然具有一定的带动作用，但这种作用是自发产生的，而不是自觉的，是出于利润的驱动而非主动的帮扶。其积极作用是有限的，难以从根本上消除城乡差别。"完全肯定资本主义社会大城市的进步性，丝毫不妨碍我们把消灭城乡对立当作我们的理想（并且列入我们的行动纲领，至于无法实现的理想，还是让给司徒卢威和别尔嘉耶夫先生吧）。"④ "为了发展农业技术，城市资本主义可以提供一切现代科学手段，但它却使生产者保留同以前一样的社会地位；城市资本主义不能有系统、有计划地把城市文化输入农村。"⑤

（二）消除城乡对立的条件和道路

列宁在客观、辩证地认识资本主义时代城乡对立的状况及其原因的基础上，提出了消除城乡对立的正确道路和客观条件。

1. 消灭阶级和阶级差别

列宁认为，城乡对立与阶级现象具有内在联系，而且在阶级社会里无法根本消除城乡对立，因而消除城乡对立就意味着消灭阶级，意味着

---

① 《列宁全集》（第23卷），人民出版社1990年版，第358页。
② 《列宁全集》（第3卷），人民出版社1984年版，第280页。
③ 同上书，第497页。
④ 《列宁全集》（第5卷），人民出版社1986年版，第132页。
⑤ 《列宁全集》（第4卷），人民出版社1984年版，第126页。

消除工农差别。"为了消灭阶级，首先就要推翻地主和资本家……其次就要消灭工农之间的差别，使所有的人都成为工作者。"① 在没有阶级的未来共产主义社会，城乡对立问题将得到解决。"即城乡的对立破坏了工农业间必要的适应和相互依存关系，因此随着资本主义转化为更高的形态，这种对立将会消失。"② 消除工农之间的阶级差别也是社会主义的必然要求。因为"工农之间还有阶级差别的社会，既不是共产主义社会，也不是社会主义社会。……有一点很清楚：只要工农之间的阶级差别还存在，我们就不能无所顾忌地谈论平等，以免为资产阶级张目"③。

2. 大力发展生产力

列宁认为，消除城乡对立和阶级差别离不开现代化的生产力。应大力发展社会生产力，特别是要提高农业生产力水平。而农业生产力水平的提高离不开城市的带动和帮助，这需要无产阶级掌握国家政权和实现工业现代化。"只有在无产阶级的国家政权最终平定剥削者的一切反抗，保证自己完全巩固，完全能够实施领导，根据大规模集体生产和最新技术基础（全部经济电气化）的原则改组全部工业的时候，社会主义对资本主义的胜利以及社会主义的巩固才算有了保证。只有这样，城市才有可能给落后而分散的农村以技术的和社会的根本的帮助，并且在这种帮助下为大大提高耕作和一般农业劳动的生产率打下物质基础，从而用榜样的力量促使小农为了自身的利益过渡到集体的、机械化的大农业上去。"④ 完成社会主义革命以后，在列宁的领导下，大力发展生产力被提上了议事日程。当时，列宁把全国实现电气化作为主要目标。他认为，代表当时最先进生产水平的电气化的广泛应用必将有利于缩小城乡差距，促进农村发展。"我们必须让农民看到，在现代最高技术的基础上，在把城乡连接起来的电气化的基础上组织工业生产，就能消除城乡对立，提高农村的文化水平，甚至消除穷乡僻壤那种落后、愚昧、粗野、贫困、疾病丛生的状态。"⑤

---

① 《列宁全集》（第37卷），人民出版社1986年版，第272—273页。
② 《列宁全集》（第4卷），人民出版社1984年版，第125页。
③ 《列宁全集》（第36卷），人民出版社1985年版，第341页。
④ 《列宁全集》（第39卷），人民出版社1986年版，第175页。
⑤ 《列宁全集》（第38卷），人民出版社1986年版，第117页。

3. 促进城乡融合

为了消除城乡对立，列宁提出合理地分布工业，使农业人口和工业人口相融合，"只有农业人口和非农业人口混合和融合起来，才能使农村居民摆脱孤立无援的地位。因此，最新理论在回答浪漫主义者的反动的怨言和牢骚时指出，正是农业人口和非农业人口的生活条件接近才创造了消灭城乡对立的条件。"① "如果城市的优势是必然的，那么，只有把居民吸引到城市去，才能削弱（正如历史所证明的，也确实在削弱）这种优势的片面性。"② 另外，列宁强调通过发展城市大工业和实行城乡商品交换来满足农民对农业品的需求，同时，城市也要帮助农村发展文化教育事业，帮助农民提高文化水平。

列宁坚持了马克思主义关于城乡关系的基本理论，并将其灵活应用于社会主义革命和建设实践。在列宁的正确领导下，不仅革命取得了胜利，而且社会主义建设取得了巨大成就，为后来苏联经济的腾飞奠定了基础。

第三节 毛泽东关于农村建设与城乡关系的思想

毛泽东出身农村，对农村有着深厚的感情，对农民问题有深刻的理解。他一直高度关注农村，关于农业、农村、农民的论述十分丰富。其关于农村发展和城乡关系的思想对于我们今天西部农村反贫困具有重要的启迪意义。

一 农村建设思想

毛泽东在青年时期就提出了以"新村计划"为代表的农村建设思想。1918年，他与蔡和森等一起成立了"耕读同志会"，过着半耕半读的生活，在湖南岳麓山进行"新村主义"实验。受当时新村运动思想的影响，毛泽东形成了"新村计划"理想，主要内容是建立财产公有、共同劳动、平均分配、人人平等、互助友爱的共产主义组织。虽然由于

---

① 《列宁全集》（第2卷），人民出版社1984年版，第197页。
② 同上。

现实中的某些原因,"新村计划"未能得以实施,但革新农村面貌、建设新农村却成为他终生不渝的愿望。

（一）农业是国民经济的基础

根据我国人口多且农业人口占绝对主体的基本国情,毛泽东高度重视农业的基础性地位,特别强调粮食生产的重要性。他指出:"我国有五亿多农业人口,农民的情况如何,对于我国经济的发展和政权的巩固,关系极大。"① "全党一定要重视农业。农业关系国计民生极大。要注意,不抓粮食很危险。不抓粮食,总有一天要天下大乱。"② 为了提高干部群众对粮食生产重要性的认识,他还写下了"手里有粮,心里不慌;脚踏实地,喜气洋洋"的诗句。在他的领导下,我国农业生产条件得到极大改善,以占世界较小比重的耕地养活了较多的人口,并为工业发展积累了资金。

（二）农村发展要有规划

毛泽东注重农村发展规划的制订和执行,认为规划可以减少建设的盲目性,为长远发展奠定基础。1955年,毛泽东在关于农业合作化问题的一份报告中指出:"全面规划,加强领导,这就是我们的方针。"他要求逐级制定全省、全县、全乡、全合作社的全面规划。农村规划囊括了农村建设中农业、副业、手工业、多种经营、综合经营、开荒、移民、供销合作、信用合作、银行、技术推广站、绿化荒山和村庄建设等方方面面。在国家层面,"农业十七条""农业六十条"等国家规划就是典型代表,为我国农业改造和农村建设提供了有力的指导。他注重规划的执行,要求把各级政府落实规划的职责要求与实施细则列入规划。

（三）合作化和机械化并举

生产关系方面的合作化和生产力方面的机械化是农业现代化发展的重要条件。毛泽东认为:"中国只有在社会经济制度方面彻底地完成社会主义改造,又在技术方面,在一切能够使用机器操作的部门和地方,统统使用机器操作,才能使社会经济面貌全部改观。"③ 在合作化与机械化的关系上,毛泽东认为:"在农业方面,在我国的条件下（在资本

---

① 《毛泽东文集》（第7卷）,人民出版社1999年版,第219页。
② 同上书,第199页。
③ 《毛泽东文集》（第6卷）,人民出版社1999年版,第438页。

主义国家内是使农业资本主义化），则必须先有合作化，然后才能使用大机器。"①

毛泽东高度重视对农业生产关系的社会主义改造。长期以来，我国农业生产主要以家庭为单位，自产自销，各自为政，处于封闭、保守和分散的状态，这种状态导致农村发展长期缓慢。毛泽东指出："在农民群众方面，中国几千年来都是个体经济，一家一户就是一个生产单位，这种分散的个体生产，就是封建统治的经济基础，而使农民自己陷于永远的穷苦。"② 要克服分散状态，就要把农民组织起来，进行联合劳动。他指出："全国大多数农民，为了摆脱贫困，改善生活，为了抵御灾荒，只有联合起来，向社会主义大道前进，才能达到目的。"③ 联合的途径就是对农业生产关系进行社会主义改造，走合作化道路。合作化需要对农业生产资料所有制进行改造。毛泽东认为，只有实行社会主义改造，才能大幅提高农业生产力，改变农村的贫穷落后面貌，而对农业生产关系进行社会主义改造的关键就在于将农村土地个体所有制改为集体所有制。他指出："不靠社会主义，想从小农经济做文章，靠在个体经济基础上行小惠，而希望大增产粮食，解决粮食问题，解决国计民生的大计，那真是难矣哉！"④ 为此，"个体所有制必须过渡到集体所有制，过渡到社会主义"，"私人所有制有两种，劳动人民的和资产阶级的，改变为集体所有制和国营（经过公私合营，统一于社会主义），这才能提高生产力，完成国家工业化"⑤；而"只有在农村中一步一步地实行社会主义的制度，才能使农业生产和农民生活一步一步地和普遍地获得提高。"⑥

同时，毛泽东高度重视农业机械化，提出"农业的根本出路在于机械化"、务实之举在于"依靠改良农具、半机械化农具"，要求"每省每地每县设农具研究所"，收集、研制新农具，大力推广新型农业机械。他还高度重视科技在农业生产中的应用，提出：不搞科学技术，生

---

① 《毛泽东文集》（第6卷），人民出版社1999年版，第432页。
② 《毛泽东选集》（第3卷），人民出版社1991年版，第931页。
③ 《毛泽东文集》（第6卷），人民出版社1999年版，第429页。
④ 同上书，第302页。
⑤ 同上书，第301页。
⑥ 《建国以来毛泽东文稿》（第4册），中央文献出版社1990年版，第37页。

产力无法提高。毛泽东在总结农业增产经验基础上，提出了著名的"农业八字宪法"，即土（土壤）、肥（肥料）、水（水利）、种（种子）、密（密植）、保（植物保护）、管（田间管理）、工（工具改革），对农业生产的八个环节及其规律做了深入的总结。

（四）大力加强农村基础设施建设

毛泽东根据我国农村的实际情况，十分重视农村基础设施建设，特别是农田、水利建设。他发出了"愚公移山，改造中国"的号召。在他的领导下，广大农民群众掀起了开垦荒地、平整土地、打井挖渠、兴修水利等基础设施建设热潮，为我国农业的持续发展奠定了坚实基础。他重视水利建设，提出"水利是农业的命脉"①，发动群众进行大规模水利建设。"在合作化的基础之上，群众有很大的力量。几千年不能解决的普通的水灾、旱灾问题，可能在几年之内获得解决"②。在以毛泽东为核心的党中央领导下，长江、黄河、淮河等大江大河水患得到了有效治理，全国建成大小水库70000多座，以及大量塘坝、沟渠、道路、防护林等，为农业生产的稳定发展创造了有利条件。

（五）大力发展农村文化教育事业

毛泽东出身农村，对农民缺乏知识文化的苦难有深刻体会。他高度重视农民文化教育事业，不遗余力地发展农村教育。他创建过新民学会，开办过农民夜校，担任过农讲所所长，办过"平民小学"。中华人民共和国成立后，他领导建立了我国乡村教育体系，大规模开展农村教育运动，极大地改变了中国农村遍地文盲的现象，影响了一代人，为农村后续发展积累了雄厚的人力资本。

在革命战争时期，毛泽东就强调了农村文化教育的重要性。在中央苏区，他指出："用文化教育工作提高群众的政治和文化的水平，这对于发展国民经济同样有极大的重要性。"③ 在延安时期，他提出："所谓扫除文盲，所谓普及教育，所谓大众文艺，所谓国民卫生，离开了三亿六千万农民，岂非大半成了空话？"④ 在《论人民民主专政》中，毛泽东明确提出"严重的问题是教育农民"。社会主义建设时期，他指出：

---

① 《毛泽东选集》（第1卷），人民出版社1991年版，第132页。
② 《毛泽东文集》（第6卷），人民出版社1999年版，第451页。
③ 《毛泽东选集》（第1卷），人民出版社1991年版，第125—126页。
④ 《毛泽东选集》（第3卷），人民出版社1991年版，第1078页。

大众文化，实质上就是提高农民文化。"随着经济建设的高潮的到来，不可避免地将要出现一个文化建设的高潮。中国人被人认为不文明的时代已经过去了，我们将以一个具有高度文化的民族出现于世界。"①

以毛泽东为核心的第一代领导集体，依靠群众力量，从实际出发，在极端困难的条件下建立了基本健全的教育体系，从育红班学前教育到小学、中学、高中、大学的国民教育体系，师范学校、卫生学校等职业教育体系以及以"夜校""冬学"为代表的成人扫盲教育体系，为国家经济建设培养了大批实用人才，极大地提高了人民群众的科学文化素质。为了弥补公共教育资源的不足，毛泽东提出允许发展民办教育，允许在农村办不正规小学、速成小学、私塾。"在教育工作方面，不但要有集中的正规的小学、中学，而且要有分散的不正规的村学、读报组和识字组。不但要有新式的学校，而且要利用旧的村塾加以改造。"②

毛泽东注重教育与生产劳动相结合，强调学以致用，促进人的全面发展。他指出："几千年来，都是教育脱离劳动，现在要教育劳动相结合，这是一个基本原则。大体上有这样几条：一条是教育劳动相结合，一条是党的领导，还有一条是群众路线。……我们社会主义国家，马克思讲了的，教育必须与劳动相结合。"③ 他鼓励半工半读、半农半读的农村简易小学、农村中学、共产主义劳动大学等教育教学方式。1亿多农村青壮年接受了此类教育，有效解决了农村人才、技术落后的问题，提高了广大农民的科学文化素质。"知识分子上山下乡"运动也体现出了教育与生产劳动的结合，下乡知识青年给广大农村带来了文化知识，注入了活力。毛泽东大力发展农村文化事业，注重移风易俗，革新农村旧风恶习，促进乡风文明。中华人民共和国成立后，我国很快消除了长期困扰农村的毒品、娼妓等丑恶现象，农村社会风气迅速好转，甚至呈现路不拾遗、夜不闭户的景象。在条件极端困难的情况下，他提出了"乡乡通电话，社社安广播"的规划，乡村邮政局、电影放映队、文化站、图书室、业余剧团等纷纷建立起来，极大地丰富了农村文化生活。他还强调文艺创作必须反映群众生活，创建社会主义大众文化。在他的

---

① 《毛泽东文集》（第5卷），人民出版社1996年版，第345页。
② 《毛泽东选集》（第3卷），人民出版社1991年版，第1011—1012页。
③ 《建国以来毛泽东文稿》（第7册），中央文献出版社1992年版，第396页。

号召下，一大批反映农村生活的优秀文艺作品被创作出来。

（六）提高农民生活水平

毛泽东对农民的疾苦有着深刻的了解和体会，高度重视农村民生建设，努力改善农民群众的生活条件。在这一方面，他的指导思想可概括为"统筹兼顾，适当安排"或"统筹兼顾，各得其所"。他强调要统筹兼顾生产和生活，"我们的重点必须放在发展生产上，但发展生产和改善人民生活二者必须兼顾"①。"生产和生活两方面，必须同时抓起来。不抓生活，要搞好生产是困难的。生产好，生活好，孩子带得好，这就是我们的口号。"②他强调正确处理积累与消费的关系，认为苏联的"义务交售制"过度损害了农民利益，通过这种方式积累工业资金只会损害农民的生产积极性。他形象地比喻说："你要母鸡多生蛋，又不给它米吃，又要马儿跑得好，又要马儿不吃草。世界上哪有这样的道理！"③他还指出："国家要积累，合作社也要积累，但是都不能过多。我们要尽可能使农民能够在正常年景下，从增加生产中逐年增加个人收入。"④他注重提高社会福利水平，改善农民物质生活。毛泽东曾说："福利不可不谋，不可多谋，不谋不行。"⑤在人民公社时期，农村集体福利由专项公益金保障，国家给予专项扶持，从而有效地改善了农民生活。另外，在经济极端困难的条件下，还建立了社会保障体系，一是收益集体分配方式保障了农民最低生活水平。二是建立了乡村救济、养老制度体系。中央以草案形式发布的《一九五六年到一九六七年全国农业发展纲要》第三十条要求："农业合作社对于社内缺少劳动力、生产没有依靠的鳏寡孤独的社员，应当统一筹划……在生活上给以适当的照顾，做到保吃、保穿、保烧（燃料）、保教（儿童和少年）、保葬，使他们的生养死葬都有指靠。"各地依此建立了孤儿院、养老院等；另外，还创建了社会优抚、扶贫救助、社会救济等社会保障体系。

毛泽东注重发展农村医疗卫生事业。他提出"把医疗卫生的重点放到农村去"，领导建立了由县级医院、公社卫生院、大队卫生所（保健

---

① 《毛泽东著作专题摘编》（上），中央文献出版社 2003 年版，第 988 页。
② 《建国以来毛泽东文稿》（第 7 册），中央文献出版社 1990 年版，第 541 页。
③ 《毛泽东文集》（第 7 卷），人民出版社 1999 年版，第 30 页。
④ 同上书，第 221 页。
⑤ 《毛泽东著作专题摘编》（上），中央文献出版社 2003 年版，第 988 页。

站、医疗站）为主体，以城市医务人员到农村巡回医疗、村"赤脚医生"等为补充组成的农村"三级"医疗体系，解决了农民看病难题。他发起"灭疫战役"、除"四害"运动以及以"两管"（管理饮水、管理粪便）、"五改"（改良厨房、水井、厕所、畜圈和卫生环境）为主要内容的爱国卫生运动，极大地改善了农村卫生条件，解决了长期危害人民健康的严重传染性疾病如血吸虫病、鼠疫、天花等。

虽然在实践中，"一大二公"的农业集体化、人民公社化改造整体上脱离了生产力水平，损害了农村生产力的发展，但在没有现成经验可供借鉴的条件下，毛泽东农村建设思路整体上反映了农业经济发展的客观规律，体现了人民群众的主流愿望，为后来的农村发展奠定了雄厚的基础。从生产力与生产关系两方面探索农村发展道路、从生产力内部诸要素优化组合上提升生产力的思想方法，为我们进一步探索解决"三农"问题提供了有益启迪。

二　城乡关系思想

毛泽东辩证地认识和统筹处理城乡关系，发挥城市和农村各自的优势，弥补各自的不足，对我国新民主主义革命的胜利和社会主义建设发挥了重要指导作用，对我们今天的新型城镇化建设和新农村建设亦具有重大指导意义。

（一）以农村为重点，走农村包围城市的革命道路

毛泽东根据近代中国的具体国情，实事求是地认识和处理革命战争中的城乡战略关系。他认为在半殖民地半封建的历史条件下，中国的城乡关系是二元对立的，城市掠夺农村，城乡发展严重失衡。他指出："外国帝国主义和本国买办大资产阶级所统治的城市极野蛮地掠夺乡村。"[1] 农村资源不断流入城市，城乡差距日益扩大，农村日益凋敝，形成了"近代式的若干工商业都市和停滞着的广大农村同时存在"[2] 的局面。

由于近代中国民族工商业发展缓慢，力量弱小，而农村广泛存在着相对独立的自然经济，可以离开城市而存在和发展，"城市虽然带有领导性质，但不能完全统治乡村"；"因为城市太小，乡村太大，广大的

---

[1]《毛泽东选集》（第1卷），人民出版社1991年版，第336页。
[2] 同上书，第188页。

人力物力在乡村不在城市"。① 另外，城市是反动势力主要盘踞的地方，力量强大；农村不仅地域广阔，而且革命力量集中，反动势力相对弱小，这是红色革命政权在农村发展的基本条件。根据中国城乡革命力量对比的实际情况，毛泽东提出中国革命必须走农村包围城市、武装夺取全国政权的道路，中国革命战争的实质是农民战争，能否解决农民的土地问题是革命成败的关键。因此，农村是中国共产党工作的重点，农民是革命的主要依靠力量。

中国革命发展的实践证明，毛泽东关于农村包围城市的思想是符合中国国情的正确选择。但毛泽东强调以农村为重点绝不意味着放弃城市，绝不意味着把农村作为革命的归宿。他认为最终还要掌握城市，发展工业，把工业作为新社会的基础；农村革命根据地是暂时的重心，必须兼顾城市工作。他指出："不能设想，我们党永远没有大城市，没有工业，不掌握经济，没有正规军队，还能存在下去。"②"现在的农村是暂时的根据地，不是也不能是整个中国民主社会的主要基础。由农业基础到工业基础，正是我们革命的任务。"③"革命的最后目的，是夺取作为敌人主要根据地的城市，没有充分的城市工作，就不能达此目的。"④ 这体现了他以辩证的思维科学认识和解决革命中的城乡矛盾。

（二）以城市为中心，城乡兼顾的社会主义建设思路

在社会主义建设阶段，毛泽东强调以城市为中心，走以城带乡、城乡兼顾的道路。解放战争时期，随着人民解放战争的节节胜利，毛泽东提出将党的工作重心转移到城市，城市工作必须以生产建设为中心。1948年10月，毛泽东在《中共中央关于九月会议的通知》中指出："加强城市和工业的管理工作，使党的工作的重心逐步地由乡村转到城市。"⑤ 1949年召开的中共七届二中全会是党工作重点转移的标志。毛泽东在中共七届二中全会上提出："从一九二七年到现在，我们的工作重点是在乡村，在乡村聚集力量，用乡村包围城市，然后取得城市。采

---

① 中央档案馆：《中共中央文件选集》（第11册），中共中央党校出版社1991年版，第590页。
② 《毛泽东文集》（第3卷），人民出版社1996年版，第396页。
③ 《毛泽东书信选集》，人民出版社1983年版，第238—239页。
④ 《毛泽东选集》（第2卷），人民出版社1991年版，第636页。
⑤ 《毛泽东选集》（第4卷），人民出版社1991年版，第1347页。

取这样一种工作方式的时期现在已经完结。从现在起，开始了由城市到乡村并由城市领导乡村的时期。党的工作重点由乡村移到了城市。""党和军队的工作重心必须放在城市，必须用极大的努力去学会管理城市和建设城市。"① 从农村到城市是建设中华人民共和国的必然选择，因为城市是现代生产要素的集聚地，是先进生产方式的代表。但毛泽东并没有简单照搬苏联经验，他强调必须统筹兼顾城乡发展。他指出："城乡必须兼顾，必须使城市工作和乡村工作，使工人和农民，使工业和农业，紧密地联系起来。决不可以丢掉乡村，仅顾城市，如果这样想，那是完全错误的。"②

毛泽东强调以城带乡，以工促农。他主张通过建设城市、发展工业，吸纳农村劳动力就业，带动农村的发展。毛泽东指出："将来还要有几千万农民进入城市，进入工厂。如果中国需要建设强大的民族工业，建设很多的近代的大城市，就要有一个变农村人口为城市人口的长过程。"③ 他还强调工业支援农业，促进农业发展。1957 年，他在省市自治区党委书记会议上指出："在一定的意义上可以说，农业就是工业。要说服工业部门面向农村，支援农业。"④ 虽然工农剪刀差不可避免地存在，但毛泽东强调工农产品交换中要保护农民利益，逐步缩小城乡差距。他在《论十大关系》中指出："工农业品的交换，我们是采取缩小剪刀差，等价交换或者近乎等价交换的政策。我们统购农产品是按照正常的价格，农民并不吃亏，而且收购的价格还逐步有所增长。我们在向农民供应工业品方面，采取薄利多销、稳定物价或适当降价的政策，在向缺粮区农民供应粮食方面，一般略有补贴。"⑤ 在收入分配方面，他强调对收入差距过大进行调整。他指出："有少部分工人的工资以及有些国家机关工作人员的工资是高了一些，农民看了不满意是有理由的，斟酌情况作一些适当的调整，是必要的。"⑥ "要防止这一点，就要使农村的生活水平和城市的生活水平大致一样，或者还好一些。"⑦

---

① 《毛泽东选集》（第 4 卷），人民出版社 1991 年版，第 1427 页。
② 同上。
③ 《毛泽东选集》（第 3 卷），人民出版社 1991 年版，第 1077 页。
④ 《毛泽东文集》（第 7 卷），人民出版社 1999 年版，第 200 页。
⑤ 同上书，第 30 页。
⑥ 同上书，第 222 页。
⑦ 《毛泽东文集》（第 8 卷），人民出版社 1999 年版，第 128 页。

分析毛泽东城乡关系思想，不能不提到毛泽东对工农产业关系的探索。鉴于中华人民共和国成立初期积贫积弱的现状和苏联社会主义建设的经验，发展重工业成为当时的必然选择。早在中共七大上，毛泽东就提出了使中国由农业国变成工业国的历史任务。工业建设所需要的积累只能从农业中获取。毛泽东提出了优先发展重工业和国防工业的思想，但他同时强调要积极发展农业、轻工业，实行工农并举，防止重蹈苏联产业结构严重失衡的覆辙。1951年12月，毛泽东指出："为了完成国家工业化，必须发展农业，并逐步完成农业社会化。但是首先重要并能带动轻工业和农业向前发展的是建设重工业和国防工业。"① 1956年，毛泽东在《论十大关系》中明确提出，要处理好重工业、轻工业与农业的关系，重工业是投资的重点，但农业和轻工业的投资比例要增加一些，这样可以更好地满足人民生活的需要，可以更快地增加重工业的资金积累。1957年，他在《关于正确处理人民内部矛盾的问题》中又明确提出了"发展工业必须和发展农业同时并举"。1957年10月，毛泽东在中共八届三中全会上明确指出："以重工业为中心，优先发展重工业，这一条毫无问题，毫不动摇。但是在这个条件下，必须实行工业与农业同时并举，逐步建立现代化的工业和现代化的农业。"② 但这些正确的思想并没有被长期坚持和贯彻落实，由于急于摆脱贫困落后面貌，中共八届三中全会以后的"以钢为纲"的重工业发展战略和"大跃进"运动等给国民经济发展带来了严重的灾难。鉴于"大跃进"的教训，1961年年初，毛泽东提出了"农业是基础，工业是主导"的思想。1962年，中共八届十中全会将"以农业为基础、以工业为主导"作为国民经济的总方针。

毛泽东以城市为中心、兼顾城乡的社会主义建设思想明确了处理城乡关系的基本原则，既反映了生产力发展的客观要求，又符合中国的国情，为我国的现代化建设提供了正确的方向指引。但是，社会主义现代化建设事业是在一穷二白的基础上和没有现成经验的条件下摸索前进的，不可避免地会出现这样或那样的问题。首先，对于城市与农村、工业与农业应该如何协调，各自该怎样增加投入，没有客观标准。中华人

---

① 《毛泽东文集》（第6卷），人民出版社1999年版，第207页。
② 《毛泽东文集》（第7卷），人民出版社1999年版，第310页。

民共和国成立初期，我国经济建设取得了巨大成就，而20世纪50年代后期出现了急于求成的工业化浪潮，城乡兼顾、工农并举的道路实际上动摇了。其次，理论上的科学合理性并不能掩盖实践操作上的困境。实践中，高度集中的计划经济体制、阶级斗争、群众运动、工农业产品"剪刀差"、城乡户籍隔离等形成了事实上的"以农补工"和差距越来越大的城乡二元结构。这为我们改革开放后正确处理城乡、工农关系提供了正反两方面的经验借鉴。

第四章 理论发展：新时期"三农"问题战略、新型城镇化与精准扶贫

第一节 改革开放与农村建设思想的发展

以中共十一届三中全会为标志，我国进入了改革开放新时代。以邓小平为核心的党的第二代领导集体和以江泽民为核心的党的第三代领导集体在实事求是思想路线的指引下，在总结改革开放之前 30 年社会主义建设正反两方面的历史经验和借鉴国外社会主义建设经验教训的基础上，继往开来，开拓创新，开创了农村经济社会建设的新境界。

一 邓小平农村改革和建设思想

以邓小平为核心的中国共产党的第二代领导集体在恢复实事求是思想路线的基础上，结合时代特征，领导实施改革开放。邓小平不仅领导了农村改革，而且在农村建设方面提出了一些具有重大战略指导意义的思想，对于我们今天解决农村贫困问题具有重大指导意义。

（一）农业是国民经济的基础

邓小平多次强调农业的基础地位。农业不仅是我国 13 亿人口的衣食之源，也是整个国民经济的基础。他强调指出："农业是根本，不要忘掉。"① 而粮食生产又是农业的重点。"农业，主要是粮食问题。"②

（二）依靠政策和科技驱动农业发展

如何才能有效推动农业发展呢？邓小平明确提出，农业的发展一要靠政策，二要靠科学。在政策驱动方面，邓小平提出，要给生产者以自

---

① 《邓小平文选》（第 3 卷），人民出版社 1993 年版，第 23 页。
② 同上书，第 159 页。

主权，保障其物质利益，从而调动其生产劳动的积极性。"我国百分之八十的人口是农民。农民没有积极性，国家就发展不起来。"① 而要充分调动农民的生产积极性，安徽小岗村农民率先尝试的家庭联产承包经营责任制是一条有效的途径。这种经营管理体制适应了当时我国农业生产力的实际水平，而且产权清晰，权责明确，保障了农户的经营自主权和经济利益。邓小平指出："我们农村改革之所以见效，就是因为给农民更多的自主权，调动了农民的积极性。"② 为此，家庭联产承包责任制要长期坚持。在科技驱动方面，邓小平高度重视科技对生产力发展的推动作用，明确提出了"科学技术是第一生产力"的著名论断。他反复强调现代科技对农业发展具有重大推动作用。他指出："农业问题也要研究，最终可能是科学解决问题。"③ 在农业科技发展上，邓小平强调要发展尖端技术武装农业。"从科学方面来说，要发展农业，需要有生物学的发展，气象学的发展，土壤学的发展，遗传学的发展。"④ "将来农业问题的出路，最终要由生物工程来解决，要靠尖端技术。"⑤ 为了提高农业科技水平，邓小平重视农业科技人才的培养。他提出不仅要培养高级专业人才，也要培养普通应用人才。"我们有大量中学生，要把他们培养成土专家，让他们在农村发挥作用。"⑥

(三) 因地制宜优化农业产业结构

邓小平重视粮食生产，但反对"以粮为纲"，强调因地制宜调整农村产业结构，全面发展农村经济。"……我们搞农业，主张每个地区独立思考，一切从实际出发，因地制宜。"⑦ "所谓因地制宜，就是说哪里适宜发展什么就发展什么，不适宜发展的就不要去硬搞。"⑧ 同时，为了增加农民收入，繁荣农村经济，邓小平强调要通过发展多种经营方式来提高农业经济收益，注重全面发展农林牧副渔产业和提倡发展经济作

---

① 《邓小平文选》（第3卷），人民出版社1993年版，第213页。
② 同上书，第242页。
③ 同上书，第313页。
④ 《邓小平年谱（1975—1997）》（上），中央文献出版社2004年版，第303页。
⑤ 《邓小平文选》（第3卷），人民出版社1993年版，第275页。
⑥ 《邓小平思想年谱（1975—1997）》，中央文献出版社1998年版，第275页。
⑦ 同上书，第84页。
⑧ 《邓小平文选》（第2卷），人民出版社1983年版，第316页。

物。"农业翻番不能只靠粮食,主要靠多种经营。"① "农业实行多种经营,因地制宜,该种粮食的地方种粮食,该种经济作物的地方种经济作物,不仅粮食大幅度增长,经济作物也大幅度增长。"②

(四)农业长远发展要有"两个飞跃"

邓小平在肯定家庭联产承包经营责任制的同时,也敏锐地洞察到了其不足。这种经营体制所造成的农业生产碎片化、零散化,不利于农业实现规模化、集约化、产业化经营,不符合农业现代化的发展要求。他指出:"中国社会主义农业的改革和发展,从长远的观点看,要有两个飞跃。第一个飞跃,是废除人民公社,实行家庭联产承包为主的责任制。这是一个很大的前进,要长期坚持不变。第二个飞跃,是适应科学种田和生产社会化的需要,发展适度规模经营,发展集体经济。这是又一个很大的前进,当然这是很长的过程。"③ 第一个飞跃是第二个飞跃的基础,第二个飞跃是第一个飞跃的延伸和发展。两个"飞跃"共同反映了我国农业发展的客观规律,体现了生产关系要适应生产力状况的规律,具有重大指导意义。但对于怎样实现、什么时候实现第二个飞跃,邓小平的态度是十分谨慎的。

(五)工业化和城镇化是农村发展的必由之路

邓小平认为,农业和农村的发展必须走工业化、城镇化道路。他指出:"大量农业劳动力转到新兴的城镇和新兴的中小企业。这恐怕是必由之路。总不能老把农民束缚在小块土地上,那样有什么希望?"④ 在我国工业化已经进入中期阶段的条件下,邓小平强调工业要多支援农业。"告诉他们工业越发展,越要把农业放在第一位。"⑤ 同时,他强调,农业要走工业化道路,按照工业化的模式生产,才能产生质的飞跃。"总之,农业要工业化才行。"⑥ 邓小平还鼓励农村因地制宜地发展工业,大力发展乡镇企业,实现就地工业化和城镇化。20世纪八九十年代,我国乡镇企业如雨后春笋般迅速崛起,对农村经济发展发挥了重

---

① 《邓小平文选》(第3卷),人民出版社1993年版,第23页。
② 同上书,第238页。
③ 同上书,第355页。
④ 同上书,第213—214页。
⑤ 《邓小平文选》(第2卷),人民出版社1983年版,第29页。
⑥ 《邓小平年谱(1975—1997)》(上),中央文献出版社2004年版,第303页。

大作用。邓小平高度肯定了农村乡镇企业的积极意义，称其"异军突起"。"农村改革中，我们完全没有预料到的最大的收获，就是乡镇企业发展起来了，突然冒出搞多种行业，搞商品经济，搞各种小型企业，异军突起。"① "乡镇企业容纳了百分之五十的农村剩余劳动力。……同时，乡镇企业反过来对农业又有很大帮助，促进了农业的发展。"② 乡镇企业的发展拓展了我国农村工业化、城镇化道路，有力地推动了中国农村的现代化进程。

（六）农村要脱贫致富

邓小平没有明确正面论述农村"扶贫""扶贫开发"，但他关于脱贫致富的论述，给我国农村经济社会建设和扶贫开发指明了方向。改革开放之初，我国人民群众生活水平普遍较低，农村贫困问题严重。邓小平直面当时的贫困状况，坦承道："我们干革命几十年，搞社会主义三十多年，截至一九七八年，工人的月平均工资只有四五十元，农村的大多数地区仍处于贫困状态。"③ "现在说我们穷还不够，是太穷，同自己的地位完全不相称。"④ "坦率地说，在没有改革以前，大多数农民是处在非常贫困的状况，衣食住行都非常困难。"⑤ 针对当时普遍存在的贫困问题，邓小平开始大刀阔斧地推进思想解放和改革开放，摆脱贫困成为邓小平领导改革开放的重要切入点，这也是凝聚社会共识的重要焦点。

1. 社会主义必须摆脱贫困

邓小平从社会主义制度优越性的理论高度论述了脱贫致富的重大意义。他明确指出：贫穷不是社会主义，发展太慢也不是社会主义，贫穷与社会主义本质特征相矛盾。"占全国人口百分之八十的农民连温饱都没有保障，怎么能体现社会主义的优越性呢？"⑥ 邓小平认为，社会主义应该比资本主义更富裕。"落后国家建设社会主义，在开始的一段很长时间内生产力水平不如发达的资本主义国家，不可能完全消灭贫穷。

---

① 《邓小平文选》（第3卷），人民出版社1993年版，第238页。
② 同上书，第252页。
③ 同上书，第10—11页。
④ 《邓小平文选》（第2卷），人民出版社1994年版，第312页。
⑤ 《邓小平文选》（第3卷），人民出版社1993年版，第237—238页。
⑥ 同上书，第255页。

所以，社会主义必须大力发展生产力，逐步消灭贫穷，不断提高人民的生活水平。否则，社会主义怎么能战胜资本主义？"①

邓小平进一步从社会主义本质的理论高度论述了改革和发展的目标，即实现共同富裕，指出共同富裕是社会主义的本质属性。他明确提出：社会主义的原则，第一是发展生产力，第二是共同富裕。

2. 摆脱贫困离不开社会主义

邓小平提出，中国要摆脱贫困，实现共同富裕，必须走社会主义道路。"如果不搞社会主义，而走资本主义道路，中国的混乱状态就不能结束，贫困落后的状态就不能改变。所以，我们多次重申，要坚持马克思主义，坚持走社会主义道路。"②"只有社会主义制度才能从根本上解决摆脱贫穷的问题。"③ 同时，他也提出要探索适合中国国情和具有中国特色的脱贫致富道路。他指出："要摆脱贫穷，就要找出一条比较快的发展道路。"④ 这就是"根据自己的特点，自己国家的情况，走自己的路。"⑤

3. 先富带动后富是基本途径

邓小平认为，要摆脱贫困，首先必须打破平均主义、"大锅饭"，因为平均主义和"大锅饭"抑制了劳动者的生产积极性。同时，我国不可能实现同时、同步富裕，而只能是部分人和地区先富，带动、帮助其他群众和地区逐步走上富裕道路。"在经济政策上，我认为要允许一部分地区、一部分企业、一部分工人农民，由于辛勤努力成绩大而收入先多一些，生活先好起来。一部分人生活先好起来，就必然产生极大的示范力量，影响左邻右舍，带动其他地区、其他单位的人们向他们学习。这样，就会使整个国民经济不断地波浪式地向前发展，使全国各族人民都能比较快地富裕起来。"⑥ 随着改革开放的深入发展，部分人和地区先富起来的目标很快就实现了，但发展不平衡的问题也日益凸显。为了发挥好先富群体和地区的带动、帮扶作用，邓小平明确提出发达地

---

① 《邓小平文选》（第 3 卷），人民出版社 1993 年版，第 10 页。
② 同上书，第 63 页。
③ 同上书，第 208 页。
④ 同上书，第 255 页。
⑤ 同上书，第 256 页。
⑥ 《邓小平文选》（第 2 卷），人民出版社 1994 年版，第 152 页。

区"通过多交利税和技术转让等方式大力支持不发达地区",以"逐步顺利解决沿海同内地贫富差距的问题"①。"对一部分先富裕起来的个人,也要有一些限制,例如,征收所得税。还有,提倡有的人富裕起来以后,自愿拿出钱来办教育、修路。"②

4. 加大对农村的帮扶

邓小平认为,农民富裕是中国实现共同富裕的关键,也是难点。他从国家发展的全局战略高度指出了实现农民富裕的重要性。"中国社会是不是安定,中国经济能不能发展,首先要看农村能不能发展,农民生活是不是好起来。"③ 只有占中国人口大多数的农民富裕起来,中国才能真正富起来,相反,"农民没有摆脱贫困,就是我国没有摆脱贫困。"④ 然而,使广大农民摆脱贫困落后是一项艰巨、复杂而又漫长的历史任务。他指出:"中国这样的底子,人口这样多,耕地这样少,劳动生产率、财政收支、外贸进出口都不可能一下子大幅度提高,国民收入的增长速度不可能很快。"⑤ 同时,他从区域平衡的战略高度提出,要加大对西南、西北贫困集中高发地区的帮扶力度,促使其脱贫致富。"我们的改革是从农村开始的,在农村先见成效,但发展不平衡。有百分之十左右的农村地区还没有摆脱贫穷,主要是在西北干旱地区和西南的一部分地区。"⑥ "在西北、西南和其他一些地区,那里的生产和群众生活还很困难,国家应当从各方面给以帮助,特别要从物质上给以有力的支持。"⑦

邓小平作为中国共产党第二代领导集体的核心和改革开放的总设计师,解放思想,实事求是,既客观面对现实,又高瞻远瞩,指明了我国改革开放的发展方向,奠定了我国改革开放时期现代化建设的政策框架。他关于我国农村改革和建设的重要论述,成为指导我们正确认识和解决"三农"问题,推动农村迈向全面小康的基本指针。

二 "三个代表"重要思想与农村建设的发展

以江泽民为核心的中国共产党的第三代领导集体沿着邓小平理论指

---

① 《邓小平文选》(第3卷),人民出版社1993年版,第374页。
② 同上书,第111页。
③ 同上书,第77—78页。
④ 同上书,第237页。
⑤ 《邓小平文选》(第2卷),人民出版社1994年版,第259页。
⑥ 《邓小平文选》(第3卷),人民出版社1993年版,第155页。
⑦ 《邓小平文选》(第2卷),人民出版社1994年版,第152页。

引的方向和道路继续深化改革，扩大开放。在农村建设问题上，江泽民继承并贯彻落实邓小平理论关于农村改革和建设的指导思想，结合中国国情和时代特征，与时俱进，开拓创新，进一步丰富、完善和发展了中国共产党农村建设政策体系。

（一）进一步强调"三农"工作的重要地位

江泽民基于我国是一个农业大国和人口大国的基本国情，从治国安邦和巩固党的执政地位的战略高度阐明了"三农"问题的重要地位。他指出："三农"问题是关系改革开放和现代化建设全局的首要问题，是事关全局的根本问题。"农业是国民经济的基础，农村稳定是整个社会稳定的基础，农民问题始终是中国革命、建设、改革的根本问题。这是我们党从长期实践中确立的处理农业问题、农村问题和农民问题的重要指导思想。"① 他指出，"三农"不仅是重大的经济问题，而且是极其重要的政治问题，应该被放在各级党委和政府工作的首要位置，而且应长期坚持。"我们的工作千头万绪，而农业、农村、农民问题始终是第一位的大问题，任何时候都不能麻痹大意。"② "农业、农村、农民问题始终是我国的根本问题，因此，农业必须始终放在整个经济工作的首位，农村的发展必须始终作为全国改革、发展、稳定全局中的首要环节来考虑和筹划。这些基本原则任何时候都不要动摇。"③

（二）进一步深化和完善农村经济体制改革

20世纪90年代，我国确立了社会主义市场经济改革方向，建立社会主义市场经济体制成为深化农村经济体制改革的基本方向。为保证社会主义市场经济健康发展，客观上需要进一步完善相关农业政策配套改革，形成完善的政策体系。在深化农村经济体制改革的目标上，江泽民指出，总的目标是建立以家庭承包经营为基础，以农业社会化服务体系、农产品市场体系和国家对农业的支持保护体系为支撑，适应发展社会主义市场经济要求的农村经济体制。④ 深化农村经济体制改革的措施

---

① 中共中央文献研究室：《江泽民思想年编（1989—2008）》，中央文献出版社2010年版，第93页。
② 江泽民：《论社会主义市场经济》，中央文献出版社2006年版，第190页。
③ 同上书，第209页。
④ 中共中央文献研究室：《十五大以来重要文献选编》（上），人民出版社2000年版，第531页。

主要包括以下五个方面：一是把家庭承包为主的责任制和统分结合的双层经营体制作为一项基本制度长期稳定下来，其核心是稳定土地承包关系。同时，为了适应农业规模化发展的需要，在条件许可的情况下允许土地承包经营权合理流转，引导和鼓励农民发展个体、私营和股份合作制经济，促进农村土地、资金、技术、劳动力等生产要素优化配置。二是完善集体统一经营，主要是增强农村集体组织对农户的服务功能。三是支持农民发展各类专业服务组织，转变政府职能，建立国家、集体和农民及其合作组织相结合的农业社会化服务体系。四是深化农产品流通体制改革，形成在政府宏观调控下的农产品市场价格形成机制，建立统一、开放、竞争、有序的农产品市场体系。五是加快建设农业支持和保护体系，包括改革农村金融体制，完善粮食储备调节风险基金和保护价收购，建立农业保险制度，等等。

（三）进一步转换农业发展方式

江泽民顺应科学技术快速发展并成为生产力发展的主要动力的时代潮流，强调实施科教兴农战略，把农业和农村经济发展的主要动力逐步地转移到依靠科技进步和劳动者素质提高上来。他明确指出："要依靠科技进步振兴农业……在提高农业劳动生产率，增加农作物单位面积产量和有效利用资源上下功夫。"① 同时，江泽民强调农业要走产业化发展的道路。农业产业化是我国农业走向现代化的前提条件，能够有效解决个体农民进入市场、运用现代科技和扩大经营规模等问题。其主要内容是以市场为导向，以提高经济效益为中心，对农业的支柱产业和主导产品实现区域化布局、专业化生产、一体化经营、社会化服务、企业化管理，形成产供销、贸工农和科教紧密结合的经营体制。

（四）进一步加强工业化、小城镇建设

江泽民认为，解决农民就业和增收难题，必须走工业化、城市化的道路，把农村人口尽可能多地转移出来，降低农村人口比例。他强调工业化对农村发展的重大意义，指出："我国二元经济社会结构的问题，要在工业化、信息化的进程中逐步加以解决。"② 他认为，城镇化是农

---

① 中共中央文献研究室：《江泽民论有中国特色社会主义》（专题摘编），中央文献出版社 2002 年版，第 127 页。

② 《江泽民文选》（第 3 卷），人民出版社 2006 年版，第 409 页。

村现代化发展的必然选择,发展小城镇是符合我国国情的现实选择。"发展小城镇是一个大战略。城乡差距大,农业人口多,是长期制约中国经济良性循环和社会协调发展的重要因素。加快小城镇建设,不仅有利于转移农业富余劳动力,解决农村经济发展的一系列深层次矛盾,而且有利于启动民间投资、带动最终消费,为下世纪国民经济发展提供广阔的市场空间和持续的增长动力。"①

(五)切实增加农民收入,努力减轻农民负担

在温饱问题基本解决之后,增加经济收入成为农民的现实需要,而农民收入在改革开放初期快速增长之后逐步陷入停滞状态,增长缓慢。江泽民从国民经济发展的战略高度阐明了增加农民收入的重大意义和紧迫性。他明确指出:"增加农民收入问题是一个带有全局性的问题,不仅直接关系到农村实现小康,还直接关系到开拓农村市场,扩大国内需求,带动工业和整个国民经济增长,从长远看还可能影响农产品的供给。现在农民收入增长缓慢的问题越来越突出,必须引起高度重视。"②

要增加农民经济收入,减轻农民负担是必要条件。20世纪90年代,我国农村出现了农民负担过重的问题,严重影响了农业健康发展和农民收入增长。江泽民高度重视减轻农民负担,并提出了一系列解决措施。"在农民增收可能的情况下,尤其要高度重视减轻农民负担,让农民休养生息。加快农村税费改革,是减轻农民负担的治本之策……要认真搞好乡镇机构改革,下决心精简财政供养人员,转变政府职能,调整支出结构,确保税费改革取得成功。"③

(六)大力加强农村精神文明建设

做好农村工作,在注重经济建设的同时,必须加强精神文明、民主法治和基层组织建设,两个文明都搞好,促进农村社会全面进步。江泽民指出:"农村工作要始终坚持两手抓、两手都要硬,这是我们党领导农村工作的一条基本方针。必须大力加强农村精神文明建设,民主法制建设和基层组织建设。只有两个文明都搞好,经济社会协调发展,才是

---

① 《江泽民文选》(第2卷),人民出版社2006年版,第438页。
② 中共中央文献研究室:《江泽民论有中国特色社会主义》(专题摘编),中央文献出版社2002年版,第130—131页。
③ 同上书,第132页。

有中国特色社会主义新农村。"① 在农村政治建设上，他提出必须坚持中国共产党的领导，加强民主政治建设，进一步扩大基层民主。在农村文化建设上，他强调必须坚持全面推进社会主义精神文明建设，培养有理想、有道德、有文化、有纪律的新型农民。

（七）加大扶贫开发力度

江泽民在继承邓小平脱贫致富思想的基础上，正面论述了贫困地区农村扶贫开发的战略思想，进一步完善了扶贫开发政策体系。他关于扶贫开发的论述比较丰富和全面，深刻反映了我国贫困地区农村扶贫开发的基本规律，为健全和完善扶贫开发政策体系奠定了基础。

在扶贫开发的意义上，江泽民从维护安定团结政治局面和区域协调发展的战略高度阐述了扶贫开发的重要性。他指出："如果这些贫困地区特别是少数民族地区和边疆地区贫困问题长期得不到解决，势必影响民族的团结、边疆的巩固，也会影响整个社会的稳定……这不仅是个经济问题，而且是关系国家长治久安的政治问题，是治国安邦的一件大事。"② "帮助贫困地区群众脱贫致富，是实现各地区协调发展、全面建设小康社会、进而实现第三步战略目标的必然要求，是逐步实现各族人民共同富裕的重大战略措施，也是维护国家改革发展稳定大局的需要。我们党是以全心全意为人民服务为宗旨的，我们的政府是人民的政府，帮助贫困地区群众脱贫致富，是党和政府义不容辞的责任。"③ 为此，他强调要把扶贫开发摆到重要位置，加大投入，真抓实干。"能否打胜扶贫攻坚战，关键是把扶贫工作放在什么位置，投入多大力度，党政一把手是不是真抓实干，能不能把各方面的力量组织起来，形成强大的合力。"④

在扶贫开发的帮扶对象上，江泽民强调要"扶真贫，真扶贫"。他提出，扶贫不能平均帮扶，必须缩小扶贫对象规模，抓住重点，实现由扶持贫困地区向扶持贫困人口转变，以未解决温饱的贫困户和贫困户占绝大多数的自然村为主要对象。"能否实现贫困地区的脱贫目标，取决于能否解决贫困村、贫困户的问题。因此，这场扶贫攻坚战必须一个村

---

① 《江泽民文选》（第2卷），人民出版社2006年版，第220页。
② 中共中央文献研究室：《江泽民论有中国特色社会主义》（专题摘编），中央文献出版社2002年版，第138页。
③ 《江泽民文选》（第3卷），人民出版社2006年版，第250页。
④ 《江泽民文选》（第1卷），人民出版社2006年版，第560页。

一个村地打，一户一户地帮。要确保重点，不能把有限的资金到处撒胡椒面。要以贫困村为重点，以贫困户为对象，把扶贫任务分解到村，把扶贫措施落实到户，做到真扶贫、扶真贫。"① 他还强调要减少可能消耗扶贫资金的中间环节，防止资金漏出。

在扶贫开发的依靠力量上，江泽民强调政府要发挥主导作用，同时要引导社会力量参与，注重发挥贫困群众的主体作用。他指出："帮助贫困地区人民摆脱贫穷，不仅是党和政府的任务，也是全社会的共同责任。"② "广泛动员全社会力量参与扶贫，是扶贫工作的一个重要方针。"③ 贫困农村脱贫致富离不开外部帮扶，但更有赖于当地群众的自力更生、艰苦创业，而且外部的帮扶只有与当地群众的艰苦奋斗有机结合，转换为内在动力，才能实现稳定脱贫致富。江泽民强调指出："一个贫困的地方，要改变贫穷落后面貌，需要国家的扶持和社会有关方面的帮助，但最根本的还是要靠当地干部群众自身的努力，靠干部带领群众苦干实干。离开了这一条，再多的扶持也难以奏效，再优惠的政策也难以发挥作用。这是已经脱贫地方的根本经验，也是一些地方虽经长期扶持仍然山河依旧的主要教训。"④ 他进一步强调，做好扶贫开发工作，必须加强贫困地区基层党组织建设，发挥好当地党组织的领导带头作用。"要加强贫困地区基层组织建设，特别是村级组织建设。一个贫困村要改变面貌，关键是要有好的带头人。抓扶贫要同抓基层组织建设紧密结合。'给钱给物，更要帮助建一个好支部。'这是解决贫困村问题的治本之策。"⑤ 同时，要充分调动贫困群众参与扶贫的主动性、积极性，发挥主体作用。"扶贫方案的制定、项目的选择、措施的落实，都要动员群众积极参与，充分听取群众意见。"⑥

在扶贫开发的基本途径上，江泽民强调要坚持走开发式扶贫道路，通过增强贫困地区和群众的自我发展能力，以发展带动脱贫致富。"由

---

① 《江泽民文选》（第1卷），人民出版社2006年版，第561页。
② 中共中央文献研究室：《江泽民论有中国特色社会主义》，中央文献出版社2002年版，第137页。
③ 《江泽民文选》（第1卷），人民出版社2006年版，第555页。
④ 中共中央文献研究室：《江泽民论有中国特色社会主义》，中央文献出版社2002年版，第137页。
⑤ 同上书，第230页。
⑥ 《江泽民文选》（第3卷），人民出版社2006年版，第251页。

传统的救济式扶贫转向开发式扶贫,是扶贫工作的重大改革,也是扶贫工作的一项基本方针。多年的实践证明,贯彻这个方针,把贫困地区干部群众的自身努力同国家的扶持结合起来,开发当地资源,发展商品生产,改善生产条件,增强自我积累、自我发展的能力,这是摆脱贫困的根本出路。"① 实施开发式扶贫,增强贫困地区的自我发展能力是基础条件。江泽民强调"治贫先治愚",坚持实施科技扶贫,不断提高农村贫困群体的自我发展能力。"坚持贯彻发展是硬道理的思想,最重要的就是要不断增强贫困地区自我发展的能力。"②

在实施扶贫开发的指导方针上,江泽民强调要根据贫困地区具体情况因地制宜地选择发展项目,扬长避短,开发潜力,走多样化发展道路。"坚持从实际出发,勇于探索,扬长避短,找到能够发挥当地优势的有效途径和办法,以利把优势和潜力迅速地转化为经济效益,这是这些年来我们在扶贫开发实践中取得的一条重要经验。"③

总之,江泽民关于农村建设的战略思想继承和发展了邓小平农村改革和建设的思想,进一步回答了怎样建设社会主义这个重大问题,完善和发展了中国特色社会主义理论体系,基本形成了中国共产党解决"三农"问题的政策框架体系。在以江泽民为核心的中国共产党第三代领导集体的领导下,我国农村改革和建设取得了重大成就,实现了总体小康社会目标。其战略思想对于我们今天进一步推进农村经济社会建设,促进社会主义新农村建设具有重大指导和启发意义。

第二节 科学发展观与农村建设的推进

进入 21 世纪以来,我国进入了以工促农、以城带乡、工农互惠、城乡一体和农业农村农民综合发展的新时期,我国农村扶贫开发事业也进入了新的历史阶段。

---

① 江泽民:《全党全社会动员起来,为实现八七扶贫攻坚计划而奋斗》,《人民日报》1997 年 1 月 6 日。

② 中共中央文献研究室:《江泽民论有中国特色社会主义》(专题摘编),中央文献出版社 2002 年版,第 141 页。

③ 江泽民:《在中央扶贫开发工作会议上的讲话》,《人民日报》2001 年 9 月 18 日。

一 科学发展观概述

（一）科学发展观的提出

科学发展观是以胡锦涛为总书记的党的第四代领导集体提出的关于发展的重大战略指导思想。它以马克思列宁主义关于发展和社会主义建设的思想以及以毛泽东、邓小平、江泽民为核心的中国共产党领导集体关于我国社会主义现代化建设的思想理论和实践经验为基础，结合具体国情和时代特征，科学回答了"什么是发展""怎样发展"等重大问题。科学发展观的实践基础是中国共产党领导的50多年的社会主义建设的伟大实践，特别是中共十一届三中全会以来30多年的改革开放实践。它是在我国进入经济发展的关键期、改革的攻坚期、矛盾的凸显期的时代背景下被提出来的。进入21世纪，我国经济社会建设既迎来了重要战略机遇期，也因各种矛盾的长期积累而面临诸多障碍，主要是城乡、区域、居民收入差距不断扩大，经济建设与社会建设不协调，经济社会发展与资源能源、生态环境关系紧张，结构性矛盾突出，粗放型经济增长方式未根本转变等。面对经济社会发展的新形势、新矛盾、新问题，如果不采取有力措施加以解决，必将对我国经济社会发展特别是长远发展产生不利影响，甚至可能陷入"中等收入陷阱"。科学发展观就是在把握新的阶段性社会发展特征的基础上，适应新的时代的要求应运而生的。

2003年10月，在中共十六届三中全会上，胡锦涛在《中共中央关于完善社会主义市场经济体制若干问题的决定》的讲话中提出"坚持以人为本，树立全面、协调、可持续的发展观，促进经济社会和人的全面发展"；强调"按照统筹城乡发展、统筹区域发展、统筹经济社会发展、统筹人与自然和谐发展、统筹国内发展和对外开放的要求"。2007年，中共十七大报告进一步丰富和发展了科学发展观。该报告提出：科学发展观第一要义是发展，核心是以人为本，基本要求是全面协调可持续，根本方法是统筹兼顾。2012年11月，中共十八大报告将科学发展观列为党的长期指导思想，指出：科学发展观是中国特色社会主义理论体系最新成果，是中国共产党集体智慧的结晶，是指导党和国家全部工作的强大思想武器。科学发展观被列为党必须长期坚持的指导思想。

（二）科学发展观的内涵

中共十七大报告全面阐释了科学发展观的深刻内涵。第一要义是发展,即把发展作为全党工作的首要目标,作为党执政兴国的第一要务。这是基于当前我国仍处于社会主义初级阶段的基本国情和社会的主要矛盾而提出的,也是对"发展是硬道理"的思想的发展。坚持把发展作为第一要义,就要求我们必须坚持以经济建设为中心,不断解放和发展社会生产力,既注重发展的速度,也注重发展的质量和效益,实现"又好又快"发展。

科学发展观的核心是以人为本,即把实现、维护、发展好最广大人民的根本利益作为经济社会发展的主要目标;同时,把人民群众作为历史发展的主要依靠力量。落实"以人为本",就要求我们在加强经济建设的同时,大力加强社会建设,不断改善民生,推进社会和谐;同时,充分调动广大群众的积极性和创造性,将发展的动力源泉转移到人力资源上来,坚持实施科教兴国战略和人才强国战略,将我国人口劣势转化为人力资源优势。

科学发展观基本要求是全面、协调、可持续。"全面"发展就是要推进经济建设、政治建设、文化建设、社会建设全面发展,推动社会全面进步;"协调"发展就是要统筹城乡发展、统筹区域发展、统筹经济社会发展、统筹人与自然和谐发展、统筹国内发展和对外开放,推进生产力和生产关系、经济基础和上层建筑相协调,推进经济、政治、文化、社会建设的各个环节、各个方面相协调。"可持续"发展,就是在满足当代人发展的要求的同时,不损害后代发展的利益。这就要求我们在现代化建设中处理好生产、生活与资源环境的关系,在保持经济发展速度的基础上,优化经济结构、提高质量效益,节约资源,推进生态文明,促进人与自然的和谐以及经济发展与人口、资源、环境相协调。

科学发展观根本方法是统筹兼顾,就是要求正确认识和处理中国特色社会主义事业中的重大关系,统筹城乡发展、区域发展、经济社会发展、人与自然和谐发展、国内发展和对外开放,统筹中央和地方关系,统筹个人利益和集体利益、局部利益和整体利益、当前利益和长远利益,充分调动各方面积极性,统筹国内国际两个大局。

二 科学发展观对于农村建设的理论指导意义

科学发展观奠定了在新时期新阶段解决发展问题的理论基础,具有重大现实指导意义。在科学发展观的指导下,我国农村经济社会建设政策的科学性、系统性进一步提升,"多予、少取、放活"的政策得到贯彻落实，工业反哺农业、城市带动农村得到持续推进，社会主义新农村建设的蓝图和路线图清楚地展现出来。农业税费的减免、农业补贴的落实、主要农产品的保护价收购、农村合作医疗的实施、农村养老保险的推进、农村基础设施建设的有序推进、退耕还林等诸多支农惠农措施给农村带来了新的生机和活力，农业的基础地位进一步稳固，农村的现代化转型加快，农民群众的生活水平显著提高。科学发展观开创了农村发展的新境界，对于新时期进一步搞好农村建设具有直接指导意义。

第一，科学发展观进一步明确了社会主义新农村建设的重要地位和指导思想。建设社会主义新农村是实现全面建成小康社会和实现现代化的最大难点和关键。十六大以来形成的科学发展观从战略层面明确了"三农"问题的重要地位和指导思想。科学发展观的根本要求、根本方法都强调城乡、工农等全面、协调发展。中共十六届三中全会把"统筹城乡"置于"五个统筹"之首，全面发展、协调发展也体现了加强农村建设的重要性。中共十六届四中全会进一步提出了"两个趋向"的重要论断和"以城带乡、以工促农"的战略思想。中共十六届五中全会明确把社会主义新农村建设作为"十一五"时期的主要任务提出来，2006年中央一号文件也以社会主义新农村建设为主题。中共十七大报告进一步明确了"统筹城乡发展，推进社会主义新农村建设"战略任务。

第二，科学发展观为社会主义新农村建设提供了方法指导。作为科学发展观的核心，"以人为本"为社会主义新农村建设提供了科学思想方法，彰显了在社会主义制度下，经济社会建设应坚持的价值取向、奋斗方向和所依靠的力量。坚持"以人为本"，就是发展要以人为出发点和归宿，就是要做到发展为了人民、发展依靠人民、发展成果由人民共享。在社会主义新农村建设中践行"以人为本"，就是要以农村居民为本，首要的是实现和维护大多数农村群众的根本利益。在当前，最主要的是推进农业现代化，增加农民收入。中共十六届五中全会强调，要积极推进现代农业建设，全面深化农村改革，大力发展农村公共事业，千方百计增加农民收入。2006年1月25日，胡锦涛在中共中央政治局第28次集体学习时强调，建设社会主义新农村，必须把广大农民群众的根本利益作为建设社会主义新农村的出发点和落脚点，从农民生产生活中最紧迫的实际问题入手，区分轻重缓急，突出建设重点，为农民群众多办好事、实事，使建设社会主义新农村成为惠及广大农民群众的民心工程。同时，践行"以人为本"就是要保障农村群众的主体地位，组织动员农村群众参与新农村建设，倾听群众呼声，尊重群众意见，激发群众建设新农村的积极性、主动性和创造性。2005年年底，胡锦涛在青海考察工作时提出，建设社会主义新农村，要把遵循客观规律与尊重农民意愿结合起来。践行"以人为本"也意味着党委和政府要加强对农村群众的管理、教育。在工业反哺农业、城市带动农村背景下，新农村建设健康发展必须克服"等靠要"心理，把发展的动力放到本地群众的勤劳和智慧上。当前，家庭联产承包制下的农户分散经营已经不能适应农业现代化发展的需要了，单个农户难以适应市场竞争的需要，组织化发展是农业现代化和建设幸福美好新农村的必然路径选择。发挥群众的主体性就意味着要把群众组织动员起来，以适合实际需要的形式促使农民加入农业生产组织（如合作社、企业）等，这样才能真正发挥群众的主体性。践行"以人为本"还意味着要加强农村人力资源积累，通过发展国民教育、技能培训、思想教育等，不断提高农村人口素质。

全面协调可持续为新农村建设提供了原则要求。科学发展观的基本要求是全面协调可持续，要求发展具有全面性、整体性、协调性、均衡性、可持续性等。建设社会主义新农村涉及经济建设、政治建设、文化建设、社会建设、党的建设、生态文明建设等诸多方面，是一项系统工程。我们应该把社会主义新农村建设看作一个有机的系统。社会主义新农村的基本要求——"生产发展、生活宽裕、乡风文明、村容整洁、管理民主"，也体现着新农村建设的系统性、整体性要求。新农村建设不仅要搞好硬的水、电、路、气、房、网等建设，还要努力搞好软的精神文明建设，提高村民的科学文化素质、道德素质、健康素质等，更要搞好农村公共服务和管理。同时，还要努力促进人与自然的和谐，使经济发展与人口、资源、环境相协调。《中共中央 国务院关于推进社会主义新农村建设的若干意见》明确提出，加快发展循环农业，积极发展节约型农业，推广清洁能源技术，改善农村环境卫生，巩固生态建设成果等。

统筹兼顾为新农村建设提供了科学的工作方法。科学发展观的根本方法是统筹兼顾。社会主义新农村建设是一项系统工程，既要总揽全局，又要兼顾各方，必须有重点、有计划、有步骤地推进。在新农村建设中，必须统筹兼顾经济、政治、文化、社会、生态等方面的建设。同时又要有重点，优先考虑群众最关心、最迫切需要解决的问题，集中力量突破主要制约瓶颈。当前，我国的社会主义新农村建设是在统筹城乡发展的思想指引下进行的。中共十六大第一次正式提出了解决城乡二元结构矛盾、统筹城乡发展的指导思想。2003 年年初，胡锦涛在中央农村工作会议上提出，为了实现中共十六大提出的全面建设小康社会的宏伟目标，必须统筹城乡经济社会协调发展。2004 年 9 月，他在中共十六届四中全会上又提出了两个"趋向"的论断。《中共中央 国务院关于推进社会主义新农村建设的若干意见》进一步明确提出，要加快建立以工促农、以城带乡的长效机制。

第三节 中共十八大以来"三农"问题新战略

中共十八大以来，以习近平为总书记的党中央领导集体高度重视农业的基础地位、社会主义新农村建设和农民的切身利益，将解决好农业农村农民问题作为全党工作的重中之重，以城乡一体化作为解决"三农"问题的根本途径，明确提出：中国要强，农业必须强；中国要富，农民必须富；中国要美，农村必须美。以全面建成小康社会为主要目标，从农村实际出发进行理论创新和体制机制创新，形成了一系列关于促进"三农"发展的重要指导思想。

一 确保国家粮食安全

粮食安全是关系广大群众切身利益的大事，是社会稳定、经济发展、国家安全的重要基础。中共十八大以来，以习近平为核心的党中央进一步强调粮食安全的战略意义。习近平强调，不能单纯用经济观点来看待粮食安全的重要性，更要从定国安邦的高度看粮食安全对于全局的重大意义。他指出："保障国家粮食安全是一个永恒课题，任何时候这根弦都不能放松。中国人的饭碗要牢牢端在自己手里，我们自己的饭碗主要要装自己生产的粮食。"粮食安全的基本目标就是要确保"谷物基本自给，口粮绝对安全"。要实现这个目标，就必须坚持"以我为主、立足国内、确保产能、适度进口、科技支撑"的战略方针。

粮食安全既包括粮食基本自给，也包括食品安全。保障粮食基本自给，就必须守住耕地红线。耕地红线包括数量红线，即坚守18亿亩耕地底线。伴随着工业化和城镇化的扩张，我国耕地保护的形势十分严峻，要像保护文物一样保护耕地，严格落实耕地保护责任制，划定永久性基本农田。耕地红线还包括耕地质量保护和提高，通过创新和推广农业科技，减少农业污染，提高农业科技化水平。保障食品安全，就要加快推进农业标准化生产，确保源头生产安全；加强农产品质量安全监管，管住流通环节安全，避免重大农产品质量安全事故。习近平强调，我们要建立最严格的覆盖全过程的农产品质量安全监管制度，建立农产品原产地可追溯制度和质量标识制度，真正实现优质优价，以绿色安全来提升农产品市场竞争力。

二 协调推进农业现代化

农业现代化已被提升到国家战略高度。中共十八大报告指出：坚持走中国特色新型工业化、信息化、城镇化、农业现代化道路，促进工业化、信息化、城镇化、农业现代化同步发展。可见，农业现代化被提到了新的高度，成为国家战略的重要组成部分。在"四化同步"中，农业现代化是基础，也是短板、难点。我国总体上已经进入工业化中后期阶段，即将进入信息化时代，但农业整体落后，不少地区仍处于传统农业阶段，严重落后于时代。习近平指出：工业化、城镇化、信息化、农业现代化应该齐头并进、相辅相成，千万不要让农业现代化和新农村建设掉了队，否则很难支持全面小康这一片天。

农业现代化的核心是要提高农业生产的科技水平，通过转变农业发展方式，走生产高效、产品安全、资源节约、环境友好的现代农业发展道路，使粗放型的农业增长方式转换为数量质量效益并重、竞争力提高、技术创新和可持续的集约化发展上来。农业现代化与工业化、城镇化、信息化密切相关，农业现代化的实现离不开工业化的支持与反哺、城镇化的辐射带动和信息化的引领提升。习近平强调指出：要给农业插上科技的翅膀，按照增产增效并重、良种良法配套、农机农艺结合、生产生态协调的原则，促进农业技术集成化、劳动过程机械化、生产经营信息化、安全环保法治化，加快构建适应高产、优质、高效、生态、安全农业发展要求的技术体系。在这里，习近平从技术、生产、经营、环保四个方面提出农业发展的"四化"，为农业现代化发展指明了方向。

三 深化农村改革

深化农业经营体制改革是解决"三农"问题的关键。在家庭联产承包经营责任制实施之初，各地采取了按生产队人口平均分配土地的做法，再加上农村人口众多，导致了农田的分散化、细碎化，制约了农业规模化发展，必须进一步改革。中共十八大报告明确提出：培育新型经营主体，发展多种形式规模经营，构建集约化、专业化、组织化、社会化相结合的新型农业经营体系。中共十八大以来，通过理论创新和体制机制改革，我国的农业经营体制改革得以深化发展。改革最核心、最敏感的是土地经营管理体制。改革的路径是在坚持农村土地集体所有权和家庭联产承包经营责任制的基础上，实行所有权、承包权和经营权相分离，稳定所有权、承包权，按照依法自愿有偿的原则流转经营权。同时，推进土地承包经营权确权登记颁证工作，规范土地经营权流转市场。这些为农地流转奠定了有利的制度基础，有效地推动了农业规模化经营。

完善相关配套政策也是农村改革的重要内容。试点农村经营性建设用地入市，土地承包经营权抵押融资，创新农村金融保险制度，全面放开小城镇和小城市落户限制，鼓励发展农业专业合作社、家庭农场、专业大户、产业化龙头企业等经营主体，完善农产品价格形成机制、农业补贴办法等，这一系列配套改革措施进一步释放了农村发展活力，为农村发展提供了有力的支持。另外，还要推进农村社会管理创新，加强基层党组织建设和干部培养，完善农业职业培训体系，培育符合现代农业发展要求的职业农民。总体来看，这些改革措施就是要通过富裕、提升和帮扶农民，让农业成为有奔头的产业、让农民成为体面的职业、让农村成为安居乐业的家园。

四 强化农业农村生态治理

改革开放以来，我国农业持续快速发展。与此同时，农业发展面临的资源环境约束日趋紧张，化肥、农药等投入品消耗过多，耕地开发过度，污染严重，环境承载能力达到或接近上限，而农村生态保护长期处于相对薄弱状态，加强农业生态文明建设已到了刻不容缓的地步。中共十八大报告首次将生态文明建设纳入中国特色社会主义建设总体布局，并明确提出建设美丽中国、实现中华民族永续发展的重大历史任务。这次大会将生态文明建设提到了新的高度，这表明了中国共产党建设社会主义生态文明的坚定决心。2015年1月,习近平在云南考察时进一步指出:要把生态环境保护放在更加突出的位置,像保护眼睛一样保护生态环境,像对待生命一样对待生态环境,在生态环境保护上一定要算大账、算长远账、算整体账、算综合账,不能因小失大、顾此失彼、寅吃卯粮、急功近利。

怎样推进生态文明建设?2013年5月,中共中央政治局第六次集体学习专题研究了生态文明建设,习近平系统论述了我国生态文明建设的重大意义、指导思想、方针原则和目标任务等,提出推进生态文明建设,就要树立尊重自然、顺应自然、保护自然的生态文明理念,坚持节约资源和保护环境的基本国策,坚持节约优先、保护优先、自然恢复为主的方针;就要正确处理经济发展与生态文明的关系,推动绿色发展、循环发展、低碳发展;就要科学谋划和布局国土空间,划定生态红线;就要根本转变资源利用方式,节约集约利用资源,降低资源消耗强度;就要实施重大生态修复工程和实行最严格的生态管理制度和最严密的法治,保障生态文明。中共十八届四中全会进一步强调,要用严格的法律制度保护生态环境,促进生态文明建设。这一系列关于生态文明建设的指导思想,为我国生态文明建设指明了方向和路径。2015年中央一号文件阐述了农业生态治理,提出要实施农业环境突出问题治理总体规划和农业可持续发展规划,加强治理农业污染源,推动农业循环经济发展,实行草原生态保护补助奖励政策,加强水生生物资源增值保护,推广节水技术,实施新一轮退耕还林还草工程和林业生态工程,提高天然林资源保护工程补助和森林生态效益补偿标准等。

五 加强农村法治建设

建设社会主义新农村是一项长期的任务。中共十八大以来,党中央进一步加强了新农村建设。习近平指出:新农村建设一定要走符合农村实际的路子,遵循乡村自身发展规律,充分体现农村特点,注意乡土味道,保留乡村风貌,留得住青山绿水,记得住乡愁。在我国农村建设中,法治建设是薄弱环节,但其对于农村转型发展具有极其重要的意义。中共十八届四中全会不仅明确提出了建设中国特色社会主义法治体系和社会主义法治国家的总目标,而且强调全面推进依法治国的基础在基层,工作重点在基层。2015年中央一号文件首次强调要围绕做好"三农"工作,加强农村法治建设。2015年2月,中共中央、国务院出台的《关于加大改革创新力度加快农业现代化建设的若干意见》指出，农村是法治建设相对薄弱的领域，必须加快完善农业农村法律体系，同步推进城乡法治建设，善于运用法治思维和法治方式做好"三农"工作；加强农村法治建设，还要善于发挥乡规民约的积极作用，把法治建设和道德建设结合起来；要健全农村产权保护法律制度；加强农村改革决策与立法的衔接；健全涉农行政执法经费财政保障机制。农村法治建设的加强必将有力保障农村改革和建设的成果，促进农业农村的可持续发展。

六 促进农民持续增收

中共十八大报告提出了着力促进农民增收，保持农民收入持续较快增长，实现2020年城乡居民人均收入比2010年翻一番的目标。农民收入能否持续较快增长，不仅关乎农民生活水平的提高，也关系到内需的扩大和经济发展动力的持续增强。

为了促进农民收入持续快速增长，中共十八大以来，党中央根据农村发展的现实需要采取了一系列措施，推动农民收入稳定增长。首先，稳定农村土地承包经营权，赋予农民对承包地占有、使用、收益、流转及承包经营权抵押、担保权能，允许农民以承包经营权入股发展农业产业化经营，鼓励支持多种形式的规模经营，这给农民吃了"定心丸"。其次，改革征地制度、完善粮食补贴、增强财政资金支农惠农力度、建立城乡统一的建设用地市场、改革农村融资、不断增加农民财产性收入等政策给农民群众带来了看得见摸得着的实惠。最后，进一步加强农村基础设施建设、进一步改善民生、不断增加农村社会建设的投入、加强扶贫开发等措施弥补了农村发展的薄弱环节，提高了农民的增收能力和实际收入水平。近年来，农村居民收入增长速度持续快于城镇居民，农村教育、医疗、养老、住房、社会保障等服务水平不断改善，农民生产生活条件明显改善。

第四节 新型城镇化战略

在中共十六大"走中国特色的城镇化道路"和中共十七大"按照统筹城乡、布局合理、节约土地、功能完善、以大带小的原则，促进大中小城市和小城镇协调发展"的基础上，中共十八大报告提出了"新型城镇化"战略和"城镇化质量明显提高"的目标，并且把推进城镇化作为经济结构战略性调整的重点之一。2012年，中央经济工作会议进一步强调了城镇化的重要性，提出城镇化是扩大内需的最大潜力所在，将"加快城镇化建设速度"作为新的一年经济工作的六大主要任务之一，而且进一步明确了"集约、智能、绿色、低碳"的新型城镇化道路，将生态文明的理念和原则融入城镇化发展过程。2013年7月，李克强在广西召开部分省区经济形势座谈会时明确提出，要推进以人为核心的新型城镇化。2013年12月，中共中央在北京召开了城镇化工作会议，专门研究了城镇化工作，进一步明确了新型城镇化的指导思想、主要目标、基本原则、重点任务、战略部署等。2014年3月，李克强在十二届全国人大二次会议政府工作报告中明确提出：城镇化是现代化的必由之路，是破除城乡二元结构的重要依托。要健全城乡发展一体化体制机制，坚持走以人为本、四化同步、优化布局、生态文明、传承文化的新型城镇化道路，遵循发展规律，积极稳妥推进，着力提升质量。2014年3月，国务院印发了《国家新型城镇化规划（2014—2020年）》，对今后一段时间的城镇化建设做出了全面战略规划和顶层设计。2014年12月29日，国务院公布了国家新型城镇化综合试点城市名单。经梳理和分析有关新型城镇化的思想和政策，新型城镇化战略包括以下深刻内涵。

一 新型城镇化是现代化的必由之路

城镇化是现代化的基本内容和必由之路，也是现代化实现的重要标志。对于正处于现代化关键阶段的中国，城镇化具有重大意义。它是今后我国经济和社会进一步发展的最大潜力所在，是最大的内需所在，是增加就业、保障经济稳定增长的重要引擎。根据有关数据测算，城镇化率每年提高1个百分点，就会带动1300多万农村人口进城，消费就会提高40%，投资则会提高50%，如果能够完全释放进城镇农民的消费潜能，城镇化会拉动经济1—2个百分点的增长。① 目前，我国进入城镇化快速发展的阶段，但实际城镇化率不仅远低于发达国家近80%的平均水平，也低于一些与我国发展阶段相近的发展中国家60%左右的

---

① 常浩娟、何伦志：《城镇化促进就业增长探析》，《宏观经济管理》2013年第5期。

平均水平。① 这种差距意味着，我国城镇化蕴藏着巨大的发展潜力。另外，城镇化是解决"三农"问题的重要途径，农业的规模发展离不开城镇化对农村剩余劳动力的吸纳，农村的发展离不开城镇化的带动，农民的增收更离不开城镇化的市场需求。中共十八大报告明确提出：城乡一体化是解决"三农"问题的根本出路。因此，城镇化发展对于我国全面建成小康社会，实现两个"百年"目标具有重大意义。

二 新型城镇化是以人为本的城镇化

一般来说，城镇化就是随着城市的扩张，农村居民转变为城镇居民的过程。然而，新型城镇化不同于传统的数量型城镇化，其核心是人的城镇化，其关键是提高质量，目的是造福人民。2013年10月，习近平在亚太经合组织工商领导人峰会上的演讲中指出："持续进行的新型城镇化，将为数以亿计的中国人从农村走向城市、走向更高水平的生活创造新空间。"

改革开放以来，我国城镇化快速发展。1978—2013年，城镇常住人口从1.7亿增加到7.3亿，城镇化率从17.9%提升到53.7%，年均提高1.02个百分点；城市数量从193个增加到658个，建制镇数量从2173个增加到20113个。② 国家统计局有关数据显示，2011年，我国常住人口城镇化率达到51.27%，首次超过农村人口。2012年，城镇常住人口达到7.1亿，城镇化率达到52.57%，基本达到世界平均水平。但我国存在常住人口城镇化与户籍人口城镇化不协调、名义城镇化与实际城镇化不一致的问题，主要是大量进城农民工不具有城镇户籍，未享受到与城镇居民同等的公共服务。2013年，我国常住人口城镇化率为53.7%，而户籍人口城镇化率只有36%左右③，即有2.89亿人处于"人户分离"的状态。国务院发展研究中心数据显示，在我国2.5亿左右的农民工中，20%的农民工子女无法进入全日制公办中小学校就学，参加除工伤保险之外的其他城镇职工社会保险的比例未超过30%，大部分地区未将农民工纳入住房保障对象，城镇内部出现新的二元结构。

---

① 《专家解析李克强城镇化思路：是现代化进程大战略》，中国新闻网（http://www.chinanews.com），2013年7月5日。

② 《国家新型城镇化规划（2014—2020年）》，中央政府门户网站（http://www.gov.cn），2014年3月16日。

③ 同上。

同时，农村留守妇女、儿童、老人的问题日渐突出。为此，2013年中央一号文件提出：要有序推进农业转移人口市民化，努力实现城镇基本公共服务覆盖全部常住人口。2013年年底的中央农村工作会议和2014年政府工作报告明确提出了"三个1亿人"的目标，即约1亿农业转移人口城镇落户、约1亿人居住的城镇棚户区和城中村改造、约1亿人在中西部地区就近城镇化。

当前，推进人口城镇化，户籍改革是关键，也是难点。而要提高户籍城镇化水平，就要通过户籍制度改革，根据各类城市的承载能力制定相应落户政策，推进农村转移人口有序市民化，这正是目前我国社会管理改革的重要内容。

三 新型城镇化是统筹协调的城镇化

新型城镇化是城乡协调发展的城镇化。中共十八届三中全会《中共中央关于全面深化改革若干重大问题的决定》明确提出：城乡二元结构是制约城乡发展一体化的主要障碍，必须健全体制机制，形成以工促农、以城带乡、工农互惠、城乡一体的新型工农城乡关系，让广大农民平等参与现代化进程、共同分享现代化成果。新型城镇化不是城镇对农村资源的掠夺，而是城镇带动、支持社会主义新农村建设，逐步打破二元结构，促进城乡优势互补、相辅相成，而绝不是以牺牲农村为代价谋求城镇发展。这就意味着要控制好城镇化的界限，划定耕地保护红线，防止过度城镇化挤占农村、农业的空间。同时，政府要加强对农村建设支持力度，让发展的红利更多惠及广大农民；把教育、卫生、社保等公共资源均衡配置到农村，逐步实现城乡规划、基础设施建设、公共服务一体化，城乡公共服务的均衡化；促进城乡要素平等交换，缩小城乡居民收入差距。

新型城镇化是"四化"同步、协调发展的城镇化。新型城镇化是与新型工业化、信息化、农业现代化相协调发展的城镇化。城镇化与工业化深度融合，相互支撑。工业化是城镇化的动力来源，城镇化是工业化的物质载体。在新型城镇化发展中，注重人的发展，为新型工业化提供人力资源保障；在新型工业化中，走资源节约化、生产集约化、环境友好化道路，为新型城镇化创造良好环境。新型城镇化与信息化融合发展，利用信息化提升城镇化质量和水平，发展智慧城市、低碳建筑、智能交通等，减少污染物排放和交通拥堵，提高城镇社会管理水平。新型城镇化与农业现代化相协调。城镇化的大发展离不开农业的进步,农业现代化不仅可以为城镇化提供充足而安全的农产品,而且可以为城镇化释放出大量优质人力资源。城镇化的发展不仅创造了大量农产品市场需求,为农业富余劳动力的转移提供了空间,而且为辐射、带动农村发展,支持农业发展奠定了基础,为打破城乡二元结构创造了前提条件。

新型城镇化是布局优化的城镇化,是大、中、小城市与小城镇结构合理,东、中、西区域布局科学的城镇化。我国大城市数量相对少,但所集聚的人口、产业、经济总量巨大,而中小城市、小城镇发育严重不足。统计显示:2012 年,我国京津冀、长三角、珠三角三大城市群所占面积约为国土面积的 3%,但人口占总人口的 13% 左右,所创造的国内生产总值占全国的 36% 左右。北京、上海等特大城市人口压力过大,而大量中小城市、小城镇城市功能弱。我国有 3000 多个县级单位和 3 万多个建制镇,大部分规模小、人口少、服务功能弱。另外,我国城镇化发展区域差距明显。2013 年,我国东部地区常住人口城镇化率达到了 62.2%,中部地区为 48.5%,西部地区为 44.8%。[1] 东部城镇化水平较高的地区资源环境约束趋紧,中西部资源环境承载能力较强的地区还有较大发展潜力。因此,新型城镇化过程中,要合理确立城市定位,科学规划城市功能,形成大、中、小城市协调配合和区域平衡,加强中西部地区城镇化发展。

新型城镇化是土地城镇化与人口城镇化协调的城镇化。随着我国城镇化的快速发展,不少城市快速扩张,新城区、开发区、工业园区等纷纷崛起,所占土地面积快速扩大,房地产业过度膨胀,土地城镇化速度远超人口城镇化速度。据统计,1996—2012 年,全国建设用地年均增加 724 万亩,其中城镇建设用地年均增加 357 万亩;2010—2012 年,全国建设用地年均增加 953 万亩,其中城镇建设用地年均增加 515 万亩。2000—2011 年,城镇建成区面积增长 76.4%,远高于 50.5% 的城镇人口增长速度。[2] 一些地方政府财政过度依赖土地出让,导致大量土地粗放利用和耕地浪费。因此,在新型城镇化过程中,要合理控制城市

---

[1]《国家新型城镇化规划(2014—2020 年)》,中央政府门户网站(http://www.gov.cn),2014 年 3 月 16 日。

[2] 同上。

规模，优化内部空间结构，提高国有土地空间利用效率，避免过度城镇化或有城无人的伪城镇化。通过加强城镇教育、医疗、住房、就业、社会保障等民生建设以及户籍、土地等制度改革，提高人口城镇化的内在质量，使城镇成为居民安居乐业、幸福生活的美好家园。

四 新型城镇化是环境美好的城镇化

新型城镇化是生态环境和人文环境美好的城镇化。首先，新型城镇化是注重城市生态文明建设的城镇化。中共十八大报告中提出：必须树立尊重自然、顺应自然的生态文明理念。李克强强调城镇化建设要充分考虑生态环境的支撑。我国人口众多，处于工业化的中期和快速城镇化阶段，如果不注重生态环境的保护和恢复，必然损害国家的可持续发展利益。因此，在推进新型城镇化过程中，我们要按照生态环境承载能力合理规划城镇布局，控制城镇建设用地规模和开发强度；合理控制城镇开发边界，克服贪多求大心理，优化城市内部空间结构，提高国土空间利用效率。重视生态安全，扩大森林、湖泊、湿地等绿色生态空间，留住青山绿水；降低主要污染物排放，不断改善环境质量。在城镇化过程中坚持走绿色发展、循环发展、低碳发展的道路，节约资源能源，提高集约化生产水平。中央城镇化工作会议提出：要让城市融入大自然，让居民望得见山、看得见水、记得住乡愁。

其次，新型城镇化是注重社会人文环境建设的城镇化。新型城镇化意味着城镇管理服务水平的提高，社会生活环境的改善。我国部分城市由于人口密度过大、空间开发无序、社会管理滞后、交通拥堵严重、公共安全事故频发，公共产品和服务供给不足，"城市病"问题严重，特别是城中村和外来人口集聚区域的人居环境较差，不利于居民生活质量的提高和城市的健康发展。新型城镇化注重文化传承，建设有历史记忆、地域特色、民族特点的文化城镇。在城镇化建设中，力戒贪多求洋、照抄照搬，要注重传承自身的文脉，重塑自身的文化特色，发挥自身的优势，既要融入现代元素，又要保护和弘扬传统优秀文化。

总之，新型城镇化是一条以人为本、城乡一体、四化同步、布局优化、生态文明、和谐发展、文化传承的中国特色新型城镇化道路。对于西部贫困地区的反贫困而言，新型城镇化具有极其重大的意义，是西部贫困地区转型发展的最大潜力所在，是摆脱贫困的强大引擎。西部贫困地区农村只有融入国家新型城镇化建设的大潮，在城镇化的带动、辐射、支持下，不断提高现代化水平，增强内生发展动力，才能走上跨越式发展的道路。

第五节　精准扶贫战略

一　精准扶贫战略的提出

中共十八大以来，扶贫开发工作得到党中央的进一步重视，以习近平为总书记的新一届党中央在扶贫开发战略中最突出的思想就是精准扶贫。2013 年 11 月，习近平总书记在湘西考察时提出了"扶贫要实事求是，因地制宜。要精准扶贫，切忌喊口号，也不要定好高骛远的目标"①。2015 年 3 月 8 日，习近平在参加十二届全国人大三次会议广西代表团审议时强调指出：要把扶贫攻坚抓紧抓准抓到位，坚持精准扶贫，倒排工期，算好明细账，决不让一个少数民族、一个地区掉队，坚决阻止贫困现象代际传递。2015 年 6 月，他在贵州考察期间进一步提出：扶贫开发贵在精准，重在精准，成败之举在于精准。各地都要在扶持对象精准、项目安排精准、资金使用精准、措施到户精准、因村派人（第一书记）精准、脱贫成效精准上想办法、出实招、见真效。为了贯彻落实精准扶贫战略，2014 年 1 月，国务院印发了《关于创新机制扎实推进农村扶贫开发工作的意见》，明确提出建立精准扶贫工作机制，要求对贫困村、贫困户建档立卡和建立全国扶贫信息网络系统。2014 年 3 月，李克强在十二届全国人大二次会议的政府工作报告中提出：地方要优化整合扶贫资源，实行精准扶贫，确保扶贫到村到户。2014 年 12 月，中央经济工作会议进一步强调提出：要更多面向特定人口、具体人口，实现精准脱贫，防止平均数掩盖大多数。紧接着，国务院扶贫开发领导小组第四次全体会议进一步对精准扶贫进行了具体安排部署，提出 2015 年要重点做好 8 方面的扶贫工作，组织实施精准扶贫 10 项工程。2015 年 11 月 27 日，习近平在中央扶贫开发工作会议上进一步明确指出：要坚持精准扶贫、精准脱贫，重在提高脱贫攻坚成效。关键是

---

① 《习近平赴湘西调研扶贫攻坚》，新华网（http://news.xinhuanet.com/politics/2013-11/03/c_117984236.htm），2013 年 11 月 3 日。

要找准路子、构建好的体制机制,在精准施策上出实招、在精准推进上下实功、在精准落地上见实效。要解决好"扶持谁"的问题,确保把真正的贫困人口弄清楚,把贫困人口、贫困程度、致贫原因等搞清楚,以便做到因户施策、因人施策。要解决好"谁来扶"的问题,加快形成中央统筹、省(自治区、直辖市)负总责、市(地)县抓落实的扶贫开发工作机制,做到分工明确、责任清晰、任务到人、考核到位。要解决好"怎么扶"的问题,按照贫困地区和贫困人口的具体情况,实施"五个一批"工程(发展生产脱贫一批、易地搬迁脱贫一批、生态补偿脱贫一批、发展教育脱贫一批、社会保障兜底一批)。要设定时间表,实现有序退出,既要防止拖延病,又要防止急躁症。

二 实施精准扶贫的必要性

"精准扶贫"战略思想是对我国粗放式扶贫方式的改革和提升。改革开放以来,我国的扶贫之路经历了救助式扶贫和开发式扶贫。扶贫开发取得巨大成就,贫困人口大幅度减少,为联合国千年发展目标的实现做出了决定性贡献。但随着国家宏观经济环境的变化,特别是收入差距的扩大和农业在农民收入中所占比重的下降,经济增长所产生的减贫效应大幅下降。同时,目前尚未脱贫的群体和地区都是长期扶贫开发后剩下的"硬骨头",贫困程度深,通过其自身的努力和常规的帮扶措施难以达到脱贫致富的效果。另外,长期以来我国的扶贫主要是"大水漫灌"式的,帮扶措施没有精准到户。从20世纪80年代中期开始,我国的主要扶贫对象瞄准的是贫困县,2001年开始将扶持的重点转向15万个贫困村,2011年又确定了14个连片特困地区。[①] 当前,以县、乡、村等为对象的开发式经济增长扶贫模式已经不能适应当前我国农村扶贫开发的现实需要了。

精准扶贫切中了贫困的多元性、差异性、复合性的特征,标志着我国政府扶贫思路和举措的重大转变,扶贫的科学水平有了进一步提高。在以往的扶贫中,贫困的对象识别模糊,扶贫指标是按照国家统计局抽样调查的结果推测出来再层层分解的,底数不清,多扶、少扶、错扶、漏扶不可避免;对象管理不公开透明,动态管理不足,群众参与不充

---

① 《中国农村扶贫开发纲要(2001—2010年)》《中国农村扶贫开发纲要(2011—2020年)》。

分，错扶现象时有发生；扶贫措施不切合实际需要，资金分散使用，脱贫效率不高，甚至越扶越贫，养成"贫困依赖"，甘当贫困户、争当贫困县现象屡见不鲜，出现严重的福利化和平均化倾向。而精准扶贫则针对以往扶贫体制机制的弊端，注重精准识贫、精准管理、精准帮扶、精准考核，从而改"大水漫灌"为"精确滴灌"，实现"扶真贫、真扶贫"，有效提高扶贫开发的效率。

三 精准扶贫的主要内容

目前，学术界对于精准扶贫还没有一个统一的定义，但对于其基本内涵的认识大体相近。一般来说，精准扶贫就是在准确识别贫困对象和贫困原因的基础上，有针对性地采取帮扶措施，帮助扶贫对象实现可持续脱贫的扶贫方式。汪三贵、郭子豪（2015）认为：精准扶贫最基本的定义是扶贫政策和措施要针对真正的贫困家庭和人口，通过对贫困人口有针对性的帮扶，从根本上消除导致贫困的各种因素和障碍，达到可持续脱贫的目标。[①] 由于贫困原因的复杂性、扶贫措施的多样性、帮扶主体的多元性，这里所说的"精准"，其内涵是多层次、多方面和动态发展的。不仅包括已经明确提出的六个"精准"（即扶持对象、项目安排、资金使用、措施到户、因村派人、脱贫成效精准），还包括更为广泛的内容，涉及扶贫开发的主体、对象、体制、机制、原因、措施、过程、结果、后续发展等多个方面，实际上是科学治贫的高度概括。我们可以从精准识贫、精准帮扶、精准管理、精准考核方面来窥其全貌。

（一）精准识贫

精准识别贫困是精准扶贫的基础。精准识贫就是要求农村各基层组织实事求是、有的放矢、摸准情况、对症下药，开展到村到户的贫困状况调查，深入了解贫困户的实际经济状况和主要致贫因素，并建档立卡，实行网络化精细管理。具体程序主要包括村民申请、群众评议、入户调查、公示公告、抽查检验、信息录入等。保障识贫精准的关键在于发扬基层民主，程序公开透明，切实把贫困户的目标对象找出来，把扶贫的攻坚点找出来，把脱贫致富的主要矛盾找出来，力求使扶贫工作摆脱多年来撒胡椒面、目标模糊、效果不好的被动局面，并有效防止弄虚作假，骗取扶贫资金的情况。通过认真细致的贫困甄别，使扶贫对象准

---

① 汪三贵、郭子豪：《论中国的精准扶贫》，《贵州社会科学》2015年第5期。

确化，扶贫目标精确化，扶贫效果最优化，扶贫管理科学化，使扶贫开发真正实现"雪中送炭"，而不是"锦上添花"。

（二）精准帮扶

精准帮扶就是在精准识贫的基础上，根据扶贫对象的实际需要确定帮扶措施和资源投入。精准帮扶是实现脱贫的关键，也是精准扶贫的核心内容。精准帮扶要求从"钱"和"人"两个方面将扶贫资源细化落实到村到户，帮扶责任落实到人，保证扶贫资源的精准投放。精准帮扶也意味着因地制宜地、因户施策地实施扶贫，根据群众的实际需要和劳动能力，采取多样而有效的措施帮助贫困群众增加收入，改善生产生活条件。

要做到精准帮扶，就要深化扶贫开发管理体制和运行机制改革，做到项目安排、资金使用、措施到户、因村派人等方面精准。为了做到项目安排精准，国家将扶贫项目审批权下放到县级政府，便于基层政府因地制宜地确定项目。为了保障资金使用精准，中央有关部门改革财政专项扶贫资金分配、使用和管理体制，将资金安排与减贫成效挂钩，提高扶贫成效在资金分配中的权重。为了保障措施到户精准，有关部门要求选派作风硬、素质高并熟悉基层的优秀干部到贫困村担任领导干部，并将扶贫成果与其职务相挂钩；要求扶贫干部为每个贫困户谋划好脱贫对策，针对性采取帮扶措施，同时还提出了"四个一批"（对于有劳动能力的，通过扶持生产和就业发展解决一批；对于居住地"一方水土养不起一方人"的，通过移民搬迁安置一批；对于丧失劳动能力的，通过低保政策兜底一批；对于因病致贫、因病返贫的，通过医疗救助扶持一批）的具体措施，深刻体现了帮扶的具体性和差异性。

（三）精准管理

精准管理是精准扶贫的有效保障。精准管理包括对贫困户信息准确动态管理、对扶贫资金阳光管理、对扶贫事权责清晰管理等。

1. 贫困户信息准确动态管理

精准管理要求对扶贫信息进行准确、动态管理，一是将依照科学程序识别出来的贫困户的真实情况进行网络化管理，确保扶贫对象的基本家庭状况、致贫原因、帮扶诉求、帮扶措施等翔实、准确、可靠。二是动态管理，为保障脱贫成效精准，国家有关部门研究制定了贫困县、贫困村、贫困人口退出标准、程序和后续政策，确保到2020年现行标准下贫困县和贫困人口全部脱贫。

2. 扶贫资金阳光管理

精准管理还包括对扶贫资金的严格监督管理，即对扶贫资金的分配实施依法严格监管、扶贫资金运行过程阳光透明管理、扶贫项目公告公示管理等，防止扶贫资金的使用偏离扶贫目标或出现暗箱操作。为保障扶贫资金使用的高效和严肃，应建立严格的责任追求机制，防止资金"跑冒滴漏"，并引入第三方监督。

3. 扶贫事权责清晰管理

精准管理还意味着科学划分各级政府和政府部门在扶贫上的职责权限，明确省、市、县、乡、村以及政府各相关部门的职责和权限，整合扶贫资源，防止政出多门、多头管理或相互推诿。为了提高项目瞄准的精度，精准扶贫要求下放扶贫项目管理权限到县一级政府，利用县级政府了解贫困村实际情况和监管相对严格的优势，充分发挥其积极性，提高扶贫项目设置与贫困户实际需求的契合度。

（四）精准考核

精准考核是落实精准扶贫的重要保证。精准考核就是通过设置考核指标，引导贫困地区基层政府将主要精力放在扶贫开发上。为此，国家取消了对贫困县的 GDP 考核。精准考核包括根据帮扶主体（各级政府和部门）的具体分工和承担的责任，对扶贫的效果进行科学考核。其主要途径是实施定期（年中、年末）考核、评议以及相应的奖励惩戒等措施，以增强贫困地区地方政府落实精准扶贫的责任感、使命感和紧迫感，提高其工作的积极性和主动性，确保农村贫困人口 2020 年如期实现脱贫。

对于甘肃贫困地区农村的反贫困事业而言，精准扶贫是极为有利的历史机遇。它契合了甘肃广大贫困地区农村自然条件恶劣、区域差异性显著、民族心理文化不同、农村内部发展差距较大等客观实际情况，有利于集中力量实施扶贫开发，将有限的资源准确地投放到最需要的地方，从而提高脱贫效率。

第五章　国际借鉴：国外反贫困的经验借鉴与思考

反贫困是一项艰巨而复杂的实践活动，必须将理论与实践相结合，在理论探索和实践经验总结中不断改进提高。农村贫困问题是发展中国家共同面临的难题，而"他山之石，可以攻玉"，所以，借鉴国外反贫困的成功经验和总结我国反贫困实践的历史经验，对于进一步推进甘肃农村反贫困具有重大意义。

人类反贫困的历史悠久，特别是第二次世界大战以来，各国反贫困理论和实践都得到了快速发展。一般认为，第二次世界大战以来，世界反贫困战略大体可以划分为四个主要阶段：20世纪50—60年代，世界减贫战略主要强调物质资本的积累，对贫困的认识主要集中在物质资本的短缺上；20世纪70—80年代，各国反贫困战略有了新的发展，转向注重人力资本投资，更多扶贫资金用于教育、基本卫生保健等人力资本投资；20世纪90年代，各国减贫战略进一步突出经济增长的重要性，将促进宏观经济增长与使贫困人口普遍受益的减贫相结合，有效减少了贫困人口的数量；进入21世纪，《2000/2001年世界发展报告》进一步拓展了减贫战略，提出采取超越经济领域的行动来治理贫困的战略思路和总体框架，强调通过创造机会、促进赋权、加强社会保障等实现贫困群体的发展。①

反贫困措施的有效性与脱贫效果直接相关。国外在反贫困措施方面，有许多经验是值得我们学习、思考和借鉴的。各国反贫困措施复杂多样，各有千秋，但大体可以分为两个基本类型：开发式扶贫和保障式扶贫。在此，我们选取对甘肃农村反贫困具有较大借鉴意义的政策措施和案例，以期为甘肃农村反贫困提供有益启迪。

---

① 张晓、叶普万：《世界反贫困战略若干问题探析》，《中国人口报》2006年11月8日。

第一节　开发式扶贫

一　政府制定和实施反贫困特别计划

从各国反贫困实践看，政府制定和实施有力的反贫困计划是普遍做法。政府对反贫困高度重视，制定相应规划，保障反贫困投入的增长，并在财政、金融、税收等方面对贫困地区实施政策优惠，对于促进贫困地区的自我发展和人民生活水平的提高具有重大作用，如印度乡村综合开发计划和就业计划、韩国新村运动、泰国加速农村发展计划、菲律宾的"KKK"计划、印度尼西亚农业综合开发计划等都是成功的典型。1964年美国总统约翰逊提出的"向贫困挑战"计划具有代表性意义。该计划包括两个大类：第一类是授权计划，包括就业计划、邻近地区青年人集团计划、勤工俭学计划、乡村贷款计划等；第二类是直接计划，包括向贫困挑战的中心计划、共同行动计划、职业团计划、农业季节工计划和地区发展计划等。在"向贫困挑战"计划的实施中，政府采取了三方面的政策：一是学费分期偿还制，以帮助贫困家庭的学生完成学业；二是平等的收入政策，以缩小劳动者之间的收入差距；三是负所得税方案，即对收入低于贫困线的家庭用所得税补足差额部分。该计划的实施取得了显著效果，美国贫困人口由1964年的3610万下降到1973年的2300万，贫困发生率由19%下降到11.1%。

二　区域开发战略

区域开发战略就是政府对贫困地区进行大规模投资开发和实施倾斜性扶持政策，以促进贫困地区经济快速增长和贫困人口就业的扶贫方式。区域开发战略是国际扶贫事业中普遍采取的措施，英国的持续区域开发和移民政策、美国的"公共工程和经济开发法"（EDA）与"阿巴拉契亚区域开发法"、日本的"山村振兴法"和"过疏地域振兴特别措施法"、印度在基本需求战略指导下的农业发展和农村开发系列政策、巴西的"发展极战略"都具有代表性。以巴西为例，巴西经济文化发展相对落后，贫困问题严重，区域差距显著。早在1967年，巴西就选择了马瑙斯作为"发展极"进行开发试验，给予重点投资和实行特殊优惠政策。1974年，巴西又在亚马孙地区相继设立了17个"发展极"，形成了带动区域开发的"发展极"网络。为了建设"发展极"和发挥其作用，巴西政府采取了一系列措施：第一，设立专门机构指导开发，形成自上而下的国家干预体系。第二，制定并推行有针对性的地区综合开发计划，如《全国一体化规划》、中西部开发计划等。第三，实行鼓励性倾斜政策，如通过财政投入刺激筹集资金，通过预算拨款实施开发计划，引导私人向农业和落后地区投资，通过农产品最低保护价鼓励农业发展，实行特殊优惠政策保护新开发区生产者利益等。第四，加强开发地区基础设施建设，组织落后地区移民，实行迁都（1960 年巴西政府将首都从里约热内卢迁至巴西利亚）。第五，积极利用外资，向投资者提供各种便利条件，推动"发展极"开发。第六，重视劳动者素质的提高。巴西投资 7 亿美元成立东北部教育基金，免费发放教科书，培养师资力量，并于 1996 年启动"远距离教学计划"，通过电视向偏远地区播放教学节目，有效减少了文盲人数。巴西持续的区域开发战略效果显著，有力推动了欠发达地区经济社会的发展。

区域开发对于甘肃贫困地区农村的扶贫开发具有重大借鉴价值。长期以来，除对自然条件极端恶劣、缺乏开发潜力的地区实施移民搬迁以外，政府还对有一定开发潜力的地区坚持实施区域开发。2009 年，甘肃省委就制定了"中心带动、两翼齐飞、组团发展、整体推进"的区域发展战略。制定具有稳定性的开发规划，持续增加投入，不断加强基础设施建设，支持贫困农村基础产业的发展，重视人力资本积累，大力提高城镇化、工业化水平，发挥其带动效应，对于提高贫困地区的自我发展能力具有重大意义。

三 小额信用贷款

小额信用贷款是专向低收入或贫困群体提供持续的小额度贷款的信贷服务活动。它可以有效改善贫困户发展资金匮乏状况，而又避免产生"贫困依赖"，提高贫困人口的自我发展能力。具体方式包括个人信贷、小组信贷、微型企业信贷和乡村银行信贷等。印度尼西亚的小额信贷、孟加拉乡村银行信贷具有典型代表性，特别是孟加拉乡村银行模式，在全球产生了重大影响，被誉为全世界规模最大、效益最好的反贫困模式，该组织及其创始人穆罕默德·尤努斯于 2006 年获得了诺贝尔和平奖。

孟加拉格莱米乡村银行于 1983 年由著名经济学家穆罕默德·尤

努斯创建。该银行实际上不是严格意义上的银行，而是一个非营利性的社会服务机构。它不仅向贫困农民提供贷款，而且还要求其客户储蓄。该银行不受孟加拉国有关金融、银行、公司法律法规的约束，利率也不封顶。它没有自己的金库，而是将募集来的资金存入国家银行，贷款时取出来，返还的本金和利息收入全部存入国家银行。其资金来源主要是政府和国际机构低息贷款，以及慈善机构和基金会的捐赠。乡村银行基于"相信穷人的能力，挖掘和发挥他们的潜力"的理念开展业务，其主要目标包括：向穷人提供无须担保的贷款，消除高利贷剥削，给穷人创造自我发展的机会，通过相互支持和持久的社会经济发展给予穷人权利，打破贫困的恶性循环，等等。其主要贷款对象是贫困者中的最贫困者。为了保障组织的正常运行和增强扶贫效果，乡村银行建立了一系列的规则来保证目标的实现，如只向穷人贷款、小额度贷款、重点向妇女贷款、连续贷款、建立互助组织等。它还逐步形成了一套行之有效的运行机制，其中最基本的是50周还款制和连带小组制，连带小组制是维系乡村银行项目纪律的核心。2001—2004年，孟加拉格莱米乡村银行开始转型，其主要特点是采取建立在借款者个人信用基础上的弹性贷款机制。只要贷款人信用良好，就可以提升贷款额度；如果贷款人无法如期偿还贷款，就会下调其贷款额度的上限。近年来，该银行进一步创新，如推出教育贷款和奖学金制度，延伸了其扶贫开发功能。

  贫困地区农村的发展离不开金融支持，然而贫困地区农村金融业发展先天不足，金融机构少，贷款风险大，农民还贷能力弱等难题困扰着贫困地区金融业的发展。贫困户急需资金但又缺乏相应的担保，导致农村信贷中出现"贷富不贷贫"现象。孟加拉格莱米乡村银行模式为贫困地区农村金融扶贫提供了有益经验借鉴。其成功主要在于建立了一系列行之有效的严密的制度体系和组织机构，并在贷款中促进贫困家庭的自我发展。这种措施启迪我们在农村小额信贷扶贫中，应努力加强制度供给，提高农民组织化水平，形成有利于农村金融发展的制度环境和文化生态，从而使金融扶贫真正惠及贫困家庭，增强贫困家庭的自我发展能力。

四　人力资源开发和促进就业

  受教育程度低下、思想观念落后、劳动技能和创业动力不足是导致贫困的共同原因。实践证明，大力发展教育事业、开展职业技能培训、增强贫困人口的就业创业能力，对于提高扶贫效率具有重大价值，也得到了各国的普遍认可和重视。美国的"向贫困挑战"计划中包含勤工俭学计划和学费分期偿还政策，泰国的小农发展规划及卡伯特计划也包含劳动技能培训。教育扶贫措施包括早期儿童开发、免费营养餐、加强基础教育等。教育扶贫措施中，投资基础教育的脱贫效益大于投资高等教育，因而基础教育得到了更高程度的重视。

就业培训扶贫不仅包括生产经营人员的职业技能培训，也包括传递系统工作人员组织管理能力的培训。各国政府采取减免税收、提供便利条件等措施鼓励就业创业，同时改革救济政策，奖勤罚懒，如有的国家对领取失业救济金的人进行"工作验证"。另外，"以工代赈"也是经常被采取的措施。著名的美国"罗斯福新政"中就包括以工代赈。1934年，美国政府将单纯直接赈济改为"以工代赈"，对有工作能力的失业人员停发救济金，并通过举办国家重大工程为失业者创造就业机会，帮助其摆脱贫困。到第二次世界大战前夕，美国政府投资的各项工程总计雇佣工人达2300万，占全国劳动力人口总数的1/2以上，"以工代赈"取得了显著成效。1996年美国克林顿政府颁布的"贫困家庭临时救助"（TANF）计划和2002年布什政府颁布的《工作岗位创造和工人援助法案》，都力图通过提高受助人的工作愿望，减少其对福利救济的依赖，其实是"以工代赈"的延续和发展。

但我们也要注意到，教育、培训必须与经济社会发展相适应，并非水平越高越好，因为就业量主要受到经济发展的制约，具有周期性，在经济发展缓慢或停滞时期，市场需求疲软，培训和促进就业的措施并不能给贫困人口带来普遍的实惠。过度的教育培训会造成资源浪费，并打击受助对象的工作热情和信心，甚至出现教育"致贫"。

对于甘肃贫困地区农村，大力发展教育和培训事业，积累人力资本是有效的反贫困措施，也得到了广泛的认可。目前，甘肃贫困地区农村教育事业的基础条件已经得到极大改善，免费义务教育以及住宿生生活补助、营养餐补助等措施也已得到落实。但基础教育的质量不高、师资力量薄弱、管理体制机制不完善、素质教育落实不全面等现状严重制约着贫困地区基础教育事业的发展。高等学历教育快速扩张、人才培养与市场需求结合不紧密等问题导致毕业生"就业难"，一定程度上挫伤了学生和家长接受高等教育的积极性。政府组织的职业技能培训难以满足群众的实际需要，社会培训发育不足，培训与就业联系不紧密，特别是大量农村劳动力外流，严重制约着教育培训扶贫。

五 注重发挥扶贫对象的主体性

贫困既与社会结构密切相关，也是个体素质差异的表征。近年来，扶贫事业中贫困治理、参与式扶贫等理念越来越受到重视和欢迎，贫困人口在扶贫过程中的主体地位得以强化。人们越来越清楚地认识到：贫困不是仅靠政府救助就能解决的，外在帮扶并不是脱贫的决定性因素。在不少发展中国家，为促进贫困人口间的相互援助和鼓励，贫困人口组建的贫困者社会保护网络普遍兴起。在印度、柬埔寨、泰国、南非、津巴布韦、纳米比亚、肯尼亚等国，贫困人口建立了贫民联合会，如印度的全国贫民窟居民联合会（NSDF），肯尼亚内罗毕贫困者组建的各种自助团体、小型企业、妇女日常结余组织，乌拉圭贫困者的住房合作社联盟，等等。

将贫困农户组织起来，也是促进欠发达地区农业发展的有效措施。发达国家，农业合作社、农业企业早已成为农业产业化经营的主体。意大利在开发南方相对落后地区时，特别注重农业商品化，为推进农业商品化组建了大量的加工、销售农业生产合作社。农业生产合作社以家庭生产为基础，政府给予免税优惠，有效地促进了贫困地区农业生产的发展。

注重发挥贫困群体在扶贫开发事业中的主体作用，构建贫困者的自组织，以加强贫困者之间的互助，这对于甘肃农村扶贫具有重大借鉴意义。长期以来，政府主导的扶贫模式往往以政府部门设立项目的形式进行，贫困人口成了单纯的扶贫客体，项目内容与地方实际情况和群众意愿往往存在不一致的地方，受助对象的主体作用受到抑制，甚至滋长依赖心理。近年来，虽然出现了一些农民合作组织，但其实际意义一般不大。吸收借鉴国外有益经验，为进一步健全完善有利于充分发挥贫困群体主体作用的扶贫开发模式，提高农民组织化发展水平，特别是完善农民合作组织的管理运行机制，我们还需要进一步努力。

第二节 保障式扶贫

保障式扶贫就是通过建立社会保障体系来为社会成员提供基本物质生活保障，从而减缓贫困的方式。保障式扶贫与开发式扶贫如鸟之两翼、车之两轮。开发式扶贫对于具有一定劳动能力或条件的贫困人口具有积极意义，而对于劳动能力不足或者缺乏基本发展条件的对象就难以奏效。在开发式扶贫实践中，经济上最贫困的群体往往也是能力上最贫乏的群体，他们得不到相应的帮扶，而能力较强的群体却成为扶贫对象。保障式扶贫对于那些难以通过开发式扶贫脱贫的群体具有直接的社会兜底功能，可保障贫困人口基本的物质生活条件。"开发"与"保障"各有所长，相辅相成，相互促进，"开发"可以提高政府的保障能力，而"保障"可以为开发形成稳定的社会环境，并增强开发的能力。

一 政府承担主要责任和法制化管理

社会救助思想和实践在人类历史上早已有之，但普遍建立起现代意义上的救助保障制度则是第二次世界大战后的事情。由于救助面广，所需资金和人力物力巨大，现代意义上的社会福利保障体系是任何个人或民间组织都难以承担的，政府承担主要责任是社会保障和福利制度成功建立的基础。同时，现代意义上的社会保障制度的运行需要法制作保障。

英国是较早实行社会福利保障济贫的国家。早在1572年，英国女王伊丽莎白就向国民征收济贫税，1601年又颁布了《伊丽莎白济贫法》，这在人类社会保障史上具有重大意义。但一般认为，现代意义上的社会保障体系以1942年英国出台的《贝弗里奇报告》为代表。该报告提出建立一套综合性的社会保障制度，为每个社会成员提供基本生活保障。第二次世界大战后，欧洲国家纷纷建立起"福利国家"制度体系。社会保障和福利制度也是美国罗斯福"新政"的重要内容。1935年，美国国会通过了《社会安全法》（*Social Security Act*），开始大范围对贫困人口提供公共援助。该法案在美国保障和福利发展史上具有里程碑意义，标志着联邦政府开始承担社会保障和福利的主要责任。第二次世界大战后，随着新自由主义思想的广泛传播，建设福利国家作为其重要内容而得到广泛实施。20世纪60—90年代，美国社会福利制度全面扩张。1964年，美国总统约翰逊宣布"向贫困开战"（War on Poverty），提出了"伟大社会"（Great Society）纲领，美国福利制度进入了新的阶段。在此阶段，美国建立了相对完善的社会保障体系，主要包括两大类：一是社会保险，包括老年保险、失业保险、医疗保险、伤残保险、遗族保险；二是公共援助与福利（Public Assistance and Welfare），主要包括抚育未成年儿童家庭援助（AFDC）、公共医疗补助（Medicaid）、补充保障收入（Supplemental Security Income）、食品券（Food Stamps）和儿童营养项目、社会服务和儿童福利服务、一般援助、住房补助、教育补助。抚育未成年儿童家庭援助（AFDC）是福利项目的核心。

西方国家建设福利国家的思想和实践对于我国完善农村社会保障体系具有一定的借鉴价值。目前，甘肃贫困地区农村已经建立起了农村养老、合作医疗、低保等社会保障体系，政府的财政转移支付是社会保障的主要经费来源，有关的基本法制体系也建立起来了。但是，农村社保覆盖面还不够宽，保障水平低，如"低保"制度还难以达到"应保尽保"，"低保"金额难以满足困难群众生活的实际需要。在具体操作层面，对"低保"对象的识别还缺乏科学的手段，不可避免地受到金钱、权力、人情甚至暴力等因素干扰。此外，"低保"还存在"易进难退"的问题，并在一定程度上降低了低保群体的劳动致富动力。进一步完善甘肃农村社会保障和福利体系，既要通过发展经济提高政府的投入水平，又要不断地健全完善管理体制机制。

二 保障贫困人口的基本需求

在绝对贫困占贫困主体的广大发展中国家，社会保障体系一般以维持温饱为基本目标，满足贫困人口的基本生活需求，如食物、水、卫生健康服务、住房、基础教育等。在食物保障方面，主要是利用现代科技，发展现代农业，提高粮食产量，降低食品价格，从而提高贫困群体的食物供给水平。如20世纪70年代，印度、菲律宾、印度尼西亚、泰国等实施了"绿色革命"。印度从20世纪60年代中期至80年代中期实施的以提高粮食产量、实现粮食自给为主要目标的"绿色革命"计划，增加了对贫困人口的粮食供给，提高了贫困人口的基本生活保障水平。

基础教育也被视为社会保障的重要组成部分。在许多贫困地区，适龄儿童不能上学或者上学后认知、交往能力存在明显不足。而相关研究表明，儿童早期的经历（从胎儿到6岁，特别是前3年）对大脑构造和成人能力具有决定性作用，因而儿童的健康及教育对于其成人后的发展具有重要意义，提高儿童的健康和受教育水平是阻断贫困代际传递的基本措施。重视儿童健康（尤其是营养）和感知、交际激励，扩大公共资助幼儿园规模，使其向所有儿童开放，大力发展基础教育，推广营养餐，重视教育质量的提高，改善办学和学生上学条件，免除学杂费，补贴贫困学生家庭，等等，这些保障措施在国际扶贫和社会保障中都得到了普遍应用。

健康和医疗也是社会保障不可或缺的部分。改善贫困群体的健康医疗水平对于提高贫困人口的自我发展能力具有重要意义。丰富人们对健康卫生的知识，扩大贫困家庭对医疗服务的可及性，加强医疗卫生服务机构建设，建立低成本、广覆盖的基本医疗保险，对特殊人群提供有针对性的医疗救助等措施在国际扶贫中得到广泛推广。在医疗保障中，泰国的"30铢"医疗计划引起了普遍的关注。2001年，泰国实施"30铢"医疗计划，该计划覆盖除公务员医疗福利计划、企业职工社会保险计划以及政府援助计划之外的群体，患者只需要在每次看病时，到自己选定的医疗机构缴纳30泰铢（约6元人民币），就可以免费享受各种所需的医疗服务。该计划的实施使泰国的医疗保险覆盖率达到了95%，基本实现了人人享有医疗保障的目标，又被称为全民健康保险计划。

在我国贫困农村地区，社会福利和保障的资源十分有限。社会保障应瞄准群众的基本需求，坚持"补救型"而非"普救型"、"救济"而非"建设"的导向，目的是帮助困难群众渡过难关而非助其致富。对于大多数一般困难的家庭，应依靠家庭自身来解决。在贫困地区农村，部分群众对"低保"的理解存在偏差，有的人甚至把"低保"视为一种特权和荣耀，争戴"贫困帽"。因此，开展农村社会保障事业，还需要进一步完善管理体制机制和构建良好社会认知环境。在贫困地区农村基础教育方面，目前义务教育已经成熟，但学前教育还处于起步阶段，农村幼儿园不仅数量少，而且管理和服务水平相对低下，不利于儿童早期的智力开发，成为农村社会建设的短板。至于医疗体系，贫困地区农村的医疗机构少，县级及以下医疗机构的设施和医资力量薄弱，布局不科学，大病一般都要到市级以上医院治疗。农村居民看病虽有合作医疗保障，但依然面临诸多困难。农村贫困人口健康知识相对欠缺，疾病预防筛查也较少，健康形势依然严峻，医疗保障还需要进一步完善发展。

三 注重培育贫困群体的自立能力

保障式扶贫具有"输血式"特征，然而，过高的福利水平和过于宽松的保障政策却会损害贫困群体的"造血"功能，降低其劳动致富的动力，养成严重的社会保障依赖心理和习惯。在不少福利水平较高的国家，贫困人口对政府福利形成依赖，导致其工作的意愿降低，家庭保障功能减弱，非婚生子女数量增长迅速，儿童贫困突出，滋生了"活得愈糟、工作愈少、婚外子女愈多、学业愈差福利就愈好"的风气，底层贫困地位有不断被固化的趋势。同时，由于养老基金和医疗保险费用的激增，政府财政赤字不断扩大。20 世纪 80—90 年代，美国的福利保障制度出现了严重的问题，遭到猛烈的抨击。1996 年，克林顿签署了《个人责任和工作机会协调法案》（Personal Responsibility and Work Opportunity Reconciliation Act），开始进行社会福利制度改革。该法案又被称为"福利改革法案"。改革的目的是"结束我们所已知的社会福利"（End welfare as we know it），通过促进就业鼓励个人承担责任，减少非婚生子女的出生，并且加强和支持婚姻关系。2002 年，布什政府对原法案进行了部分修改和补充，提出了进一步深化福利改革的方案，即《为自立而工作法案》（Working Toward Independence Act），其中最主要的内容有两点：一是通过帮助贫困人口就业，提高其自立能力，使其减少福利依赖；二是改善家庭结构，强化健康的婚姻关系，增强家庭的经济能力，减少非婚生子女。布什政府还颁布了《工作岗位创造和工人援助法案》，目的在于通过提高受助人的工作愿望，减少其对福利救济的依赖，增加他们的个人责任。

美国的福利制度在 20 世纪 90 年代以后经历了深刻变革。由于救助对象的贫困依赖和政府日益严重的财政危机，西方高福利国家纷纷改革福利制度，其改革的方向就是强化对福利金领取人就业的要求和扶持，即所谓的工作福利政策或积极就业政策，从"消极福利"向"积极福利"转变。其核心是贫困人口不参加工作就不能享受福利待遇，具体操作办法主要有两个：一是传统失业人员获取社会福利或救助需要通过"工作验证"；二是实施税收减免，对找到工作的人实行收入税收减免，鼓励有劳动能力的人再就业。

不仅发达国家的社会福利保障倾向于提高受助对象的自立能力，不少发展中国家的贫困救助也倾向于提高受助家庭的发展能力。以巴西的"家庭补贴"反贫困计划为例，该计划也叫"有条件的现金转移"计划，被认为是"全世界最大的反贫困计划"。该计划的目标是向贫困人口提供应急帮助，更长远的目标是确保贫困家庭的子女获得比父母更好的健康和教育。其主要内容包括：对于人均月收入低于120雷亚尔（68美元）的家庭，母亲可得到高达95雷亚尔的补贴，条件是她们的子女必须上学或参加政府的疫苗接种计划。在计划实施过程中，市政府负责收集有关资格审查的数据，联邦政府通过借记卡直接向受益人支付补贴。除非受益人没有满足必要的条件，否则，每月都会领到补贴。如果受益人（在几次警告之后仍然）没有满足必要的条件，补贴支付就会中止。目前，很多国家都在制定或实施相近的反贫困计划。

国际扶贫和社会福利保障经验说明：在对贫困群体进行救助的过程中，如果不设定相应的附加条件以提高其自立能力，救助或福利将会加剧受助人的贫困。在我国贫困地区农村的社会救助中，目前相应的附加条件和退出机制尚未健全完善，已导致一部分受助对象放弃就业或脱贫的机会，养成了贫困依赖心理和习惯，加剧或固化了贫困状态。因此，在"低保"和扶贫实施过程中，对于有劳动能力的贫困群体，应附有一定的期限和退出条件，还应进行"劳动验证"。对于有劳动能力而拒绝劳动或拒绝履行相应义务的人予以除名，做到"扶贫"不"扶懒"。同时，建立相应优惠政策和激励机制，鼓励贫困家庭通过自身努力脱贫致富。

四 社会保障和福利水平与国家经济社会发展相适应

政府提高社会保障福利水平有利于改善贫困人口的生活状况和缩小贫富差距，但可能直接造成沉重的财政负担，而财政赤字的不断扩大必将降低政府的投资能力，反过来降低社会的福利水平。而且，社会福利具有"易放难收""增易降难"的特点，高福利的弊端在西方福利国家已经暴露无遗。有研究者在分析近25年的数据后发现，若福利提高10%，则领取者增加15%；福利提高20%，则未婚生育增加8%。西雅图和丹佛两大城市实施了"维持收入计划"，通过这个受控的试验，发现福利每提高1美元，则工作投入和收入降低0.8美元。换言之，每多领取 1 美元福利，实际上净收入只增加 0.2 美元。① 社会的保障和福利制度是建立在一定经济基础之上的，必须与经济发展水平相协调。对于广大发展中国家，经济建设仍然是第一要务，不能盲目羡慕或攀比发达国家的福利水平。

对于我国西部贫困地区的农村，社会福利和保障刚刚起步，由于经济发展相对落后，社会保障和福利水平难以快速提高。但农村社会福利保障的发展应循序渐进，根据经济社会可承受的能力来推进。过早过快的福利增长必将损害经济建设的潜能，降低长远的可持续发展能力。

五 充分发挥民间组织的积极作用

重视和充分发挥民间组织在慈善和社会保障方面的作用，也是国际社会的普遍经验。政府支持下的社会化救助和福利是社会保障和福利事业发展的必然趋势。民间组织与政府合作，可以发挥各自的优势，提高反贫困的效率。美国 1996 年的福利改革提出，要由联邦向各州、由政府向私人分权，以更为市场化的方式，以企业家精神来对福利行政进行全方位改革。允许各州通过与慈善组织、宗教团体或私人组织签订契约的方式来实施福利项目。在美国，有很多民营福利机构，政府、民间组织和公民个人间已经形成了相对成熟的伙伴关系。随着社会慈善与服务意识的提高，法制的不断健全，社会化救助与福利逐步成熟完善。在其他国家，政府与民间组织合作进行社会救助的案例不胜枚举，著名的孟加拉格莱米乡村银行、印度尼西亚人民银行的乡村信贷部（BRI – UD）就是代表。

对于甘肃贫困地区的农村，由于社会组织发育不成熟，民间机构数量少，管理和运行不规范，政府成了农村扶贫开发和建设的绝对主体。但政府由于自身的能力局限和运行的高成本，以及其职能所限，亟须与合法正规的民间组织合作。因此，培育农村民间社会组织，如专业合作社、红白理事会等，提高农民的组织化水平，鼓励农村社会组织参与经济社会建设，有利于解决扶贫开发"最后一公里"难题。

---

① Robert Rector：《美国的福利改革》，http：//www.tdctrade.com/econforum/hkcer/chinese/hkcer000306c.htm. NU15。

第六章　实践基础：甘肃农村反贫困的历程、措施与经验

第一节　改革开放以来甘肃农村反贫困政策历史回溯

从中华人民共和国成立到改革开放前，我国的农村扶贫主要是救济式帮扶，所做扶贫工作基本上是救济性质的。这一时期，由于经济基础薄弱，国家把主要精力放在工业建设上，对农村扶贫既没有长远的扶贫战略，也没有专门的扶贫政策及组织。真正意义上的大规模扶贫开发发生在改革开放以后。1978年中共十一届三中全会以后，在党中央的正确领导和大力支持下，甘肃省开展了大规模持续的反贫困运动，取得了丰硕成果，形成了一系列宝贵的经验。这些基础和经验对于我们进一步深化扶贫开发具有重大意义。从改革开放以来，依据扶贫开发的政策特征，甘肃的扶贫开发可分为以下四个阶段。

一　经济体制改革和"两西"建设阶段（1978—1985年）

在这一阶段，甘肃农村扶贫开发主要是依靠国家农业经营体制改革和"两西"建设改善农业生产条件来减轻贫困。从1978年年底开始，我国开展了以家庭联产承包责任制为核心的农业经营体制改革。家庭联产承包责任制适应了当时农村生产力的发展水平，使农户获得了经营自主权，排除了束缚农村生产力发展的体制性障碍，极大提高了农民生产的积极性。同时，国家逐步放开农产品收购价格，并大力发展乡镇企业，特别是就业制度的改革，使得农民获得了进城就业的机会，提高了劳动的经济效益，给农村经济发展注入了强大的生机和活力。这场改革带来了贫困的全面缓解。1981—1984年，按一天1美元的收入标准衡

量的贫困发生率从49%下降到24%。按国家贫困线计算，贫困人口的数量从1978年的2.5亿下降到1985年的1.25亿。[①]

20世纪80年代初，甘肃的定西、河西和宁夏的西海固地区（俗称"三西"）遭受了一场罕见的旱灾。为解决当地群众的温饱问题，1982年，按照中央财经领导小组的决定，甘肃省中部地区20个县和河西19个县列入"三西"建设范围。1983年，国务院成立了"三西"开发办公室，并决定以农业建设专项资金的形式在10年内每年拨款2亿元，对该地区进行重点开发。甘肃省委、省政府借助国家农村经济体制改革和"三西"建设的契机，按照"兴河西之利、济中部之贫"的战略方针和"有水走水路、无水走旱路、水旱路不通另找出路"的思路，以改善农业生产基础条件为重点，依靠中央政府的资金投入和多渠道配置的资金兴建大型骨干工程。由于农业经营体制的改进和生产条件的改善，截至1985年，甘肃省农村贫困人口减少到1191.21万，贫困面下降到69.24%。河西商品粮基地初具规模，定西一带实现了"三年停止植被破坏"的近期奋斗目标。"两西"（"三西"在甘肃境内的"两西"）建设不仅改善了贫困地区的农业生产条件，为脱贫奠定了基础，并有效降低了甘肃干旱地区农村的贫困发生率，而且开创了大规模区域性扶贫开发的先河，积累了区域性扶贫开发的基本经验。

二 大规模开发式扶贫阶段（1986—1993年）

随着农村经济体制改革益贫效益的递减，农村减贫速度逐步下降，特殊贫困地区的经济社会发展滞后问题凸显，部分群众温饱问题尚未解决，西部地区与全国平均水平，特别是东部地区的发展差距逐步拉大。为此，党中央、国务院决定采取大规模开发式扶贫，重点解决连片贫困地区的基础设施建设和贫困群众的温饱问题。1984年，《关于尽快改变贫困地区面貌的通知》发布，要求各级人民政府重视连片贫困地区的开发和农民温饱问题。1986年，第六届全国人民代表大会第四次会议把扶持老、少、边、穷地区尽快摆脱经济文化落后状况列入国民经济"七五"发展计划。1986年6月，国务院成立了国务院贫困地区经济开发领导小组（1993年更名为国务院扶贫开发领导小组）及办公室，专

[①] 韩建民等：《西部农村贫困与反贫困路径选择》，中国农业出版社2012年版，第44页。

门负责领导贫困地区扶贫开发工作，地方各级政府也成立了相应的机构。政府扶贫开发领导机构的成立标志着我国农村扶贫开发事业进入了大规模、有计划、有专门组织的新阶段。在此阶段，中央政府确定了18个集中连片贫困区域作为扶贫开发的主要战场，重点解决最贫困地区的自我发展能力问题。另外，国家确定了贫困县扶持标准和重点扶持的贫困县名单，以县为瞄准对象实施扶贫开发。1986—1993年，国家共投入资金416亿元（财政资金81亿元、以工代赈89亿元、贴息贷款246亿元），加上地方各级政府的投入和国际援助，使部分贫困地区迅速改变了面貌，全国乡村的极端贫困人口从1985年的1.25亿下降到1993年年底的8000万，且大多集中在西部地区。[①] 此阶段实施以区域经济开发为主的扶贫战略，有效提高了贫困地区各级政府的发展能力，其财政收入显著增加，推动了贫困地区经济社会的整体发展，但对于特困人口生活状况的改善效果并不明显。

在此阶段，甘肃省在国家扶贫政策和资金的支持下，结合本地区实际情况，以解决贫困人口的温饱问题为主要目标，采取分期分批治理贫困的措施，限期解决最贫困地区农村农民"食不果腹、住不避风雨"的问题。扶贫开发的重点区域集中在甘肃东部、南部和少数民族地区。1986年，陇东、陇南的30个县被列为重点扶持县，连同1982年"两西"建设的39个县，共计69个县被列为扶贫资金扶持县。1992年，为了支持"三西"地区的进一步发展，国务院决定将"三西"农业建设计划再延长十年。此阶段的主要措施是通过加强贫困地区基础设施建设，改善基本农业生产条件，帮助贫困户发展种养业，根据贫困地区的实际情况有针对性地提出了"区域内实现粮食自求平衡"的目标和"四个一"（一人一亩基本农田，一户一亩经济林果园，一户出售一头商品畜，一户转移一个劳动力）的具体工作方法。在陇东地区，采取了以改善农业生产基础条件与开发自然资源、发展支柱性产业并举的扶贫开发模式。对于南部高寒阴湿和少数民族地区，采取"扬阴湿之长，避阴寒之短"的策略，以粮食地膜温饱工程为主体，加大基本农田建设和科技投入，把解决该区域贫困农民的温饱问题放在首位，进而培育农民扩大再生产的能力。1992年年底，全省30个贫困县农村的贫困面

---

① 郑功成：《中国的贫困问题与NGO扶贫的发展》，《中国软科学》2002年第7期。

已经下降到32.02%，其中有11个县的贫困面已经下降到20%以下。全省贫困人口从1982年的1254.42万减少到1993年的427.42万，贫困发生率下降到22.35%。① 到1994年，农民人均纯收入达到国家确定的脱贫标准（1990年不变价格500元，按1997年当年价格计算为580元）的县则达到48个。这就是说，从收入标准看，53个贫困县中的94.34%已经脱贫。② 此阶段是前一阶段的进一步延伸和发展。从措施看，区域性经济开发和到户帮扶有机结合，既促进贫困地区区域经济发展，又着力解决贫困户的温饱问题，具有较强的针对性，反映了贫困地区农村发展的实际需要，因而其效果比较显著。

三 全面扶贫攻坚阶段（1994—2000年）

1994年，针对剩余贫困地区的特点，党中央、国务院制定和发布了《国家八七扶贫攻坚计划》，决定在20世纪最后的七年时间里，集中力量基本解决8000万乡村极端贫困人口的温饱问题。根据计划安排，国家扶贫开发投入大幅度增加，并制定了资金、任务、权利和责任"四个到省"扶贫工作责任制；建立了国家机关定点扶贫的机制和东部沿海地区支持西部欠发达地区扶贫协作机制，并对贫困县的标准和名单进行了调整。全国共有592个县被列为国家重点扶持的贫困县，中西部地区占82%，涵盖了全国72%以上的农村贫困人口。在此阶段，把扶贫攻坚的对象落实到贫困村和贫困户，强调以村为重点，通过土地改良、农田基本建设、发展农村副业、通路通电、改善人畜饮水、普及义务教育和医疗保健、加强扶贫资金管理、动员社会参与等，开展大规模全面扶贫开发。"八七"扶贫攻坚计划标志着我国的扶贫方针开始由以区域经济发展带动扶贫转向面对最贫困人口直接扶贫。1994—2000年，中央政府共投入扶贫资金1135亿元（其中财政资金180亿元、以工代赈资金300亿元、贴息贷款655亿元），地方政府和社会各界也进一步加大投入。扶贫开发基本实现了预定目标，乡村极端贫困人口由1994年的8000万下降到2000年的3000万。③

1994年，根据国家"八七"扶贫攻坚计划和本省省情，甘肃省委、

---

① 甘肃省委党史研究室：《甘肃扶贫之路》，《甘肃日报》2015年4月3日。
② 岳子存：《对甘肃反贫困实践的思考》，《西北师大学报》（社会科学版）2003年第3期。
③ 郑功成：《中国的贫困问题与NGO扶贫的发展》，《中国软科学》2002年第7期。

省政府制定了《全省四七扶贫攻坚计划》，决定用七年时间解决全省427万贫困人口的温饱问题。其主要任务是：到2000年年底，努力实现贫困人口"双三百"目标（人均300元钱、300公斤粮食），全省农村贫困面下降到3.36%，基本解决"一方水土不能养活一方人"的难题。为此，对国家确定扶持的41个贫困县和本省确定的12个贫困县，甘肃实施全面倾斜政策，集中力量实施攻坚。甘肃省政府在扶贫开发中总结出了"三个顺应、三个遵循"（"顺应天时，遵循自然规律；顺应市场，遵循经济规律；顺应时代，遵循科学规律"）的扶贫思想和旱作农业"十二字"（"修梯田、打水窖、兴科技、调结构"）方针，并创造性实施兴建"121"雨水集流工程（每户建100平方米左右的屋顶和庭院集流面，打两眼水窖，发展灌溉一处庭院经济）计划。这表明，甘肃省扶贫措施进入了一个科学化水平更高的阶段。在此阶段，甘肃省各级政府大幅增加对贫困地区开发的资金投入力度。据统计，1995—1999年全省所投放的扶贫资金比过去几乎翻了一番，同时，在政策上大力支持劳动密集型产业发展和鼓励劳动力输出。

"四七"扶贫攻坚计划着力解决困难群众的温饱问题和制约农业发展的主要瓶颈，对于农民生活的快速改善发挥了重大作用。经过七年的不懈努力，到2000年年底，甘肃省农村贫困人口减少到196.03万，占全省农村人口的3.36%，贫困面下降到9.4%（包括返贫人口）。[1] 53个贫困县中有46个县整体基本解决了温饱问题，累计解决了359万贫困人口的温饱问题。尚未解决温饱问题的68.4万人，仅占全省农村人口的3.4%，基本达到了国家"八七"和全省"四七"扶贫攻坚计划的目标。

到20世纪末，经过近20年的大规模扶贫开发，甘肃农村的贫困得到极大缓解，但形势依然严峻。由于特困地区条件艰苦，自然灾害频繁，返贫时有发生。由于贫困标准低，低收入人口数量庞大，且扶贫开发主要投入农业生产和解决农民温饱问题，第二、第三产业发展不足，贫困地区的自我发展能力较弱，群众增收门路窄，脱贫的成效比较脆弱。2000年年底，全省还存在绝对贫困人口196万（含返贫人口），贫困发生

---

[1] 曲玮、李树基：《新时期农村扶贫开发方式与方法——甘肃省"整村推进"研究》，兰州大学出版社2007年版，第34页。

率为9.4%，有低收入人口560万，占农村人口的比重为27.9%。①

四　大扶贫阶段（2001年及以后）

进入21世纪，我国的扶贫开发事业进入了全面、系统、整体推进的大扶贫阶段。扶贫开发政策与区域协调发展政策、强农惠农富农政策、新农村建设政策等相互叠加，形成了"大扶贫"格局。

2000年年初，国务院成立西部地区开发领导小组并召开西部开发工作会议，部署西部开发工作任务。2000年10月，中共十五届五中全会通过的《中共中央关于制定国民经济和社会发展第十个五年计划的建议》，把实施西部大开发作为一项战略任务。2001年3月，九届全国人大四次会议审议通过了《中华人民共和国国民经济和社会发展第十个五年计划纲要》，"西部大开发"作为"十五"规划的重要内容正式启动。西部大开发总的战略目标是：经过几代人的艰苦奋斗，建成一个经济繁荣、社会进步、生活安定、民族团结、山川秀美、人民富裕的新西部。西部大开发战略的实施为西部贫困地区脱贫致富带来重大机遇。

有关支农惠农政策密集出台。中共十六届三中全会明确提出了科学发展观，在"两个趋向"重要论断，"多予、少取、放活"和工业反哺农业、城市支持农村的开发方针等战略思想的指导下，农村税费改革落地。我国先后取消了牧业税、生猪屠宰税、农业税等，极大地减轻了农民负担，同时全面实行种粮补贴、良种补贴、农机具购置补贴和农资综合补贴等农业补贴；实施农村集体林权制度改革，使农民真正拥有林地承包经营权和林木所有权；推进农村饮水、电力、道路、通信、沼气等基础设施建设和危旧房改造。2004年，国家出台了规范的最低工资制度，对保障以农民工为主体的劳动者的劳动报酬权益发挥了积极作用。2007年，党中央、国务院决定在农村建立最低生活保障制度，对农村贫困人口的基本生存做了兜底性制度安排。对于农村丧失劳动能力和生活没有依靠的老、弱、孤、寡、残农民实行五保供养，并逐步将扶贫由集体福利事业转化为社会保障制度，资金由国家财政负担。另外，从2003年开始，我国新型农村合作医疗制度试点并逐步推广，补助标准逐年提高，此举极大地减轻了农民群众的医疗负担。从2006年开始，

---

① 李玉洁：《甘肃农村贫困性质的变化与扶贫模式再选择》，硕士学位论文，兰州大学，2012年，第21页。

国家实施农村义务教育"两免一补"政策（对农村义务教育阶段贫困家庭学生免书本费、免杂费，补助寄宿生生活费）。此项政策的实施极大地减轻了农民群众的教育负担，提高了贫困农村家庭子女接受义务教育的水平。从 2010 年开始，国家开始试点新型农村社会养老保险制度，农民养老有了制度性保障。

  国家新的系统性扶贫开发政策出台。2001 年 5 月，中央扶贫开发工作会议总结了"八七"扶贫攻坚计划实施的成就和经验，讨论了《中国农村扶贫开发纲要（2001—2010 年）》，对 21 世纪前十年中国的农村扶贫开发工作进行了全面部署。会后，国务院正式颁布了《中国农村扶贫开发纲要（2001—2010 年）》，明确了 21 世纪第一个十年农村扶贫开发的目标任务、指导思想和方针政策。该纲要把贫困地区尚未解决温饱问题的贫困人口作为扶贫开发的首要对象，把贫困人口集中的中西部少数民族地区、革命老区、边疆地区和特困地区作为扶贫开发的重点，进一步加大支持力度，强调扶贫政策到村到户，并对贫困地区经济社会建设提出了明确具体要求。在《中国农村扶贫开发纲要（2001—2010 年）》即将到期之际，党中央又进一步制定了推进扶贫开发事业的政策措施。2008 年 10 月，中共十七届三中全会审议通过了《中共中央关于推进农村改革发展若干重大问题的决定》，该决定提出：实行新的扶贫标准，对农村低收入人口全面实施扶贫政策，把尽快稳定解决扶贫对象温饱并实现脱贫致富作为新阶段扶贫开发的首要任务。2008 年，我国统一了绝对贫困标准和低收入标准，开始以低收入标准作为扶贫工作标准。2009 年扶贫标准提高到人均 1196 元，2010 年提高到 1274 元，2011 年提高到 2300 元（2010 年不变价）。2011 年，中共中央、国务院印发了《中国农村扶贫开发纲要（2011—2020 年）》，该纲要进一步客观分析了当前我国的扶贫开发形势，明确了 2020 年前扶贫开发工作的任务、重点、方针，初步形成了精准扶贫的思路，提出了建立健全扶贫对象识别机制、做好建档立卡工作、实行动态管理、确保扶贫对象得到有效扶持的任务。中共十八大以来，扶贫开发工作得到进一步加强。2013 年，习近平总书记明确提出了"精准扶贫"的思想。2013 年年底，国务院印发了《关于创新机制扎实推进农村扶贫开发工作的意见》，对精准扶贫做了具体安排部署，精准扶贫成为全面建成小康社会实现之前我国扶贫开发的主要指导方针。

在 21 世纪，甘肃省扶贫开发的基础条件更为雄厚，形势有了新的特征：经过"两西"建设和"四七"攻坚，甘肃贫困地区农村的生产条件有了较大改善，绝大多数贫困人口的温饱问题基本解决，但部分群体的温饱状况还不稳定，返贫形势严峻，相对贫困问题凸显，贫困发生的区域性特征显著。根据《中国农村扶贫开发纲要（2001—2010年）》，甘肃省委、省政府制定了《甘肃省2001—2010年农村扶贫开发纲要》。该纲要在客观分析全省扶贫开发形势的基础上，明确了新时期扶贫开发的指导思想、工作思路、重点范围、奋斗目标、组织领导、保障措施。除了全面落实国家的强农惠农政策、农村社会建设政策、扶贫开发政策外，强调突出甘肃省的扶贫开发以稳定解决农村贫困人口的温饱问题为重心，以改善农业生产条件和增加农民收入为中心，通过开展整村推进、以工代赈、易地扶贫搬迁、劳动力技能培训转移、产业扶贫等措施增强贫困地区的自我发展能力。《中国农村扶贫开发纲要（2011—2020年）》出台后，甘肃省委、省政府于2012年出台了《甘肃省〈中国农村扶贫开发纲要（2011—2020年）〉的实施办法》，明确了2011—2020年甘肃省扶贫开发的目标、任务和措施，决定在新的十年里，将以增加贫困人口经济收入为核心任务，以三大集中连片特困地区为主战场，以扶贫开发与区域经济发展相互推动为主要路径，推进贫困地区经济社会跨越式发展。经过不断摸索和总结，2013年甘肃省委、省政府进一步明确提出了"1236"扶贫攻坚行动计划，即"1个核心"，持续增加贫困群众收入，确保贫困地区农民人均纯收入增幅高于全省平均水平；"2个不愁"，就是稳定实现扶贫对象不愁吃、不愁穿；"3个保障"，即保障扶贫对象义务教育、基本医疗和住房；"6大突破"，就是在基础设施建设、富民产业培育、易地扶贫搬迁、金融资金支撑、公共服务保障、能力素质提升六个方面取得突破。更进一步说，"6大突破"就是要通过加快推进农村道路、饮水、能源等建设，突破基础设施薄弱的制约；通过发展特色种植养殖、农产品加工以及生态旅游等产业，突破致富门路少的制约；通过加快深山区、林缘区、地质灾害频发地区群众的易地扶贫搬迁，突破极端恶劣自然条件的制约；通过创新贫困地区农村金融扶贫政策，破解发展资金制约；通过加快教育、医疗、社保、文化、体育等社会事业建设，突破社会环境制约；通过巩固义务教育和农业实用技术培训、农技推广、劳务技能培训，突破贫困人口能力素质制约。"1236"形成了一个完整的扶贫开发体系，目标明确具体，所采取的措施充分反映了贫困地区经济社会发展的现实需要，囊括了甘肃省农村贫困的主要类型。

甘肃省还创新推出了"整村推进"扶贫工作方法。为了提高扶贫开发的效率，从1998年起，甘肃省扶贫部门开始实施"整村推进"，择村试点并逐步扩大试点范围。2001年，尝试借鉴国际上成功的经验——参与式农村评估方法（PRA），在实践中探索出了"参与式整村推进扶贫"模式，该模式充分发挥了贫困户的主体性和积极性，提高了扶贫项目的针对性和实效性。

"精准扶贫、精准脱贫"行动将甘肃省的扶贫开发推向了一个新的高潮。随着我国贫困标准的提高，甘肃省的贫困人口大幅增加。2012年年底，全省贫困人口达692.2万，占农村人口的33.2%，贫困发生率位居全国第二。全省有58个县分属六盘山区、秦巴山区、藏区三个集中连片特困地区，此外还有17个有贫困乡村的"插花型"贫困县。中共十八大以来，甘肃省的扶贫进入了更加深入、更为紧迫、更为科学的新阶段，在各级政府的大力投入和组合扶贫措施下，近几年的脱贫速度显著加快。2013年、2014年每年减少贫困人口140万左右，贫困人口由2012年年底的692万下降到2014年年底的412万，贫困面由33.2%下降到19.8%，贫困地区农民人均纯收入由3747元增加到4883元，年均增长14.2%；到2014年年底，共有10个县区、2540个行政村整体脱贫。[①]

第二节　甘肃农村扶贫开发的主要措施归类

甘肃省省域内自然条件多样性特征显著，各地区经济社会发展基础各不相同。在扶贫开发模式选择上，甘肃省逐步形成了以特困区域为重点，以区域开发和农民增收为核心，财政投入、基础设施建设、民生保障、金融支持、社会建设相互配合的综合扶贫模式。

---

① 根据政府资料整理。

一 资金投入

扶贫资金的投入对于解决制约贫困地区农村发展瓶颈的作用最为直接、有效。自实施"三西"建设以来,国家逐步加大了对甘肃扶贫开发的资金支持。在政府扶贫投入中,中央财政资金占主体,是主要的资金来源。中央财政扶贫资金主要包括发展资金、"三西"资金、以工代赈、少数民族发展资金等。另外,地方政府配套资金、信贷资金、社会帮扶资金也是重要的资金来源。据统计,1983—2000年,甘肃"两西"建设共投入专项资金达33.18亿元。[①] 进入21世纪,财政扶贫资金以年均2.79%的幅度递增。1983—2007年,各类扶贫资金("三西"资金、中央财政资金、省财政资金、两州一地资金)的投入量均占到了财政扶贫资金总量的60%以上,是财政扶贫资金的主体。[②] 进入21世纪以来,财政扶贫资金不断增加。以"十一五"期间为例,我们可以从表6-1看到财政扶贫资金的增长情况。可以看出,"十一五"比"十五"各类扶贫资金增长了25.3%;在"十一五"期间,除2007年有所减少之外,其余每年都存在较大幅度增加;在各种资金来源中,中央财政扶贫资金、信贷资金占主体地位,是最主要的资金来源,省配套能力相对较弱。

扶贫资金主要投向了以整村推进为载体的农村基础设施建设、基础产业培育、移民安置、劳动力技能培训等方面。以2003—2009年扶贫资金投向为例,我们可以清楚地看到其大体的分配情况(见表6-2)。

横向比较,"整村推进""种养业建设"资金每年都排在前两位,表明农村基础设施建设和产业培育一直是投资重点。科技扶贫、劳务输转培训、移民安置、小型水利的金额也占有较大份额,表明这些项目是扶贫开发的重要部分。纵向比较,梯田建设、集雨节灌资金投入快速下降,表明此类基础设施建设已逐步完成,需求减少;整村推进资金逐年增长,需求旺盛;小型水利、科技扶贫、种养业建设不同年份存在较大波动,但整体资金量较大;移民安置在2009年之前基本保持稳定,2009年将近翻了一番,主要与2008年的地震灾害有关;科技扶贫、劳

---

① 刘亚桥、杨军、曹子坚:《甘肃省扶贫开发模式的回顾与探讨》,《甘肃理论学刊》2014年第3期。

② 贾琼、南平:《甘肃省农村反贫困道路与现状调查思考》,《甘肃社会科学》2009年第5期。

表 6-1　　　　　甘肃省"十一五"扶贫资金来源统计　　　　单位：万元，%

时间	合计	资金来源									比上年增加	增加幅度
		中央财政扶贫资金					省配套资金	易地搬迁	信贷资金	天津对口帮扶资金		
		小计	发展资金		"三西"资金	以工代赈	少数民族发展资金						
			资金总量	年均递增									
"十五"累计	1078036	375973	172073	12.12	830000	112500	8400	38000	142335	516728	5000	—	—
"十一五"累计	1351001	596301	362820	20.47	89800	123656	20025	53775	146925	545000	9000	272965	25.30
2006 年	253800	94345	49949	16.70	16600	25196	2600	10955	27000	120000	1500	48742	23.80
2007 年	217956	96501	54651	9.41	16600	22500	2750	10955	27000	82000	1500	-35844	-14.10
2008 年	363931	113476	66921	22.45	16600	26280	3675	10455	31000	107000	2000	45975	21.10
2009 年	275680	135325	86095	28.65	20000	24130	5100	10455	30900	97000	2000	11749	4.50
2010 年	339634	156654	105204	22.20	20000	25550	5900	10955	31025	139000	2000	63954	23.20

资料来源：甘肃省扶贫开发办公室：《甘肃省扶贫开发资料汇编》，2012 年。

表 6-2　　　　2003—2009 年甘肃扶贫资金投入方向统计　　　　单位：万元

资金投向	2003 年	2004 年	2005 年	2006 年	2007 年	2008 年	2009 年
梯田建设	1379.00	1057.45	612.00	419.00	415.60	568.60	293.00
小型水利	7587.80	4096.16	4567.00	3491.89	5099.50	4491.35	5821.00
集雨节灌	1899.00	856.81	229.00	143.00	4.00	20.00	73.00
整村推进	16601.00	18300.92	32126.00	34216.09	38170.00	47856.74	52569.21
种养业建设	10146.10	9232.36	6108.00	9699.00	7927.00	7812.15	11245.50
移民安置	3269.20	2288.33	3031.00	3182.20	3322.40	3217.60	6248.00
科技扶贫	5461.00	6331.62	6013.00	4717.28	4967.00	5977.62	8894.41
劳务输转培训	—	—	—	3484.90	4241.00	4937.71	6865.30
贷款贴息资金	—	—	—	—	4360.00	5016.99	3680.85
世行配套	4135.50	3396.45	1648.00	—	—	—	—
其他	2452.40	3395.41	2716.00	3544.47	4801.50	4796.27	5279.18

资料来源：根据《甘肃农村年鉴》（2004—2009）整理；2009 年数据来源于甘肃扶贫信息网。

务输转培训2009年有较大幅度增长，表明困难群众对科技知识和劳动技能的需求增长迅猛，并得到了政府的高度重视，扶贫开发从依赖第一产业逐步向依靠城镇化和第二、第三产业转移。

二 基础设施建设

甘肃集中连片贫困地区自然条件恶劣，基础设施建设对于农业生产和农民生活条件的改善具有至关重要的意义，基础设施薄弱也是制约贫困地区发展的主要瓶颈之一。从"两西"建设开始，甘肃就开始了大规模农村基础设施建设，主要围绕水、田、路、电、气（沼气）、房等方面改善农民生产生活基础条件。

（一）兴修水利

对于甘肃大部分地区，缺水是贫困的主要原因之一，特别是甘肃中东部地区，人均水资源量仅为全国人均的6%，是我国最干旱的地区之一，十年九旱。古人云：兴陇之要，其枢在水。可见，水利对于甘肃农村发展至关重要。在扶贫开发历程中，以解决困难群众饮水难、灌溉难为核心目标的水利工程建设一直占据突出位置。"两西"建设之初，甘肃省就提出了"有水走水路"的扶贫思路。在甘肃"四七"扶贫攻坚计划中，"打水窖"被提到重要位置，"121"雨水集流工程在实践中被创造性提出和实施。国家为甘肃贫困地区水利工程建设投入了大量资金，统计表明，"三西"建设资金的大部分投到了水利和人畜饮水工程上。在河西和沿黄灌区，兴修水利，开发农业资源；在中部干旱地区，实施打旱井、修水窖、集雨节灌、小流域治理、水土流失治理、自来水入户等措施。据统计，1983—2000年，定西、河西、南部高寒阴湿地区和少数民族地区共兴修大、中、小型水利工程1597项，其中大型工程127项，补砌干支渠4280.3千米，打井2045眼，水窖39.63万眼，修涝池及蓄水池15931座，解决了339.3万人的饮水困难问题，新增有效灌溉面积340万亩，新增保灌面积224.43万亩，发展集雨补灌面积132.3万亩。① 一些大型水利工程如引大入秦、民勤调水、景电二期工程、引洮工程及九甸峡等水利工程的建成为改善贫困地区人民的生产生活条件发挥了关键作用。如引大入秦工程，总长110千米，灌地86万

---

① 刘亚桥、杨军、曹子坚：《甘肃省扶贫开发模式的回顾与探讨》，《甘肃理论学刊》2014年第3期。

亩，受益人口达 200 多万，农业灌溉面积达 60 多万亩。景电提灌工程，灌地 80 万亩。引洮一期工程解决了甘肃中部干旱地区三市七县区 150 多万贫困群众的安全饮水问题，二期工程建成后将解决四市八县区 260 多万人用水难题。另外，甘肃通过兴建小提灌、小水库、小塘坝、小机井等小型水利工程，大幅增加了全省有效灌溉面积，2003 年甘肃有效灌溉面积达到 129.7 万公顷，全省农民人均水浇地 0.79 亩。"十一五"期间，兴建集雨节灌 10.51 万亩，新增水地 27.42 万亩。[①]

大规模、长时间投资兴修水利工程，有效改变了甘肃干旱贫困地区人民生产生活条件，但进一步发展水利所面临的困难也十分明显。由于甘肃省总体处于干旱地带，水资源贫乏且地域、季节分布不均，开发利用难度大，成本高，即便建成了输水设施，但输送和管理成本高，水量有限，干旱缺水的现状难以根本改观。

（二）整修梯田

农业是农民生存的基本依靠，是产业培育的基础，农业发展的滞后是甘肃贫困地区农村绝对贫困的基本原因。对于农业生产，农田的数量和质量是基础硬件。在甘肃省扶贫开发中，农田建设一直是重要内容。整修水平梯田还具有拦截泥沙、减少水土流失、抗旱保墒等特殊功能，有利于抗旱保产和保护生态环境。全省梯田在 1982 年只有 53.8 万顷，通过大力整修，2003 年达到 163.87 万公顷，人均梯田面积达 1.3 亩，为山区贫困家庭稳定解决温饱奠定了基础。"两西"建设前十年，中部干旱地区平均每年新修梯田 35 万亩，到 2000 年年底，全省贫困地区共新修梯田 772 万亩，用于梯田建设的年度专项扶贫资金也达到 2300 多万元。[②] 以庄浪县为例，从 20 世纪 80 年代"两西"建设开始，该县持续开展平田整地运动，经过近 30 年的努力，修建改造了百万亩水平梯田，占全县总耕地面积的 90% 以上。

大修梯田有效改善了农业基础条件，为农业增产奠定了坚实基础，但受可开垦土地面积的限制，兴修梯田的空间越来越小，其地位也在逐步下降。"十一五"期间，全省累计整修梯田 75.06 万亩，平均每年只

---

① 根据政府资料整理。
② 刘亚桥、杨军、曹子坚：《甘肃省扶贫开发模式的回顾与探讨》，《甘肃理论学刊》2014 年第 3 期。

有15万亩左右。另外，由于梯田本身的局限性（地块小，不利于规模化作业）、农业生产成本上涨、农业劳动力减少、家庭农业经营规模小、农业经济效益低等因素的制约，农村耕地撂荒的现象日益严重，新修的水平梯田也不例外，自然条件恶劣地区更为显著，群众对于进一步整修梯田的积极性逐步下降，整修梯田的减贫效益逐步减小。

（三）其他基础设施建设

以"整村推进"和"以工代赈"为依托，结合新农村建设，甘肃省大力加强贫困地区农村交通、电力、通信、自来水、沼气、住房、公共场所、卫生室、学校、幼儿园、养老院等基础设施建设，改善农民生产生活条件。这些基础设施建设对于贫困村发展能力的提升具有重大意义，在扶贫开发中得到了重视和加强。例如，"十一五"期间，全省共新建、改建县乡村道路6600千米，新修桥梁7000延米，有效解决了长期制约贫困地区经济发展的交通瓶颈。①

三　产业培育

种植、养殖是贫困地区农村的基础产业，是发展难度较小和成功概率较大的产业。甘肃省在扶贫开发中，逐步摸索出对贫困农户增收带动力较强，适合贫困地区自然条件，并能够在贫困地区农业经济发展中起主导作用的"五大产业"，即草食畜、马铃薯、林果、中药材、瓜菜。甘肃贫困人口集中的陇中、陇东南地区立足本地区自然资源，因地制宜大力发展以地膜玉米、马铃薯、林果、瓜菜、中药材为主体的种植业和草食畜牧业。为提高经济效益，逐步实施压粮扩经（经济作物）。同时，为减少自然条件的限制，大力发展设施农业，如大棚蔬菜。甘肃省委、省政府还确立了"一县一业""一村一品"的产业培育方针。2008年，甘肃启动了促进农民增收的"六大行动"（特色优势产业提升行动、草食畜牧业发展行动、农村二三产业推进行动、农村人力资源开发行动、扶贫开发水平提高行动、强农惠农保障行动），着力建立区域主导性特色优势产业。通过实施"六大行动"，马铃薯、中药材、草畜、果品、日光温室瓜菜成为甘肃贫困地区农村的主打产业。在农村产业发展中，甘肃省注重农产品品牌的培育，形成了天水花牛苹果、平凉金果、岷县当归、成县核桃、兰州百合、定西马铃薯等具有地域特色的地

---

① 甘肃省扶贫开发办公室政府资料。

理标志产品，以及庆阳香包、岷县点心等传统轻工业产品品牌。为延伸产业链，提高农产品的经济价值和农民收入，甘肃还鼓励发展农产品加工、商贸、物流、餐饮等产业，大力扶持和发展乡镇企业。乡镇企业在"两西"建设前十年发展比较快，带动效果比较显著。据统计，到1992年底，"两西"地区各类乡镇企业数量达到90272个，从业人员达74.8万人，年产值50.8亿元，分别比"两西"建设前的1982年增长16.6倍、5.5倍和33倍。① 同时，甘肃省还有重点地扶持了一批扶贫龙头企业，第一批国家扶贫龙头企业有13家，第二批有19家。

为了畅通农产品销售渠道，近年来甘肃省借助网络平台，大力发展农产品电子商务。电子商务作为一种新型商业模式，有利于克服交通区位劣势，降低交易成本，特别是有利于把贫困地区绿色、天然、无公害的特色农产品通过网络销售给城市市民，增强了贫困地区农村居民的市场交易能力，增加了其融入市场的机会，一定程度上缓解了特色农产品的销售难题。例如，2013年年底，陇南市委全委会议提出，把发展电子商务列为三大集中突破之首，抓住"互联网+"机遇，实现"弯道超车"。全市开办网店6000多家，兴建和加盟网购平台26个，以花椒、核桃、苹果和中药材等为代表的陇南特产在电商平台上线交易，取得了显著成效，礼县苹果一度在淘宝网水果大类中销量全国第一。2014年全年共实现销售额7.71亿元。此外，还挂牌成立了陇南电子商务职业学院，电商培训30000多人次，直接带动就业16000多人；西北地区首个淘宝网市级地方馆——"特色中国·陇南馆"正式上线运营。国务院扶贫办将陇南列为全国首个电商扶贫试点市，陇南所辖成县和武都区在全国率先被阿里巴巴集团纳入"千县万村"电商计划试点。2015年，甘肃省商务厅、省工信委、省扶贫办出台了《甘肃省精准扶贫电商支持计划实施方案》，把电商扶贫纳入全省扶贫开发工作体系，以全省58个贫困县（市、区）和17个插花型贫困县（市、区）为重点区域，以225个特困片带、6220个建档立卡贫困村为重点对象，通过发展贫困地区电子商务，扩大贫困地区农特产品网上销售规模。

从目前甘肃贫困地区农村的产业扶贫来看，虽然产业培育已初具规

---

① 刘亚桥、杨军、曹子坚：《甘肃省扶贫开发模式的回顾与探讨》，《甘肃理论学刊》2014年第3期。

模,但进一步发展任务依然艰巨。贫困地区农村产业主要集中于种养业,而且种养业也基本处于传统农业阶段。从生产看,由于农产品品种相对单一,农业劳动力老龄化且不断减少,农业生产成本不断上涨,经营规模小,务农的比较效益低于打工,农产品供给数量有限,产量不稳定,难以满足大规模深度开发的需要。养殖业区域雷同特征明显,主要集中于牛、羊、鸡、猪等大宗养殖,一般为小规模分散经营,经济效益普遍不高。从产业延伸看,产业链相对短,相关的第二、第三产业发展滞后,农产品深度加工不足,大部分直接用于消费,受市场行情波动影响显著,经济效益相对较低。同时,农业的社会化服务体系不完善,产业发展的支撑力量不足,存在过度依赖政府补贴的倾向。因此,扶贫产业培育还需从产业发展的内生动力入手,在政府支持下,充分发挥市场的作用,不断延伸产业链条和服务体系,多元化发展,形成有地区特色优势的产业。

四 移民搬迁

"水旱路不通另找出路",对于"一方水土难养一方人"的自然条件恶劣、基础设施薄弱、基本生产条件缺乏、就地脱贫无望地区的贫困户,生态位置重要、生态环境脆弱的水源涵养林区、自然保护区的农牧民,以及地质灾害频发地区的贫困群众,实施移民搬迁是相对经济和符合长远利益的出路,而且这部分贫困人口所占比例较大。2012年,甘肃省692.2万扶贫对象中有约200万人生活在自然条件恶劣地区,需要搬迁,其中约112万人有强烈的搬迁愿望。① 实施移民搬迁,不仅可以从根本上割断贫困地区生态环境恶化与贫困加剧之间的恶性循环,而且对于恢复生态环境、统筹区域和城乡发展都具有重大意义。移民搬迁主要有两种类型:一是省域内跨区易地搬迁,从"两西"建设开始,甘肃省政府就大规模有组织地将中部干旱地区农民向条件相对较好的河西地区迁移,此种方式在甘肃扶贫开发的早期运用得较多。二是在县(区、市)范围内就近选择条件较好的区域,集中建点安置,主要分为三种模式:一是依托县城、小城镇、中心村集中安置,通过发展第二、第三产业和劳务输出等帮助贫困群众增收脱贫;二是向交通便利、基础条件较好的水川地、塬台地集中安置;三是依托水利、土地整治等工

---

① 《甘肃省发改委关于加快推进甘肃省易地扶贫搬迁工作的意见》。

程，合法开发荒地或利用国有农林场闲置土地建立基地，集中安置。在搬迁中，为了维系农村社会结构，减轻群众顾虑，一般以整体（整村、整社）搬迁为主。为了使迁移贫困户在新环境中能够快速、稳定脱贫，加强移民安置区的经济社会建设成为落实移民搬迁的关键。为此，甘肃省在扶贫开发中，将移民安置集中地区的开发建设作为重点来抓，并将河西特困移民区纳入重点支持的"特困片带"。2010年，全省整合资金1.76亿元，在移民区建"富民田、舒心路、安居房"，引导移民群众建日光温室，搞养殖业。① 移民搬迁贯彻"农民自愿、政府扶持"的基本原则。为了促使移民搬迁户快速脱贫致富，政府不仅给予一定的资金补助，而且协调金融机构发放政府贴息贷款。

移民搬迁模式在甘肃扶贫开发中占有重要地位，发挥了重大作用，而且形成了丰富的经验。据统计，1983—1997年，共移民48万多人，搬迁的移民大多数实现了"一年搬迁，两年定居，三年解决温饱，四、五年稳定脱贫"的目标。② 同时，缓解了迁出地人口与资源环境紧张的矛盾，发挥了"迁出1人、宽松2人、解决3人温饱"的经济和社会效益。但是，搬迁受到地理空间的制约，随着扶贫开发的推进，可用于安置的空间越来越小，搬迁的成本也渐趋上升，搬迁的规模也渐趋缩小。"十一五"期间，全省移民安置人数逐年趋于减少，而且主要集中在部分地区（见表6-3）。可以看出，除2008年略有回升（与地震灾害有关）之外，全省移民安置人数总体逐年减少，而且主要集中在陇南、武威两市，占总移民安置人数的73.8%。

然而，甘肃省移民搬迁任务依然艰巨，不仅需搬迁的贫困人口规模庞大，而且难度逐年增大、成本逐年提高。2012年，《甘肃省"十二五"易地扶贫搬迁规划》显示：据初步摸底调查，居住在缺乏基本生存条件区域，需要易地扶贫搬迁的人口尚有29万户、136万人。同时，贫困一般是资源环境恶劣与人口能力素质不足共同作用的结果，特困群众"搬不起""不愿搬"、搬家后仍然贫困、迁入地农村经济社会发展滞后等困境严重困扰着移民搬迁。政府投入的扶持资金虽然逐步增长，

---

① 《"难点"片带开始"破冰"甘肃探索集中连片扶贫开发模式》，新华网（http://www.gs.xinhuanet.com/news/2011-06/19/content_23043917.htm），2011年6月19日。

② 刘亚桥、杨军、曹子坚：《甘肃省扶贫开发模式的回顾与探讨》，《甘肃理论学刊》2014年第3期。

表6-3　　甘肃省"十一五"扶贫开发移民安置情况统计　　单位：万人

地区	2006年	2007年	2008年	2009年	2010年	合计
全省	2.84	2.42	2.50	2.18	1.82	11.76
1. 陇南市	1.11	0.83	0.95	0.72	0.80	4.41
2. 甘南州	0.14	0.16	0.15	0.21	0.00	0.66
3. 临夏州	0.17	0.15	0.19	0.22	0.00	0.73
4. 天水市	0.00	0.00	0.00	0.00	0.00	0.00
5. 平凉市	0.00	0.00	0.00	0.06	0.00	0.06
6. 庆阳市	0.00	0.00	0.00	0.00	0.00	0.00
7. 定西市	0.16	0.21	0.11	0.13	0.16	0.77
8. 兰州市	0.00	0.00	0.00	0.00	0.00	0.00
9. 白银市	0.10	0.14	0.14	0.14	0.04	0.56
10. 武威市	0.86	0.93	0.96	0.70	0.82	4.27
11. 张掖市	0.30	0.00	0.00	0.00	0.00	0.30
12. 酒泉市	0.00	0.00	0.00	0.00	0.00	0.00
13. 金昌市	0.00	0.00	0.00	0.00	0.00	0.00
14. 嘉峪关市	0.00	0.00	0.00	0.00	0.00	0.00

资料来源：甘肃省扶贫开发办公室：《甘肃省扶贫开发资料汇编》，2012年。

但增长幅度跟不上搬迁成本的上涨速度，更难以满足搬迁群众的实际需求。另外，贫困地区青壮年劳动力外出务工和入城居住逐步成为主流，留守人口搬迁意愿相对较低。因此，移民搬迁扶贫应与其他扶贫方式相配合，不仅在地域间搬迁，更多的是转向产业间"搬迁"和城镇化"搬迁"，通过提高劳动者素质和城镇化水平，为贫困人口的城镇化安置创造条件，通过自然流动来逐步减少自然条件恶劣地区的常住人口。

五　劳务输出

随着我国第二、第三产业和城镇化的快速发展，非农产业为农村劳动力就业转移提供了广阔市场。农村劳动力的工资性收入在收入中的地位快速上升，成为贫困地区农村居民快速增收的主要引擎。根据国家统计局的数据，2013年，全国贫困地区农村居民人均纯收入5519元，其中工资性收入2269元，占比41.1%，同比增长22.7%，对全年增收的贡献率达到53.3%，仅次于家庭经营人均纯收入（2636元，占比

47.8%）。劳务输出不仅可以快速缓解贫困，节省口粮，还可以缓解贫困地区人多地少的矛盾，为土地流转和扩大家庭农业经营规模创造条件，更有利于贫困人口学习新知识、增长见识、更新观念、开阔视野、增长才干、提升素质，增强自我发展能力。外出务工人员返乡可以带回新的就业创业信息、资金等，成为贫困地区进行经济开发的重要动力源泉。

20世纪80年代末，甘肃开始大规模劳务输出，90年代中后期达到高潮，逐步形成规模，成为不少青壮年劳动力的首要选择。同时，劳务输出也逐步成为扶贫开发的重要途径，得到甘肃省各级政府的高度重视。"两西"建设中甘肃提出的"水旱路不通另找出路"就包括劳务输出。1986年，甘肃省成立了劳务工作机构，专门负责农村剩余劳动力的输出和转移工作，开始了有组织的劳务输转。甘肃省委省政府还提出了"东进西出，南下北突"的劳务输出战略。2004年，省政府出台了《关于进一步加强劳务输转工作加快劳务经济发展的意见》，建立了由25个部门和单位组成的省级劳务输出工作部门联席会议制度，形成了各级政府统一领导，劳动和社会保障部门牵头，各相关部门配合的工作协调机制。全省各县逐步建立了劳务工作机构，各乡镇建立了劳务工作站，各行政村确定了劳务信息联络员，并在省外用工集中的城市设立了十多个劳务管理机构，开展有组织的劳务输转。

经过20多年的发展，劳务经济逐步成为支撑贫困地区农村发展的支柱性产业。有关数据表明：1986—2008年，全省共输转城乡剩余劳动力5600万人次，创劳务收入1100多亿元。[①] 根据《2007—2008年甘肃省国民经济和社会发展统计公报》推算，全省劳务经济收入已占农民人均纯收入的近一半。劳务输出有力地推动了贫困家庭脱贫致富，实现了"输出一人脱贫一家，带动一方"的效益。据统计，1986—2004年，全省260多万贫困农民通过劳务输出脱贫，16.5万名劳务人员回乡创业。2004年，全省劳务输出324.25万人次，节省口粮32万吨。"十五"期间，武山县劳务脱贫10100户、45450人，占全县计划脱贫的32%；张家川县劳务脱贫5000户、4.2万人，占全县计划脱贫的

[①] 祁昌贤：《甘肃省劳务经济发展现状问题及对策研究（二）》，《甘肃科技》2010年第1期。

80%，在贫困户中每输出1人，1—2年就能实现全家脱贫。① 而且，甘肃外出务工人员凭借自己的勤劳和纯朴，获得了用人单位的广泛认可，形成了如"天水白娃娃"宾馆服务员、"羲皇故里建筑工""天水女娲家政大嫂"等获得国家工商管理部门认证的劳务品牌。勤劳朴实的甘肃人有着浓厚的故乡情结，回乡创业、带动乡亲脱贫致富是大部分外出务工人员的愿望，他们很多人回乡创业，成了农村发展的领头雁，为贫困地区农村发展带来了强大推动力。据统计，2002—2005年，全省回乡创业者共计150331人，兴办企业48621家，个体户101710户，涌现返乡创业典型人物9039人，劳务收入累计向非农产业和农村事业提供资金1117258.34万元。②"十五"期间，全省返乡创业者的固定资产达6.73亿元，创利税超过1.5亿元，安置农村剩余劳动力和失业人员近4000万人次。③ 有的人创业成功后热心公益，投资农村基础设施建设和公益事业，如山丹县20多位致富能手投资300多万元用于家乡办学、修桥铺路、修建旅游景点等。

总体来看，劳务输出实现了劳动人口的地域和产业转移，外出务工人员在经济条件相对优越的发达地区或城镇从事非农产业，收入水平提高迅速，脱贫效益显著，因而发展迅猛。实践中，进一步发展也存在一定困难。一是贫困地区农村人口素质普遍不高，受教育程度不高，劳动技能不足，以体力型劳动为主。二是我国关于劳动保护的法治化水平不高，外出务工人员的合法权益保障困难，成为社会弱势群体。三是劳动者的社会管理与服务一般和户籍挂钩，务工人员长期在外地生活工作，往往处于社会管理和服务的空白地带，子女上学、医疗、养老等社会服务存在较大困难，社会管理失去组织依托，形成了留守儿童、空巢老人等后顾之忧。四是大量青壮年劳动力外出务工，留守农民老龄化渐趋严重，流出地失去了宝贵的人力资源支撑，发展后劲不足，不少农田被撂荒。劳务输出与农村建设形成了尖锐矛盾。

六 能力提升

贫困地区农村居民受教育程度普遍偏低，劳动技能不足，科技培训

---

① 《陇军出山》，中国甘肃网（http：//www.gscn.com.cn），2009年7月21日。
② 宋学功：《甘肃省发展劳务经济的思路与对策》，《开发研究》2007年第5期。
③ 《陇军出山》，中国甘肃网（http：//www.gscn.com.cn），2009年7月21日。

薄弱，是导致贫困的基本原因之一。"治贫先治愚"，甘肃省在扶贫开发中，一直把人力资源开发作为治理贫困的基本途径之一，把能力提升置于优先发展的地位。

一方面，大力发展基础教育事业。将适龄儿童入学率、义务教育巩固率作为考核地方教育事业的重要指标。不仅严格落实了"两免一补"政策，而且在部分少数民族地区启动实施了"三免两补"（免学杂费、免教科书费、免寄宿费、补助寄宿生生活费、补助营养膳食费）和"十五年免费教育"，对贫困地区农村实行倾斜性投入和特殊优惠政策，对贫困家庭学生加大资助力度。实施了贫困地区乡镇幼儿园建设工程，大力发展贫困地区学前教育事业。对特困地区初、高中毕业生实施职业教育和职业培训。在高考录取中，自2012年起实施面向贫困地区定向招生专项计划，2015年进一步增设了"精准扶贫专项"和"革命老区专项"招生计划。2013年，乡镇中心幼儿园在全省58个国家重点县实现了全覆盖，农村义务教育巩固率达到87%。

结合国家"雨露计划"，创造性地实施"两后生"（30岁以下没考上高中的初中毕业生和没考上大学的家庭贫困的高中毕业生）培训工程。"两后生"培训兼具学历教育和技能培训两方面职能。"两后生"培训工程从2006年开始实施，主要对象是贫困户"两后生"，目标是通过对他们实行教育培训资助，帮助他们取得"两证"（中专文凭、劳动技能资格证书），实现稳定就业。为了落实"两后生"培训，甘肃省整合了156家教育、用人单位和人力资源开发派遣机构，组建了甘肃省贫困地区"两后生"职业教育培训集团，构建了覆盖省、市、县三级的培训网络，有力地推动了"两后生"培训的规模化、集团化、集约化和培训、就业、维权等规范化。为了提高培训的便利程度，甘肃省各级政府创新培训方式和内容，组建了集教师、设备、教材为一体的"移动学校"，利用农闲时间进入农村，将挖掘机、装载机等设备开到农家门口，把电焊、理发、拉面手艺摆到村口，便于农村村民学习技术。甘肃省还利用现代科技开展"两后生"电子商务培训，通过淘宝网注册开办网店，促销甘肃特色产品。为了鼓励"两后生"参与培训，政府有关部门对参训人员予以补助，并逐步提高补助标准，2014年补助标准达到两年3000元。据统计，"十一五"期间，全省共培训"两后生"11.3万人，转移就业率达95%。2007—2014年，累计培训"两后生"21万人，有效阻止了贫困的代际传递。

另一方面，不断加大劳动者技能培训的力度，力争使大多数贫困户掌握一至两门实用技术，从而为其脱贫致富奠定技能基础。随着生产力水平的不断提高，农村居民对于劳动技能的需求越来越旺盛，科学种养的意识增强，接受培训的积极性快速提高。针对外出务工人员，根据其具体需要，甘肃省各级政府开展实用劳动技能培训。"十一五"期间，全省扶贫开发劳动力转移培训累计达2206.67万人次，此类培训成为扶贫开发科技培训的主体。针对农村务农人员，政府开展了农业实用技术培训，组织农技人员送技下乡，并利用媒体和远程教育系统传播先进种养技术，开通"12316""三农"服务热线，提高农民科学种养水平，使先进实用技术进村入户，使高产技术普及化。"十一五"期间，全省扶贫开发科技培训累计达211.84万人次。为了落实劳动技能培训，甘肃省建立了贫困地区县、乡、村、社四级科技扶贫推广网络，建立科技扶贫示范村和示范户，发挥其示范带动作用。根据刘霞、王生林的测算，2001—2010年，甘肃省农业科技进步的贡献率为54.32%，高出全国同期（52%）2.32个百分点，年均增长率为3.036%；科技进步的高效率远高于物质费用（34.41%）、农业劳动力（7.84%）和耕地（3.4%）的高效率。[①] 科技推广和应用对甘肃农业发展和农民增收发挥了重要作用，成为强大的推动力。

七　金融扶贫

"贷款难"是制约贫困农户脱贫致富的重要因素。为了解决农户发展的资金难题，甘肃省在扶贫开发中借助国家政策，借鉴国际经验，结合本地实际情况和贫困群众的意愿，不断创新开发出金融服务产品，增强贫困农户的内生性发展能力。金融扶贫的主要方式包括扶贫贴息贷款、妇女小额担保贷款、助学贷款、新模式银行抵押担保贷款、贫困村村级互助资金等。据统计，到2014年年底，全省累计创新推出和实施了50多种金融产品，金融机构涉农贷款余额为4142亿元。

扶贫贴息贷款包括项目贴息贷款（包括产业化扶贫龙头企业、基础设施等项目贷款）和扶贫到户贴息贷款，主要是为了促进贫困地区农

[①] 刘霞、王生林：《甘肃省典型贫困县农业科技贡献率的测算与分析》，《云南农业大学学报》2013年第5期。

村扶贫产业的发展，对贫困地区农村扶贫龙头企业、重要基础设施建设和有一定带动作用的农户给予政府财政贴息支持。

妇女小额担保贷款是2009年由国家财政部、人力资源和社会保障部、人民银行及全国妇联发起，以妇女为主要对象，旨在促进城乡妇女创业就业，政府财政贴息的小额担保贷款。甘肃作为试点省份启动了该项活动，发放贷款额多年居全国第一，有效地推动了农村贫困家庭增收，并积累了经验，成为全国妇女小额担保贷款的成功范例。全国妇联在甘肃武威市进行的随机抽样调查显示，94.4%的贷款妇女反映贷款之后收入增加了5000元以上。① 截至2015年4月底，甘肃省累计发放妇女小额担保贷款305亿元，帮助68.5万名妇女创业就业。②

国家助学贷款是为帮助贫困家庭学生上学而量身定做的金融服务产品。2007年8月，国家新出台了"生源地信用助学贷款"政策，甘肃省被列为首批试点省份。甘肃省在全国率先推出了国家助学贷款与生源地信用助学贷款相结合的模式。学生在上学期间的贷款利息由财政承担，毕业后分期还本付息。该项贷款有效解决了农村贫困家庭学生接受高等教育的经济困难，为农村贫困家庭学子接受高等教育打开了绿色通道。据统计，2013年，全省生源地信用助学贷款学生达到19.4万人，贷款金额达到10.4亿元。③

新模式抵押担保贷款是商业银行根据国家有关法律法规和贫困地区经济社会发展的实际需要而自行探索创新推出的金融产品，担保模式灵活多样，有效地支持了农村特色产业的培育。建设银行甘肃省分行推出的"农耕文明"涉农个人贷款重点扶持农民参与程度深、市场前景广的特色优势农牧业，采取"政策扶持+公司+农户+订单+银行"的模式。截至2011年年末，全省"农耕文明"贷款余额13.2亿元，受益农户10699户。为解决马铃薯种植农户的贷款难题，中国农业银行甘肃分行创新推出"清吉"贷款，采取"存货抵押""农行+公司+农户"和"公司+协会+农户+农行"的模式。2012年，中国农业银行甘肃分行与甘肃省财政厅联手推出了"双联惠农贷款"，从2012年9

---

① 陈海生：《甘肃省农村妇女小额担保贷款发展现状及问题研究》，《现代经济信息》2014年第6期。
② 《我省累计发放妇女小额担保贷款305亿元》，《甘肃经济日报》2015年4月29日。
③ 《去年我省办理生源地助学贷款10.4亿元》，《兰州晨报》2014年3月4日。

月起，连续五年每年安排60亿元的专项信贷资金，用以扶持全省58个贫困县8790个贫困村的农户发展马铃薯、现代制种、中药材、草食畜、经济林果等特色产业，该项贷款由财政贴息。"双联惠农贷款"直接针对贫困地区，有效破解了贫困农村发展的资金制约。到2014年年底，"双联惠农贷款"发放贷款152亿元，受益人口达730多万。甘肃农村信用社推出飞天"福农卡"小额信贷服务，持卡农民在发卡行评级授信后，可以获得免担保小额信用贷款。陇西农村合作银行适应当地中药业发展的需要，推出"陇药通"特色信贷产品。在政府扶贫开发政策的感召和支持下，各商业银行根据贫困地区农村经济社会发展的实际需要，不断推陈出新金融服务，为贫困地区经济社会发展提供了有力支撑。

贫困村村级互助资金模式是在借鉴国际和国内民间组织信贷经验的基础上，由政府、农户和社会共同出资建立的互助资金。2006年，甘肃作为首批试点的省份启动了该项活动，"十一五"期间共计在529个村试点，投资资金共计6614万元。① 互助资金主要来源于财政扶贫资金、农户自愿缴纳的资金、社会捐赠以及增值收益，其中财政扶贫资金占绝对主体。县级及以上扶贫、财政部门负责外部监管，理事会和监事会作为互助社的内部管理机构负责日常运行和监管。贫困村村级互助资金对互助社内部成员发放短期、小额借款，其运行方式灵活多样，程序相对简单，扶贫的针对性强，依靠互助社成员间的信任解决了贫困户担保能力不足的难题。据统计，截至2013年12月，甘肃省共有11553户农户得到贷款支持，其中有10590户贫困户，占借款总农户的91.6%。② 互助资金有效推动了贫困地区农村富民产业的培育。

小额贷款扶贫是国际扶贫的重要模式和成功经验，它既有效地缓解了贫困户发展资金不足的困难，又具有促进贫困户依靠自身勤劳脱贫的优势，有利于提高贫困户自我加压的积极性，减少对政府的依赖。

八 组织化扶贫

当前，事实上普遍存在的农户分散经营和承包地的细碎化分布，使

---

① 数据来源于甘肃省扶贫办《甘肃省扶贫开发资料汇编》（2012年）。
② 杨夏林、库治敏、张高平：《贫困村互助资金的实施成效及发展对策——以甘肃省为例》，《湖南农业科学》2014年第7期。

得农户只能以个体形式面对市场风险，难以适应农业产业化、规模化、市场化、科技化、社会化等发展的客观需要，农村产业培育困难。因此，适应农业产业化发展需要的农民组织化成为农村发展的现实需要。把分散的农户组织起来，纳入适宜的市场主体（如公司、合作社）并按照产业化模式组织生产，既稳定了家庭联产承包责任制，又适应了农业现代化的需求，因而是我国农业现代化发展的合理选择。贫困地区农村农民组织化程度低，农民社会组织少、力量小，农村基层党政机构组织动员能力薄弱，也是制约贫困地区农村经济社会发展的重要瓶颈。近年来农民合作组织发展的实践证明，农民合作组织对增加农业经济收益具有较大促进作用。例如，2012年甘肃省会宁县钟岔村、武山县北顺村在福建省蓉中村定点帮扶下，组建专业合作社，发展家庭制造业，农民入股分红，当年农民人均纯收入就翻番，2014年达到10000元左右。

为了提高农民组织化水平，甘肃省在扶贫开发中，大力培育龙头企业、农民协会、专业合作社、种养业大户等，积极推广"公司＋农户""公司＋基地＋农户""公司＋协会＋农户"等产业化经营模式，形成生产、储运、加工、销售、服务一条龙的产业链。甘肃省建立了一批国家级和省级农民专业合作社示范社，扶持了一批龙头企业，有效提高了贫困地区农民组织化水平。2015年，甘肃省委、省政府在精准扶贫中明确提出：使每个贫困村至少建立一个农民专业合作组织，贫困户参与各类新型农业经营合作组织实现全覆盖。

另外，大力加强贫困地区农村基层党组织和村民自治组织建设，发挥基层党组织在农村经济社会建设中的战斗堡垒作用，也是甘肃扶贫开发的重要路径。为了加强基层党组织建设，甘肃省各级党政机关不断完善体制机制，增加投入，改善农村组织的工作条件。早在2003年，甘肃就创新推出了"双培双带"工程，即"把党员培养成致富带头人，把致富带头人中的先进分子培养成党员，党员带领群众共同发展，党组织带领致富带头人不断进步"。同时，坚持从大学毕业生中录用大学生村干部，按照一村一名大学生村干部来配备。在精准扶贫行动中，各帮扶单位选派挂职干部担任村干部，派驻扶贫工作队进驻贫困村，有效加强了基层组织建设。

九　社会帮扶

社会各界的帮助支持是甘肃扶贫开发的基本途径之一。1993年，党中央、国务院动员社会各界帮助贫困地区发展经济,解决温饱问题。此后社会各界积极参与到扶贫开发活动中来,国家机关、国有企事业单位、东部发达省份、国际组织、非公企业等组织及个人在甘肃贫困地区开展了对口帮扶、定点帮扶和志愿帮扶。从帮扶主体的视角看,社会帮扶大体可以分为中央机关定点帮扶、东西协作帮扶、国际组织帮扶、公立机构帮扶、社会志愿帮扶等。

(一) 中央机关定点帮扶

中组部、国务院侨办、中央台办、全国妇联、中国文联、国家文物局等36个中央国家机关和企事业单位定点帮扶甘肃43个重点贫困县,如中组部定点帮扶舟曲县、国家电监会帮扶通渭县、中国银监会帮扶和政县、中国进出口银行定点帮扶岷县等。帮扶方式包括派驻干部蹲点挂职、帮助制定发展措施、选择项目、协调资金投入、开展教育卫生帮扶等。截至2013年9月底,各定点扶贫单位已向贫困县直接投入资金1.1亿元,帮助协调引进各类资金4.3亿多元。①

(二) 东西协作帮扶

1996年天津市与甘肃结对帮扶,天津市通过投资、培训、交流、科技合作、支医、支教、引进项目等支持甘肃发展。天津市的13个县区定点帮扶甘肃省13个贫困县。2014年,天津市援甘资金达7000万元。② 2010年,厦门市与甘肃省临夏回族自治州结对帮扶,厦门市发挥自身优势,结合临夏州发展的客观需要,通过政府资金援助、支持招商引资、干部培训交流、院校合作、宣传媒体合作、产业帮扶协作、劳务合作等方式援助临夏州发展,政府援助资金从2010年的600万元增加到2013年的2000万元。③ 另外,青岛市与陇南市结对帮扶,福州市与定西市对口帮扶,都取得了一定成绩。

(三) 国际组织帮扶

联合国有关机构、世界银行、亚洲开发银行、日本协力银行以及部分外国政府及非政府组织在甘肃以贷款或援助形式实施或参与甘肃扶贫项目。截至2003年,国际组织合作的扶贫项目达到100多个,签约额

---

① 《我省进一步拓展社会扶贫领域》,《甘肃日报》2013年10月18日。
② 《搭建新平台 构筑新格局——甘肃省创新扶贫开发机制回眸》(下篇),《甘肃日报》2014年10月26日。
③ 《我省进一步拓展社会扶贫领域》,《甘肃日报》2013年10月18日。

近 17 亿美元。外方贷款金额 1000 万美元以上的项目有 24 个，其中世界银行项目就 11 个，如甘肃综合开发项目、河西走廊项目、黄土高原水土保持一二期项目、第三个贫困省基础教育项目、农村改水项目、农村卫生项目、日本协力银行风沙治理项目等。① 国际组织不仅带来了资金、技术，更引进了先进扶贫理念和经验。

（四）公立机构帮扶

中央驻甘单位、省属党政机关和企事业单位多年来一直参与扶贫开发，结合本单位的特点，发挥各自的优势，通过投入资金、派驻干部、支教支医、科技下乡、招商引资等灵活多样的方式参与到扶贫开发事业中来。全省掀起了帮贫扶困的新高潮。到 2014 年年底，全省共组织动员 1.5 万个机关单位、40 多万名党员干部对口帮扶 1.6 万个贫困行政村、67 万特困户，累计帮办实事 67 万多件，解决群众急难问题 44 万多件。② 精准扶贫行动开展以来，甘肃的扶贫开发进入了一个前所未有的新高潮，也进入了快速脱贫期。仅 2013 年，全省减少贫困人口 140 万，两个县实现整体脱贫。③

（五）社会志愿帮扶

吸引、鼓励非公企业、个体工商户、爱心人士、志愿者等社会力量参与扶贫，为他们参与扶贫和爱心捐助畅通渠道，搭建平台，建立配套设施，也是甘肃省扶贫基本举措之一。为吸引社会爱心人士参与扶贫，甘肃省坚持建立和做大"爱心扶贫基金"、开展"10·17"扶贫日活动、开展"人大代表在行动""政协委员助推双联"等活动。大力发展扶贫公益事业，依托"光彩事业""母亲水窖""希望工程""幸福工程""爱心手拉手""智力支边""母亲健康快车""贫困地区儿童营养改善""春蕾计划""集善工程""爱心包裹""扶贫志愿者行动计划"等扶贫公益渠道，集聚社会各方面扶贫力量，针对贫困地区留守妇女、儿童、老人、残疾人等特殊困难群体开展一对一结对、手拉手帮扶等扶贫公益活动。为了吸引广大非公企业、个体户等工商界参与扶贫，甘肃

---

① 陈耀：《建设新农村背景下的甘肃农村贫困问题研究》，硕士学位论文，兰州大学，2007 年。

② 数据来源于政府资料。

③ 《甘肃：干部"双联"两年来为群众办实事 54.3 万件》，新华网（http://news.xinhuanet.com/politics/2014-02/24/c_119470571.htm），2014 年 2 月 24 日。

省坚持并不断深化"民企陇上行"行动，组织"百强民企、百家商会进甘肃"活动，积极推动行业协会、商会、民企加大对甘肃扶贫开发的帮扶力度；制定相关激励政策，鼓励民营企业通过投资兴业、吸纳就业、开发资源等多种方式参与扶贫，扶贫捐赠实现税收优惠政策。

第三节　甘肃农村扶贫开发措施的效果分析

从"两西"建设以来，甘肃省经过30多年的扶贫开发，取得了显著成效，主要体现在农村贫困人口数量大幅减少、农民收入水平和生活质量明显提高、贫困地区经济社会面貌显著改善等方面。同时，对于扶贫开发的问题聚焦越来越精确，思路措施越来越明晰，为全国乃至全球扶贫积累了经验。特别是中共十八大以来，党中央进一步推进扶贫开发工作，甘肃省采取了更为有力的举措，贫困地区农村经济社会发展进入了改观最快、效果最显著的时期。

一　贫困程度显著减轻

经过30多年的大规模扶贫开发，甘肃省贫困人口绝对数量从1982年的1254万人减少到2014年的417万人，从占农村人口的3/4下降到1/5；贫困地区农民人均纯收入从1982年的不足100元增加到2014年的4897元，增长近50倍；贫困地区的基础条件发生了翻天覆地的变化，所有的村通了电，70%的贫困村通了沥青（水泥）公路，80%的贫困人口喝上了自来水，75%以上的农村危房得到了重建。[①]特别是中共十八大以来，甘肃贫困地区农村脱贫致富的步伐显著加快。有关资料显示：2012—2014年，甘肃省共有十个县区、2540个行政村整体脱贫，累计减少贫困人口430万，贫困发生率由2011年的33.2%降至19.8%。2013年、2014年每年约140万贫困人口脱贫，贫困人口总数由2012年的692万下降到2014年的412万。贫困地区农民人均纯收入快速增长，由2012年年底的3747元增加到2014年年底的4897元，年均增长14.2%，扶贫对象人均纯收入增幅持续高于全省平均水平两个

---

① 欧阳坚：《甘肃30年扶贫开发的探索与实践》，《中国扶贫杂志》2015年第1期。

百分点以上。①

二 自我发展能力增强

经过30多年的扶贫开发,甘肃贫困地区农业生产和农民生活条件显著改善,自我发展能力明显增强。一是基础设施显著改善。基础设施对农村经济社会发展的瓶颈性约束减轻,而且贫困村基础设施建设重点逐步由解决温饱目标下的平整梯田、集雨节灌、农田灌溉等转向适应农村现代化发展需要的道路硬化、安全饮水、动力电源、清洁能源、安全住房等。这表明贫困地区基础设施建设正由温饱型向发展型转变。特别是中共十八大以来,甘肃贫困地区农村的基础设施改善进入快速发展期。以2014年为例,全年建制村通沥青(水泥)公路1.065万千米,新解决贫困地区180万人的安全饮水问题,贫困村动力电覆盖率达到80%,危房改造约20万户。二是农业现代化发展快速。经过长期的摸索,甘肃省贫困地区根据自身特点逐步探索出了符合自身实际的产业发展道路,形成了具有地域特色的农牧特色产业增长点,并步入了规模化、集约化、产业化、组织化等现代化发展的轨道。以2014年为例,全年新增特色优势经济作物114.8万亩,各类农业产业化经营组织达到6488个,农产品加工转化率达到48.6%。② 三是农村公共服务条件显著改善。与农民生产生活密切相关的教育、医疗、养老、娱乐、金融等社会服务的基础设施及服务水平显著改善和提高。到2014年年底,甘肃省58个片区贫困县政策性融资担保机构实现了全覆盖,金融服务网点覆盖了全部贫困乡镇,贫困村建立金融服务网点2460个。双联惠农贷款、农民资金互助社、农户小额信贷等50多种金融产品在贫困地区农村实施。贫困村全部建立了村"两委"办公场所、村级商贸综合服务中心,行政村公共卫生室、文化活动室、村民文化活动广场、农村养老院发展迅速。2012—2014年,全省新建公共卫生室5007个、文化活动室5064个、村民文化活动广场370.65万平方米、农村养老院1132个。到2014年年底,标准化村卫生室覆盖率达55%,农家店覆盖率达78%,新农合参合率达98%;共计146个贫困村被认定为美丽乡村,

---

① 根据政府资料整理。
② 宋振峰:《"1236"扶贫攻坚行动:大扶贫带来大变化》,《甘肃日报》2014年10月17日。

2042个贫困村建成了整洁村。① 这些数据表明，贫困地区农村公共服务的能力和水平快速提升。四是劳动者素质显著提升。在扶贫开发中，甘肃省各级政府将基础教育和劳动者技能培训作为重要的内容加以落实。经过长期努力，贫困地区农村的义务教育水平显著提高，适龄儿童入学率达到近百分之百，2014年农村义务教育巩固率达到87%，贫困地区学前三年教育毛入园率达到70%，高中阶段毛入学率达到90%。② 教育的加强极大减少了青少年文盲，为劳动者的进一步发展奠定了坚实基础，阻止了贫困的代际传递。在劳动技能培训方面，经过长期的探索和努力，培训了大量贫困农村青壮年劳动者。2014年，开展劳动力技能培训43.4万人，其中32.8万人获得职业资格证书，实施"两后生"学历培训教育22万人，贫困群众创业就业能力不断提高。③ "两后生"是贫困农村新增劳动力的主体，是劳务经济的主力，是贫困村扶贫攻坚的生力军，"两后生"教育培训为扶贫开发奠定了坚实基础。大规模的技能培训实现了多方面的经济和社会复合效益，经过培训的劳动者的稳定就业率普遍高于未接受培训的劳动者。据不完全统计，外出务工收益已成为贫困农村家庭的重要组成部分，在扶贫开发重点县，农民人均纯收入的50%左右来自务工，接受过中长期技能培训的"两后生"的每月工资是未培训的一倍以上，不少"两后生"不但自己实现了异地就业，还带动了邻里乡亲一起"走出去"。④ 劳动技能培训实现了"培训一人，输出一人，就业一人，脱贫一户"和"一次培训，终身受益"经济社会效益。

三　发展环境明显改善

经过30多年的扶贫开发，甘肃贫困地区农村的生态环境、社会环境都有了显著改善。

一方面，生态环境显著改善。对于甘肃大部分贫困地区而言，生态环境脆弱是致贫的重要原因。由于移民搬迁、外出务工以及计划生育政策的实施，贫困地区农村常住人口减少，人地矛盾有效缓解，"越贫越垦、越垦越贫"的恶性循环得到了有效遏制。退耕还林还草、人工造

---

① 根据政府资料整理。
② 数据来源于《甘肃省〈中国农村扶贫开发纲要（2011—2020年）〉中期评估报告》。
③ 数据来源于2015年甘肃省政府工作报告。
④ 《"两后生"成为我省扶贫攻坚重要力量》，《甘肃日报》2014年10月19日。

林、大规模生态治理、农田水利基础设施改善、节水农业、农民环保意识增强等有效推进了生态脆弱地区的生态功能的恢复。特色林果、中药材、生态旅游等产业的发展使得农民获得经济和生态双重效益，可持续发展的理念和道路正得到广泛认同。以森林覆盖率为例，根据国家统计局公布的数据，2004—2008年（第七次森林资源清查数据），甘肃省林地面积达745.55万公顷、森林面积为299.63万公顷、森林覆盖率为6.7%；2009—2013年（第八次森林资源清查数据），甘肃省林地面积为1042.65万公顷（增长297.1万公顷，增幅为39.8%）、森林面积达507.45万公顷（增长207.82万公顷，增幅为69.4%）、森林覆盖率11.3%（增长4.6个百分点，增幅为68.7%）。从以上数据可以看出，甘肃省的林地面积、森林面积及森林覆盖率增长较快。其主要原因在于人工植树造林快速增长。据悉，2008—2012年，全省参加义务植树适龄公民达到7080万人次，完成义务植树4.45亿株，年人均植树6.27株。目前，甘肃已在风沙前沿建起了长达1200千米、面积达750多万亩的防风固沙林带，基本实现了农田林网化。全国第四次荒漠化和沙化监测结果显示，与2004年相比，全省荒漠化土地减少1349平方千米，沙化土地减少1121平方千米。[1]

另一方面，贫困地区农村的社会发展环境明显改善，不仅基础设施改善显著，农村社会政治环境、文化环境、社会保障、金融服务等也都有明显改善。由于农村社会治理的制度供给快速增长、大量干部（大学生村干部、进村进社、"三支一扶"、挂职干部、驻村工作对等）充实到乡村、办公经费和待遇的显著改善，乡村的治理能力得到提升。根据有关政府资料，从2012年年初到2014年年底，全省1.27万个单位党组织与1.26万个贫困村党支部结对共建，选派2234名机关年轻干部到村任职，调整充实联系村两委班子4374个，新发展农村党员1.47万人，培养入党积极分子2.45万人，新建改建村两委办公场所7592个，累计调处农村矛盾纠纷27.8万件，化解积案3600多件，全省的信访量下降了16.7%。[2] 农村基础教育、医疗、养老、救助等社会保障体系逐

---

[1] 《甘肃省五年累计义务植树4.45亿株》，《甘肃经济日报》2013年3月13日。
[2] 中共甘肃省委理论学习中心组：《双联行动探索精准扶贫实施路径》，《人民日报》2015年4月17日。

步建立并完善，保障水平不断提高。金融服务网点逐步覆盖到村，大量适合农村经济社会发展需要的金融产品创新得到推广实施。以农村合作医疗为例（见表6-4），我们可以清晰地看到，2008—2013年，甘肃省农村合作医疗参加人数保持不变，但人均筹资、本年度筹资总额、补偿受益人次逐年较大幅度提高。

表6-4　　2008—2013年甘肃省农村合作医疗发展情况统计

指标	2008年	2009年	2010年	2011年	2012年	2013年
开展新农合县（市、区）数（个）	87	86	86	86	86	—
参加人数（亿人）	0.19	0.19	0.19	0.19	0.19	0.19
人均筹资（元）	—	102.80	146.26	232.93	292.60	343.70
本年度筹资总额（亿元）	16.84	—	27.94	44.68	56.20	66.34
补偿受益人次（亿人次）	0.11	0.13	0.21	0.31	0.39	0.39

资料来源：国家统计局网站。

四　精神面貌逐步改变

随着生活条件的改善，农村贫困群众的精神面貌发生了深刻变化，农民群众的文化生活得到充实提高。大部分贫困群体对社会的满意度大幅提升，由悲观、失望、冷漠、迷茫、不思进取、对政府不信任的颓废状态转向对未来充满信心、对幸福生活充满希望、对社会充满热情的积极状态。一个显著的表现是群众对科技、教育、健康等的重视程度空前提高，对新事物新观念热情关注，生活观念在不断更新，农村社会文化活动越来越活跃。例如，越来越多的村民学习使用智能手机，微信、QQ、网购、广场舞等逐步走入农民生活，酗酒、赌博等逐步减少。群众对党和政府的信任度显著提高，群众参与基层社会治理的能力、水平都有了改善和提升。

第四节　甘肃农村扶贫开发的成功经验

在长期的扶贫开发实践中，甘肃人民经过不断地探索、创新，逐步形成了符合甘肃实际情况、具有甘肃特色的扶贫开发模式，取得了丰硕成果，积累了宝贵经验，有人称之为"甘肃经验"。甘肃扶贫开发经验为丰富中国特色社会主义扶贫开发理论和措施增添了新内容，为世界反贫困事业的发展补充了新材料，成为甘肃的一张社会名片，在国际上特别是亚非拉美发展中国家产生了较大影响。集雨节灌、"母亲窖"、全膜双垄沟播玉米、地膜穴播小麦、自然能源利用等实用技术和"整村推进"模式、扶贫资金"要素分配法"等扶贫科学管理机制得到广泛赞誉和推广。甘肃人民探索出的"整村推进"模式由于效果显著，被写入《中国农村扶贫开发纲要（2001—2010年）》。在2004年5月召开的全球扶贫大会上，甘肃的"整村推进"扶贫开发模式作为全球70个国家选出的8个成功案例之一，得到普遍认可和推广。近年来，国际社会特别是发展中国家纷纷组团来甘肃考察学习。2013年甘肃省政府就接待国际交流团组7批129人次。[①]

一 政府发挥主导作用

甘肃贫困地区农村贫困历史相对久远、贫困面大、贫困程度深，非长期大量投入人力、物力、财力不能奏效。自"两西"建设以来，各届政府都高度重视扶贫开发，充分发挥主导作用。从"两西"建设到"四七"攻坚，再到"1236"扶贫攻坚，甘肃省的扶贫开发一直保持了政策的稳定性和连续性。在扶贫开发资金投入上，政府始终是扶贫开发资金投入的主体力量，特别是中央的财政转移支付和大量专项扶贫开发资金发挥了主力军作用，地方各级政府的配套和贷款也是重要的资金来源。甘肃省农村扶贫开发的成绩，充分体现了社会主义制度的优越性，诠释了"立党为公、执政为民"的宗旨。各级党委和政府以及国有企事业单位长期坚持定点、对口帮扶贫困地方，党员干部结对帮扶贫困户，特别是开展精准扶贫行动以来，单位和个人的帮扶责任进一步明确化、制度化。

二 充分发挥群众的主体性作用

甘肃各贫困地区自然、社会等条件的区域差异性特征显著，各贫困户致贫原因千差万别。在扶贫开发中，只有坚持实事求是、因地制宜的原则，有针对性地采取措施，弥补短板，才能提高扶贫资源的利用效率。然而，由于人力、物力、财力等条件的限制，作为扶贫主体的政府

---

① 张永刚：《浅谈甘肃扶贫开发经验输出》，《发展》2014年第10期。

难以满足数量众多的贫困户的不同需要。只有充分发挥受扶对象的主体性，提高他们对扶贫开发活动的参与度，增强受扶群体的责任感和主人翁意识，才能增强扶贫对象的自我发展能力，同时赢得群众对基层政府的信任和支持。在贫困村扶贫开发项目的选择和实施过程中，甘肃省各级扶贫部门和机构注重发挥群众在项目选择及实施过程的参与和监督作用，并通过公开公示保障群众的知情权、参与权。2001年，甘肃省将"参与式农村快速评估方法"与整村推进相结合，创新推出了"参与式整村推进"扶贫开发模式，此模式充分调动了贫困户的主体积极性。

为了使有限的财政扶贫资金发挥更大的扶贫效益，增强贫困群众的自力更生能力，甘肃各级政府在扶贫开发中，注重以财政资金撬动群众投入，采取以奖代补或贷款贴息等方式引导群众增加投入。甘肃省于2011年出台了《甘肃省村级公益事业建设一事一议财政奖补试点工作操作规范》，"一事一议"模式就是村民民主确定项目、群众承担部分资金和劳务、政府财政资金进行奖励或补贴。此模式以较少的财政资金投入解决了农村没有被纳入政府规划范围的基础设施建设难题，同时培育了群众自力更生的意识，降低了对政府的依赖。为了使扶贫开发与计划生育相协调，甘肃省推出了"少生快富"工程。该项目就是对于自觉落实计划生育的农户实施经济奖励和倾斜政策扶持，发挥其引领作用。这种政策不仅降低了计划生育工作的阻力，而且提升了农户的自我发展能力，收到了计划生育与扶贫开发的双重效益。

国内外的扶贫经验证明，只有增强扶贫对象的自我"造血"功能，才能保障脱贫的可持续性，才能真正脱贫。习近平指出：脱贫致富终究要靠贫困群众用自己的辛勤劳动来实现。传统的救济式扶贫往往导致受扶贫困户过度依赖扶贫资源，出现"越扶越贫，越贫越扶"的恶性循环。为此，甘肃在扶贫开发中，尽可能减少发钱发粮的救济式帮扶，注重培育贫困户的自我发展能力，解决能力贫困问题，如通过提升劳动者素质"拔穷根"，通过培育富民产业"改穷业"，通过强化基础设施"换穷貌"，通过易地搬迁"挪穷窝"，通过金融扶贫解决发展资金难题，通过教育培训阻断贫困代际传递等，力求从根本上解决致贫的瓶颈制约，增强贫困家庭的自我可持续发展能力。

三 集中力量破解制约瓶颈

制约贫困地区农村发展诸多因素中，有部分因素是主要的制约瓶颈，只有将有限的扶贫资源集中于部分地区，集中力量破解制约该地区发展的瓶颈因素，做到开发一片脱贫一片、帮扶一村脱贫一村，才能从根本上改变这些地区的贫困面貌。实践表明，零敲碎打或平均投入的扶贫方式往往导致贫困地区陷入"年年扶年年贫、年年贫年年扶"的恶性循环。这就需要政府在扶贫开发中，由过去的平均化投入转向逐个区域重点投入，因地适宜打"歼灭战"。甘肃在扶贫开发实践中，扶贫开发投入逐步向特困地区聚焦。甘肃的贫困地区主要被划分为三大集中连片区域，三大片区又被进一步根据地缘特征划分为225个特困片带。资金和项目进一步向这些地区集聚。同时，按照"整村推进"的模式，各贫困村按一定的时间顺序接受整体扶贫开发。另外，将扶贫开发与新农村建设结合起来，整合政府各部门如农林、水利、交通、扶贫、发改等部门的资金力量和项目，在一定时期内将有限的资源集中投入某些特困地区，使其在短期内从根本上改变经济社会面貌，从而实现脱贫致富。

集中力量投入对于改变自然条件恶劣、基础设施薄弱的特困地区，特别是对于依靠常规投入难以脱贫特困地区效果显著，有利于解决扶贫开发中的短板和难点，缩短特困地区脱贫致富的历史进程。

四 注重体制机制创新

制度也是生产力，体制机制的创新对于提升扶贫开发的效果具有重要的作用。在长期扶贫开发中，甘肃各界党委和政府不断创新体制机制，使有限的资源发挥尽可能多的效益。在实践中，甘肃省探索出了一些行之有效、可借鉴推广的体制机制。

（一）"整村推进"整合资源机制

由于扶贫开发涉及多个政府部门，往往出现"九龙治水"的局面，各部门各自为政，分散用力，难以取得突破性进展。甘肃省探索出了"整村推进"的扶贫开发模式，从1998年开始试点，得到了广泛的认可。该模式从贫困地区个体贫困与区域贫困并存的实际情况出发，按照"统一规划、分年实施、整合资源、整体推进"的思路，瞄准贫困村最紧要的问题，集中扶贫项目资金，重点解决贫困村基础设施、产业开发、人口素质、社会事业等瓶颈问题。2007年，甘肃省又在"整村推进"模式的基础上推出了"连片开发"模式，开展"县为单位、整合资金、整村推进、连片开发"试点，探索"整村推进"与整流域、片带推进的模式。在连片贫困区域内，按照"统一规划、统一实施"和

"渠道不乱、用途不变、各司其职、各记其功"的原则，有效整合资源，整村推进项目效益实现了最大化，形成了"大扶贫"工作格局。这种模式充分考虑了不同贫困地区致贫原因存在差异的问题，并降低了成本，节省了时间，提高了效益。

（二）资金科学分配机制

为了提高扶贫资金使用效益，克服以往扶贫开发中基层政府"重资金争取、轻资金管理"的问题，2001年甘肃省扶贫开发部门创新制定了扶贫资金"要素分配法"。具体做法为：根据贫困县、贫困乡、贫困村、贫困人口、工作成效五种要素做权衡，按其所占比重进行测算和对比分析，对于扶贫效果好的地区和项目予以优先支持，在此基础上科学分配扶贫资金。该办法体现了公开、公正和效率优先的原则，得到了广泛好评。2014年，甘肃省又创新推出了因素法与竞争性分配相结合的财政专项资金分配机制。因素分配主要是根据贫困人口、农民人均纯收入、贫困发生率等因素将资金分配到县。竞争性分配是以扶贫绩效为导向，将资金分配与扶贫任务、减贫效果、扶贫工作考核结果相结合，向资金扶贫效益高的地区和项目倾斜。

（三）精准帮扶机制

为了做到"扶真贫、真扶贫"，贯彻国家精准扶贫的要求和精神，2015年年初，甘肃省制定了"1+17"精准扶贫方案（1个总体方案文件和17个部门扶贫方案文件）。该方案针对全省扶贫开发中存在的主要问题，对症下药，对扶贫开发的每一个主要方面都明确规定了详细的目标、措施、主体、时限及考评等具体要求，充分体现了对象、目标、内容、方式、考评和保障"六个精准"。同时，按照"挂图作业、精确制导、定点清除、限期脱贫"的思路，将扶贫开发的目标明确锁定到户、人，逐户建档立卡，建立数据库，动态管理。根据贫困户的实际情况和愿望，按照"缺什么补什么"的原则，逐户采取针对性帮扶措施。该方案是甘肃30多年扶贫实践经验的总结和集成，是甘肃省扶贫开发机制创新的最新成果，得到了国家扶贫部门的认可和推广。

（四）投入稳定增长机制

保持对贫困地区扶贫投入的稳定增长，是贫困地区发展的重要保障。甘肃省政府明确规定，省级和片区县政府按照当年地方财政收入增量的20%以上、市级政府按10%以上、插花县按15%以上的增长机制逐年增加扶贫专项资金预算，从而保障扶贫投入的力度不减。2015年，甘肃仅省级层面整合的各类财政扶贫投入就超过440亿元，超过了前十年财政投入的总和。

（五）责任强化机制

只有建立明确的硬性责任追究机制，做到责任精准，才能充分调动各级政府和有关部门的积极性，将扶贫开发各项工作落到实处。为此，甘肃省探索推出党政一把手扶贫责任制，省、市、县逐级签订扶贫目标责任书，市（州）、县（市、区）党政主要领导为扶贫开发第一责任人，贫困县市区的党委书记担任扶贫攻坚领导小组组长。2015年6月，省委省政府与13个市州、14个省直部门签订了2015—2017年精准扶贫精准脱贫责任书，明确2015—2017年各市州每年的减少贫困人口任务、增加农民收入的任务和减少贫困县（市、区）任务。

明确时间节点，限期完成有关任务。例如：农村公路方面，2017年全省所有建制村通沥青（水泥）路，实现"乡有等级站、村有汽车停靠点、村村通客车"的目标；2018年起，用3年时间实施农村路网改善工程1万千米。动力电方面，提出用两年时间全面解决尚未通动力电的891个贫困村、2404个贫困自然村动力电覆盖问题。危房改造方面，提出到2017年年底，完成建档立卡农村贫困户危房（危窑）改造42万户，2020年前完成建档立卡的63万农村贫困户危房改造任务。明确确定了各贫困县、乡、村的脱贫时间节点和每年的脱贫任务，并进行严格考核以及实施相应奖惩。

权力下移，责任加重，甘肃省逐步形成了以县级政府为责任主体的扶贫开发责任制，实行责任、权力、资金、任务"四到县"。扶贫资金打包切块到县，再由县级政府确立并实施具体扶贫开发项目，上级政府加强监督管理。

（六）考核激励机制

考核指标是基层各级政府行动的指挥棒，只有建立科学考核激励机制，才能引导贫困地区各级政府全力投入扶贫开发。2013年，甘肃省委省政府研究制定了《甘肃省扶贫攻坚工作业绩考核评价办法》，提出不再将地区生产总值作为贫困地区主要考核指标，而将提高贫困人口生活水平和减少贫困人口数量作为重点考核指标，突出对贫困地区基础设施建设、富民产业培育、易地扶贫搬迁、金融资金支撑、公共服务保障、能力素质提升等关键因素的考核。2014年，甘肃首次把年度减贫人口数列为全省目标责任考核内容，并明确取消了对甘南藏族自治州的GDP考核。同时，根据贫困县之间的差别，对片区县和插花县进行分类考核，根据贫困程度、扶贫难度，按同一考核指标赋予不同权重的方式制定考核指标体系。

强化考核结果的运用，构建正向激励机制。把扶贫攻坚的绩效作为领导干部选拔任用的重要依据；建立"减贫摘帽"机制，对于提前"减贫摘帽"的县，不仅不减少投入力度，而且给予相应的奖励；对不能按期"摘帽"和造假"摘帽"的，严格追究领导干部责任；对整体脱贫的贫困县设立扶持专项奖励资金。这种科学的考核激励机制引导贫困地区基层干部克服争戴"贫困帽"的依赖思想，使得早日脱贫成为贫困县、乡、村的努力方向。

（七）帮扶常态化机制

为了强化帮扶单位和帮扶干部的责任，甘肃省还建立了驻村帮扶机制和干部"逢提必下"的任用机制，将扶贫的工作绩效与帮扶单位、干部个人的发展紧密结合起来，形成常态化、制度化帮扶机制。驻村帮扶机制的主要内容包括：每个贫困村都分配帮扶单位，每个贫困户都安排帮扶干部，帮扶对象不脱贫则帮扶单位、干部不脱钩；派遣干部驻村挂职担任贫困村党支部副书记或第一书记，加强贫困村基层组织建设；在每个贫困村建立驻村工作队，负责贫困村的扶贫攻坚。干部"逢提必下"机制指拟提拔的干部必须先到贫困地区基层锻炼，已提拔但缺乏基层工作经验的干部必须安排到贫困地区基层补充工作经验。这种帮扶机制有效地保障了帮扶力量的稳定性和持续性，同时也锻炼了干部。

（八）市场开发机制

由于有限的财政资金难以满足广大贫困地区发展对资金的需求，为了提高扶贫开发资源的使用效率和培育贫困群体的自我发展能力，甘肃省在扶贫开发中，遵循市场经济规律，充分发挥市场的作用，探索推出了一些以财政资金撬动、借力市场的机制。这些机制坚持了"扶贫不扶懒"和以政府投入调动群众积极性的原则。例如，"投牛还犊""投羊还羔"的滚动发展机制就是在扶贫开发中，政府给贫困户免费发放基础母牛、母羊，经过一定期限，受扶对象返还政府一定数量的羊羔、牛犊，政府再将返还的牛羊投放给其他贫困户，实现滚动发展。在一些小型水利工程、梯田建设中，政府补助一定的材料费，群众投工投劳共同完成。在小型水利、人饮工程的管理上，推行承包、租赁、拍卖、入股等市场手段，充分发挥其效益。在产业培育中，积极发展"公司+农户""基地+农户""协会+农户"等农业产业化经营模式，把千家万户的分散生产与龙头企业的统一营销结合起来。为解决农户产业发展的资金难题，采取财政贴息贷款、投资建立资金互助社等方式，避免直接给钱给物。

在甘肃省30多年的扶贫开发实践中，还有监督机制、公告公示、群众参与机制等诸多富有创造性的机制，这些机制体现了党和政府对扶贫的高度重视和不遗余力扶贫开发的宗旨意识和工作热情；同时彰显了实事求是的思想路线，这些机制是在尊重客观规律的基础上开展的创新性探索。

五 注重精神财富的积累

甘肃人民在党和政府的领导下，在极端困难的基础上，战天斗地，奋力拼搏，几十年如一日，不断创新推进，涌现大量先进人物和典型事例，创造了许多宝贵的精神财富，引领后人继续奋斗。"人一之、我十之、人十之、我百之"的甘肃精神，"诚实守信、包容创新、执着坚韧、团结奋进"的陇人品格，就是对其的高度概括。还有"领导苦抓、教师苦教、学生苦学、家长苦供、亲朋苦帮"的"五苦精神"、铁人精神、庄浪精神、通渭文化等，都是其中的重要代表。其精神的实质就是在自然条件极端恶劣的条件下，充分发挥人的主观能动性，不怕苦，不怕累，克服万难，发奋图强，团结互助。甘肃人民在实践中形成的精神财富，比经济建设成就更为宝贵，必将影响、激励一代又一代的后来者，为中华民族永续发展提供源源不断的精神动力，在多元文化激荡中促使人们坚守精神家园。

甘肃省是我国第一个开展有计划、有组织、大规模开发式扶贫的试点区，第一个集中连片推进区域性扶贫开发行动的实验区，第一个实施大规模异地扶贫和生态移民搬迁行动的先行区，为全国扶贫开发事业的进一步发展积累了经验，探索了道路。在30多年的扶贫开发实践中，甘肃人民总结出诸多宝贵经验，被称为"甘肃经验"，引起了广泛关注。其中不少经验和做法在国内外得到推广应用，被吸收为国家政策，有的创新做法丰富了扶贫理论宝库，有的成果证实了既有理论的正确性。

"甘肃经验"说明经济贫困并不可怕,可怕的是没有战胜贫困的信心和勇气。甘肃贫困地区农村能够脱贫,那么其他地区同样具有脱贫致富的可行性。"甘肃经验"表明,贫困的原因是多方面的、极其复杂而多变的,增强贫困群众的自我发展能力才是扶贫开发的关键,"授人以鱼不如授人以渔"。"甘肃经验"阐明了社会帮扶对于贫困地区加快发展的极端重要性,没有党、政府和社会各界的大力帮扶,甘肃贫困地区农村达不到目前的发展水平。甘肃扶贫开发的成果也充分彰显了社会主义制度的优越性和中国特色社会主义理论、制度、道路的科学性与价值性,是中国进一步发展的正确选择。

第七章 现状分析（一）：甘肃农村贫困的特征与原因分析

甘肃农村贫困的历史久远，有关历史研究表明：从秦代到宋代，甘肃一直是水草丰茂、经济富庶、人文昌盛的地区；由于自然条件的变化，明代以后，甘肃逐步走向贫困。从清朝陕甘总督左宗棠给光绪皇帝的上书到20世纪80年代联合国官员的定西考察，真实记载了甘肃的久远贫困历史，并给世人留下深刻的贫困印象。

为了真实呈现甘肃贫困地区农村的贫困状况、特征、致贫原因与对策措施，本书选取了甘肃省临夏回族自治州康乐县为样本。笔者于2010—2012年在该县Y镇工作，对该地区进行了较为详细的实地调研。通过实地观察、访谈、查阅资料等，对该地区进行了较为深刻的调研。康乐县在全省贫困县中具有一定的代表性、典型性，既是国家级特困县，又属于六盘山集中连片特困地区。康乐县位于甘肃省中南部、黄土高原向青藏高原的过渡地带，平均海拔约2000米，相对高差2010米，境内河谷相间，山川交错；气候相对寒冷干旱（年均气温7.5℃，年降雨量625毫米，无霜期154天），自然条件与甘肃中、东南部大部分贫困县相近。康乐县的社会特征在贫困县中也具有代表性。2014年，全县总人口约27.24万，农业人口占95.8%，是一个典型的农业县。全县有回、汉、东乡等九个民族，少数民族占56.4%，汉族占43.6%，是多民族、多宗教（伊斯兰教、佛教、道教等）交汇的地区。① 2014年，康乐县农民人均纯收入4163.7元，低于甘肃省农民人均纯收入（5736元）1572.3元，低于全国农民人均纯收入（9892元）5728.3元，低于全省贫困地区农民人均纯收入（4896.67元）732.97元，其农村经济社会发展水平与其他贫困县相近。2014年年底，全县有贫困村76个，贫困户1.28万户、5.78万人，贫困面23.3%。

---

① 数据来源于《康乐年鉴（2014）》。

第一节 贫困现状及特征

甘肃农村的贫困是区域贫困与人口贫困并存的贫困,而且两者相互交织,互为因果,相互推动,恶性循环,但区域贫困与人口贫困各有其外在特征。为了更深入地弄清楚甘肃农村贫困的特征,本节从区域贫困与人口贫困两个视角来全面分析甘肃农村贫困的现状及主要特征。

一 贫困的区域性特征

(一)贫困面广

根据《中国农村扶贫开发纲要(2011—2020年)》公布的片区县名单,甘肃省共有58个县被纳入六盘山区、秦巴山区、四省藏区三大集中连片特困片区(见表7-1),约占全部县数的2/3。另外,甘肃省还确定了17个插花型贫困县(有需重点扶持乡村的非片区县)。共涉及6220个贫困村,97万贫困户。

表7-1 甘肃省国家集中连片特殊困难县地区分县名单

分区	地市名	县名
六盘山区(40)	兰州市(3)	永登县、皋兰县、榆中县
	白银市(3)	靖远县、会宁县、景泰县
	天水市(6)	清水县、秦安县、甘谷县、武山县、张家川县、麦积区
	武威市(1)	古浪县
	平凉市(5)	崆峒区、泾川区、灵台县、庄浪县、静宁县
	庆阳市(7)	庆城县、环县、华池县、合水县、正宁县、宁县、镇原县
	定西市(7)	安定区、通渭县、陇西县、渭源县、临洮县、漳县、岷县
	临夏州(8)	临夏市、临夏县、康乐县、永靖县、广河县、和政县、东乡县、积石山县
秦巴山区(9)	陇南市(9)	武都区、成县、文县、宕昌县、康县、西和县、礼县、徽县、两当县
四省藏区(9)	武威市(1)	天祝县
	甘南州(8)	合作市、临潭县、卓尼县、舟曲县、迭部县、玛曲县、碌曲县、夏河县

资料来源:根据政府资料整理。

全省 14 个市州中有 10 个市州有国家扶贫工作重点县。根据 2012 年国务院扶贫办发布的《国家扶贫开发工作重点县名单》，甘肃省共有国家扶贫开发工作重点县 43 个（见表 7-2），占全部县数的 1/2。另外，甘肃省确定了省级扶贫开发工作重点县 8 个（见表 7-3）和 18 个有贫困乡村的非重点县（见表 7-4），总计 69 个县有扶贫任务，约占全部县数的 80%。扶贫开发工作重点乡镇 760 个，扶贫开发工作重点村 8790 个。

表 7-2　　　　　甘肃省国家扶贫开发工作重点县统计情况

地级市	国家扶贫开发工作重点县名称、数量及占所在地市县数的比例	扶贫工作重点乡（个）	扶贫工作重点村（个）
陇南市	武都区、宕昌、礼县、西和、文县、康县、两当，7，77.8%	162	2270
甘南州	临潭、舟曲、卓尼、夏河、合作市，5，62.5%	66	447
临夏州	临夏县、和政县、积石山、广和、康乐、永靖、东乡，7，87.5%	103	753
天水市	张家川、武山、清水、甘谷、秦安、麦积区，6，85.7%	97	1662
平凉市	庄浪县、静宁县，2，28.6%	36	470
庆阳市	华池、环县、合水、宁县、镇原，5，62.5%	50	441
定西市	安定区、通渭县、临洮县、陇西县、渭源县、漳县、岷县，7，100%	75	989
兰州市	榆中县，1，12.5%	8	78
白银市	会宁县，1，20%	23	212
武威市	天祝县、古浪县，2，50%	32	292
合计	43，50%	652	7614

资料来源：根据《甘肃省扶贫开发资料汇编》整理。

表 7-3　　　　甘肃省省级扶贫开发工作重点县统计情况　　　　单位：个

地级市	县市	扶贫工作重点乡	扶贫工作重点村
甘南州	1	10	45
庆阳市	1	4	33
兰州市	2	6	62
白银市	4	6	64
合计	8	26	204

资料来源：根据《甘肃省扶贫开发资料汇编》整理。

表7-4　　　甘肃省有贫困乡村的非重点贫困县统计情况　　　　单位：个

地级市	县市	扶贫工作重点乡	扶贫工作重点村
陇南市	2	21	163
甘南州	2	11	32
庆阳市	1	2	16
平凉市	5	29	432
天水市	1	11	254
武威市	2	2	24
张掖市	2	5	41
酒泉市	2	1	6
兰州市	1		4
合计	18	82	972

资料来源：根据《甘肃省扶贫开发资料汇编》整理。

（二）区域性集中

区域贫困是基于贫困的空间视角，属于贫困研究的宏观层面。贫困地区在经济、政治、文化、社会等方面的发展水平与其他地区存在显著差异，贫困与地理环境存在内在联系，在空间分布上也呈现出显著的区域性特征。20世纪90年代以来，部分学者将"空间"概念引入到贫困研究中，提出了"空间贫困理论""贫困地理学"，主要目标是研究贫困的空间分布以及贫困与地理环境之间的关系。20世纪90年代，世界银行专家雅兰和瑞福林通过对中国广西、贵州等四省区1985—1990年的统计数据进行分析，发现由一系列指标合成的"地理资本"（Geographic Capital）显著影响了农村家庭消费的增长，并提出地理因素导致了"空间贫困陷阱"（Spatial Poverty Traps，SPT）[1]。世界银行还在此理论基础上绘制了贫困地图。

甘肃省农村贫困分布呈现为"大分散、小集中"的格局，贫困主要分布在自然条件相对恶劣的地区，区域性特征显著。从地理位置看，甘肃省贫困县集中分布在陇中南、陇东南地区，河西地区较少；从行政区划看，集中分布在定西市、天水市、庆阳市、平凉市、临夏州、陇南

---

[1] 张秀岩：《产业创新风险要素分析》，《人民论坛》2010年第23期。

市、甘南州；从地理条件看，集中分布在黄土高原区、西秦岭山区和甘南高原。2011年，纳入三大片区（六盘山区、秦巴山区、四省藏区）的58个县（区、市）贫困人口达751.53万人，占全省农村贫困人口的89.23%。① 在三大片区中，六盘山片区又是贫困人口主要集中的地区。有关政府资料显示，2011年，六盘山片区贫困人口（584.12万）占全省贫困人口总量的69.4%，秦巴山片区贫困人口（130.46万）占全省贫困人口总量的15.5%，四省藏区片区贫困人口（36.94万）占全省贫困人口总量的4.4%。到2014年年底，六盘山片区贫困人口（298.83万）占全省贫困人口总量的71.7%，秦巴山片区贫困人口（64.37万）占全省贫困人口总量的15.4%，四省藏区片区贫困人口（17.25万）占全省贫困人口总量的4.1%。② 从贫困发生率来看，2014年三大片区排序是：秦巴山片区（26.04%）、四省藏片区（23.62%）、六盘山片区（22.7%）。

从地候条件看，贫困集中于自然条件恶劣地区。有关政府统计资料显示，80%的贫困村和60%的贫困人口集中在干旱山区、高寒阴湿地区及自然条件恶劣、自然灾害频繁的225个特困小片带。在贫困地区中，偏远山区、革命老区、民族地区相对集中和突出。以"十一五"为例，我们可以从表7-5分析甘肃省各地市贫困人口分布及贫困发生率概况。

表7-5　甘肃省"十一五"农村贫困人口及贫困发生率统计情况

地市名	2006年		2007年		2008年		2009年		2010年	
	贫困人口（万人）	贫困发生率（%）	贫困人口（万人）	贫困发生率（%）	贫困人口（万人）	贫困发生率（%）	贫困人口（万人）	贫困发生率（%）	贫困人口（万人）	贫困发生率（%）
甘肃省	455.98	21.93	404.35	19.40	442.40	21.27	388.80	18.62	310.00	14.85
68个扶贫县	443.46	23.50	392.21	20.80	416.29	22.10	364.28	19.50	296.32	16.10
51个贫困县	403.53	26.80	358.47	23.80	380.47	25.30	333.56	22.20	270.37	17.99
43个重点县	368.10	27.53	327.19	24.50	348.66	26.10	305.33	22.90	245.02	18.35

---

① 数据来源于《甘肃省易地扶贫搬迁实施规划（2013—2018年）》。
② 数据来源于《甘肃省〈中国农村扶贫开发纲要（2011—2020年）〉中期评估报告》。

续表

地市名	2006年		2007年		2008年		2009年		2010年	
	贫困人口（万人）	贫困发生率（%）	贫困人口（万人）	贫困发生率（%）	贫困人口（万人）	贫困发生率（%）	贫困人口（万人）	贫困发生率（%）	贫困人口（万人）	贫困发生率（%）
陇南市	84.46	34.15	73.61	34.74	87.48	35.45	76.89	31.25	61.44	24.97
甘南州	22.55	41.00	20.29	45.55	21.92	39.85	19.25	34.78	15.23	27.52
临夏州	56.34	32.58	57.51	39.26	60.22	34.64	53.34	30.84	45.11	26.08
天水市	59.23	19.39	51.59	20.52	54.86	17.95	48.63	15.79	34.30	11.14
平凉市	45.80	23.85	38.32	23.19	38.79	20.16	34.08	17.63	27.23	14.09
庆阳市	57.36	25.15	48.15	24.68	47.78	20.91	40.59	17.61	32.55	14.12
定西市	54.07	20.29	48.02	22.67	54.77	20.52	48.11	18.02	39.32	14.73
兰州市	10.75	8.22	9.17	8.84	9.85	7.53	8.64	6.52	6.54	4.94
白银市	33.92	24.84	29.13	21.53	31.88	23.56	28.13	20.81	22.10	16.43
武威市	20.89	13.01	18.07	11.38	17.76	11.12	15.64	9.85	12.15	7.68
酒泉市	1.70	2.88	1.55	2.46	7.06	11.80	6.45	10.26	5.59	8.82
张掖市	8.90	8.96	8.94	9.06	9.39	9.50	8.56	8.64	7.94	7.96
金昌市	0.00	0.00	0.00	0.00	0.00	0.00	0.00	0.00	0.00	0.00
嘉峪关市	0.00	0.00	0.00	0.00	0.00	0.00	0.00	0.00	0.00	0.00

资料来源：《甘肃省扶贫开发资料汇编》。

以2010年为例，43个重点县贫困人口约占全省贫困人口的79%，51个贫困县的贫困人口占全省的87%。从各市州比较来看，按贫困人口数量排序，2010年前5位依次是陇南市、临夏州、定西市、天水市、庆阳市；按贫困发生率排序，前5名依次是甘南州、临夏州、陇南市、定西市、庆阳市。随着扶贫开发的发展，排序也略有变化。2014年，贫困发生率前4名依次是陇南市（26.04%）、临夏州（24.12%）、定西市（23.61%）、甘南州（22.26%）。综合贫困人口和贫困发生率，一般认为，"两州两市"（甘南州、临夏州、陇南市、定西市）是农村贫困最为深重的地区，是扶贫开发主战场中的主战场。从以上数据还可以看出，贫困在民族地区更为突出。甘南藏族自治州和临夏回族自治州是全省少数民族聚居的地区，由于其总人口相对少，特别是甘南州，其贫困人口数量不是最多的，但其贫困发生率却排在前列，在"十一五"

期间其贫困人口下降的速度较慢,这表明贫困在民族地区更为深重,开发难度较大。有关资料显示,2009年在全省21个少数民族县(市)中,有15个国家扶贫开发工作重点县,约占全省扶贫重点县的1/3;有249个乡、1653个村为重点贫困乡、村,分别占全省扶贫重点乡、村的27%、19%。有贫困人口87.99万人,贫困面为33.7%,高于全省(19.44%)14.26点;农民人均纯收入比全国扶贫开发工作重点县平均水平低730元,比全省扶贫开发重点县平均水平低224元。① 可见,民族地区贫困更为突出,扶贫开发的难度也更大。

(三) 区域性发展滞后

甘肃贫困地区之间在经济社会发展方面具有诸多共同或相似的特征,主要表现在现代化水平低、基础设施薄弱、公共服务不足等方面。而且,贫困还较集中地体现在地方政府组织领导经济社会建设、提供公共服务等的能力和水平上的相对不足。

1. 现代化水平低

工业化和城镇化是现代化的两个驱动轮,其发展水平直接决定了经济发展的水平和质量。甘肃省广大贫困地区的工业化和城镇化发展显著滞后。

(1) 工业化水平低。甘肃贫困地区由于自然、历史等多方面的原因,产业结构严重低端化,第一产业比重偏大、水平低,第三产业比重偏小。2012年,片区(58个集中连片特困区域)内第一、第二、第三产业结构比例为17.5∶46.2∶36.3,与全国10.1∶46.8∶43.1相比,第一产业比例明显偏高,第三产业比例偏低。② 第二产业所占比重虽然与全国平均水平相近,但质量不高,经济效益和吸纳就业能力不足。工业资源型特征显著,不仅工业企业数量少,而且科技含量较低,缺乏有带动力的现代化企业和企业集群。以临夏州为例,有关政府资料显示,截至2011年,临夏州工业企业共有985家,从业人员4.5万人,其中规模以上工业企业31家,从业人员1.4万人,资产总额92.65亿元,实现增加值27.93亿元,工业占GDP总额达到21.69%,工业企业上缴税

---

① 数据来源于《关于实施特殊政策加大民族地区特困片带扶贫攻坚力度的意见》(甘扶领发〔2009〕3号)。

② 数据来源于《甘肃省易地扶贫搬迁实施规划(2013—2018年)》(甘政发〔2014〕6号)。

金 4.19 亿元，工业对财政的贡献率为 29.54%。销售过亿元的工业企业只有 9 户。初步形成 7 个地方特色工业生产体系：清真食品加工工业、皮革毛纺加工业、装备制造基础部件加工业、民族用品加工业、酒类饮品加工业、建材加工业、旅游文化工艺品加工业。①

由于规模小、科技含量低，所生产产品的附加值小，创造的国民生产总值数额小。有关政府资料显示：2012 年，甘肃集中连片特困区内人均地区国民生产总值只有 13838 元，仅分别为全省平均水平的 70% 和全国平均水平的 39.6%。人均地方财政一般预算收入 3513 元，仅相当于全省平均水平的 29.2%。② 以"十一五"期间"两州两市"的人均 GDP 为例（见表 7-6），我们可以更清晰地看出贫困地区的经济发展面貌。

表 7-6 "十一五"期间"两州两市"人均 GDP 及与全省比较

年份	2006	2007	2008	2009	2010
甘肃省	8738.03 元 100.00%	10331.73 元 100.00%	12085.10 元 100.00%	12872.00 元 100.00%	16113.00 元 100.00%
定西市	2755.49 元 31.53%	3418.00 元 33.08%	3601.83 元 29.80%	4491.00 元 34.89%	5530.00 元 34.32%
临夏州	3243.03 元 37.11%	3767.31 元 36.46%	4033.00 元 33.37%	4673.00 元 36.30%	5441.00 元 33.77%
陇南市	3582.61 元 41.00%	4279.99 元 41.43%	4648.09 元 38.46%	5248.00 元 40.77%	6020.00 元 37.36%
甘南州	4428.07 元 50.68%	5208.56 元 50.41%	6375.96 元 52.76%	8472.00 元 65.82%	9876.00 元 61.29%

资料来源：《甘肃省扶贫开发资料汇编》。

从表 7-6 可以看出，除甘南州由于人口相对稀少和少量矿产资源企业拉升而略高之外，其他三市州都在全省人均 GDP 的 50% 以下，定西、临夏约为全省人均 GDP 的 1/3。而甘肃省人均 GDP 在全国排名处于最后数位，如 2009 年、2010 年甘肃省人均 GDP 在省级行政单位中排第 30

---

① 肖俊仁：《让效能风暴成为工业强州的"新能源"》，《民族日报》2012 年 12 月 13 日。
② 数据来源于《甘肃省易地扶贫搬迁实施规划（2013—2018 年）》（甘政发〔2014〕6 号）。

名。可见,甘肃贫困地区第二、第三产业发展水平远低于全国平均水平。

(2) 城镇化水平低。由于第二、第三产业发展滞后,对人口的吸引作用弱小,贫困地区城镇化也严重滞后。从甘肃全省的情况看,2014年城镇人口为1079.84万人,城镇化率为41.68%,比上年提高1.55个百分点。从贫困最深重的"两州两市"来看,2014年年末,临夏州总人口为218.38万人,城镇人口44.25万人,全州人口城镇化率为29.57%;陇南市常住人口258.71万人,城镇人口68.95万人,城镇化率为26.65%;定西市常住人口为277.07万人,城镇人口75.25万人,城镇化率为28.77%;甘南州全州常住总人口70.18万人,城镇人口20.33万人,城镇化率为28.97%。① 可以看出,2014年贫困最深重的"两州两市"的城镇化率均未超过30%,不仅远低于发达国家70%左右的平均水平,而且显著低于全国(2014年全国城镇化率为54.77%)、全省(2014年全省城镇化率为41.68%)的平均水平。②

2. 财政收入少

甘肃贫困地区的地方政府财政收入少、自给率低,"人穷"与"县穷"并存,"县穷"比"人穷"的程度更深,自我发展能力不足,是贫困地区又一个显著特征。以临夏州为例,2012年全州大口径财政收入17.47亿元,而公共财政预算支出137.39亿元,前者约为后者的12.72%。③ 2014年,临夏州康乐县全县大口径财政收入1.52亿元,财政支出16.16亿元,前者约为后者的9.4%。④ "十一五"期间,康乐县人均地方财政收入不足100元(见图7-1)。在临夏州,"十一五"期间人均地方财政收入不足100元的县还有临夏县、东乡县、积石山县。

由此可见,贫困地区地方政府财政收入不足以维持本地区政府的正常运行,属于典型的"吃饭财政",谈不上满足本地区经济社会发展需要。上级财政转移支付实际上成为贫困地区政府运转和投资的主要资金来源,而且贫困地区的财政贫困并未被纳入扶贫开发的范畴。中央和省级的财政转移支付一般具有专项性和政策性,地方政府难以根据实际需要灵活使用。

---

① 数据来源于临夏州、陇南市、定西市、甘南州2014年国民经济和社会发展统计公报。
② 数据来源于全国、甘肃省2014年国民经济和社会发展统计公报。
③ 数据来源于《甘肃发展年鉴(2014)》。
④ 数据来源于《康乐年鉴(2014)》。

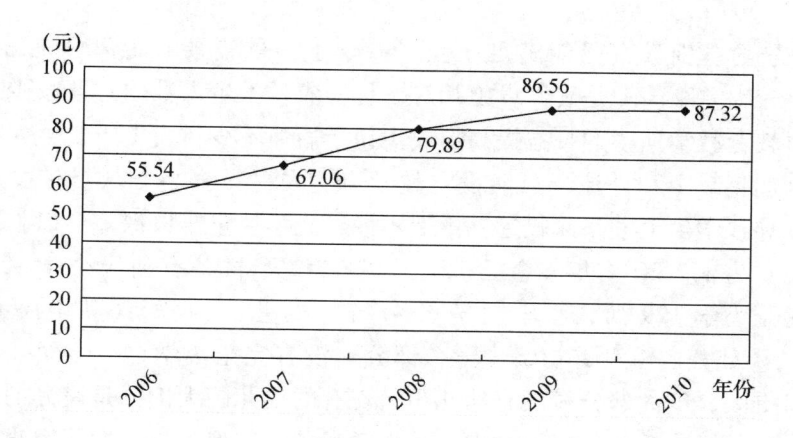

```
(元)
100
 90                                    86.56    87.32
 80                           79.89
 70                   67.06
 60      55.54
 50
 40
 30
 20
 10
  0
      2006      2007      2008      2009      2010   年份
```

图 7-1　"十一五"期间康乐县人均财政收入变动

资料来源：《甘肃省扶贫开发资料汇编》。

3. 公共基础设施薄弱

基础设施薄弱既是贫困地区农村重要的致贫因素，也是贫困的现实表征。甘肃贫困地区农村交通、水利、电力、住房等基础设施薄弱。有关政府资料显示：经过近几年的大规模高强度投入，甘肃农村基础设施建设取得了较大成就，但基础设施薄弱的局面并没有根本改变。截至2014年年底，全省还有30%的建制村不通硬化公路，90%以上的村社道路没有硬化，63.3万户农村危房没有改造，[1] 354万农村人口没有纳入饮水安全规划，有1/4的农村居民没有自来水，20%的贫困村不通动力电。[2]

4. 基本公共服务供给不足

甘肃贫困地区农村教育、医疗、文化、社会保障等公共服务供给水平较低。不仅大规模兴建农村公共服务设施起步较晚，基础薄弱，而且相应的人力支撑、制度供给、经费保障等方面的缺口更大。2011年，甘肃贫困地区教育、卫生、就业和社会保障四项支出占地方财政支出的45.4%，但人均水平仅相当于全国平均水平的46%。每百万人拥有体育场馆3个，每百万人拥有剧场、影剧院4个。[3]

---

[1] 数据来源于甘肃省扶贫攻坚行动协调推进领导小组办公室《全省扶贫开发工作汇报》。
[2] 数据来源于《甘肃省〈中国农村扶贫开发纲要（2011—2020年）〉中期评估报告》。
[3] 数据来源于《甘肃省易地扶贫搬迁实施规划（2013—2018年）》。

农村基础教育只能满足学生"有学上"的需要，距离"上好学"还有较大差距。一是硬件设施相对不足。农村学生人数的日益减少与社会对教育教学期望的日益提高形成尖锐矛盾，不少村庄由于学生人数不多且逐年减少和外流，只能设立教学点。农村完全小学数量较少却分散，导致学生上学路途较远，生活不便，教学质量难以保障。以临夏州康乐县为例，2014 年，全县 15 个乡镇 152 个村共有初级中学 12 所，六年制小学 129 所，小学教学点 41 个，幼儿园 36 所（其中民办 22 所）。① 部分乡镇没有初级中学，部分村没有完全小学，村级幼儿园的缺口更大，绝大部分村没有幼儿园，现有的幼儿园大部分是民办的。二是优质师资贫乏。贫困地区农村受生活艰苦、待遇不高、发展困难等多重因素的制约，不仅引进教师困难，而且农村教师特别是偏远山区教师流失严重。再加上贫困地区农村社会相对封闭，先进教育理念传播迟缓，家长对子女教育的重视及投入不足，特别外出务工家长对留守儿童关爱不够，诸多困境导致贫困地区义务教育巩固率低，不少学生中途辍学。经过长期努力，2014 年全省义务教育巩固率也只达到 87%。② 三是幼儿教育起步晚，发展相对不足。幼儿教育不仅对学生的成长具有重大意义，同时也是解放农村劳动力的重要条件。长期以来，学前教育在广大贫困地区农村几乎是空白。近年来，农村学前教育得到普遍重视，投入力度加大，乡村幼儿园开始起步并得到快速发展。到 2014 年年底，全省 58 个片区县实现了乡镇中心幼儿园全覆盖，但村级幼儿园缺口还很大。以临夏州为例，2014 年全州共有幼儿园 240 所，而小学有 1137 所，③ 前者约为后者的 21.11%。可见，幼儿园在农村的覆盖率还比较低。四是教育教学质量不高。以康乐县为例，2014 年全县参加普通高考人数为 1795 人，一本线上线 42 人，约占总人数的 2.34%，比上年增加 28 人；二本上线 219 人，占总人数的 12.2%，比上年增加 87 人④，远低于全省、全国平均水平。

另外，贫困地区农村医疗卫生服务供给相对薄弱，不仅基础设施不

---

① 数据来源于《康乐年鉴（2014）》。
② 数据来源于《扶贫攻坚致富陇原 1236 在行动 甘肃"1236"扶贫攻坚行动亮点纷呈》，《甘肃日报》2015 年 3 月 30 日。
③ 数据来源于《2014 年临夏回族自治州国民经济和社会发展统计公报》。
④ 数据来源于《康乐年鉴（2014）》。

足,而且医护人员缺口较大,流失率高,医疗卫生服务能力弱。乡镇卫生院由于医疗设备和医技人员普遍不足,难以满足群众的医疗需求。村卫生室的力量更为薄弱,有的村没有卫生室或者有卫生室而缺少医生。据统计,到2014年年底,全省还有45%的村没有标准化卫生室。①

农村"两委"办公场所、商贸服务中心、文化活动场所、公共养老院等公共服务设施都是在近几年才得到快速发展的。

5. 社会现代转型滞后

现代化包括人们生活方式和思想观念的现代转型。甘肃贫困地区地处偏远,或为高原,或为深山,交通不便,经济社会发展长期相对滞后,信息闭塞,使得这些地区受外界新思潮影响相对较少,传统观念和宗教迷信影响深远,社会开化程度相对较低。还有的贫困地区是少数民族聚居地区、革命老区,历史负担相对深重。社会现代转型滞后主要表现为社会心理的现代化滞后,群众观念相对陈旧,特别是迷信盛行,民主、法治、科技、市场、竞争等现代意识不足。群众生产、生活组织化水平低,基层组织的社会治理能力较弱,非正式组织影响较大。少数民族地区地方各级党委和政府维护安定团结政治局面的任务繁重,往往要花费大量时间和精力。

从"空间贫困"的视角,我们还可以总结出甘肃贫困地区农村其他共同的外在特征。但总体来看,甘肃贫困发生的区域性特征显著,区域片带内贫困的外在表现和致贫因素具有相近性。因此,在扶贫开发中,锁定连片特困区域为主战场,就抓住了问题的关键。

二 贫困的人口性特征

"人文贫困"理论认为:贫困是缺乏包括拥有长久而健康的生命、保持体面的生活标准、享有正当的自由、尊严以及其他方面的最基本的个人发展机会和选择权,包括收入、权利、人力和知识4种类型的贫困。② 当然,"人文贫困"是从广义的贫困出发的。从人口学的视角来看,甘肃贫困地区农村贫困的特征突出表现为贫困人口多、贫困程度深;贫困不仅体现在家庭经济收入上,而且体现在教育、健康、人居环

---

① 数据来源于甘肃省扶贫攻坚行动协调推进领导小组办公室《全省扶贫开发工作汇报》。
② 丁文广等:《甘肃省不同地理区域灾害与贫困耦合关系量化研究》,《经济地理》2013年第3期。

境、婚姻家庭等多个方面。

(一) 数量众多

甘肃贫困地区农村贫困人口众多，贫困发生率高。有关政府资料显示，2010年，按照当时国家1196元的扶贫标准，全省贫困人口310万人，贫困发生率14.8%。2011年，国家扶贫标准提高到2300元后，甘肃的贫困面大幅提高，确认的扶贫对象达722万人，占全国1.22亿扶贫对象的5.9%，贫困发生率上升到34.6%，位居全国第二。但实际的建档立卡的扶贫对象为842.2万人，实际发生率为40.3%。2012年国家认定的甘肃省扶贫对象为692.2万人，占全省农村人口2083万人的33.2%，占全国贫困人口的7%，比全国14个片区平均水平高近10个百分点，贫困发生率为28%，居全国第二。到2014年年底，全省贫困人口还有417万，规模居全国第7位；贫困发生率为20.09%，居全国第二。而且，返贫率也较高，常年返贫率一般是15%—20%。①

(二) 经济贫困程度深

农民人均纯收入是衡量贫困深度的重要指标。有关政府资料显示：2012年，甘肃省农民人均纯收入4506.7元，与全国农民人均纯收入相差3409.9元。三大片区农民人均纯收入3747元，低于全国平均水平4170元，约为全国农民人均纯收入的47.33%。全省贫困人口的人均纯收入只有2078元，低于国家贫困线（2300元）222元，相当于全省平均水平的46.6%和全国平均水平的26.4%。② 随着精准扶贫的推进，贫困地区农民人均收入增速加快，但与全国平均水平仍有较大差距。2014年，全省贫困地区农民人均纯收入4897元，比全省农民人均纯收入5736元低839元，约为全省平均水平的85.4%；比全国农民人均纯收入9892元低4995元，约为全国平均水平的49.5%。③

(三) 人的发展不足

在贫困群体的社会生活中，贫困个体或家庭具有一些共同特征。

1. 受教育程度低

从"人文贫困"看，受教育水平低是贫困的基本表现；从经济贫

---

① 数据来源于甘肃省扶贫攻坚行动协调推进领导小组办公室《全省扶贫开发工作汇报》。
② 数据来源于《甘肃省易地扶贫搬迁实施规划（2013—2018年）》，中国甘肃网（http://www.gansu.gov.cn/art/2014/1/20/art_3722_163230.html），2014年1月20日。
③ 包东红、刘克明：《2016甘肃发展报告》，甘肃人民出版社2016年版，第253页。

困看，受教育水平低又是重要的致贫因素。甘肃贫困地区农村贫困人口的受教育程度大多在初中及以下。有关资料显示，2012年甘肃省58个片区县农村居民平均受教育年限仅为7.28年，比全省和全国平均水平低0.73年和1.52年；小学及以下文化程度的占49%，高中及以上文化程度的只占18%。① 以临夏州为例，2014年全州人均受教育年限为6.62年，农村人口中拥有高中以上文化程度的不足5%，小学以下文化程度的约40%，三年学前教育毛入园率不过25.5%，高中阶段毛入学率只有43.87%②，中老年人中文盲占比较大。根据笔者2012年在临夏州康乐县Y镇的调研③，该镇1251名享受低保农村贫困人口中，文盲、半文盲708人（占比56.59%），小学407人（占比32.53%），初中130人（占比10.39%），高中6人（占比0.48%）。同时，受教育程度低还表现为贫困地区文盲率偏高。第六次人口普查数据显示，甘肃省文盲率为10.62%，比全国高出5.74个百分点，其中陇南、甘南分别高达22.69%和17.89%。

由于受教育水平偏低，接受新事物困难，贫困家庭劳动力对职业技能培训的兴趣和信心不足，接受职业技能培训的能力低于非贫困群体。在调研中，只有23%的贫困家庭的劳动力主动参加过科技知识和劳动技能培训，而且实际培训时间不超过一周。④ 可见，贫困人口一般是教育最贫弱的群体。

2. 健康水平低

由于遗传、知识水平、生活方式等多种因素的影响，贫困人口一般是罹患疾病较多、较重的群体，常常因病致贫、返贫。2005年，有关调研数据表明，残疾人口占甘肃绝对贫困人口总数的25%左右，甘肃省有44万残疾人生活在贫困线以下，占全省总扶贫人口的1/3。⑤ 对样本镇的调研也显示，34.6%的贫困家庭有成员长期患病，另有19.2%

---

① 数据来源于《甘肃省易地扶贫搬迁实施规划（2013—2018年）》，中国甘肃网（http://www.gansu.gov.cn/art/2014/1/20/art_3722_163230.html），2014年1月20日。
② 邹海林：《临夏：免费教育奠基跨越发展》，《甘肃日报》2014年5月30日。
③ 杨智：《甘肃民族地区农村待脱贫人口特征与思考》，《西北人口》2014年第1期。
④ 同上。
⑤ 《融合分享进步——甘肃省残疾人事业发展现状之三（扶贫篇）》，《甘肃日报》2005年8月2日。

左右的家庭有残疾人。① 而且，贫困人口健康医疗知识相对匮乏，健康生活习惯相对不足，再加上地方病在贫困地区高发，由于知识、经济能力等方面的原因，贫困家庭的患者往往不愿主动就医，小病往往恶化成为重病、大病，甚至丧失劳动能力。群众总结出一句顺口溜：贫困不贫困，就差一场病。

3. 生活方式陈旧

生活方式陈旧表现在饮食、卫生等多个方面。在贫困地区，大部分贫困家庭饮食时间不规律，食物营养结构不合理，食物品种单调。大部分家庭长期以面粉为主粮，以土豆为主菜。由于各种原因，贫困农村家庭较少种植和食用新鲜蔬菜、水果，很少食用乳、蛋、肉、奶等，以吃肉为幸。特别是在漫长的冬季，饮食结构更为单调，面粉、土豆、粉条等占绝对主体，基本没有新鲜蔬菜。燃料基本是秸秆、柴火，卫生厕所缺乏，有些人的居住房与牲畜圈舍临近，卫生条件较差。

4. 家庭负担重

贫困家庭一般存在人口总量偏多、需供养人口偏多、青壮年劳动力偏少的特征。笔者在康乐县 Y 镇的调研显示，贫困家庭户均人口约 4.8 人，比非贫困户多出 1.2 人。贫困户需赡养的老人（60 岁以上）或抚养的小孩（15 岁以下）所占比例较高，户均老人比重达 19.8%，小孩比重为 29.2%。在贫困户中，3 个及 3 个以上小孩的家庭占贫困家庭总数的 35.9%，比非贫困家庭高 11.9%；三代同堂的家庭占 26.9%，比非贫困家庭高 6.8%。贫困户青壮年劳动力占家庭人口总量的 51%，比非贫困户低约 12%。② 可见，贫困家庭赡抚养负担一般较非贫困户重。

5. 劳动能力相对不足

贫困户一般劳动力数量少，而且能力相对不足。由于接受教育培训的水平低，贫困家庭劳动者的劳动技能不足，视野相对狭窄，适应城市生活和市场竞争、创新致富门路的能力不足，致富门路少。贫困家庭的劳动力一般不愿离开家乡寻找发展机遇，宁愿在当地干低收入的工作。由于缺乏职业技能，外出务工主要从事体力劳动，搬砖头、摘棉花、扛

---

① 《融合分享进步——甘肃省残疾人事业发展现状之三（扶贫篇）》，《甘肃日报》2005年8月2日。

② 同上。

麻袋等，被群众认为是"铁杆庄稼"。因此，在贫困户的家庭收入结构中，非农收入占比偏低。

6. 人居条件相对恶劣

从居住地域看，贫困户的居住地一般偏远，大多分布在远离城镇的偏远山区。而且距离主公路越远，贫困户越多，贫困程度也越深。从居住条件看，贫困户住房一般相对狭窄、破旧。由于种种原因，贫困户的住房一般为土坯房、砖瓦房、土瓦房，有的是木头房，面积一般较小，水、电、暖等设施不足。笔者的调研显示，贫困户中52.6%的居住土瓦房，41%的住土坯房，6.4%的居住砖瓦房。[①]

7. 脱贫的精神动力不足

长期的贫困和闭塞严重削弱了农村贫困群体脱贫致富的意志，"等、靠、要"的观念随着扶贫开发力度的增强而得到强化。随着政府向农村贫困群体倾斜性的优惠政策的落实，甘愿贫困、以贫为荣、挣"贫困帽"的热情在不少贫困人口中逐步蔓延。一般来说，在家庭成员有正常劳动能力的条件下，即便在自然条件恶劣的地区，劳动者凭借自身的勤劳也是能够脱贫的，其家庭人均纯收入超过贫困线的难度并不大。即便在深度贫困地区，大部分家庭也能依靠勤劳得以脱贫，部分家庭还能致富。调研显示，大部分基层干部和非贫困群众都认为，精神贫困、意志薄弱、好逸恶劳是大部分有劳动能力的贫困人口的共同特征和基本的致贫因素。

8. 观念保守落后

由于受先进文化的影响迟缓，传统观念根深蒂固，贫困地区农村贫困人口的思想观念相对陈旧、保守。在生育观上，重男轻女、多子多福、传宗接代等观念依然顽固，不少家庭正是为了生儿子而不惜生养过多女孩，导致家庭负担过重而陷入贫困。婚姻观上，早婚、贵嫁现象普遍。在偏远贫困农村，特别是在少数民族地区，法定婚龄以下结婚、生育的现象屡见不鲜，乡邻默许，晚婚晚育反而成为例外。对于没有考入高等学校或获得稳定就业机会的年轻人，中学毕业或辍学回家后就准备结婚生子。过早婚育严重制约了年轻人的事业发展，特别是女性，更容易受家庭拖累。另外，贫困地区婚姻中的排场攀比之风盛行，不仅婚礼

---

① 杨智：《甘肃民族地区农村待脱贫人口特征与思考》，《西北人口》2014年第1期。

大操大办，而且女方家长收取的彩礼越来越高，动辄数万元、十多万元，甚至数十万元。除彩礼外，有的还要求购买新房、金银首饰等。有的家庭通过嫁女儿的彩礼来娶媳妇，有的家庭则因婚致贫，债台高筑。利益色彩浓厚的婚姻也往往导致深重的家庭矛盾，家庭内耗又进一步制约家庭的脱贫致富。在性别观上，男重女轻、男主外女主内等传统观念仍然根深蒂固。女性在农村公众活动中的参与度远低于男性，如村"两委"选举。笔者调研显示，临夏州康乐县Y镇2011年32名村"三职"（村党支部书记、村委会主任、村委会文书）干部中女性仅有1名，340名农村党员中女性只有40名，所占比例低，基本上是象征性存在，在村务治理中的作用微乎其微。女性在家庭中也处于配角地位，当家做主的主要还是男性。女性抛头露面、参加社会公共活动往往被村民认为是不体面的事情。迷信在贫困地区有广阔市场，看风水、修坟墓、算"八字"、配属相等在农村居民日常生活中几乎成为必修课。村民参政意识淡薄，政治冷漠，除非与自身利益密切相关，一般不参与村务活动。另外，各安宿命的人生观、老守田园的乡土观、学优则仕的教育观、重利轻法的参政观、重情轻法的社交观等也是贫困地区农村居民的普遍心态。

9. 社会交往狭窄

由于主客观条件的制约，贫困地区农村居民社会交往范围普遍狭小，社会交往中感性重于理性，重血缘地缘，轻法制规范。"关系""面子"等是交往的主要依靠，法制观念相对淡薄。亲属、邻里、宗族、民族等内部交往频繁，相互信任度高；而对外界的信任度低，在与外人交往中戒备心理深重。"自己人"与"非自己人"界限分明。对于基层政府、干部普遍持怀疑态度，遇到困难首先求助于亲友、宗族、组织，确实无法解决时才求助于政府。求助政府也首先考虑找关系，走"后门"，对基层政府的真实信任度低。交往中"害怕得罪人"的心理特征显著，遇到矛盾纠纷主要通过私下调解解决，依靠法律维权是万不得已的选择。在维护自家利益的行为中，偏好聚众"闹访"，认为闹得影响越大，越容易解决。

（四）贫困的群体性表征

在不同性别、不同年龄段、不同民族等群体间，贫困发生率和贫困程度也存在比较明显的群体性特征。

在性别方面，由于女性体力相对单薄，就业能力相对不足，而且承担繁重的家务劳动，所以贫困发生率高于男性。在贫困地区，女性的社会地位和发展程度显著低于男性。女性在教育、就业、参与社会活动等方面明显弱于男性，特别是在全民信教的少数民族中，女性发展更为困难，所受制约更多，其弱势地位更为显著。

在年龄方面，由于劳动能力和社会保障的不足，知识水平、思想观念落后，农村中老年人口贫困发生率高于中青年，是贫困人口的主体部分。随着农村青年劳动力的外流，老年群体成为农村弱势群体中的弱势群体。

在民族方面，由于历史、文化等方面的原因，少数民族群体的贫困发生率一般高于汉族。以临夏州为例，2014年全州贫困人口达90.02万，贫困人口中少数民族人口占2/3。[①]

贫困还呈现出一定的阶层性特征，由于家庭本身条件、收入来源等不同，贫困在不同收入来源阶层中的发生频率或程度也存在区别。同一贫困地区，总有一部分群众相对富裕；在非贫困地区，也有一部分群众相对贫困。一般而言，以务农为主要经济来源的农户贫困发生率高，家庭收入低于贫困线或者在贫困线边缘徘徊，而有务工、经商、工资等收入来源的农村居民家庭贫困程度较轻，甚至相对富裕。另外，拥有相对丰富资源如耕地、草场、林地等的农户，其贫困程度轻于资源贫乏的农户。

总之，甘肃贫困地区农村的贫困既具有一定的地域共性特征，又具有群体性、个体性差异；既具有经济性，又具有社会性、文化性。区域贫困与人口贫困相互作用，循环累积，使得贫困具有一定程度的顽固性，从根本上脱贫致富绝非一蹴而就的事情，需要全方位、多层次、持续的帮扶，更需要全面、深刻改造贫困地区的农村社会。

第二节 甘肃贫困地区农村发展滞后的原因分析

甘肃贫困地区农村发展相对滞后是多种因素长期交互作用而形成

[①] 张倩、邹海林：《临夏探寻民族地区扶贫开发新路径》，《甘肃日报》2014年5月12日。

的，是生产方式、自然、历史、体制、文化等多方面因素共同作用的结果，而且这些致贫因素相互作用，循环累积，使得贫困具有一定程度的顽固性。

一 生产方式制约

唯物史观认为，物质生产活动及生产方式决定着社会的结构、性质和面貌，制约着人们的经济生活、政治生活和精神生活等全部社会生活。① 物质资料的生产方式是人类社会存在和发展的基础，生产力是根本性的决定因素。按照唯物史观的思想方法，贫困地区贫困的根本原因在于生产力水平滞后。生产力具有复杂的系统结构，基本要素包括劳动资料、劳动对象、劳动者等。从整体上看，甘肃贫困地区农村的生产力水平主体停留在自然经济时代的手工劳动阶段。从劳动资料看，犁、锄、耙等手工劳动工具仍然是主要的生产工具，牛、驴、骡子等仍然是基本的生产动力。高产良种、高效化肥、保温地膜、小型农机以及温室暖棚等现代农业生产资料在贫困地区农村也得到了一定的应用，但由于自然条件和经营体制等因素的制约，贫困地区农业整体处于现代化的初级阶段。有资料显示：2014 年甘肃省小麦生产基本实现全程机械化，玉米机械化水平达到 42%，马铃薯达到 30%，机采棉实现了零的突破，丘陵山区及少数民族地区"以机代牛"快速推进，全省耕种收综合机械化水平于 2012 年整体进入中级阶段，实现了历史性跨越。② 从劳动对象看，甘肃贫困地区农业生产的劳动对象主要是自然界，农作物、中药材、瓜果蔬菜、家畜等是基本的劳动对象，深加工的劳动对象较少。劳动者是生产力中最活跃的因素，在甘肃贫困地区农村，劳动者素质普遍不高，科学文化知识和劳动技能不足，而且青壮年劳动力流失严重，人才资源匮乏。另外，科学技术是先进生产力的集中体现和主要标志，是第一生产力。甘肃贫困地区农业的科技化水平整体低下，虽然在农业科技方面推广应用了集雨节灌、双垄沟播玉米、大棚蔬菜、电商营销等现代科技，但粗放式经营管理占主体地位，现代农业科技的创新、推广、应用整体不足。多年来全省农业科技投入占农业 GDP 的比重在 0.24%—0.31% 徘徊，不到全国平均水平的 60%，显著低于世界粮农

---

① 《马克思主义基本原理概论》，高等教育出版社 2015 年版，第 104 页。
② 孙海峰：《甘肃省农机化"十二五"发展综述》，《甘肃日报》2015 年 9 月 21 日。

组织确定的农业科技投资强度1%的水平。农业科技贡献率为48%。[①]贫困地区一般是深山区、石山区,而现代农业科技、工具和设施一般适宜地势平坦、宽阔的川地,在大部分贫困山区难以得到推广应用。甘肃大部分粮食产于少部分地区,全省1/4的粮播面积生产了全省56.3%的粮食。[②]

总之,甘肃贫困地区农村之所以相对贫困落后,与该地区生产力的现代化水平低下(基本处于现代化的初级阶段)具有内在关联。而生产力水平的落后必然导致该地区社会的经济、政治、文化、社会等方面发展滞后。

二 自然条件制约

自然界是人类生存和发展的物质前提,也是基本的劳动对象,它所提供的客观条件的优劣与当地社会发展密切相关。自然资源贫乏论认为自然资源贫乏是导致贫困的重要因素。有学者们认为:空间地理因素会促使农户面临的风险暴露出来,从而引起贫困状况在空间上的相对集中[③],贫困的发生与空间地理位置密切相关[④]。从甘肃贫困地区农村反贫困的实践来看,自然条件制约是农村区域性贫困的重要原因。甘肃集中连片贫困地区自然条件相对恶劣,有的甚至不适合人类居住,农村居民依靠当地的自然资源难以脱贫致富。有资料显示,甘肃居住在高寒阴湿区的贫困人口占23%、半山干旱区占41%、深山林缘区占22%、河谷川坝区占14%。全省贫困人口中有约200万人生活在自然条件恶劣,基础设施落后,缺乏基本生存条件的深山区、林缘区和地质灾害频发区。[⑤]

(一)区位偏远

甘肃省整体上地处西部内陆地区,远离国家经济、政治、文化等中心,周边省市都是欠发达地区,所受到的辐射带动作用较弱。甘肃省大部分的贫困县、乡、村都远离中心城市,或地处省级交界地带,而且周边一般也是贫困地区,如甘南、临夏、陇南、天水、庆阳等地处甘肃省

---

① 魏胜文:《促进农业科技进步 保障全省粮食安全》,《甘肃日报》2013年12月27日。
② 同上。
③ Jalan, J., Ravallion, M., "Spatial Poverty Traps", The World Bank Policy Research Working Paper, No. 1862, 1997.
④ 张晓旭、冯宗宪:《中国人均GDP的空间相关与地区收敛:1978—2003》,《经济学》(季刊)2008年第2期。
⑤ 数据来源于《甘肃省易地扶贫搬迁实施规划(2013—2018年)》。

与青海省、四川省、陕西省交界地带，而且所邻县区均为欠发达地区。区位的偏远性特征导致社会的封闭性，交通、通信等基础设施建设的难度大、成本高，农民参与市场交易的便利度低，一定程度上被剥夺了参与市场经济活动的机会，导致农产品的价值难以实现。

（二）地势不利

甘肃省地处黄土高原、青藏高原和内蒙古高原交会地带，地形破碎，山高坡陡，沟壑纵横。山区面积31.77万平方千米，占全省面积的74.66%，而且大部分为特旱山区和高寒阴湿山区。[1] 集中连片贫困地区一般位于深山区、石山区、荒漠区，其地势条件普遍不利于农村居民的生产生活。不利的地势条件导致交通、水利、通信等基础设施建设困难，而且农业生产所需的最基本资源——耕地的数量和质量都不足。例如，贫困地区集中分布的秦巴山片区陇南市大部分为深山区，山高谷深，峰锐坡陡，海拔相对差距较大。当地有民谣："一山重一山，出门就爬山。隔山能对话，相见走半天。地是卧牛地，挂在半山间。无雨禾苗枯，有雨连根翻。"[2] 由于海拔相对高度大，滑坡、泥石流等地质灾害频发。六盘山片区为黄土高原沟壑区，沟壑纵横，水土流失严重，植被稀疏，生态脆弱。甘南藏区地处青藏高原边缘，大部分地区海拔在3000米以上，而且相对高度大，最高处与最低处相差3800米左右，地势高低不平，地质灾害频发。

（三）气候恶劣

甘肃省域内气候差异显著，从东南到西北包括了北亚热带湿润区到高寒区、干旱区的各种气候类型，温带大陆性干旱半干旱气候占主体，气候干旱、寒冷，无霜期短，昼夜温差大。全省年平均降水量为391.3毫米，而且地区、季节差异显著，年平均气温在0℃—14℃。[3] 对于甘肃省六盘山片区，缺水是最主要的制约瓶颈，气候干燥，降雨量小，蒸发量大。该片区"人均占有水资源367.6立方米，仅为全国平均水平的16.7%"[4]。

---

[1] 李志荣、田刚：《甘肃省情知识简明读本》，兰州大学出版社2005年版，第64页。
[2] 曹洪明：《甘肃贫困地区区域特征分析》，《甘肃社会科学》1997年第1期。
[3] 李志荣、田刚：《甘肃省情知识简明读本》，兰州大学出版社2005年版，第14页。
[4] 数据来源于《六盘山片区区域发展与扶贫攻坚规划（2011—2020年）》，中华人民共和国国家发展和改革委员会网站（http://dqs.ndrc.gov.cn/qygh/201304/t20130425_538627.html），2012年8月31日。

例如，定西市年均降水量只有462.5毫米，蒸发量1355.2毫米。① 临夏州地处黄土高原与青藏高原的过渡地带，高寒阴湿气候特征显著，积温低，无霜期短，平均海拔约2000米，年均降水量486.3毫米，蒸发量为1347.3毫米。年均气温6.3℃，无霜期126—181天②，农作物生长缓慢，时常有种无收。对于甘南高原地区，海拔高、气温低是最突出的制约瓶颈。甘南州高原性气候特征明显，不仅相对干旱，而且气候寒冷。全州年均降雨量为556.2毫米，蒸发量为1383.8毫米，年平均气温只有1.7℃，无霜期短，部分地区没有绝对的无霜期。相对恶劣的气候条件导致农业生产发展困难，农作物品种少、产量低且不稳定，农民广种薄收。

（四）生态脆弱

生态性贫困是指当一个贫困地区生态系统失衡情况严重或生态问题突出地阻碍经济、社会发展，从而造成某些地区或群体处于贫困状态。③ 甘肃省特殊的地候条件使得其生态环境脆弱，是我国生态最为脆弱的地区之一。同时，随着人类活动对自然生态环境影响的加深，贫困地区生态功能退化的趋势显著。从全省情况看，全省水土流失面积占土地面积的比例达90.7%，是全国水土流失最为严重的省份之一；全省沙化土地面积占土地面积的28%；自然湿地萎缩，河湖生态退化，水源涵养和调蓄功能下降；森林覆盖率仅为11.3%；草地沙化、退化、盐碱化严重，草场退化导致生态功能明显弱化，生态系统更加脆弱。④集中连片贫困地区不仅生态承载能力弱，而且由于人口膨胀和不科学的开发利用，生态修复功能退化，形成"越贫越垦、越垦越贫"的恶性生态性贫困。历史上，贫困地区农户靠铲草皮、抽草根、烧畜粪解决煨炕、烧饭问题。据统计，20世纪90年代，干旱区每个农户每年大约要烧草皮2096公斤，半湿润区要638公斤，灌溉区要248公斤，每年有700万—1400万亩的草场被破坏，占甘肃中部种植面积的6.7%—13.4%，70%的畜粪被烧掉，从而导致草场的超载过牧、肥料短缺和土

---

① 李志荣、田刚：《甘肃省情知识简明读本》，兰州大学出版社2005年版，第9页。
② 同上书，第9—10页。
③ 景文宏等：《欠发达地区农村贫困性质的转变和扶贫战略调整——以甘肃为例》，《西北人口》2009年第4期。
④ 刘伟平：《构建一道国家生态安全屏障》，《甘肃林业》2014年第5期。

地承载力下降。① 生态恶化加剧地区贫困，地区贫困又加剧生态恶化，形成恶性循环。近年来，由于人类活动的加剧和气候的变化，陇南山地植被退减，地质灾害频繁发生，生物多样性遭到严重破坏；甘南高原湿地面积减少，草场退化，湿地萎缩，部分河流干涸；黄土高原植被稀疏，水土流失严重；河西冰川萎缩、雪线上升，地下水位下降，土地盐碱化加剧，沙漠扩大，威胁当地群众生存安全。

由于生态环境的脆弱和在生态系统中的重要地位，甘肃贫困地区中不少区域在国家主体功能区划分中被纳入禁止或限制开发地区。例如，甘南州是重要的水源补给生态功能区，生态环境保护的地位重要，被定位为"限制开发区"。

（五）自然灾害频繁

由于受地理位置、大气环流等因素影响，甘肃省是自然灾害集中高发地区之一。甘肃省的自然灾害主要有旱灾、水灾、风暴灾、霜冻、泥石流、滑坡、地震等，旱灾是主要的自然灾害。由于降水量小（年均降水量仅为391.3毫米），且季节分布不均，主要集中于夏季（7—9月），蒸发量大，干旱出现频率高，占气象灾害的70％以上。② 有学者通过对甘肃陇中1400—1999年干旱灾害历史文献资料的整理与统计得出结论：1400—1999年共发生旱灾280次，平均每2.14年发生1次。干旱灾害以中度旱灾为主，占旱灾总次数的45.4％，其次是大旱灾，占旱灾总次数的32.1％，特大旱灾和轻度旱灾发生频率较低，各占旱灾总次数的10％和12.5％。③ 旱灾主要出现在春季、春末夏初和秋、冬季节。而夏季则是暴雨、冰雹、洪涝、泥石流等灾害高发的季节。贫困集中的陇南、陇东、陇中地区是自然灾害集中高发地区。以2013年夏季为例，5月开始，陇南、定西、白银、天水等地相继遭遇冰雹洪涝灾害，6月定西、庆阳、天水等地遭到暴雨灾害，仅5—6月暴雨灾害就导致5000万公顷粮食绝收。8月6日陇南、定西、甘南、庆阳、临夏等7市州26个县的洪涝灾害导致12.8万人受灾，农作物受灾面积达

---

① 段舜山、徐建华：《反贫困的战略选择》，甘肃科学技术出版社1995年版，第150页。
② 尹宪志等：《甘肃省近50年干旱灾情研究》，《干旱区研究》2005年第1期。
③ 成爱芳、赵景波：《公元1400年以来陇中地区干旱灾害特征》，《干旱区研究》2011年第1期。

5900公顷，其中绝收200余公顷，直接经济损失2.3亿元。① 另外，地质灾害相对频繁且危害严重。据统计，甘肃省地质灾害易发区面积达21.49万平方千米，占全省面积的50.47%。全省已查明滑坡、崩塌、泥石流、地面塌陷、地裂缝和不稳定斜坡等地质灾害隐患点10629处，受地质灾害隐患威胁人数达190.82万。② 截至2013年，全省已查明的地质灾害隐患点14591处。地质灾害类型主要有滑坡、崩塌、泥石流、地面塌陷、地裂缝和不稳定斜坡等，其中滑坡5324处，崩塌1853处，不稳定斜坡3699处，泥石流3591处，地面塌陷124处。地质灾害隐患险情等级属特大型的931处、大型1036处、中型3400处、小型9224处，分别占地质灾害隐患点总数的6.38%、7.1%、23.3%、63.22%。地质灾害威胁人口达226.26万，威胁财产622.5亿元。③

自然灾害与甘肃贫困地区是农户致贫和返贫的重要因素，具有紧密的内在联系。有学者研究表明：甘肃省不同的地理区域内近十年的灾害频发性与贫困性之间的耦合关系很强，灾害频发区与贫困区在地理空间的分布上具有高度叠加性，特别是受气候变暖的影响，旱灾频发且持续时间较长，再加上这些地理区域固有的高脆弱性等因素，共同加剧了贫困程度，使贫困问题比较突出。④

（六）自然资源不足

甘肃贫困地区一般都是人类生存发展所需的自然资源深度匮乏的区域，不仅缺乏可供开发利用的矿产资源，经济社会发展所需的基本自然资源也十分贫乏，突出表现为缺水、地、热。水资源贫乏是最突出的瓶颈，不仅气候干燥，降水稀少且时空不均，而且水资源贫乏，人均水资源（1114立方米）不及全国平均水平的一半，耕地亩均水资源（389立方米）只有全国平均水平的1/4。⑤ 甘肃中部干旱地区不仅农业生产严重缺水，而且人畜饮水困难，部分地区农村村民长期饮用窖水，有的需要到外地运水。例如，环县砖城子村90.3%的村民以窖水为主，正

---

① 朱智文、罗哲：《甘肃蓝皮书：甘肃经济发展分析与预测（2014）》，社会科学文献出版社2014年版，第72页。
② 数据来源于《甘肃省2012年地质灾害防治方案》（甘政办发〔2012〕93号）。
③ 数据来源于《甘肃省2014年度地质灾害防治方案》（甘政办发〔2014〕63号）。
④ 丁文广等：《甘肃省不同地理区域灾害与贫困耦合关系量化研究》，《经济地理》2013年第3期。
⑤ 李志荣、田刚：《甘肃省情知识简明读本》，兰州大学出版社2005年版，第18页。

常年份缺水在 3 个月以上，干旱时农户取水往返需 2 个小时以上，运一方水成本在 120 元左右。砖城子村的情形在甘肃中东干旱地区并不少见。

缺地是甘肃贫困地区农村发展困难另一个普遍的制约瓶颈。农业是农村的基础产业，是农民脱贫致富的基本依靠，而发展农业的基础是土地。在当前条件下，土地的数量和质量对农业生产具有基础性的作用。甘肃省虽然地域面积大，但耕地资源十分贫乏，而且分布不均。山地多、川地少，旱地多、水地少，碎片化分布，人多地少，人地矛盾紧张的特征显著。对于广大贫困地区，土地资源的丰瘠与贫困具有内在相关性联系。陇东、陇南、陇中的秦巴山区、黄土高原区和青藏高原东南边缘区虽然经常长期大规模整修梯田，但耕地数量少、质量差、产出率低，农业产出在正常年景仅能满足温饱，灾年甚至难以保障温饱。据统计，2013 年全省梯田化面积 3200 万亩，仅占 0—25 度坡耕地面积的 46.98%。80% 以上的耕地是中低产田，地力在 Ⅲ—Ⅳ 等级。全省粮食单产 242 公斤/亩，低于全国平均单产水平（353 公斤/亩）111 公斤。① 以康乐县为例，2014 年全县总耕地 32.6 万亩，农业人口 23.95 万，农业人口人均 1.36 亩。② 河西走廊地区地势相对平坦，可耕地资源相对丰裕，地候条件相对有利，贫困发生率低。农业部的调查表明，从我国资源禀赋和当前工农就业收益看，一年两熟地区户均耕种 50—60 亩、一年一熟地区户均耕种 100—120 亩，就有规模效益，农业就具有吸引力和竞争力。③ 可见，贫困地区农村居民依靠目前的土地经营规模是难以脱贫致富的。

缺热是甘肃高原贫困地区的共同突出特征，黄土高原、甘南高原贫困地区积温低、无霜期短，农作物生长时间短，农作物一年只能收获一季。气温低也严重制约着当地居民的生产活动。以康乐县为例，年均气温 7.5℃，无霜期 154 天，每年 10 月到次年 5 月都需要生火取暖。

另外，贫困地区也是矿产资源相对贫乏的地区。一般来说，有一定可开采的矿产资源的县的经济社会发展状况显著好于其他县，也不在扶

---

① 魏胜文：《促进农业科技进步　保障全省粮食安全》，《甘肃日报》2013 年 12 月 27 日。
② 康乐县地方史志办公室：《康乐年鉴（2014）》，中国文化出版社 2015 年版，第 190 页。
③ 《为什么要鼓励承包经营权在公开市场上向专业大户、家庭农场、农民合作社、农业企业流转》，《甘肃日报》2014 年 1 月 8 日。

贫开发重点县之列。如陇南市徽县、甘南州玛曲县等，由于拥有相对丰富的矿产资源，虽然属于集中连片地区，但经济状况尚可，不属于特困县。

（七）地方性疾病流行

甘肃还是地方病流行严重地区，地方病严重损害了当地群众的身体健康，是致贫的普遍重要因素。据统计，全国重点防治的8种地方病中的7种在甘肃均有分布。全省2006年87个县区市（含嘉峪关市）有2种以上地方病发生，73个县区市有3种以上地方病发生，有的县区市甚至多达5种。全省43个国家扶贫工作重点县均是地方病流行的重病区。病情较重的地方病主要发生在陇南、陇东丘陵地带、中部干旱地区和甘南、河西少数民族地区。①

三 历史基础制约

甘肃贫困地区农村发展长期滞后也有其深厚的历史遗留原因。甘肃是中华民族的发祥地之一，也是农业垦殖较早的地区之一。新石器时代大地湾遗址表明，距今七千多年前，我们的先辈就生活在这里了。由于资源被过早开发利用，再加上长期战祸延绵，环境恶化，以及经济、政治、文化中心的东移，甘肃逐步走向贫困。在近现代历史上，甘肃就是深度贫困地区，清代就有"陇中苦瘠甲天下"之说。长久的贫困史不仅使得甘肃贫困地区"先天不足"，而且沉积了贫困文化，使得当地群众在精神上形成了与贫困相适应的价值取向和行为方式。"冰冻三尺非一日之寒"，贫困地区社会现代化转型，特别是思想观念和生活方式的转变，需要相当长的时间历程。

甘肃深居内陆，自然经济基础上形成的小农意识、封建思想等影响深远，社会现代化转型缓慢。在长期的人类历史活动中沉淀下来的文化价值观念，潜移默化地植根于民族文化的深层，具有难以改变的"刚性"特征，持续影响人们的思维模式和认知方式。千百年来，贫困地区农民被束缚在土地上，男耕女织，自给自足，形成了具有封闭性的小农意识，并代际传递。有的农民宁可长期"面朝黄土背朝天"，也不愿离开长期生活的土地去开拓新的门路；有的画地为牢，害怕吃亏，宁可

---

① 《关于甘肃省重点地方病防治规划（2006—2010年）》，甘肃科技决策支持平台（http：//www.gansuinfo.gov.cn/zcyfg/detail.php?n_no=89318），2008年11月9日。

收入少点也不愿与他人合作；有的只顾眼前利益，不愿进行长远投资；有的"种田为吃粮、赚钱为盖房"，缺乏扩大再生产的动力。甘肃还是中原汉文化区向西北少数民族区过渡地带，是多民族聚居交会的中间地带。少数民族地区在中华人民共和国成立前社会形态发展滞后，如甘南藏族尚处于奴隶社会阶段，在中华人民共和国成立后直接进入社会主义社会。少数民族虽然在经济、政治上进入了社会主义社会，但传统习俗、社会心理、社会内在结构等还处于转型阶段，传统组织和封建迷信观念在社会生活中影响较大。在漫长的历史中，贫困地区形成了相对稳定的社会结构，如社会力量依据各自力量的大小占有不同社会资源，外部力量一般难以改变其内部结构。例如，有的贫困地区村干部、乡镇主要领导干部必须是具有一定背景的人才能担任，或者获得当地势力较大的门派的支持。而这种格局早已形成社会默契。英格尔斯认为："当今任何一个国家，如果它的国民不经历这样一种心理上和人格上向现代性的转变，仅仅依靠外国的援助、先进技术和民主制度的引进，都不能成功地使其从一个落后的国家跨入自身拥有持续发展能力的现代化国家的行列。"①

另外，中华人民共和国成立后到改革开放前，虽然甘肃贫困地区获得了前所未有的发展，但长期"以粮为纲"的发展模式与甘肃贫困地区自然条件不适合大规模粮食生产的客观实际不相符，长期的计划经济体制人为阻碍了商品经济的正常发展，适合于甘肃贫困地区实际条件的特色产业结构培育不足。而人口膨胀、资源破坏等不科学的发展模式则损害了后续发展利益。另外，长期以工农"剪刀差"形式进行的工业化制约了农村的发展，使得城乡、工农差距拉大。还有，农民长期负担的农业税、三提五统以及各种摊派等经济负担，也是严重制约农村发展的重要历史因素。改革开放初期，国家经济建设的重点投向了东部地区，西部地区经济社会建设投入相对不足，地区差距进一步拉大。

四 体制机制制约

制度也是生产力。经济体制机制是生产关系的重要组成部分，政治、文化、社会体制机制则是上层建筑的重要组成部分，对生产力的发展具有直接或间接的反作用。虽然社会主义制度为贫困地区的发展奠定

---

① ［美］阿历克斯·英格尔斯：《人的现代化》，殷陆君译，四川人民出版社1985年版，第7页。

了基础，然而不够完善的社会管理体制机制成为贫困地区发展滞后的重要制约因素，这些体制有其深刻的客观原因和存在条件。以下几方面的体制机制制约对于贫困地区发展的影响尤为直接和突出。

（一）农业经营体制

传统的农业生产受自然条件和农业经营体制制约，收益微薄。家庭联产承包责任制在改革开放之初发挥了积极作用，有效促进了广大农村经济社会的发展，为解决温饱问题奠定了制度基础。但随着农村生产力的进一步发展，这种经营体制所造成的弊端逐步显现出来：一是按农村户籍人口平均分配土地的办法导致了土地的细碎化，一块完整的土地被划分为若干小块，分配给各家各户，再加上人多地少，土地规模化、集约化耕作变得十分困难，即便当前政府大力推动土地流转，但效果并不显著，而且流转土地增加了农业生产的成本和投资风险。近年来虽然甘肃各级政府大力推动农村土地流转，但贫困地区土地流转发展速度缓慢，流转规模小，发展困难。以康乐县为例，2013年康乐县农村土地流转总面积为14498.26亩，仅占总耕地面积（32.6万亩）的4.45%。[①] 土地是农民的命根子，分散经营却使之成为一块鸡肋，弃之可惜，种之不划算，从而导致越来越多的耕地被撂荒，或者被粗耕，农民改进种粮技术和设备的积极性受到抑制。二是集体统一经营实际上空壳化，近乎瘫痪。家庭联产承包责任制在制度设计上是"统分结合"，而现实中集体统一经营由于人力、物力以及制度供给的不足而不断削弱，村"两委"的治村能力不断弱化，导致农户失去了组织的依靠，呈"原子化"状态。中国战略与管理研究会社会结构转型课题组认为："农民已成为几乎没有任何组织依托的个体，他们既没有传统社会中的社会组织（如家族）可以利用，也没有现代意义上的自治团体，因而无论是通过市场还是通过国家的路径都是堵塞的。因此，使农民成为最为脆弱的社会集团。"[②] 分散化、个体化经营导致农业产业化发展困难，改进技术、设施和抵御市场风险的能力减弱。农村集体经济空壳化，贫困地区农村大部分没有集体经营收入，无力自主进行基础设施建设和管护。

[①] 康乐县地方史志办公室：《康乐年鉴（2013）》，中国文化出版社2014年版，第164页。

[②] 中国战略与管理研究会社会结构转型课题组：《中国社会结构转型的中近期趋势与隐患》，《战略与管理》1998年第5期。

农民专业合作社是农户分散化经营的有效补充，可以在一定程度上克服农户分散经营的不足，推进农民组织化发展。近年来，国家大力扶持农民专业合作组织发展。甘肃省农民专业合作组织在政府的大力推动和扶持下，近年来获得了突破性发展。但是，由于产业基础薄弱，贫困地区农业专业合作组织虽然数量增长很快，但质量不高、运行不规范的问题突出。2013 年，农业专业合作组织达到 2.55 万个，较 2012 年同期增加了 1.16 万个，增长了 84.1%。① 但是，农户入社率不高，以康乐县为例，2014 年全县已注册成立农业专业合作组织 177 家，其中 2014 年新注册 51 家，加入合作组织的农户仅占农户总数的 14.26%。② 农民专业合作社大多是在基层政府为完成任务而主导和干预下建立的外生性组织，运行也依赖于政府的支持，核心领导一般是企业、农村集体经济组织、村干部、农技人员等，有的则成为企业的翻版，有的甚至成为套取政府扶持资金或优惠政策的工具。2014 年甘肃省有关部门对庆阳市农民专业经济组织的调研显示：该市共组建农村专业经济组织 274 个，其中乡镇党委组建的 177 个，占比约 65%；村党组织组建的 97 个，约占比 35%。③

（二）城乡二元体制

长期以来，在资源有限的条件下，我国在严格的户籍管理体制下形成了城乡二元体制。在基础设施、医疗、教育、社会保障等方面，农村居民所享受到的公共服务远逊于城镇居民，而这种差距又导致城乡发展能力和机会的不平等。据有关测算，中国农村与城市福利待遇人均相差 33 万元。④ 这种二元体制对城乡二元经济格局、二元文化的形成起到了推动作用，为农村青壮年的大量外流埋下了伏笔。

（三）马太效应

市场经济体制是促进我国经济快速发展的有效措施，然而，这种体制也有其内在的缺陷。市场经济的"马太效应"致使城乡差距、地区

---

① 《全省农民专业合作社达 2.5 万余个》，《甘肃日报》2013 年 12 月 23 日。
② 数据来源于《关于上报康乐县扶贫攻坚工作业绩考核自评报告》（康扶领发〔2015〕2 号）。
③ 《庆阳市农村专业合作组织发展情况调研报告》，甘肃组工网（http://www.gszg.gov.cn），2014 年 12 月 8 日。
④ 《"十二五"规划鼓励探索户籍改革办法》，《新京报》2011 年 3 月 6 日。

差距、农村内部收入差距不断扩大。在市场配置资源的作用下，农村的农产品价格远低于城镇工业品和服务的价格，而且国内农产品价格受到国际农产品的低价冲击，贫困地区农民在市场竞争中处于弱势地位。再加上城乡差距不断扩大，贫困农村在市场经济中的不利地位更为显著。据世界银行测算，我国城镇居民可支配收入与农民人均纯收入之比1979年为1.31∶1，1985年为1.86∶1，1994年扩大到2.86∶1，2005年扩大到3.22∶1，2009年进一步扩大到3.3∶1。如果考虑到可比性因素，城乡居民收入差距实际将达到4—6倍。[1] 在城乡二元格局下，农村不仅难以吸引城市优质人力资源下乡，而且农村优质资源不断流入城市。从地区差距看，东部地区农村与西部地区农村发展相对差距有所缩小，绝对差距扩大。2004年，收入最高的上海市与最低的甘肃省农民人均纯收入相对差距为4.17倍，绝对差距为6268元；2013年，相对差距缩小到3.76倍，但绝对差距扩大到14100元。[2] 城乡、地区差距的扩大使得西部地区人力、物力、财力资源不断向发达地区和城镇转移，贫困地区农村人力、物力、资源年年"净流出"，发展的后劲越来越弱。农村内部收入差距日益扩大，2013年，有60%的农户收入未达到全国平均水平，20%低收入户人均纯收入仅为20%高收入户的12%左右。农民人均纯收入基尼系数2012年达到0.3867，接近警戒线。[3] 农村内部收入差距的扩大，使得相对贫困越来越突出。贫困家庭与相对富裕家庭在资源占有和发展机会上的差距逐步扩大。

在市场经济体制下，发达地区和城镇对贫困地区农村人力资源形成强大的"吸附效应"，即便政府对农村采取优于城镇的倾斜性待遇，也阻挡不了农村精英进城的潮流。以农村教育事业为例，近年来农村中小学人数急剧减少，出现大量"空壳学校"，贫困地区不少农村小学出现了学生比教师少的现象。九三学社甘肃省委的调查显示：进入21世纪以来，农村地区尤其是西部农村地区中小学"空壳化"现象逐渐呈现，进入21世纪第二个十年以后，农村中小学就读学生锐减，"空壳学校"或"麻雀学校"数量猛增。就甘肃来说，截至2015年，全省1人学校

---

[1] 甘肃农调队、甘肃农调队住户处：《甘肃农村低收入农户问题研究》，中国三农信息网（http://210.72.33.112/fxyc/nmsz/200712031278.htm），2007年11月9日。
[2] 《正确认识当前农业形势》，《时事报告》2015年第2期。
[3] 同上。

有219所，5人以下学校1800所左右，10人以下学校3700余所，而百人以下学校有7892所。① 乡村学校硬件差、师资力量薄弱，教学质量低于城镇学校，再加上学生家长外出务工，导致农村学生不断转学进入城镇学校。随着转学效应的发酵，形成群体性转学"风潮"。而农村学校生源的流失又使得其发展失去了最基本的资源，形成恶性循环。可见，在市场经济体制下，城镇化虽然对乡村发展起到了一定的带动作用，但城镇化本身却在不断抽走农村发展的基础资源。

市场经济体制的"自利性"特征使得农村中的实惠主义、拜金主义、享乐主义等思想观念和生活方式泛起。正如马克思所指出的："钱是一切事物的普遍价值，是一种独立的东西，因此它剥夺了整个世界——人类世界和自然界——本身的价值。钱是从人异化出来的劳动和存在的本质；这个外在的本质却统治了人，人却向它膜拜。"② 农村居民在公共活动中，往往以是否能获得直接的经济实惠作为价值判断的主要标准，追求个体利益的最大化，公共利益被漠视，农村"两委"的组织动员能力弱化，农民的分散性特征被强化。黄、赌、毒等腐朽思想和生活方式以及奢华攀比、铺张浪费等现象在贫困地区农村滋生蔓延。各种名目的酒席连续不断，异化为农民的重大负担。

"自利性"价值取向加上家庭经济贫困，导致不少偏远贫困地区农村居民往往以眼前实惠评判教育的效益，不少农村群众认为学生学会识字、算账就够了，多受教育"不划算"；多上学不如早打工或经商，特别是让女孩子多上学对家庭意义不大。黄帝荣（2009）认为：由于生产力低下，小规模的简单再生产无法升级换代，人们常用非常狭隘实用的态度对待文化和教育，进而演化为一种短视的实惠观。③ 这就导致了贫困地区农村小学入学率一般比较高，但随着年级的升高，辍学率也逐步升高，学生人数逐步递减，高中阶段入学率、毕业率偏低。以康乐县为例，2014年全县学前一年入园率为84.7%，两年入园率为62.8%，三年入园率为45.6%；小学入学率为100%，初中入学率为98.6%，

---

① 吕霞、张丽丽：《甘肃农村学校面临"空壳化"》，《甘肃经济日报》2016年1月19日。
② 《马克思恩格斯全集》（第1卷），人民出版社1956年版，第448页。
③ 黄帝荣：《农村贫困群体文化扶持的社会学思考》，《湖南商学院学报》2009年第6期。

九年义务教育巩固率为63.8%；高中阶段毛入学率为53.2%；平均受教育年限为6.7年。① 从巩固率与入学率间的差距和平均受教育年限，我们可以推测出贫困地区农村辍学问题严重，高中及高等阶段教育发展不足。

市场机制对于公共资源的配置失效或低效。著名学者邓英淘认为，广义地说，人类配置资源只有三种机制：市场机制、科层机制、互惠机制。微观组织形态的变化，取决于这三种机制应用的不同组合。只有"可分又专有"的资源适用于市场机制，"可分不可专有""可专有不可分"和"既不可分又不可专有"的资源统统不同程度地不适宜市场调节，或者说硬要市场机制来配置，都不可能达到效率最大化，都要打折扣。② 改革开放以来，我国大力推行市场经济体制改革，甚至包括医疗、教育等社会事业，导致农村在人民公社时期业已建立起的医疗保健体系、社会保障体系、教育体系、集体经济组织、基础设施建设体系等被严重削弱甚至瓦解，几十年打下的农业机械化基础遭到损害。农村基础设施建设的任务主要落到了基层政府的肩上，基层政府基本的途径就是"花钱"解决，但贫困地区基层政府财政收入微薄，无力顾及庞大的农村基础设施建设。农民难以被组织起来进行基础设施建设，其"主体"作用受到抑制。这不仅导致农村基础设施建设在改革开放后发展缓慢，而且部分已建成的基础设施因无人管护而被荒废。

（四）农村社会治理体制

村民自治制度在制度设计上充分体现了人民当家做主，但在实践中存在诸多需要完善和发展的地方。村党支部和村委会是农村的主要领导力量，但由于诸多条件的制约，其在农村社会治理中并不能充分发挥其应有的作用。村委处于"亦官亦民""非官非民"的状态，既被赋予领导农村经济社会建设和社会治理的责任，但又缺乏相应的职权、经费以及体制机制保障。在甘肃贫困地区农村社会治理的实践中，村"两委"实际上成为乡镇政府的下级单位，主要任务是协助乡镇干部完成上级安

---

① 康乐县地方史志办公室：《康乐年鉴（2013）》，中国文化出版社2014年版，第270页。

② 转引自阎海军《崖边报告》，北京大学出版社2015年版，第199页。

排的各项工作和维持农村社会稳定。但由于村干部不属于公务员系列，不仅待遇低，而且没有晋升空间，考核监督形同虚设，工作积极性一般不高。例如，在康乐县，村三职干部年工资2009年之前只有3000元，2009年提高到6000元，2015年则涨到12000元，每村每年办公经费则从2014年的5000元上涨到2015年的15000元。虽然涨幅很大，但总量仍然较小。在没有上涨之前，待遇和经费之少可见一斑。村干部不仅待遇低，而且办公条件简陋，办公设备如打印机、电脑、网络等都匮乏。同时，村干部缺乏严格有效的考核、升降、监督、奖惩机制，弹性较大，干好干坏一个样，工作积极性普遍不高。另外，广大贫困地区农村组织一般都缺乏集体经济收入，村委没有财力组织农村经济社会建设。同时，村干部没有组织动员农民的硬性权力，往往靠私人关系开展工作。袁松（2009）认为："取消农业税，实行村账乡管/村账镇审之后，大部分的中西部村庄掌握的治理资源都很有限，村集体能够拿来掌握村组干部，支配村民行动的自主资源几近于零……实际上，在中国农村乡村公共权力的支持系统是私人化的，是公共权力行使者——基层干部与他们的支持者之间的一种关系网络。"① 同时，村干部的科学文化素质普遍偏低。2012年康乐县Y镇32名村三职干部中，最高学历为大专文化程度，初中文化程度占主体（见图7-2）。很多村干部不会操作电脑、打印机等现代办公设备，对市场信息、法律法规、科学管理等现代知识掌握得更少。不少干部仅仅把当村干部作为打工挣钱的门路，缺乏干事创业的动力。

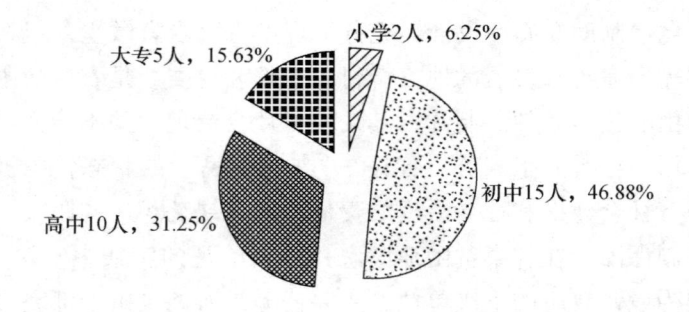

图7-2　康乐县Y镇村干部受教育程度结构

---

① 袁松：《基层组织的信息垄断与低保制度在村庄场域的实践》，《天津行政学院学报》2009年第3期。

乡镇政府及其站所机构也是农村社会治理的重要组成部分，但其同样面临责任大、职权小、能力不足的困境，以及工作缺乏规范的体制机制保障。工作中还要应对多级上级政府及其部门的部署安排、检查监督等。

总之，目前贫困地区农村的社会治理体制机制不能适应农村发展需要。传统的"上面千根线，下面一根针"是这种体制的鲜明写照。决策权力及人力财力等资源集中于县级以上各级政府，而置身于农村社会治理实践前沿的基层组织处于责任、风险最大而力量最弱的环节。深化农村社会治理体制机制的改革，对于贫困地区农村的扶贫开发具有十分重要的意义。

五 产业发展制约

产业是生产力要素的集成，是农村经济发展的支撑，贫困地区农村贫困的重要原因在于缺乏有力的主导产业，难以形成对整个产业结构产生拉动效应的经济"增长极"。

（一）农业发展滞后

农业是贫困地区的基础和主导产业，但甘肃贫困地区农业发展滞后，不能产生带动农户脱贫致富的经济效应，亦不能为贫困地区工业化提供强大的推动力。农业发展滞后主要体现在以下两个方面：一是粮食生产发展困难。粮食是农村居民食物的基本来源，是温饱的基本保障，但贫困地区农村粮食产量低、成本高，只能满足群众口粮和家畜饲料的需求，无力助农致富。以小麦生产为例（见表7-7），我们可以管窥甘肃贫困地区农业发展的困境。从表7-7中可以看出，甘肃中部地区小麦每亩纯收入只有34.46元，东部地区则为-53.32元，而中、东部地区是贫困集中高发地区。二是特色农业发展不足。虽然贫困地区可以根据本地资源状况发展特色产业，甘肃省逐步形成了以马铃薯、中药材、瓜菜、林果、草食畜等为主体的特色农业体系，但这些产业受地域、气候、资金、市场等条件制约显著，规模相对小，深加工水平低，产业化发展不足，市场竞争力不强，附加值相对低。其产生收益虽高于粮食种植，但并不足以促使农户稳定致富。以康乐县2014年农作物种植面积（见表7-8）为例，我们可以看出，康乐县农业生产结构中，粮食作物占绝对主体，粮食作物中玉米和小麦占主体，经济作物比例较小，经济作物中中药材种植占主体，中药材种植中当归的种植面积最大。

表 7-7　　　　　　　　甘肃省小麦生产成本收益比较

	全国	甘肃省	河西地区	中部地区	东部地区
小麦平均价格（元/千克）	1.44	1.45	1.42	1.45	1.46
每亩平均产量（千克）	351.80	185.55	385.11	184.18	148.96
每亩平均收入（元）	506.59	269.05	546.86	267.06	217.48
每亩平均成本（元）	403.72	262.40	404.50	232.60	270.80
每亩纯收入（元）	102.87	6.65	141.36	34.46	-53.32

资料来源：按 2006 年 11 月 30 日市场交易价（含税），郑州粮食批发市场；甘肃省农村调查资料，2007 年 5 月 27 日；《甘肃年鉴（2007）》，中国统计出版社。转引自韩建民等《西部农村贫困与反贫困路径选择》，中国农业出版社 2012 年版，第 25 页。

表 7-8　　　　2014 年康乐县农作物播种面积及所占比例统计

项目	面积（万亩）	占总播种面积比例（%）
农作物播种总面积	32.85	100.00
一、粮食作物	23.73	72.24
1. 小麦	9.02	27.46
2. 小杂粮	1.11	3.38
3. 玉米	10.52	32.02
4. 马铃薯	3.08	9.38
二、经济作物	9.12	27.76
1. 油料	2.06	6.27
2. 蔬菜	0.81	2.47
3. 中药材	6.25	19.03
（1）当归	3.20	9.74
（2）党参	1.25	3.81
（3）柴胡	1.16	3.53
（4）其他	0.64	1.95

资料来源：《康乐年鉴（2014）》。

（二）第二、第三产业发展不足

产业结构低端化是贫困地区的共同特征和重要的致贫因素。第二、第三产业是经济现代化的标志，也是国民收入的主要源泉。以康乐县为例，2014 年全县规模以上企业只有 3 家，其中 2 家从事畜牧养殖和加工，1家为县电力公司。规模以上工业企业总产值37314.24万元，工业增加值6697.63万元。全县初步形成的产业有肉产品加工、小水电、中药材加工、建筑材料、塑料包装、制香业、现代服务业等。主要产品有淀粉、清真牛羊鸡肉、机砖、醋、鸡蛋、电力等。① 可见，贫困地区第二、第三产业还处于起步阶段，从事的业务处于产业链低端，科技含量低，所生产的产品服务于地方的多，走向全社会的少，附加值低，现代制造企业少，对整个国民经济的辐射带动作用弱。

六 人口因素制约

广大贫困地区农村面临人口总量增长过快与人力资源贫乏的双重制约。人口增长过快导致人均资源拥有量下降，人口的劣势并未转化为人口资源的优势，而人力资源的不足而且流失严重制约贫困地区内生性发展能力的增强。

（一）人口增长过快

传统文化中的多子多福、重男轻女等观念是人口过快增长的内在精神动力，而中华人民共和国成立以来的安定环境和经济社会发展则为贫困地区农村人口的增长提供了外部条件。计划生育政策虽然在一定程度上遏制了人口过快增长的势头，但在实践中，贫困地区和少数民族地区农村实施较晚且相对宽松。甘肃中部黄土高原丘陵沟壑区从1949年的261.48万人增长到1983年的571.17万人，增长了118.44%，年增长23.3‰，高于全国（18.93‰）和全省（21.37‰）的增长率。1990年第四次人口普查表明：定西、会宁、通渭、东乡等大多数县的出生率均在20‰以上，自然增长率在15‰以上，1983年人口密度达到80.6人/平方千米。按照1978年联合国沙漠化会议的标准，干旱、半干旱土地对人口的负荷极限分别为7人/平方千米和20人/平方千米。② 该地区存在严重的人口超载现象。以康乐县为例（见图7-3），中华人民共和国成立初期康乐县人口有8万多人，80年代初翻了1倍，21世纪初又增长了近一半。据《康乐县志》记载：中华人民共和国成立初期，康乐县人口出生率上升，50年代大部分年份在30‰以上，1971—1974年出现人口生育高峰，1980年开始

---

① 康乐县地方史志办公室：《康乐年鉴（2014）》，中国文化出版社2015年版，第214—215页。
② 段舜山、徐建华：《反贫困的战略选择》，甘肃科技出版社1995年版，第149页。

下降，1985 年下降到 15.72‰。死亡率从 50—70 年代的 10‰下降到 1985 年的 4‰。① 可见，出生率偏高，而且远高于死亡率。

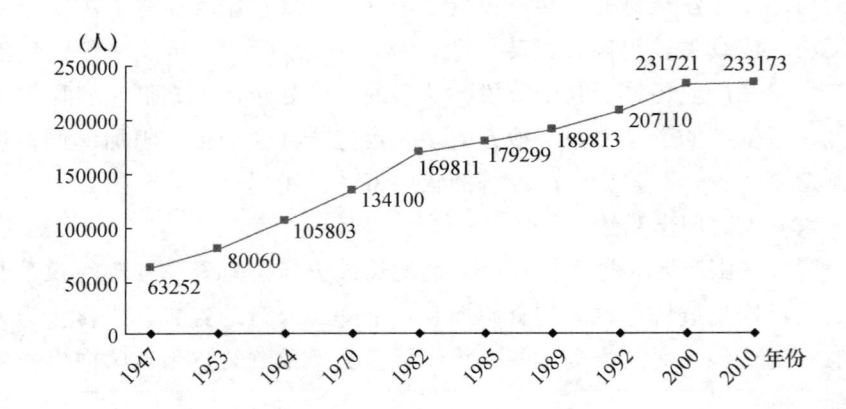

图 7-3　康乐县人口数量变化趋势

资料来源：1947—1985 年数据来源于《康乐县志》，1989 年、1992 年数据来源于《中华人民共和国全国分县市人口统计资料》，2000 年、2011 年数据来源于人口普查公报。

（二）人力资源的贫乏

贫困地区人力资源贫乏既是贫困的表现，也是主要的致贫因素之一。人力资源贫乏主要体现在以下几个方面。

一是人才贫乏。一方面，由于教育事业发展滞后，人才培养的数量少。而对于贫困地区教育事业的发展，最主要的制约因素在于师资力量的薄弱。由于自然、社会等因素的制约，贫困地区农村教师不仅引进困难，而且流失率高。有学者通过对江西、重庆等九省 20 个区县农村教师的调研发现：63.69% 的农村教师发生过事实性流动，68.43% 的农村教师具有潜在外部流动意愿，其中有 87.76% 的农村教师想流出农村，而乡镇中学教师的潜在外流比例最高，达到 76.51%。另一项定量调查（2087 份有效样本）发现：农村教师的潜在外流率与学历水平总体呈正比例分布。② 乡村教师队伍不稳定是农村教育事业发展最大的制约瓶

---

① 康乐县志编纂委员会：《康乐县志》，生活·读书·新知三联书店 1995 年版，第 401 页。

② 李涛：《大量乡村青年教师成考试专业户　一考上马上辞职》，中国社会科学网（http://www.cssn.cn/dybg/dybg_jy/201509/t20150921_2408620.shtml），2015 年 9 月 21 日。

颈。另一方面，贫困地区农村引进人才困难，本地培养的人才绝大部分到城市或外地就业，留在农村的大学毕业生少。人才的城镇化率远高于人口城镇化率。人才的流失使得农村失去了发展所需的组织、带动和创新能力。以临夏州为例，2013年全州专任教师中，第一学历为全日制本科毕业的只占16.5%，学科性缺编近4000人。① 从康乐县的情况来看，2013年全县教职工3012人，编制内教师2661人，代课教师335人（占比11.12%），见习岗位教师16人。2508名专任教师中，研究生学历18人（占比0.72%），本科学历1070人（占比42.66%），专科1120人（占比44.66%），中专及高中学历439人（占比17.5%）。② 可见，学历结构中专科占比最高，说明康乐县教师队伍整体学历偏低。代课教师占比不小，说明教师数量不足。

二是劳动力外流严重。贫困地区缺乏有效的经济增长点，外出发展是脱贫致富的重要渠道，由此形成了"民工潮"现象。农民工是农村劳动力资源的主体和精华。他们进城务工带来了不菲的经济收益，而且已成为农民增收的重要渠道。外出打工目前已成为农村中青年劳动人口的首要选择。以康乐县Y镇为例，据政府统计，2012年全镇人口约2.5万，而外出务工达1.1万人次，约占全镇农业劳动力的72%。但是，农民工进城导致了农村发展的主体依靠力量被严重削弱，农村只剩下能力较弱的老人、小孩和妇女。这使得本已贫困的农村经济社会建设缺乏人力支撑，特别是青壮年劳动力的支撑，农村人口出现年龄和劳动力的断层，不仅导致农村大量土地被劣耕甚至撂荒，农业公共基础设施被荒废，而且形成了大量的"留守儿童""空巢老人"，从而损害了农村的内生发展能力。2011年年底，一项针对甘肃省650户农户的调查显示，农村留守劳动力中女性占60%左右，45岁以上的占51.6%，小学及以下文化程度的占65.9%。③ 人力资源向城镇流动加剧了城乡间人力、智力资源差距，贫困地区农村不自觉地逐步陷入被现代社会边缘化的境地。

三是人口老龄化加重。人口老龄化是我国当前面临的基本人口形

---

① 数据来源于中共临夏州委、临夏州人民政府《临夏州工作汇报》，2014年。
② 康乐县地方史志办公室：《康乐年鉴（2013）》，中国文化出版社2014年版，第236页。
③ 樊怀玉、鲜力群：《2013甘肃发展报告》，甘肃人民出版社2013年版，第21页。

势，广大贫困地区农村人口老龄化同样较快。2010年第六次人口普查数据显示，甘肃省农村65岁以上老年人口比例达到8.73%，比城市高出1.3个百分点，老年抚养比达到12.24%。在14个市州中，定西、陇南、临夏等深度贫困地区老年人口系数最高。以康乐县为例，2013年全县60周岁以上老龄人口30684人，占全县总人口的11.78%，部分老人需要特殊照顾（见表7-9）。① 2014年老年人口占总人口的12.8%（同比增长了1.02个百分点）②，增速较快。

表7-9 2013年康乐县60周岁以上及需要特殊照顾的老龄人口数量及比重

类别	数量（人）	占老龄人口比重（%）
60周岁以上老龄人口	30684	100.00
"五保"老人	1274	4.15
空巢老人	2377	7.75
残疾老人	1618	5.27
城镇"三无"老人	29	0.09
失能老人	239	0.78
半失能老人	720	2.35

资料来源：《康乐年鉴（2013）》。

根据联合国的定义，当一个国家或地区60岁及以上人口占总人口的比重超过10%，或65岁及以上人口占总人口的比重超过7%时，这个国家或地区进入老龄化。可见，康乐县已经进入老龄化阶段。人口老龄化必将导致社会生产能力下降和抚养比提高，对社会保障和公共服务的压力增大。特别是在青壮年人口大量外流的情况下，农村老年群体的贫困化和边缘化问题会加剧。从表7-10可以看出，康乐县60周岁以上需要社会照顾的老人中，空巢老人的数量最多，占比最大，其次是残疾老人，这表明康乐县大量农村青壮年人口外流，部分老人不能随迁而成为社会弱势群体。

---

① 康乐县地方史志办公室：《康乐年鉴（2013）》，中国文化出版社2014年版，第260页。
② 康乐县地方史志办公室：《康乐年鉴（2014）》，中国文化出版社2015年版，第300页。

表 7-10　　　　　　　　2014 年康乐县 60 周岁以上及
需要特殊照顾的老龄人口数量及比重

类别	数量（人）	占老龄人口比重（%）
60 周岁以上老龄人口	34598	100.00
"五保"老人	1954	5.64
空巢老人	2497	7.22
残疾老人	2059	5.95
城镇"三无"老人	29	0.08
失能半失能老人	973	2.81

资料来源：《康乐年鉴（2014）》。

当然，制约甘肃贫困地区农村发展的因素还有很多，不能一一分析，而且在各地区各因素的地位和作用各不相同。总体来看，制约因素既有自然的，也有历史的；既有经济的，也有政治、文化、社会的；既是生产发展不足的结果，也是社会收入分配差距扩大的产物。甘肃贫困地区农村的贫困是地理资本贫困、历史文化贫困、社会治理贫困、人口素质贫困等与我国农业现代化发展滞后相混合的产物，是地区差距、工农差距、城乡差距等的集中体现。

各种致贫因素之间具有内在联系，相互影响和制约，形成了复杂的恶性循环。如经济贫困制约教育、医疗等社会事业发展，而教育、医疗等社会事业发展滞后又制约经济发展，两者互为因果。各种致贫因素的各种复杂内在联系使得贫困具有一定的稳定性和顽固性，特别是对于经过长期扶贫开发而仍然贫困的特困地区。美国经济学家拉格纳·纳克斯（1953）认为：发展中国家长期存在的贫困是由若干个相互联系和相互作用的"恶性循环系列"造成的，其中"贫困的恶性循环"居于支配地位，"一国穷是因为它穷"。纳尔逊提出的"低水平均衡陷阱"理论证明了发展中国家贫困再生是一种稳定的现象。

第八章 现实分析（二）：甘肃农村扶贫开发的内在矛盾与有利条件

甘肃农村大规模扶贫开发已经走过了30多年的历程，经过长期的实践探索，形成了一系列行之有效的措施和模式，为全国的扶贫开发事业提供了经验借鉴。但是，甘肃贫困地区农村脱贫致富任重道远，特别是在全面建成小康社会的关键阶段，深刻反思扶贫开发中面临的深层次内在矛盾，找准制约提高扶贫开发效率的主要障碍，发现现行举措的不足，从而进一步完善扶贫开发政策，对于推进扶贫开发实践具有重大现实意义。

第一节 甘肃农村扶贫开发的内在矛盾分析

矛盾无处不在，也无时不有。扶贫开发本身就是在破解矛盾中前进的。深入发掘、客观面对、努力破解扶贫开发行动中的各种矛盾，扶贫开发才能不断深入发展，成效才能不断提升。

一 扶贫与开发的矛盾

扶贫与开发是反贫困的两翼，两者既相互统一又相互对立。两者具有内在的统一性，开发离不开扶贫，扶贫为开发奠定了基础；扶贫也离不开开发，开发巩固扶贫的成果。国内外实践反复证明开发式扶贫是优于救济式扶贫的反贫困途径。然而，两者也有显著的区别和内在的冲突。

第一，两者目标不同。扶贫属于补短板性的制度安排，针对贫困人口，解决其生产生活中最紧迫的困难，其直接目标是以贫困线为标准的脱贫。贫困家庭脱贫后，扶贫的任务就完成了。开发则是利用贫困地区的生产要素培育经济增长点，拓展当地群众的增收门路，形成可持续的发展能力。开发针对的是所有农村居民，不限于贫困群体，没有具体的目标限制，没有完成任务的时候。扶贫与开发虽然相互区别，但界限模糊，在实际操作中难以明确区分。从我国当前扶贫开发制度体系来看，各级政府的扶贫行为具有明确的靶向性、期限性，直接瞄准贫困地区和贫困人口，并规定脱贫期限。扶贫政策将满足贫困人口最基本的生活和发展的需要（如吃、穿、教育、医疗、住房等）作为主要目标，而不包含脱贫后的进一步发展。一个贫困户收入水平达到了贫困线，扶贫的任务就基本完成了；一个村达到脱贫标准，该村的扶贫任务就完成了。

第二，两者实现途径不同。扶贫与开发同属于农村经济社会建设，主体都是农村居民，场域都在农村，然而两者的重点和路径却各不相同。扶贫的主要任务在于帮助贫困家庭增加经济收入和解决基本生活、发展方面的困难。由于贫困户的具体致贫原因和需求存在个体差异性，扶贫措施指向越是精确，甚至到户到人，其帮扶的效率则越高。要提高扶贫的成效，就需要政府将大量资金用于民生建设，改善群众生活状况，将资金分散到千家万户，满足其生产生活需要的方方面面。而开发的主要途径是培育富民产业，形成经济增长点，特别是发展第二、第三产业和城镇化，其效果显著。产业培育客观上需要培育一批有市场竞争力的企业或经济合作组织来带动产业发展，延伸产业链，生成产业集群。为了提高产业集中度，政府就要加大对企业和产业"带头人"的支持力度，促使一部分人先富起来，然后带动其他人富起来。

在广大贫困地区农村，扶贫和开发都是政府的重要职能和责任，都面临严峻的形势和紧迫的时间，两者需要统筹兼顾。但在资源不足的情况下，政府的投入重点往往面临两难选择。到村到户解决贫困问题需要大量资金，而对贫困村、户的大量投入，对于整个地区的经济开发来说，效益发挥得相对缓慢，开发的效果不显著，而大力投入经济开发又必然减少扶贫的投入。扶贫与开发没有显著的界限，加之贫困户承接扶贫项目的能力不足等多种原因，不少农村扶贫项目实质上转换成了开发项目，如产业扶贫、金融扶贫等，由于真正的贫困户缺乏能力和基础条件，这些优惠政策只好给了非贫困户。

二 政府与市场的矛盾

在反贫困过程中，政府与市场在扶贫开发中既有相互补充、相互促进的一面，也有相互矛盾的内在张力。在贫困地区的扶贫开发中，政府的大力投入快速有效地改变了贫困地区基础设施，为市场作用的发挥奠定了物质基础，如道路、通信等基础设施建设为市场配置资源提供了便利，提高了农产品的商品化率，也为农村剩余劳动力外出务工创造了有利条件。而农户利用市场机制将资源转化为经济收入，加快了脱贫致富的步伐。

然而，两者的区别和冲突也是显而易见的。政府力图通过帮扶贫困群体缩小收入差距，而市场的竞争机制则导致收入差距的不断扩大；政府行为具有明确的目的性、计划性、可控性、稳定性等特征，而市场行为却具有自发性、盲目性、滞后性、不可控性、不稳定性等特征。在甘肃扶贫开发实践中，政府通过资金、技术等方面的支持，大力培育农村特色产业，快速增加了特色农产品的市场供应，但政府却无法左右市场需求，解决不了农产品的销售、价格问题，往往出现"增产不增收"现象。例如，康乐县大力培育畜牧、育苗、中药材、劳务四大扶贫产业，畜牧业主要以肉牛、肉羊为主，育苗以云杉为特色，中药材以当归、党参为主体，在政府的鼓励和支持下，这些产品的供给快速增加，但近年来牛羊肉、树苗、中药材价格大幅下跌，严重挫伤了农民种植养殖的积极性。据统计，党参干货从2013年的120元/公斤下降至2014年的15—23元/公斤，当归从2013年的40—46元/公斤下跌至2014年的20—30元/公斤。① 市场行情的变化严重影响了政府扶贫开发的效果。在甘肃省贫困地区农村扶贫开发中，大多存在产业雷同的现象，导致各地区扶贫产业相似性显著。种植、养殖、劳务是各地共同发展的主打扶贫产业，而且种植的主要是马铃薯、大棚蔬菜（主要品种是辣椒、西红柿、榆中莲花菜、菜花、韭菜等）、林果（主要品种是苹果、花椒、核桃等）、中药材（主要是当归、党参、黄芪、柴胡等）、草食畜（主要是牛、羊、鸡等）。而劳务输出方面，也具有一定的相似性，主要集中在建筑工、电焊工、拉面工、保姆、摘棉工等行业。由此可见，政府行为虽然提高了产业培育的效率，但受知识和能力所限，只能影响生产，却无法左右需求，也不可能满足市场多样化、动态化的需求，因而不可避免地导致产业结构的雷同和重复建设，导致市场风险集中和产

---

① 《中药材大品种党参、当归价格大跌》，康美中药网（http：//www.kmzyw.com.cn），2014年4月25日。

业结构畸形。

实践中，在西部贫困地区农村扶贫开发中，政府在产业培育中处于"两难"境地。由于经济基础薄弱，政府不干预产业培育会导致地方产业培育过慢，农村陷入长期贫困而难以自拔，难以按期脱贫和建成小康社会；但是，政府干预产业培育则面临无法预知的市场风险，而且超出政府的职能范围。

三 公平与效率的矛盾

公平与效率不仅是哲学思辨中难以解开的结，也是反贫困实践中面临的两难价值抉择。随着我国各级政府对扶贫开发重视程度的提高和扶贫投入的增加，扶贫开发中公平与效率的矛盾也在加剧。扶贫开发是"特惠"而非"普惠"政策，它只针对贫困地区和贫困人口，而且在不同贫困地区或贫困户间的投入力度是不均衡的，甚至差距悬殊。这种"倾斜"性投入模式目标在于提高投资的效率，集中资金力量一次性从根本上破解某些制约发展的主要瓶颈问题，但它不可避免地加剧了群众利益失衡，损害了社会公平，导致部分群众心理失衡，滋生了群众之间的矛盾和部分群众对基层政府的反感。例如，在精准扶贫中，不同帮扶单位结对帮扶不同的贫困村，而不同帮扶单位带来的帮扶资源投入差距较大。有的村投入了上千万元扶贫资金，全村面貌焕然一新，而有的村几乎没有投入和改变。有的帮扶干部带给了结对农户较多的资源和机会，使其家庭状况发生了根本性转变，有的农户却没有享受到这样的机遇而只能抱怨命运不公。在农村低保户的评议中，三、四类"低保"户由于其家庭经济状况与非低保户差不多，难以准确分辨，而上级政府是根据总量概算再逐级分解的办法给各村分配名额，故与各村的实际情况存在较大出入，导致部分真实的贫困户不能被覆盖，覆盖的低保户不够贫困。"低保"不能全部覆盖介于贫困与非贫困"中间地带"的群体，这就导致群众为争夺"低保"而发生矛盾纠纷，出现"分户保""轮流保"等现象。另外，"低保户"和"贫困户"在实践中出现手段化倾向。有的基层干部为了维护稳定和推进其他工作，将"低保"转化为组织动员村民的手段，如给予实施计划生育工作的计生户和征地拆迁户以"低保"；给予上访"专业户"以"低保"；还有部分干部优亲厚友，暗中给支持自己的亲友"低保"；有的迫于上级或强势群体的压力，违背原则地安排"低保"。"低保"户必须参加没有报酬的公益劳动，服从村干部的安排，否则就会被取消资格。

在精准扶贫中，由于同一地区农户的经济收入来源相近，贫困与非贫困差距并不显著，而贫困户享受到的政府优待却比非贫困户多得多，如在贷款、子女上学、"两后生"培训、医疗救助等方面，贫困户享受到越来越多的优待，也不可避免地产生了越来越多的矛盾和纠纷。

集中连片特困地区与非集中连片特困地区的政府投入和政策优惠也存在较明显差距，导致区域间的不公平。例如，集中连片特困地区高考专项招生计划给予了集中连片特困地区的高考考生优待。这虽然有利于提高贫困地区的高考录取率，但也损害了非特困地区考生的利益。

调研发现，乡村干部抱怨最多的就是无法"普惠"优惠政策，这类政策越多，农村矛盾就越多，工作难度也就越大。事实上，由于贫困本身具有相对性，除了少数极端贫困的农户之外，其余大部分农户的贫困程度相近，难以准确识别谁家比谁家更贫困，而且各家有各家的困难。由于基层政府缺乏对农户收入和支出的监测统计手段，贫困的测评缺乏科学的依据，而依靠群众评议来确定贫困户无疑撕裂了农村社会内部的利益平衡，对当地群众产生了巨大的心灵震撼，导致群众之间的矛盾纠纷增多，基层党政机构在群众心目中的威信下降。

四 投入与需求的矛盾

在政府主导的贫困地区农村扶贫开发实践中，政府的财政投入和银行贷款是主要的资金来源。但由于中央财政转移的有限和地方财政收入的困难，有限的政府资金投入无法满足广大贫困地区农村经济社会建设的巨大需求。这一矛盾突出表现在以下三个方面：一是地方政府资金配套难。不少国家项目需要地方政府提供一定数量的配套资金，这部分资金虽然比重较小，可对于甘肃贫困地区的地方财政而言，却是难以承担的数目，这些地区往往因为缺乏配套资金而只能放弃。二是到村到户资金缺口巨大。扶贫只有到村到户才能真正做到精准，做到"扶真贫，真扶贫"。而贫困地区农村的致贫因素和具体需求具有多样性和特殊性，再加上基础薄弱，所需资金数额大。对于到村资金，据有关部门初步测算，每个贫困村至少需要投入1000万元才能基本满足其脱贫致富的需要，初步匡算甘肃省就需要600多亿元的到村资金。至于到户资金，所需资金量的需求更大，资金供求矛盾更为突出。以康乐县为例，精准扶贫要求为每户脱贫户落实扶贫项目，但投入大多在1万元左右，

1万元的资金仅能缓解短期生活生产困难,不能满足贫困户的脱贫需求,无法使其根本脱贫。有关政府资料显示,2014年,中央安排甘肃省财政扶贫资金36.76亿元,是历年来最多的,但平均到每个贫困人口,人均只有665元[①],显然难以满足贫困家庭发展的需要。三是农户配套困难。农村最贫困的家庭往往由于经济困难而无法把握脱贫致富的机遇,导致扶贫错位。以贫困地区农村危房改造为例,2015年政府补助标准约11500元,而农户改造一套住房需5万—10万元,而不足部分需由农户自筹。因此,贫困地区农村最需要建房的贫困农户往往因为经济困难无力建房,而有能力建房的家庭却又不是最贫困的家庭。又如易地搬迁扶贫,目前每人的补助标准只有8000元,户均约4万元,但搬迁加上新建住房等基础设施至少需要12万元。这导致真正的贫困户无力搬迁,即便搬迁了也要承担过重的债务负担,陷入更为深重的贫困,而有能力搬迁的农户又往往不是最贫困的农户。再如扶贫贷款贴息,真正的贫困户或因无抵押、无担保贷不到款。有的贫困人口因文化水平低,不理解相关政策和程序,不会贷款和领取贴息资金,导致扶贫贴息资金大部分流入了农村大户和扶贫龙头企业。

近年来,各级政府在扶贫开发中投入的力度空前增大,但远远不能满足贫困地区农村经济社会建设多样化的需求。政府能力的有限性与贫困户需求的多元化之间的矛盾,是扶贫开发的基本矛盾。这个矛盾的解决一方面需要政府增加投入,另一方面要以政府的主导作用引导、撬动群众主体作用的发挥。如果贫困户过度依赖政府,那么政府的投入即便再增长数倍也满足不了贫困村和贫困户多元且不断增长的需求。

五 上层设计与底层实际的矛盾

政府投入是从上到下逐级分解指标而下放到乡村和农户的,投入的具体实施是以项目为载体进行管理的。尽管政府部门做了大量工作,使项目设计尽可能科学,但不可避免地会带有一定主观成分,不可能完全准确地测算出农村农户需求的内容和数量,从而导致项目的内容、投入数量往往与投入地群众的实际需求不一致。而且,项目一般是预定不变的,而农村需求是动态变化的,两者的矛盾冲突就不可避免。如"两后生"培训,不少被认定为贫困户的家庭没有"两后生",不少有"两

---

① 数据来源于《甘肃省〈中国农村扶贫开发纲要(2011—2020年)〉中期评估报告》。

后生"并需要培训的农户没有被认定为贫困户,致使认定与培训无法对接。另外,扶贫项目安排与扶贫村的实际需要存在出入,导致项目难以落实,出现有需要的没项目,有项目却不是农户最迫切的需要,如有的村急需解决道路硬化、安全饮水等基础设施建设问题,但安排的扶贫项目是培育产业。在扶贫项目、资金被严格监管的条件下,扶贫项目和资金使用的调整往往需要较高的行政成本和复杂的程序。扶贫项目的实施和资金的使用有严格的法定程序和监管措施,如需发票、税票、证明、合同等,而偏远农村社会发育滞后,农民法制知识不足,往往难以准备齐全相关的文书材料,导致扶贫项目难以实施。

六 "扶民"与"扶县"的矛盾

对于甘肃广大贫困地区,地方政府财政贫困与个体家庭贫困同时存在。相比较而言,地方政府的贫困程度更深,脱贫难度更大,而且没有纳入扶贫的政策体系。在扶贫资源稀缺的条件下,"扶民"与"扶县"的矛盾就凸显出来了。当然,"扶民"与"扶县"具有内在的一致性,富民奠定了强县的基础,县富增强民富的保障。而且我国各级党政机关都以全心全意为人民服务为宗旨,没有自己的特殊利益,人民与政府的根本利益是一致的。但是,在实践中,完全否认政府的自身利益也是不客观的。公共选择学派代表布坎南(1988)认为:"公共选择的显著特征是假设政治舞台上的个人像市场上的个人一样,理性地按照他们自己的自利方式行动。"[1] 贫困地区的地方政府处于利益博弈的旋涡之中,同样有对自身利益的关切和追求,"扶民"与"扶县"存在内在张力。张新伟(1998)认为,摆脱贫困的战略方式主要有两种:区域发展带动型和瞄准贫困农户型。二者的根本区别在富县和富民的贡献大小上……由贫困地区地方政府的理性选择所决定的与上级博弈中,把重点放在"区域发展"而非"带动"上。一方面,这能够将有限的扶贫资源按其意向投入自己认为的"重点领域";另一方面,可以把仍然是贫困农户的贫困情况作为要价条件,要求上级政府继续投资。这也是为什么扶贫投入不能很快见效或效果不明显的一个制约因素。[2] 对于贫困地

---

[1] [美]詹姆斯·M. 布坎南、理查德·E. 瓦格纳:《赤字中的民主》,刘延安译,北京经济学院出版社1988年版,第91—92页。

[2] 张新伟:《反贫困进程中的博弈现象与贫困陷阱分析》,《中国农村经济》1998年第9期。

区地方政府而言，搞好本地区的经济建设，形成稳定而丰富的财政收入源泉，保障其正常运转，无疑是其首要的利益诉求。特别是在以 GDP 作为考核政府重要指标的背景下，"扶县"是比"扶民"优先的价值追求。何况贫困县财政自给率低，本地财政收入难以维持其正常运转，而随着政府在公共服务和管理方面承担的职能越来越多，社会期望越来越高，财政开支逐年快速增长，财政收支的矛盾越来越突出。而要实现"扶县"的目标，政府就需要集中资金投入城镇而非农村，投入能够直接产生税收的工商业而非补贴农业，大力投资经济建设而非扶贫。另外，农村贫困的广泛存在也为地方政府获得上级财政转移支付和优惠政策提供了有利条件。当然，对于甘肃省的贫困县，贫困真实存在而非挟贫要价。在扶贫开发中，必须统筹兼顾"扶民"与"扶县"，想要让贫困地区政府把主要精力放到农村扶贫上，就需要建立稳定的财政转移保障机制和利益激励机制，解除其后顾之忧。

七 "扶村"与"扶户"的矛盾

西部地区的贫困是村贫与民贫并存的贫困，建设新农村与富裕农民都是政府的价值追求。然而，在扶贫开发中却存在"扶村"与"扶户"的尖锐矛盾，特别是对于部分自然条件恶劣、发展潜力不足的村庄。这部分村庄由于自然禀赋不足、历史基础薄弱、改善条件难度大，即便道路、饮水、电力等基础设施得到根本改善，但也难以培育出有脱贫致富价值的经济增长点，产业培育仍然只能局限于小规模种养业。因此，硬件条件的改善难以给予当地的中青年人脱贫致富的信心和希望，成为他们眼中的"鸡肋"。对于劳动能力较强的群体而言，离乡发展仍是符合长远利益的理智选择。同时，发展劳务产业也是政府所大力推广的扶贫项目。在外出务工的潮流带动下，贫困村人力资源逐步流失，随着留守劳动力的老龄化不断加深，贫困农村农业劳动力出现代际"断崖式"塌陷，农业劳动技能难以有效传承，被撂荒的耕地不断增多。由于进城务工、经商、求学等经历极大开阔了贫困农村中青年人的视野，城市现代化生活与农村贫困生活的巨大反差使得他们失去了驻守农村的信心和勇气。从事第二、第三产业的经济效益远高于农业，这更使得大部分进城生活过的农村居民不愿再回农村。当前，贫困地区农村"空心化"形势越来越严峻。农村新建基础设施的利用效率不断下降，政府对村社投资建设的实际价值大打折扣。据调研，不少地方政府投资新修了水平梯田，可不少新修的水平梯田仍被撂荒或劣耕。现实生活中，越来越多的村小学因为生源枯竭而被废弃，新硬化的马路很少有车辆行驶。这充分表明，扶贫开发的外在支持在贫困村人力资源大量流失的背景下难以转化为贫困群众发展的内生动力，其绩效大大缩水。

当前贫困地区农村扶贫开发中，"扶村"与"扶户"的矛盾使得扶贫开发陷入两难的境地，折射出现代化进程中农村中青年人在城与乡之间的艰难抉择和摆动。既然人口的城镇化是不可遏制的历史潮流，那么偏远贫困农村的衰落就不可避免，即便有部分外出人员回乡发展，也仍然改变不了整体衰落的趋势。

八 放权与治村的矛盾

家庭联产承包经营责任制和市场经济体制不仅使农民获得了充分的人身自由和财产权利，大量剩余劳动力从无效或低效的小规模家庭农业转移到高效的第二、第三产业，而且构建了有利于提高劳动者积极性的利益激励机制，从而促进了我国减贫事业的快速发展。有关研究表明：在1981—2004年，我国的贫困人口大幅下降，其中，有2/3的脱贫发生在1981—1987年，仅在1981—1984年，贫困人口就减少了40%，只有15%的贫困人口数量的减少发生在1995年之后。[1] 可见，我国农村减贫最快的时期是在改革开放的初期，主要得益于经济体制改革所带来的红利。刘青海（2011）认为：减贫的关键在于给贫困者赋权，增加其获得劳动产品的能力和权利。[2] 而我国20世纪80年代农村经济体制改革的显著特点就是给农民放权，而后来农村改革的深化和发展的显著特点也是放权让利，进一步强化了农民的个体利益。

但放权让利也有其不利的一面，那就是导致农村基层政府和村委失去了组织动员群众的有效抓手，在群众中威信下降，特别是村"两委"治村能力日趋式微。有民间顺口溜为证："有田有钱不靠你，不偷不抢不怕你，外出挣钱不理你，出了问题要找你，解决不好闹死你。"部分村民根据个体利益选择性参与农村集体活动或者保持冷漠，有的常年在外地务工，与村集体几乎失去联系，农村基层组织实质性瘫痪。有些村干部主要依靠私人关系开展工作，对农村不断滋生蔓延的不文明现象和

---

[1] 刘青海：《减贫关键在于给贫困者赋权》，《农村工作通讯》2011年第23期。
[2] 同上。

风气不敢管、不愿管，甚至害怕得罪村民，农村思想政治工作趋于荒废，农村社会治理日趋无力。农民的社会分散性不断强化，小农经营模式得到实质性的巩固，这与生产生活社会化的历史趋势相背离，成为制约农村现代化转型发展的社会障碍。

放权与治村的深层矛盾是贫困地区农村扶贫开发的两难选择，也是社会主义新农村建设面临的深刻矛盾。如何寻找到平衡点，从而既能充分保障农村居民的自由，又顺利走上产业化、规模化、组织化发展的道路，是摆在人们面前的艰难抉择。只有使农村集体成为"真实的集体"，集体利益和个人利益相得益彰，农村才能走出困境，实现现代化。

九 教育与就业的矛盾

治贫先治愚。反贫困实践和国内外理论研究都表明，发展教育是有效的脱贫路径。甘肃反贫困实践中，把发展贫困地区农村教育事业作为脱贫的基本路径。但教育与就业的张力也影响教育的脱贫成效，"教育治贫"与"因学致贫"同时存在。贫困地区农村经济发展滞后，既苦于人才资源贫乏，发展动力不足，又由于就业机会稀缺而难以承载人才。随着接受过中高等教育的毕业生逐年增多，而贫困地区所能提供的就业岗位十分有限，解决就业的主要途径只有政府机关和事业单位。近年来，为了解决大学毕业生就业问题，甘肃省几乎每年都设立"扶持1万名普通高校毕业生就业工程"，通过大学生村干部、进村进社、"三支一扶"等缓解毕业生就业压力。而进入政府机构和事业单位的毕业生主要依靠政府财政供养，使得贫困地区政府的财政供养压力过大，可用于经济社会建设的资金减少。贫困地区农村人口相对稀少，政府机关及事业单位的工作业务本就不多，不断吸纳毕业生导致机构臃肿、人浮于事。以康乐县Y镇为例，2006年该镇政府工作人员只有30多人，而2012年已有70多人，2015年已有90多人。以前30多人能干完的工作现在由90多人来干，浪费了大量人力和财政资金。

就业是教育发展的动力，是学生勤奋学习的首要目标。贫困地区的农村学子通过教育改变家庭命运的期盼更为强烈。但随着我国高等教育的普及化，大学生就业的难度逐渐增大。如果毕业后不能就业，求学的内在动力会衰减，学生和家长的投资教育积极性也会下降。因此，贫困地区教育事业发展与就业的张力成为扶贫开发事业中面临的两难选择。

原因主要在于，教育事业的发展不是基于贫困地区经济社会发展而内生的人才需求，而是外在动力推动下的人为扩张。高等教育与社会需求的结构性矛盾导致人才培养的错位，"就业难"与"招工难"同时出现。

十 发展与稳定的矛盾

发展与稳定是贫困地区农村社会走向现代化的重要条件，也是政府执政的主要价值追寻。发展是目的，稳定是前提，两者紧密联系但又存在内在的张力，因为发展本身就是一个充满矛盾的过程，往往会带来不稳定。塞缪尔·P.亨廷顿认为："现代性孕育着稳定，而现代化过程却滋生着动乱。"① 现代化是贫困地区脱贫致富的基本途径，而以现代化为主要内容的发展模式改变着贫困地区农村既定的生产生活方式和思维定式，导致群众感到迷茫、困惑和不适应。扶贫开发倾斜性的资源投入模式冲击了社会长期存在的利益结构和价值观念，导致农村新的社会矛盾的滋生和蔓延。近年来，随着国家对"三农"和扶贫开发投入力度的大幅增加，无法"普惠"和均分的投入引发了村民的激烈争夺和村民社会心态的裂变，由此引发部分村民情绪不满、上访乃至闹事。当前，在村民评选"低保户""贫困户"的过程中，群众内部矛盾增多，基层干群关系紧张，进而引发冲突。由于低保、扶贫资金的获得不需要付出等价劳动，这与长期存在的"按劳分配""勤劳致富"等价值观念相背离，滋生了嫉妒、攀比乃至失落的情绪。而基层干部为了维护稳定和推动其他工作，又不得不进行安抚和原则上的让步，使得"低保""扶贫"在一定程度上变形走样。

在没有到村到户扶贫开发投入的时期，农村村民心态相对平衡，村民间一般相安无事，农村社会一般波澜不惊。可随着扶贫开发的深入发展，农户间的利益获得出现越来越大的差异，矛盾也就随之增加，而这个痛苦的转型过程又不可避免，从而导致基层政府既苦于农村不发展，又苦于农村的发展。

事物的发展是在矛盾中前进的。甘肃贫困地区农村的反贫困同样充满矛盾，而对矛盾的正确认识和解决必将推进扶贫开发事业的健康发展。从以上分析我们可以看出，反贫困事业所面临的深层矛盾涉及农村

---

① ［美］塞缪尔·P.亨廷顿：《变化社会中的政治秩序》，王冠华等译，生活·读书·新知三联书店1989年版，第38页。

社会生活的方方面面。反贫困不仅需要政府资源加大投入力度,而且还需要深入研究和探索农村社会管理和公共服务方面的改革。只有经济投入和社会改革双管齐下,相得益彰,才能充分发挥扶贫开发的效益。进一步说,反贫困决不能就贫困来谈反贫困,而应将其放在"三农"问题的大视野中来研究和探索。贫困地区农村脱贫致富的过程其实就是其走向现代化的过程,而现代化不仅是经济建设方面的现代化,还包括政治、文化、社会和人等的全面现代化。

第二节 现行反贫困措施存在的主要问题

随着甘肃贫困地区农村经济社会的发展,扶贫开发面临的环境正在变化,现行的反贫困措施还需要在不断反思中改进和完善。

一 农内扶贫,产业延伸能力不足

产业培育是甘肃农村反贫困的主要措施之一,是贫困地区自我发展能力的支撑点。然而,甘肃农村反贫困所培育的产业集中在农牧业,而且是小规模家庭农牧业。而农牧业属于基础产业、弱质产业,处于产业链的低端,产业链短,在市场交易中,农户由于分散和相互竞争而处于弱势地位,市场风险较大。产业延伸不够,导致农民的农牧业收益低且不稳定。而且,贫困地区农村自然、社会条件相近,扶贫开发所能选择的产业十分有限,这不可避免地带来区域内产业结构的同质化,放大农产品价格波动带来的风险。因此,进一步延伸产业链,发展具有地域特色的第二、第三产业,是进一步推进扶贫开发事业发展的必然路径选择。否则,贫困地区农村将仍处于"脱贫—返贫—再脱贫—再返贫"的恶性循环,政府将长期依靠中央财政转移而难以自立。

二 政府主导,社会力量参与不够

甘肃贫困地区农村扶贫开发的主要推动力来自政府,各级政府都将扶贫开发作为头等重大的任务来贯彻落实。不仅投入扶贫开发的财政资金快速增长,而且大批干部与贫困户结对帮扶,政府机关、事业单位、国有企业与贫困村挂钩帮扶,将政府的潜力尽可能地挖掘了出来。但甘肃各级政府机关、事业单位的自身经费紧张,所拥有的人力物力并不充裕而且不均衡,国有企业数量较少且经济效益普遍不高。大部分的机关、事业单位、国有企业的业务与农村扶贫开发不直接相关，参与农村经济社会建设并非各级干部所擅长。因此，政府真正的帮扶能力有限，而且直接参与微观经济活动与政府职能不相符，与"有限政府"的目标相悖。在考核压力的催促下，帮扶单位和干部为了完成任务，可能追求短期效应，牺牲社会公平公正。

扶贫开发的深入发展还需要进一步动员社会力量，如鼓励数量众多的民营企业、个体户、非政府组织、社会贤达和爱心人士以及省外、国外社会力量等。社会各界所联系的范围广，具有其自身的多样特点和优势，特别是民营企业、个体户等组织可以在扶贫开发中实现扶贫与自身利益的双赢。

三　以情识扶，扶贫精确程度不高

精准识贫是精准扶贫的前提和基础，然而广大贫困地区农村贫困难以准确鉴别。首先，由于农户收入为实物收入，且自行消费或销售，难以准确计算其价值。其次，农民外出务工的现金收益难以统计和核准。再次，农户的支出缺乏账目，难以计算。最后，农村贫困的认定主要通过群众民主评议，而同村村民之间一般都带有千丝万缕的社会关系，情感和利益因素必然影响评议的结果，评议的依据也主要来源于直观的感受，并不能客观反映农户家庭的真实状况。评议还与村民参政能力有关，最弱势的群体往往由于缺乏表达或争取自身权益的能力而被边缘化。因此，要做到精准识贫，客观上需要建立科学的农户收支统计体系，使贫困识别基于客观的事实而不是感性直观，而做到这一点需要大量的人力物力。

四　就贫扶贫，自我发展能力不足

贫困地区农村的扶贫开发实质是"工业反哺农业""城市反哺农村"的实现形式。而对于甘肃省来说，工业化和城镇化水平整体偏低，集中连片贫困地区工业化和城镇化水平更低。工业基础薄弱、工业企业少、财政收入自给率低、城镇化率低是集中连片贫困地区的共同特征，其社会处于现代化的初级阶段，"反哺"能力薄弱。扶贫开发直接瞄准贫困村和贫困户，虽然提高了扶贫开发的效率，但农产品销售市场、农民增收门路及就业机会等并未相应增长，贫困地区的内生性自我发展能力并未真正增强，导致脱贫效果难以巩固，返贫率高。

五 利益多元，协调整合扶贫不够

贫困地区农村扶贫开发与"三农"问题、社会分配、民生保障等紧密相关，涉及多个政府部门。而我国的行政管理体制中存在"条条块块"相互掣肘的问题，中央与地方之间、各级政府之间、各个部门之间都存在各自的利益关切和本部门的管理运行体系。在农村社会建设中，扶贫、农牧、水利、交通、林业、妇联、民族等相关部门都从本部门的价值追求出发制定政策和规划，并投入部门资金，不可避免地出现政出多门、相互掣肘、重复建设、互相推诿等现象。为此，甘肃省在扶贫开发中制定了一系列整合部门力量的政策，形成了"渠道不乱、用途不变、统筹安排、集中投入、各负其责、各记其功、形成合力、统一考核"的资金整合机制，并将各部门资金打包切块到县，各上级部门负责监管。但部门之间的竞争和利益差别不可能从根本上弥合，部门规章之间的内在矛盾也不可能消除，干部之间的意见分歧更不会自然消融。例如，农业部门以粮食安全为主要行政目标，环保部门以环境保护为目标，交通部门以畅通交通为目标，水利部门以完善水利设施为目标，等等，各部门的政策目标都有国家政策支撑，都要求给本部门业务增加投入，因而其内在分歧不可消除。同时，各级政府追求地方利益和官员追求政绩最大化的博弈暗流涌动。领导干部任期和轮换体制使得每届领导干部都力图在其任期内凸显政绩、建立功勋，具有追求"短期效应"的内在冲动，以至于都乐意将资金投入到见效快的硬件建设上，而对见效迟缓的项目则不愿多投入。这与地方经济社会的健康发展需要长期而持续稳定的政策环境和资源投入相背离。

进一步深化扶贫开发客观上还需要进一步加强资源整合和利益协调，充分发挥各部门、各地区的积极性，形成合力，从而提高扶贫开发资源的脱贫效率。

六 观念落后，思想教育扶贫滞后

观念落后、精神动力不足是不少贫困人口的共同特征。由于贫困可以获得不用付出劳动的经济实惠，如"低保"金，不少农村贫困人口以贫为荣，不愿通过自己的劳动脱贫致富。"共产党不会让人饿死"，这是不少贫困群众共同的想法。有的村民甚至认为，只要自己找政府去要、闹，就会得到同情和救助，这是自己的"本领"，是自己的高明之处。而政府对贫困户直接救助和帮扶的增加，不断强化了其内心的

"等、靠、要"观念。特别是单身、失独、孤寡、丧偶、家庭不和等贫困人口,由于没有精神寄托,他们人生观消极,担心自己奋斗的成果会在自己去世后被人夺走,认为自己劳动越多将来吃亏越大,因而抱贫守困,坐等救助。这部分贫困家庭往往对现金和生活资料需求强烈,而对政府资助的生产资料不感兴趣,有的干脆将这些生产资料换成生活资料而直接消费。这部分群体成为农村扶贫开发中的沉疴顽疾,而且在各个地方几乎都存在这类群体。他们在数量上虽然是少数,但其对农村居民社会心理的影响极大,侵蚀着贫困地区农村居民脱贫致富的斗争意志,成为扶贫开发事业的"反面教材"。

扶贫开发不仅需要物质资料的投入,更需要大力开展精神扶贫,充分发动群众做好贫困群体的思想政治工作,帮助其树立健康、积极的世界观、人生观和价值观。习近平指出,扶贫先扶志。甘肃贫困地区农村的扶贫开发事业的进一步发展,必须依靠帮扶贫困人口的内心世界,激发其内在精神动力,锻炼其脱贫意志,在农村弘扬"以勤劳为荣、以懒惰为耻,以自立为荣、以依赖为耻"的正能量。

第三节　甘肃扶贫开发面临的有利条件与历史机遇

先天劣势在一定条件下可以转化为后发优势。甘肃扶贫开发事业既面临严峻的挑战,也拥有自身特殊的有利条件,并面临前所未有的历史机遇。自近代以来,不少相对落后国家和地区通过引进和创新科技,开发自身资源,超越了先发国家,体现了后发国家或地区有可能将先天劣势转化为后发优势。20世纪下半叶以来,理论界对"后发优势"的理论研究也结出丰硕成果。美国著名经济史学家亚历山大·格申克龙1962年发表了《经济落后的历史透视》,首次使用了"后发优势"概念,并提出了后发优势的假设。美国社会学家列维于1966年出版的《现代化与社会结构》论述了后发优势和后发劣势。阿伯拉莫维茨(1989)的追赶理论,伯利兹、克鲁格曼等(1993)的技术"蛙跳"模型,范艾肯(1996)的技术转移、模仿和创新的一般均衡模型等进一步丰富和发展了"后发优势"理论。我国学者罗荣渠(1993)论证了后发优势和后发劣势的不同表现形式的重要作用和影响。陆德明（1999）初步提出了基于后发优势的"发展动力理论"框架。林毅夫、张鹏飞（2005）提出了一个关于落后国家可以通过发挥后发优势来实现技术追赶的内生增长模型，认为落后国家通过从发达国家引进技术可以获得比发达国家更快的经济增长，并使得落后经济最终收敛到发达经济。①"后发优势"的实践和理论研究表明，欠发达地区可以通过引进、采用、创新先进技术和管理经验获得发展优势，从而实现跨越式发展。

甘肃贫困地区虽然发展相对滞后，但具有自身的发展潜力，并赶上了前所未有的大好机遇，步入了快速发展的轨道。如果抓住战略机遇，顺势而为，就能够实现跨越式发展。2011—2014年，甘肃贫困地区农民人均纯收入由3183元增长到4896.67元，年均增幅14%，超过同期全省和全国农民人均纯收入的增幅，表明甘肃贫困地区农村存在一定的"后发优势"。

一　地理区位条件

甘肃省地处中原与边疆地区的过渡地带，是祖国西北地区重要的交通枢纽和地缘战略中心。甘肃省连接陕西、四川、青海、宁夏、新疆、内蒙古等省区，省会兰州更是处于中国大陆版图的几何中心。陇海、兰新等重要交通干线穿越甘肃全境，是连接东西、贯穿南北的重要战略通道。重要的地理区位和便利的交通为甘肃的开发开放提供了有利条件，为制造业、商贸、物流、交通等产业的发展和承接产业转移奠定了坚实基础。甘肃贫困地区集中分布的陇南、陇东南、陇中南也具有独特的区位优势，随着基础设施建设的不断完善和产业区域性转移，其区位优势必将进一步释放。

二　自然资源条件

甘肃省地处全球三大构造域（古亚洲、滨太平洋和特提斯）的交替、衔接部位，具有良好的成矿地质构造背景，矿产资源相对丰富。根据2003年全国矿产资源储量通报，甘肃省已查明居全国第一位的矿产有10种，居前5位的有34种，居前10位的有60种。② 按照造山带可

---

① 林毅夫、张鹏飞：《后发优势、技术引进和落后国家的经济增长》，《经济学》（季刊）2005年第10期。
② 李志荣、田刚：《甘肃省情知识简明读本》，兰州大学出版社2005年版，第16页。

以将甘肃省矿产资源富集地区划分为 4 个大的成矿带和 1 个成矿区，即西秦岭成矿带、祁连山成矿带、龙首山成矿带、北山成矿带和陇东成矿区。甘肃集中连片贫困地区部分县区具有相对丰富的矿产资源，随着勘探和开发水平的提高，矿产资源的开发必将为当地创造更多的就业机会和经济收入，为其第二、第三产业的发展创造有利条件。甘肃还是全国太阳能、风能资源富集的地区之一，新能源产业发展基础条件良好。

甘肃省位于三大高原的交会地带，从东南到西北囊括了亚热带湿润区到高寒区、干旱区各种气候类型，而且雪山、高山、盆地、川塬、沙漠、戈壁等兼而有之，海拔相差悬殊。多样性的地候条件造就了丰富的生物多样性资源，为生态旅游、中药材、特色农业等产业的发展奠定了基础。甘肃省是全国药材主要产区之一，现有药材品种 9500 多种，居全国第二位。目前经营的药材主要有 450 种，其中"岷当""纹党"成为闻名中外的大宗出口药材。① 岷县、陇西、渭源 3 个县分别被中国农学会特产之乡组委会审定命名为"中国当归之乡""中国黄芪之乡"和"中国党参之乡"。特色动植物资源是可持续利用的宝库，随着科技的进步，深度开发的推进，必将带来越来越大的经济和社会效益。甘肃中、东、南部集中连片贫困地区大部分不利于大规模农业生产，但其特殊的地候条件为特色中药材、农作物、水果、蔬菜等产业的发展提供了得天独厚的自然条件。而且资源开发较晚，资源存量较大，为后发优势的发挥创造了条件。

三　文化资源优势

甘肃是华夏文明发源地，历史文化底蕴深厚，始祖文化、丝路文化、敦煌文化、石窟文化、宗教文化、长城文化、黄河文化、民族文化、民俗文化和红色文化等物质文化遗产和非物质文化遗产资源丰富，不胜枚举。历史遗产、经典文化资源、民族民俗文化资源、旅游观光资源等资源丰度居全国第 5 位，为文化产业发展和建设文化大省奠定了坚实基础。对于广大集中连片贫困地区农村，由于现代化发展进程开始得较晚，诸多优秀传统文化遗产和遗迹得到了保存。传统"耕读文化"更是深入农村居民血脉，为贫困地区的脱贫致富奠定了精神基础。以康乐县为例，不仅有新石器时代的马家窑、半坡和齐家文化遗址以及线家

---

① 李志荣、田刚：《甘肃省情知识简明读本》，兰州大学出版社 2005 年版，第 22 页。

楼等红色遗址，还有貂蝉家园、赤兔故里等历史传说，"花儿"、社火等非物质文化遗产，更有"无牛无羊不成家"的传统习惯以及清真食品和回族经商传统。近年来，正是基于群众家家养牛羊的传统，康乐县大力发展肉牛养殖业，打造出了"康乐牛"地理标志保护产品，形成了从养殖到销售的产业链。同时，以草食畜牧业为基础，大力发展清真食品产业，取得了一定经济和社会效益。可见，对贫困地区内蕴的文化资源的开发，必将成为该地区脱贫致富的动力源泉。

四　发展基础条件

经过多年的开发和建设，甘肃经济社会建设具备相当坚实的基础。交通、水利、通信等基础设施建设取得重大成就，特色产业体系基本形成，而且经济发展步入了快车道。2014年所有市州贯通高速公路，所有县区贯通二级以上公路，所有乡镇和80%以上的建制村贯通沥青水泥公路。高铁建成并投入运营。引洮工程一期建成通水、二期全面开工。2011年甘肃人均GDP突破了3000美元关口，2014年人均国民生产总值超过4000美元，标志着甘肃省迈入了工业化加速发展的中期阶段。2012年财政总收入突破了千亿元大关。从生产总值的增速看，2010年为11.7%、2011年为12.5%、2012年为12.6%、2013年为10.8%、2014年为8.9%，近5年来的增速均快于全国增长速度，而且大部分年份在10%以上。在全国经济进入新常态的背景下，甘肃的经济增长势头正劲。2014年，粮食总产量超过1100万吨，连续11年实现丰收。2014年三次产业比重为14.2∶37.2∶48.6，战略性新兴产业增加值占GDP的比重由2010年的6%提高到2014年的12%，表明产业结构正趋优化。可见，甘肃具备经济起飞的基础条件，并进入了快速发展时期。

五　政策叠加机遇

随着西部大开发的深入发展和工业反哺农业、城市带动农村发展战略的落实，甘肃迎来了前所未有的政策机遇。

（一）中央对甘肃发展的倾斜性支持

近年来，由于甘肃发展相对滞后，成为全国小康社会建设的短板，引起了党中央的高度重视并进一步加大了支持力度。2009年，甘肃循环经济示范区、关中—天水经济区获得国务院批准，甘肃成为全国唯一一个循环经济示范区。2010年《国务院办公厅关于进一步支持甘肃经济社会发展的若干意见》明确提出了 47 条具体支持甘肃经济社会发展的意见。2012 年,"兰州新区"获国务院批准,成为西北地区第一个、全国第 5 个国家级新区。是年,国家发展改革委印发了《陕甘宁革命老区振兴规划》,该规划囊括了甘肃庆阳、平凉两市和会宁县。2013 年,华夏文明传承创新区、甘肃省国家生态安全屏障综合试验区、兰白承接产业转移示范区获得国家批准,《甘肃"两江一水"区域综合治理规划》获国家发展和改革委员会批复。2015 年,《甘肃省河西走廊清洁能源基地建设方案》获得国家能源局批准。近年来,一系列密集地支持甘肃发展的优惠政策和不断增加的资金投入为甘肃的跨越式发展创造了难得的机遇。

(二) 全面建成小康社会和精准扶贫的政策机遇

2012 年,中共十八大明确提出了 2020 年全面建成小康社会的历史任务。随后,党中央又提出了"精准扶贫精准脱贫"政策。根据《中国农村扶贫开发纲要(2011—2020 年)》的规划,甘肃省 58 个县被纳入三大集中连片特困区域。一系列扶贫开发优惠政策和大量资金的投入为甘肃贫困地区脱贫致富提供了前所未有的发展机遇。

(三) 基础设施建设的机遇

近年来,中央明确提出把中西部地区综合交通体系建设摆到突出位置,集中建设一批重大调水工程、大型水库和骨干渠网,同时还将加快中西部铁路、民航、水运、油气管道和输电通道等工程建设作为投资重点。这对于缓解甘肃基础设施建设发展滞后,破解水利、交通等制约瓶颈具有重大意义。

(四) 国家向西开放的机遇

"丝绸之路经济带"是国家向西开放的重大战略举措,未来将形成横贯东西、地跨欧亚的经济走廊。"丝绸之路经济带"建设将对沿线地区经济社会发展产生强大的辐射带动作用。丝绸之路在甘肃境内东西绵延 1600 多千米,甘肃是"丝绸之路经济带"的黄金段,这为甘肃省扩大向西开放、加强同中西亚国家的交流合作创造了有利条件,也为甘肃丰富的自然和人文资源的开发,从改革的后方走向开放的前沿提供了难得的战略机遇。

(五) 承接产业转移的机遇

"梯度推移"理论认为,不同地区经济发展水平的差异是产业转移得以发生的基础。每一个经济体都处在一个经济梯度上,高梯度地区的产品或技术会随着时间的推移逐步向低梯度地区转移,高梯度地区依靠不断创新得以发展,而低梯度地区则要依靠承接高梯度地区的产业转移来加速经济发展。[①] 随着我国东部地区生产成本的提高和人口红利的逐步消失,部分产业、企业必将逐步向内地转移。而甘肃深处内陆,开发相对较晚,劳动力、土地等成本远低于沿海发达地区,具有承接发达地区产业转移的良好基础。同时,国家也通过实施有关优惠政策,引导东部沿海地区产业优先向中西部地区转移。这为甘肃省承接产业转移提供了大好机遇。

---

① 刘淑萍:《甘肃省承接东部地区产业转移的产业选择研究》,硕士学位论文,兰州大学,2013年。

第九章　研究整合：推进甘肃农村扶贫开发的对策思考

推进甘肃贫困地区农村反贫困事业的进一步发展，促进该地区经济社会的快速发展，加快贫困户脱贫致富的步伐，按期进入全面小康社会，我们需要从多维视角全面分析甘肃贫困地区农村的发展需要，根据需要采取多方面举措，多管齐下，协调推进。坚持扶贫开发与建成小康社会共进，扶贫开发与"三农"工作并行，政府推动与市场驱动并进，抢抓机遇与自力更生并重，"输血"与"造血"并举，扶贫攻坚与建设"美丽乡村"相结合，整区域推进与重点突破相结合，连片开发与到村到户相结合，经济发展与社会进步生态和谐相结合，全面推进该地区小康社会建设。

第一节　瞄准小康目标，找准脱贫关键

一　瞄准小康目标，明确任务责任

中共十八大提出了2020年我国要全面建成小康社会的历史任务，这是党对人民的庄严承诺。甘肃省是全国全面建成小康社会的短板，甘肃集中连片贫困地区农村是甘肃省全面建成小康社会的短板。因此，甘肃集中连片贫困地区农村是实现全面小康目标短板中的短板、难点中的难点，扶贫开发要进一步聚焦该地区。从发展任务看，甘肃贫困地区农村经济社会建设应瞄准全面小康各项具体目标，进一步加快发展。目前，甘肃人均GDP、城镇人口比重、农业劳动生产率、城乡居民家庭人均住房面积达标率、城乡居民人均收入、城乡居民收入比、单位GDP水耗、单位GDP建设用地占用面积、环境质量指数等距离目标值较远，按期达标的难度很大，特别是人均GDP、城乡居民人均收入这两项指标

在经济下行压力加大的大背景下，按期达到目标的难度很大。一方面，甘肃省各级党委和政府要领导群众加快发展步伐，努力向既定目标前进。另一方面，国家有关部门应充分考虑我国东、中、西地区经济社会发展基础差异，制定差异化的考核标准，适度降低西部地区的考核标准。同时，要看到西部地区为实行全面建成小康目标做出的巨大努力和取得的辉煌成就。近年来，西部地区经济增量虽然低于东、中部地区，但增长速度显著高于全国平均水平，而且农村高于城镇。

二 找准关键问题，破解主要难题

对于甘肃广大贫困地区农村的全面小康社会建设，最重要也是最难的在于群众增收困难，人均纯收入难以达到全面建成小康目标。2013年，甘肃人均 GDP 小康指数仅为 39.32%，城乡居民人均收入小康指数为 38.06%，在各项全面小康涉农指标中是实现程度最低的，而这两项的权重在各小项中却是最高的，占到 4%。在城乡居民收入比不大于 2.8 的约束下，提高农村居民人均纯收入是必然选择。因此，在全面建成小康社会关键时期的"十三五"期间，应将重点放在助农增收上。通过产业培育、劳动力转移就业以及提高财产性收入、转移收入等措施，提高贫困家庭的收入水平。对于缺乏劳动能力的特困群体，进一步提高农村低保水平，特别是要大力提高农村一类、二类低保户的保障水平，这类低保对象一般是农村中劳动能力严重不足或有重大困难的群体。以康乐县为例，2013年提高了低保保障标准 13.5%，提标后一类保障对象每人每月 170 元，二类保障对象每人每月 140 元，三类 90 元，四类 62 元，平均补助标准为 101 元。农村"五保"户提标后的供养标准为每人每年 2600 元。农村孤儿每人每季基本生活费标准为 1320 元。① 在物价上涨的情况下，其保障标准显著偏低，不足以满足一个家庭正常生活和发展的需要。对于拥有一定劳动能力的贫困群体，应进一步通过发展农业经营、进行技能培训、寻找就业机会等途径帮助他们增强创收能力、增加劳动收入。而要提高其农业经营收入，就需要进一步解决农户的生产经营面临的道路交通、水利、通信等基础设施和耕地数量和质量，农业生产科技，农产品市场信息等方面的困难，走产业化、规模化发展道路。

---

① 康乐县地方史志办公室：《康乐年鉴（2013）》，中国文化出版社 2015 年版，第 258 页。

第二节 调动积极因素,增强脱贫动力

一 广开帮扶渠道,整合投入力量

由于政府在扶贫开发的投入中发挥着主体作用,而贫困地区地方政府财政困难,所能支配的人力、物力、财力有限,目前的投入力度远远不能满足农村和农户扶贫开发的实际需求。为了快速改变贫困地区农村的面貌和生产生活条件,需要广泛动员社会各界力量增加投入。这就需要政府有关部门大力宣传和广泛动员社会各界,如民营企业、社会贤达、慈善机构、省外国外扶贫力量等,为使他们参与到农村扶贫开发中广开渠道,并构建保障、鼓励机制。如对于到贫困地区农村投资兴业的民营企业给予适当减免税收,对于在扶贫开发方面做出贡献的企业给予政府招投标中的适当优惠,对于主动捐资出力的社会爱心人士予以表彰和所得税减免,等等。进一步完善社会扶贫捐赠体系,定期或不定期在全社会开展捐资捐物活动,组织城市市民、教师、医生、学生等下乡开展有针对性的帮扶。利用每年的"扶贫日"开展大规模扶贫宣传活动,动员社会各界参与扶贫。

同时,要进一步整合各政府部门的力量,减少或避免部门之间的相互掣肘,将有限的资金有计划地集中投入到扶贫对象最需要、最紧迫、效益最高的项目上,提高扶贫资金的使用效率。在政府对贫困地区农村的投入中,专项的扶贫资金只是少部分,而政府各部门的资金才是主体部分。以康乐县为例,2012—2014 年,共落实各类资金 5.22 亿元,其中整合部门资金 4.22 亿元,约占 80.84%;省、州下拨的扶贫资金 1.25 亿元,约占 23.95%。[①] 可见,政府各部门的项目资金占绝对主体。因此,进一步做好发展规划,将各涉农部门的政府资金按时序集中投入贫困乡村,发挥"集中力量办大事"的优势,办一件成功一件,早一天发挥效益,破解长期制约贫困乡村发展的主要瓶颈。

另外,还要继续坚持和深入推进精准扶贫行动,充分发挥已经建立起来的扶贫工作站、帮扶工作队以及帮扶责任人的作用。对贫困户开展

---

① 数据来源于政府资料。

有针对性的帮扶活动，使扶贫资源精准滴灌到贫困户。

二 完善参与机制，发挥主体作用

贫困地区农村居民是扶贫开发活动的主体。2008年联合国世界反贫困的主题提出："贫困人口是变革者，旨在强调贫困人口自身在消除贫困中的不可替代的作用。在消除贫困的进程中，贫困者同样是变革者，无论怎样的反贫困政策，要能落到实处，都必须有贫困者的积极参与，并由他们自己最终走出贫困。"① 只有充分发挥农村群众的自觉能动性，才能将外在的帮扶资源转化为内生的发展动力，提高其勤劳致富的精神动力和实践能力。同时，为了使扶贫项目与扶贫对象的需要真正契合，就需要充分听取贫困地区干部群众的意见，进一步完善扶贫开发的群众参与机制，推进"参与式"扶贫深入发展。完善扶贫决策参与机制，形成扶贫对象、农村居民、基层干部、政府部门、咨询专家等协调共商的参与机制，对于提高扶贫对象主人翁精神、保障决策的科学化水平以及加强项目实施监督具有重大意义。

在扶贫开发项目实施过程中，村民是主要的参与者。村民的积极参与不仅有利于节省政府扶贫资金，而且有利于提高工程质量和效益，锻炼贫困地区村民的自力更生意识和能力。如村内道路建设中，"一事一议"就是一种有效的模式。

贫困村村民是扶贫开发最直接的利益关系人，对本村的扶贫开发最为关注，因而是有力的监督力量。为了保障扶贫开发的阳光透明和公平公正，贫困地区村民是不可或缺的监督力量。例如，康乐县为了落实整村推进，在每个实施整村推进的村中都成立了由村民代表、贫困户代表、党员代表等组成的项目监督小组，对项目实施进度、项目完成情况、资金使用情况进行全程监督，保证资金都落实到项目上，防止财政扶贫资金被挤占、挪用、截留。这种方式不仅提高了监督效率，降低了政府行政成本，而且增进了农民群众的主人翁感，锻炼了村民的参政意识和能力。当然，村民由于其自身知识和能力的局限，不能代替政府职能部门的专业监督。因此，可进一步将政府职能部门监督与群众监督有机结合起来，从而提高监管水平。

---

① 吴碧英：《减贫行动前移——救助贫困母亲》，《中国经济问题》2010年第2期。

三 深化体制改革，推进现代发展

推动贫困地区农村农业发展，需要按照农业现代化发展客观要求，深化农业经营体制改革。否则，沿袭一家一户的小规模经营，贫困地区农村居民不仅难以依靠农业经营脱贫致富，而且必将加快农村青壮年劳动力外流的步伐，导致农村进一步衰落。家庭联产承包责任制是基本的农业经营体制，应保持稳定，但其实现形式应该根据农业规模化、产业化、集约化发展需要进行改革。这就要求落实所有权、承包权与经营权分离的原则，大力推进农村土地经营权流转。在土地确权颁证的基础上，通过互换、租赁、转包、入股等方式促使土地向大户、企业、合作社等集中；在流转基础较好的村社，可以根据农业现代化的需要重新分配承包地，为农业规模化、机械化、科技化生产经营奠定基础。为了保障土地流转的健康发展，政府有关部门应建立健全相关服务和保障体系。完善土地经营管理体制还意味着要强化承包户经营管理的主体责任，承包户应保障承包地按时耕种而不被撂荒。对于已经抛荒的土地，村集体应及时予以收回并重新发包，将耕地发包给真正的务农的农户。对于已经建成的农业基础设施，应落实管护责任，保障其正常发挥作用。

土地流转还要与产业培育相结合，没有特色产业的支撑，土地流转就没有内在动力。因此，地方政府要根据当地实际情况，通过建立激励和帮扶机制，引导地方产业发展，形成具有一定规模的特色农牧业。为了促进特色农业的健康发展，应进一步加强产前、产中和产后服务体系建设，如农资供应、疫病防疫、农机维修、水利灌溉、收购加工等服务体系应在政府的引导和支持下，依靠社会力量逐步健全完善。

四 发展合作组织，壮大集体经济

经济学家诺斯在《西方世界的兴起》中提出："有效率的经济组织是经济增长的关键；一个有效率的经济组织在西欧的发展，正是西方兴起的原因所在。"[1] 产业的培育不是一家一户所能促成的，克服当前农业经营中各自为政、分散经营的小规模家庭经营模式需要大力发展农村产业合作组织，走组织化发展道路。农业的规模化、机械化、集约化、

---

[1] [美] 道格拉斯·C. 诺斯、罗伯托·保尔·托马斯：《西方世界的兴起》，张炳九译，学苑出版社1988年版，第1页。

产业化等发展离不开农民组织化，只有将分散的农户组织起来，建立充分体现和有力保障农民合法权益的合作组织，才能加快贫困地区农业、农村、农民现代化的进程。以康乐县为例，在肉牛产业培育中，形成了政府引导、农户参与、部门服务、市场运作和"公司+基地+协会+农户"的发展模式，集养殖大户、企业、协会、农户为一体的规模化养殖模式和集基础母牛繁育、良种肉牛育肥、肉制品加工及销售为一体的产业化链条。康乐县被确定为"全省肉牛大县"，并在全国产生了一定影响，成为甘肃中南部肉牛繁育、育肥、加工销售中心。2014年，全县成立康乐牛肉营销协会和26个合作社，存栏百头以上的规模养殖场161个，千头以上的规模养殖基地19个，年肉牛饲养量达20.3万头，出栏7.8万多头。农民牧业纯收入860元，同比增长13.1%。[①] 康乐肉牛产业的快速发展进一步证实了贫困地区农民组织化对于产业培育的重要性。

集体经济薄弱也是贫困地区农村的共同特征和重要的致贫因素。由于大部分贫困村集体经济收入几乎为零，制约了农村公共基础建设和公共服务的供给，因此，在贫困地区大力发展集体经济，壮大集体经济实力，对于贫困农村长远发展具有重大意义。当然，当前壮大集体经济并不是要回到"人民公社"时代，而是在基层政府和村"两委"的领导下，依靠村民的力量，开发当地特色资源，建立或引进企业或合作经济组织，或以集体资金、土地、水域等要素投入生产经营，从而形成稳定的集体收入来源。集体经济收益在村民监督下，回归于村集体公共基础设施建设和公共服务事业。

五 加强思想教育，增强脱贫意志

扶贫先扶志，"精神文明建设是实施脱贫致富战略的重大内容之一"。[②] 对于贫困地区的贫困群体，脱贫精神动力不足，甚至形成"等靠要"的思想，是其贫困的内在动因。外在的帮扶越多，其内心的贪惰越盛，越扶越贫。好逸恶劳、甘愿贫困甚至以贫为荣是扶贫开发的最大障碍。而不愿脱贫或者不愿通过勤劳脱贫的落后观念根源于贫困人口

---

① 康乐县地方史志办公室：《康乐年鉴（2014）》，中国文化出版社2015年版，第197、205页。

② 习近平：《摆脱贫困》，福建人民出版社1992年版，第148页。

自身不正确的世界观、价值观、人生观，破解的路径在于加强农村思想教育工作。目前，农村思想教育工作几乎处于荒芜状态，地方各级政府主要的精力放在物质文明建设上，对农村精神文明建设重视和投入不够。而村"两委"干部对于农民思想政治工作既没有明确的责任，也缺乏相应的措施和能力。随着青壮年劳动力大量外出务工，没有足够的时间和精力参与农村集体活动，留守的老人、妇女、儿童等由于知识不足而难以参与农村思想教育。在市场经济条件下，思想教育在物质利益面前显得苍白无力。马克思曾指出："钱蔑视人所崇拜的一切神并把一切神都变成商品。钱是一切事物的普遍价值，是一种独立的东西。因此它剥夺了整个世界——人类世界和自然界——本身的价值。钱是从人异化出来的人的劳动和存在的本质；这个外在本质却统治了人，人却向它膜拜。"① 贫困地区农民业余生活大多是打牌、酗酒等，鲜有主动读书学习之举，更谈不上自觉提高思想修养。

正确的世界观、价值观和人生观不可能自然而然形成，这就需要灌输。正如列宁曾指出的："工人本来也不可能有社会民主主义的意识。这种意识只能从外面灌输进去。"② 加强农村思想教育工作，需要各级党政机构投入大量人力、物力、财力，动员大批党员干部，特别是要依靠当地农村党员、干部和有影响力的进步人士，深入农村、农户具体实施思想教育工作。同时，要根据当地情况和农民的思想状况，创新思想教育工作的形式和内容。充分利用电视、电影、短信、微信、QQ 群、广告等平台，抓住赶集、庙会、村民会议、红白喜事等机会，利用当地先进人物和事例，触动群众内在灵魂，对村民进行思想教育。还要开展必要的精神文明创建活动，如评选好媳妇、好公婆、五好家庭、十星文明户、先进个人等活动，表彰先进，鞭策后进。教育引导群众正确对待婚丧嫁娶，对彩礼、酒席等明确标准，遏制奢靡浪费、相互攀比等不正之风，扭转农村社会风气。对于极少数思想落后的村民应直接进行批评教育，帮助其改正错误思想观念。贫困地区农村思想教育工作是一个长期的历史过程，需要长期坚持才能收效。习近平曾指出，我们必须在建设好贫困地区精神文明建设这个问题上，肯花大力气，能够打持久战，

---

① 《马克思恩格斯全集》（第 1 卷），人民出版社 1956 年版，第 448 页。
② 《列宁全集》（第 6 卷），人民出版社 1986 年版，第 29 页。

善于采取好办法。① 在针对精神动力不足的贫困群体的思想教育上，要逐步引导和帮助贫困群众解放思想，开阔视野，转变观念，特别是要克服听天由命消极无为的宿命观念、宁愿苦熬不愿苦干的懒汉意识、但求温饱不求更好的保守思想、老守田园安土重迁的思维定式、小农本位重农轻商的传统心理以及"等、靠、要"的依赖习惯。

六 强化教育培训，开发人力资源

扶贫必扶智。樊根胜、张林秀等（2002）对于中国农村公共投资的研究表明，教育投资对农村经济增长和扶贫作用最为显著，每增加1万元的教育投资，就可使9个人脱贫，尤其是基础教育对促进当地经济发展、减少贫困人口发生率的影响最为显著。② 发展教育事业不仅有利于提高贫困群体劳动能力，而且有利于帮助其形成正确的世界观、人生观和价值观，增强脱贫致富的内在动力，避免贫困的代际传递。

大力推进甘肃广大贫困地区农村的教育事业，可从以下几方面着手。

一是要把搞好基础教育作为重点。基础教育具有普遍性，其对于脱贫的边际效益最高。当前要进一步搞好基础教育，就需要进一步改善农村中小学办学条件，特别是要改善偏远山区学生上学条件；进一步落实好免费义务教育和相关补助，减轻家长经济负担，同时要贯彻落实国家义务教育法律法规，做好家长工作，减少或避免义务教育阶段学生辍学；做好孤儿、单亲、残疾等特殊困难以及品行极端恶劣学生的教育和转化工作，提供个性化的教育；更为紧要的是，要改革教师管理体制机制，改善艰苦地区农村教师的工作待遇和生活、工作条件，拓展其发展空间，为贫困地区农村引进和稳定优质师资力量创造条件，为艰苦地区农村教师终身从教提供物质、体制保障，逐步缩小城乡教育教学硬件和师资力量的差距；在教学内容上，要进一步体现当地经济社会建设的需要，开设有特色的课程，强化实践教学，提高学生的实践能力，实现教育与生产劳动的紧密结合，促进学生的全面发展。

二是大力发展农村职业技术教育。目前，农村职业技术教育是教育

---

① 习近平：《摆脱贫困》，福建人民出版社1992年版，第157页。
② 樊根胜、张林秀、张晓波：《中国农村公共投资在农村经济增长和反贫困中的作用》，《华南农业大学学报》（社会科学版）2002年第1期。

事业的薄弱环节，但职业技术教育对脱贫致富具有直接现实意义。由于职业技术教育直接提高劳动者的劳动技能，具有投入少、见效快、就业面广、发展好等优势，发展职业教育的脱贫效益显著高于学历教育。同时，发展农村职业教育也是培育现代新型职业农民、保障农业生产后继有人的现实需要。发展农村职业教育需要结合当地产业发展需要和社会发展趋势，实现学以致用，学习与就业无缝对接，特别是要为农村产业发展培养一批新型职业农民，为农村产业培育提供人力资源支撑。

三是对于农村中已经离校的中青年劳动力，职业技能培训是脱贫效益较高的选择。列宁在《关于提高人民劳动生产率》中指出："提高劳动者生产素质最可靠的办法就是在广大人民群众中普及职业技术知识的本领。"劳动技能培训增强了劳动者劳动技能，适应了农村劳动力外出务工的需要，具有较显著的经济和社会效益，得到了群众的普遍欢迎。从康乐县劳动技能培训的情况看，群众参与的积极性高，存在供不应求的状况。据统计，2014年全县"两后生"培训54人，比任务数30人多出80%；青壮年劳动力职业技能培训973人，比任务数900人多出8%；职业技能鉴定（其中拉面工713人、家政服务200人、电焊工234人）1147人，比全县任务数800人多出43.4%。全年转移就业1234名，输转农村劳动力6.36万人（次），劳务创收8.04亿元。① 当前，甘肃贫困地区劳动技能培训还需进一步扩充培训内容，提升培训质量，让劳动者掌握种类更多、水平更高的技能。特别是要进一步创新培训内容和形式，提高培训质量，打造劳务品牌，使培训与就业相协调，与特色产业培训相融合，使得培训经常化、便利化，实现农村居民在当地可以学到所需的实用技术，并得到相应的资格认证。

七 加强城镇建设，带动乡村发展

农村发展离不开城市带动，也离不开工业反哺。习近平指出，大农业的思路是离不开以工补农和以工促农的。首先，没有一定的工业基础，就没有一定的财政实力，农业的更多投入就成为一个问题。其次，农业内部结构的合理调整、农副产品消费市场的形成都需要工业作为催

---

① 数据来源于《关于上报康乐县扶贫攻坚工作业绩考核自评报告》（康扶领发〔2015〕2号）。

化剂。① 城镇化水平低，第二、第三产业发展滞后，一直是制约甘肃贫困地区农村脱贫致富的重要因素。经过长期努力，甘肃已建立了一批以省会城市、市州政府所在地为中心的城市群，但地区城镇化发展不平衡特性显著。2013 年全省人口城镇化率为 40.13%，省会兰州为 79.71%，城镇化率最高的嘉峪关市达到了 93.39%，最低的陇南市只有 24.69%，最高与最低相差 68.70 个百分点。各市州政府所在地中心城市城镇化率为 66.29%，非中心城市城镇化率为 28.17%，少数民族州县的城镇化率为 25.73%。城镇化率不到 30% 的县有 37 个，占 42.52%。② 可见，甘肃省中心城市城镇化率严重不平衡，非中心城市城镇化发展相对滞后，而且不平衡。贫困地区县城城镇人口较少，城镇规模较小，企业少，吸纳就业能力不足，发展相对缓慢。以康乐县为例，2014 年农业人口占全县总人口的 95.8%。③ 可见，贫困地区县域城镇化还有巨大的潜力。近年来，在房地产市场的推动下，县城面积扩张较快，但城镇人口增长和产业发展跟不上城镇土地扩张的步伐。同时，大部分乡镇城镇化还处于起步阶段。按照全面建成小康社会的要求，2020 年需达到城镇化率 60% 的目标，即便是新型城镇化人口城镇化率 51% 的目标，甘肃省还有较大的差距，贫困地区已成城镇化短板。2013 年，全省城镇化率排在后位的庆阳（29.59%）、定西（27.16%）、陇南（24.69%）、临夏（28.01%）、甘南（27.39%）均不足 30%④，与目标值差距较大，而这些市州又是贫困集中高发地区。因此，甘肃广大贫困地区加快城镇化发展任务艰巨。在贫困地区城镇化建设中，当前应进一步加强县域城镇化建设，同时在部分条件较好的乡镇推进小城镇建设。通过加强城镇基础设施建设，提供公共服务水平，发展第二、第三产业，增加城镇就业机会，增加城镇人口，提高城镇化规模和质量。

在提高城镇化水平的同时，要进一步发挥好城镇化对农村的辐射带动和反哺作用，逐步打破城乡二元结构。一方面，通过大力加强农村基础设施和公共服务建设，深化户籍制度改革，逐步推进城乡公共服务的

---

① 习近平：《摆脱贫困》，福建人民出版社 1992 年版，第 72 页。
② 樊怀玉、鲜力群：《2015 甘肃发展报告》，甘肃人民出版社 2015 年版，第 207 页。
③ 数据来源于《康乐年鉴（2014）》。
④ 樊怀玉、鲜力群：《2015 甘肃发展报告》，甘肃人民出版社 2015 年版，第 211 页。

均等化，使人口城镇化与户籍城镇化协调发展。另一方面，畅通城乡资源相互流动的渠道，为农民进城和市民下乡提供便利。目前，城乡之间人口、资金等的流动呈现单向化，即从农村到城市，而从城市到农村的流动几乎是堵塞的。应该进一步深化改革，为城镇中优质资源下乡创造条件。同时，应进一步完善城乡之间的帮扶带动机制，如城镇优质师资力量到农村支教，医生到农村支医，文化团体送文化下乡等。

第三节　改善发展环境，夯实脱贫基础

一　建设基础设施，提升硬件环境

基础设施建设具有较高的益贫效率，继续加强农村基础设施建设，对于脱贫致富具有重大意义。世界银行专家 G. 英格拉姆的研究表明，基础设施能力与经济产出是同步增长的，基础设施存量每增长 1%，国内生产总值就增长 1%。① 据测算，在中国每增加 1 元的基础设施投资，可以增加 3 元的国民生产总值。② 韩建民、韩旭峰、朱院利（2012）通过对甘肃农村乡村集市、乡村道路、乡村电话用户水平的研究表明，乡村集市、乡村道路、乡村电话用户每增长 1 个百分点，农业总产值分别上升 0.377%、0.403%、0.293%。③

基础设施薄弱一直是制约甘肃贫困地区农村脱贫致富的主要障碍之一，进一步加强基础设施建设是扶贫开发题中应有之义。交通、电力、水利、通信、住房、学校、卫生室、村办公场所等是基础设施建设的主要内容。交通设施建设对于贫困山区农村具有重大扶贫开发作用。据测算，县域公路密度和铁路密度每增加 1 千米/平方千米，农民人均纯收入将分别增加 408 元和 4260 元。④ 近年来，甘肃大力推进农村公路建设，绝大多数行政村通了硬化公路，有效缓解了农民出行难题。2014年年底，全省建制村通畅率达到 70%，58 个集中连片特困县通畅率达

---

① 甄诚：《民间资本参与西部基础设施建设模式》，《合作经济与科技》2008 年第 12 期。
② 韩建民等：《西部农村贫困与反贫困路径选择》，中国农业出版社 2012 年版，第 95 页。
③ 同上书，第 108 页。
④ 曲玮、涂勤等：《自然地理环境的贫困效应检验》，《中国农村经济》2012 年第 2 期。

到68%。按照规划，2017年全省所有建制村通硬化公路，实现"乡有等级站、村有汽车停靠点、村村通客车"的目标。目前，公路建设的主要力量集中在建制村公路建设上，而对村内路网建设还无力顾及，通社（组）到户的公路建设的任务更艰巨，特别是偏远山区公路建设难度大，成本高，所需资金量大。同时，随着公路在广大乡村的延伸，公路维修保养的需求随之增长，不少已修道路由于人为和自然的损坏而不能通行，而这方面的投入还需要大量资金，在资金捉襟见肘的情况下难以保障。另外，为了进一步缩短贫困地区与经济相对发达地区的距离，促进经济要素的快速流动和优化配置，铁路、高速公路、高等级公路建设也需要进一步加强。

水资源是制约甘肃干旱贫困地区发展重大瓶颈之一。"兴陇之要，其枢在水。"为了破解水资源难题，甘肃省各级政府和群众投入了大量人力、财力、物力，取得了阶段性成效。目前，大部分的贫困户可以安全饮水，但由于投入资金有限，建设标准低，再加上气候干旱，水源不稳定，不少人饮设施失去供水功能，稳定解决干旱地区群众的饮水和灌溉依然任重道远。据统计，目前建档立卡的贫困村中饮水不稳定的还有1107个村，26万贫困户未通自来水。[①] 根据甘肃省政府规划，到2020年将建立从"源头"到"龙头"农村饮水安全工程体系，使贫困群众都能喝上安全的饮用水。由于甘肃省区域性缺水突出，只有建设大型调水工程才能解决水源不足的问题。目前，甘肃省重点建设的"引洮工程"已取得阶段性成功，还需要进一步加大建设力度。而要根本性解决水源不足的问题，还需要国家实施重大跨省调水工程。

电力、通信是贫困地区经济社会建设不可或缺的基础条件。经过多年的努力，甘肃省贫困地区绝大部分农户通了照明电，绝大部分贫困村通了动力电。2014年年底，全省贫困村动力电覆盖率达到80%。按照规划，2016年年底甘肃省实现贫困村户户通照明电、自然村通动力电。信息网络是互联网时代经济社会发展的物质基础，宽带信息网络对于贫困地区群众共享信息资源、适应互联网时代发展趋势、依靠互联网加速经济社会建设具有重大现实意义。甘肃省已将宽带信息网络建设纳入农

---

① 甘肃省水利厅：《2017年26万户通水到户》，中国甘肃网（http：//gansu.gscn.com.cn/system/2016/01/07/011231291.shtml），2016年1月7日。

村基础设施建设，提出到 2017 年实现贫困村宽带全覆盖。目前，贫困地区大部分农户由于知识和设备制约，还不能在家上网。因此，互联网在农村的延伸不仅需要政府投入解决基础设施障碍，提高网速，更要推广和普及计算机、互联网知识，帮助农民学会使用互联网。

家不仅是居住的场所，更是心灵的归属和精神动力源泉。住房作为家的载体，其建设不仅改善了贫困家庭的居住条件，而且提振了其追求美好生活的信心和愿望。目前，贫困地区农村危房改造取得了阶段性成果。据统计，2010—2014 年，甘肃省贫困县区居住土坯房和危房的户数减少了近一半，土坯房和危房比例分别由 2010 年的 19.38%、33.7% 降低到 2014 年的 8.9% 和 15.3%。① 可见，旧危房改造还未完成，住房面积小、设施不完善、居住分散等依然制约着农村居民生活水平的进一步提升。以康乐县为例，每户改造住房面积只有约 45 平方米。

学校、幼儿园、卫生室、文化活动室、农家书屋、银行网点、农家店、村级办公场所等公共设施建设与农村居民社会生活密切相关，是实现城乡公共服务均等化的基础，被纳入政府规划之中。有的已有一定基础，如村小学（或村教学点）、村级办公场所，但达不到相关标准；有的则是近年来才开始建设的，如银行网点。从整体上看，目前甘肃贫困地区农村公共设施建设不能满足农村居民生活的需要。从金融服务网点来看，2014 年年底，商业银行金融机构覆盖了全部的贫困县区，金融网点实现了贫困乡镇全覆盖，建立贫困村金融服务网点 2460 个，约占 6220 个建档立卡贫困村的 39.55%。② 可见，金融服务到村的任务还十分艰巨。由于贫困地区农村经济贫困，群众的存贷款总量相对较少，而且风险较高，商业银行投资农村的积极性不高，农村金融服务发展滞后。从贫困村标准化村文化活动室来看，2014 年覆盖率仅为 10%③，发展严重滞后，与农村经济发展不相协调。因此，应进一步加大政府投资贫困村公共服务设施的力度，同时充分调动社会力量，通过社会捐助、福利彩票收益、群众投工、企业投资、集体经济收益等途径解决投入不足问题，逐步缩小城乡公共服务差距。

---

① 数据来源于《甘肃省〈中国农村扶贫开发纲要（2011—2020 年）〉中期评估报告》。
② 数据来源于任燕顺《实施精准扶贫 突出狠抓落实 推进"1236"扶贫攻坚行动取得新成效——在全省扶贫开发工作会议上的报告》。
③ 数据来源同上。

二 加强组织建设，改善领导环境

习近平指出，讲凝聚力，必须讲核心，农村脱贫致富的核心就是农村党组织。我们的农村党组织能否发挥这样的核心作用，直接关系到脱贫致富事业的凝聚力的强弱。① 加强贫困村党组织建设，不仅是加强党自身建设的需要，更是推进贫困村脱贫致富的现实需要。俗话说：村看村，户看户，群众看的是干部。党组织的领导作用是贫困村经济、政治、文化、社会建设的关键因素。从华西村、南街村等农村建设的成功典型来看，坚强有力的党组织领导是农村经济快速发展的基本条件。

目前，贫困地区农村党组织普遍面临队伍老龄化、党员干部素质不高、组织松散化、活动形式化、群众威望不高、保障不力等困境，客观需要各级党委高度重视，并采取措施破解其面临的难题。甘肃省已将农村党组织建设纳入到了扶贫开发的大局，选拔、派驻了大批优秀年轻干部到村任职，补充了农村党组织力量，还不断提高农村干部的待遇和办公经费，建设标准化村级办公场所，取得了显著成效，但目前的举措远不能解决贫困地区农村党组织薄弱的难题。

对于党组织建设，江泽民曾指出，"从各地的实践看，关键的是要做到两条：一条是'有人办事'，另一条是'有钱办事'"②。结合甘肃省贫困地区农村的实际情况，"有人办事"就是要加强队伍建设，特别是要注重吸收新鲜血液，在农村中青年中大力发展党员，壮大党组织队伍；要选好配强领导班子，将农村中的"能人"纳入党组织，加强培养教育，并将其推到领导岗位，发挥其领导带头作用；要贯彻落实好党风党纪建设，把党员学习、教育等活动落到实处，在服务村民的实践中锻炼提高党员觉悟和素质，提高党组织在群众中的威望；要改革村干部的考核任用机制，给农村中有较大作为的优秀村干部提供晋升空间，提高其工作的积极性。"有钱办事"就是要改善贫困农村党组织活动的物质条件，保障其正常运转所需的硬件设施和活动经费，改善干部的生活待遇，做好家庭经济困难党员的关怀帮扶，让党员真实地感受到组织的温暖。由于贫困地区地方财政收入不足以保障村党组织发展的经费需

---

① 习近平：《摆脱贫困》，福建人民出版社1992年版，第159—160页。
② 《江泽民论加强和改进执政党建设》（专题摘编），中央文献出版社、研究出版社2004年版，第411页。

要，客观上需要上级党组织和政府增加财政转移，设立专项资金用于农村党组织建设。

在农村经济社会建设中发挥战斗堡垒作用是农村党组织建设的应有之义，也是农村党组织建设的目标价值所在。作为农村的核心领导力量和党在农村的根须，农村党组织是基层政府的得力助手，是群众意见的收集者和传递者，是农民脱贫致富的领导者和示范者，是农村和谐社会关系的维系者，也是农民群众学习的榜样。村党组织作用的发挥对于扶贫开发具有重大影响。在扶贫开发项目的决策中，村党组织可发挥其熟悉本村群众的具体需要和当地实际情况的优势，与政府有关部门紧密衔接，为基层政府科学决策提供参考，使扶贫开发项目设计与农村的实际情况相契合；在扶贫开发项目的实施过程中，村党组织可发挥其密切联系群众的优势，做好宣传、讲解、动员、组织、示范、协调等工作，为扶贫开发在农村的实施创造良好的民意基础和文化氛围；在扶贫开发项目完成后，村党组织可发挥其领导作用，组织群众利用好、维护好项目成果，发挥其脱贫效益。如果没有坚强有力的村党组织，农村扶贫开发不仅难以落实，而且其脱贫效益也难以发挥。

三 加强民主法治，改善治理环境

市场经济是法治经济，健康有效的市场经济离不开法治的保障，而法治与民主是相辅相成的。中共十八届三中全会提出，全面深化改革的总目标是完善和发展中国特色社会主义制度，推进国家治理体系和治理能力现代化。国家治理体系和治理能力现代化，要求治理要更加科学、更加民主，同时也更加制度化、规范化、程序化。贫困地区农村经济社会发展滞后，与其民主法治建设滞后密切相关。由于区位偏远、交通不便、信息闭塞、政府管理薄弱、群众文化知识贫乏、人情观念浓厚等因素的制约，贫困地区农村民主法治建设滞后，社会治理的现代化水平较低。贫困地区农村民主法治环境差不仅表现为农村社会治理的制度供给不足，制度体系不健全不完善，或者难以贯彻落实，还表现为群众民主法治观念淡薄，权利义务观念失衡，以及社会交往中行为不合法规，不按程序表达利益诉求等。贫困地区农村成为我国民主法治建设的薄弱环节。

首先，改善贫困地区农村社会治理环境需要加强法律法规、村规民约等制度供给。加强农村法治建设要从贫困地区农村的实际情况和群众需要出发，进一步完善现有法规，加强村规民约建设，推进移风易俗，逐步改变与法律法规相抵触的风俗习惯。当前，围绕土地、林木、水、宅基地、继承、养老、婚姻、治安、低保、工资等领域的社会矛盾纠纷相对集中且高发，而这方面法律法规有的不够明细，执行困难；有的受到风俗习惯的影响，群众不能理解。另外，农村土地、林地等产权划分和登记尚不完备，界限不够分明，极易滋生矛盾纠纷。因此，需要进一步加强这方面的立法和执法力度。

其次，改善贫困地区农村社会治理环境需要加强农村执法和执法监督。在偏远农村，国家执法力量相对薄弱，乡镇政府及其县级政府的派出机构由于人力、财力、物力不足，管辖区域大，执法力量不能满足农村社会管理的现实需要。农村居民遇到不太严重的矛盾纠纷，首先是自行解决，往往出现以牙还牙、以暴制暴的斗殴或者辱骂。其次是诉诸乡村干部调解，上访也是近年来部分群众常用的手段。由于诉讼成本高、期限长，而且执行难，群众一般不愿诉讼。而调解的范围广泛，成本低，只要双方认可，无论矛盾大小都可调解，因而是解决农村社会矛盾的重要途径。另外，贫困地区农村执法监督也是薄弱环节，干部的轻微违法行为难以被追究。加上贫困地区农村相对封闭，外来人员少，村民世世代代居住在此地，形成熟人社会，各家各户之间存在千丝万缕的血缘、亲缘、学缘等关系，一般都不愿得罪他人，相互监督自然减弱。政府执法监督部门干部与执法部门干部一般出自当地，彼此相互认识，并存在各种私人关系，实质性监督制约难以落实。诸多因素导致农村中执法行为容易受到权力、金钱、人情等因素的非法干扰，失去公正性，从而降低了群众对政府的信任。农村中的强势群体依靠宗族、家族等势力或金钱、权力挤压弱势群体，而除非万不得已，弱势群体一般习惯于保持忍让、克制，期待上天报应，或者等待别人出头。

再次，改善贫困地区农村社会治理环境需要加强法制教育和宣传。由于受教育水平低，贫困地区农村居民对国家法律法规的理解和掌握较少，对自己的权利和义务不了解，往往以利益决定自己的行为方式，对于行为的法律性质及其后果并不清楚。另外，"清官"意识较强烈，村民利益被侵害时，往往求助于地方长官，主要是乡村干部，来为自己主持公道。风俗习惯在群众中也影响深远，即使有些风俗习惯与法律相悖，大家也都默认许可。例如，法定婚龄前结婚生育，出嫁姑娘不分遗产、不赡养父母，这些做法虽不合法，但却获得普遍认可。

最后，改善贫困地区农村社会治理环境需要加强农村民主建设。目前在贫困地区农村社会治理中还存在较显著的"人治"色彩，少数精英是治村的关键因素，而大部分群众的意志往往得不到尊重。不少基层干部内心里将自己置于群众之上，有的将政府的扶贫项目、低保作为自己的"恩惠"，有的甚至暗中索取利益回报。可见，加强农村民主建设，需要提高村民的民主和法治意识，使村民掌握自己应享受的民主权利和相应的救济措施、应履行的法律义务和相应法律后果。同时，要进一步加强农村社会管理、民主管理体制机制建设。对于涉及群众利益的事项，构建并落实民主评议、公开公示、民主表决、过程监督等运行机制，将村民的民主权利落到实处。

四 加强生态建设，改善发展环境

生态环境脆弱是甘肃贫困地区农村普遍存在的主要致贫因素，特别是在农村人口增长，群众生活水平日益提高的背景下，人类需求的不断增长与自然承载能力有限的矛盾越来越突出。越贫越垦、越垦越贫的恶性循环加大了贫困地区农村的脱贫难度。只有在扶贫开发中加强生态文明建设，协调人与自然的关系，实现可持续发展，才能巩固扶贫开发的效果，实现可持续的脱贫。

而要在推进贫困地区经济建设的同时改善生态环境，以下几方面基本措施必不可少：一是提高扶贫开发的科技水平，降低生态脆弱地区自然资源开发的强度，减少对土地、地下水、植被、矿产等资源的破坏，提高资源利用效率，推广节地、节水、节能等资源节约技术，进一步开发利用风能、太阳能等可再生资源。二是要降低农业污染强度。当前，随着农业生产的扩张，化肥、农药、地膜等农业污染不断加重，土壤肥力持续下降。而农民为了获得高产，使用的化肥、农药、地膜等生产资料越来越多。这就要求进一步创新和推广如测土施肥、有机肥、有机农药、地膜回收、免耕等绿色环保农业科技，同时完善相关环保制度体系，加强宣传教育，提高农民的环保意识和践行环保的自觉性。三是要因地制宜地确立产业发展方向，根据当地生态承载能力培育富民产业。种植业应选择适合当地生态环境的农作物，畜牧业应科学测定当地草地的载畜量，不能为追求产量和收入而肆意扩大规模，损害生态环境的修复能力。四是要大力植树造林，进一步推进退耕还林、退耕还草。为了落实鼓励农户将农业生产效率低下的耕地还林还草，政府有关部门应及时落实相关政策，保障农户退耕的经济权益。五是对于生态极端恶劣、自然灾害隐患重大或生态价值重要的地区的农村居民实施易地搬迁，从根本上改善其生产生活环境。据省发改委抽样测算，就地扶贫户均投入约需 26 万元，实施 23.7 万户贫困人口稳定脱贫共需投入 618 亿元，而实施扶贫搬迁户均投入约需 15 万元，总投入约 350 亿元，可以节省 268 亿元。① 易地搬迁一直是甘肃农村扶贫的重要措施，并取得了显著成效。但进一步实施易地搬迁面临搬迁成本高企、搬迁和重建资金不足、可安置移民的区域越来越少等因素的制约。因此，进一步做好易地搬迁一方面需要政府增加投入，让有意愿搬迁的农户都有搬迁的经济能力，并做好安置地的基础设施建设，为农户搬迁后找到脱贫的门路；另一方面要拓展移民安置的场域和路径，争取向外省条件较好的地区搬迁。同时，通过教育、培训等途径提升搬迁农民的素质和技能，实施城镇化安置，使搬迁农民从第一产业转移到第二、第三产业就业。

第四节　广开增收渠道，拓展脱贫路径

一　培育特色产业，增强产业支撑

产业是贫困地区农村脱贫致富的支撑点。目前，甘肃贫困地区农村扶贫主导产业主要集中在种植业、养殖业，支柱产业数量少、链条短、区域内结构重复、协调互补弱是目前甘肃贫困地区农村特色产业发展面临的主要困境。促进贫困地区农村产业健康发展，需要立足区域优势、挖掘资源潜力、造就特色优势、延伸产业链条、形成产业集群。为实现此目标，以下几方面措施是必不可少的：一是要立足于地区的区位、地候、人力、文化等客观实际，扬长避短，培育特色优势产业。甘肃中部、南部、东部贫困地区自然条件差异显著，工业基础薄弱，根据宜农则农、宜林则林、宜牧则牧的原则，产业培育应立足于发展特色农牧业和农产品加工业。目前，甘肃贫困地区的特色农牧业已经形成一定规

---

① 《甘肃省计划用 5 年帮助 112 万贫困群众"挪穷窝"》，中广网甘肃快讯（http://gs.cnr.cn/gsxw/kx/201306/t20130603_512736434.shtml），2013 年 6 月 3 日。

模，并具有一定的地域特色，如马铃薯、水果、瓜菜、中药材、花椒、核桃、肉牛、肉羊等。进一步发展的主要困难集中在规模扩大、技术更新、品种改良、市场拓展、改良农机、产业延伸、基础设施建设等方面，破解的路径在于进一步做好产前、产中和产后服务体系建设，促进产业分工向精细化方向发展，从而培育出产业集群。二是要进一步加强科技创新和品牌培育。加强针对本地区特色农牧业发展的自主科研是促进特色产业健康持续发展的必然选择。只有加强自主科研，创新服务于特色农业经营的生产技术、农业机械、优良品种、深度加工、功效开发等，特色产业才能真正做大做强。同时，目前甘肃特色农产品的产区品牌效应在省内比较显著，获得了较广泛的认可，但在全国影响还比较小，需要进一步加强品牌打造和宣传。三是要推进组织化发展，培育大批围绕特色农产品经营的企业、协会、基地、大户等，走"龙头企业＋协会＋基地＋农户"的组织化发展道路，改变个体农户分散经营的弱势地位。为了推进特色农业的规模化、产业化发展，需要进一步加强土地流转。否则，依靠小规模分散零碎经营，特色农牧业难以实现规模效益。四是要延伸产业链。通过完善特色农产品加工、包装、物流、销售等环节，提高产品的深加工率和商品率，提高产品的附加值。同时，大力发展农业内部循环，延伸农牧业生物链，如秸秆氨化转化为畜牧业饲料、动物粪便沼气化及沼渣还田。农业内部生物链的延伸不仅节省了经营成本，更保护了生态，促进了农牧业的健康持续发展。

二　完善农村金融，增强金融支撑

产业的培育离不开金融的支持。贫困地区农村产业的培育如果没有金融的支持，规模扩大、技术设备革新、产业延伸等都难以实现。为了提高金融对农村特色产业的支持能力，甘肃省在扶贫开发中将金融扶贫纳入扶贫开发格局，创新推出了如精准扶贫贷款、资金互助社等金融服务品牌，并进行财政贴息鼓励。近年来，金融扶贫得到快速发展，但农村金融扶贫仍然面临诸多难题，主要存在两个方面的制约：一是政府贴息资金不足。由于政府财力薄弱，而农户产业发展资金需求量大，政府的贴息难以满足实际需求。二是真正的贫困户由于贫困而缺乏财产担保，或者因为知识、能力不足不会贷款或不会有效使用贷款，导致金融扶贫资金和政府贴息错位，大量贷款资金和贴息落到了企业或大户手中。同时，由于贫困农户偿还能力弱，金融机构贷款面临较大市场风险，银行出于降低风险的考虑，对贫困户的贷款保持高度谨慎。因此，农村金融的健康发展需要进一步完善相关配套措施，在强化资金扶持的同时强化能力帮扶，加强对贷款资金使用和农户信誉的监管。

三 壮大劳务经济，增加工资收入

外出务工是目前甘肃贫困地区农户快速增收的有效途径。2014年年底，甘肃省贫困地区农民人均纯收入4896.67元，较上年增长14%，从其结构（见表9-1）来看，增加量最大的就是工资性收入，对人均纯收入贡献率最高的也是工资性收入，在四项主要的收入来源中占据第一位。

表9-1　2014年甘肃省贫困地区农民人均纯收入来源结构

项目	金额（元）	较上年增加（元）	较上年增长（%）	贡献率（%）
工资性收入	2177.12	274.44	14.42	45.60
家庭经营收入	2041.51	208.81	11.39	34.69
财产性收入	109.94	29.44	36.57	4.89
转移性收入	568.10	89.16	18.62	14.81

资料来源：《甘肃省〈中国农村扶贫开发纲要（2011—2020年）〉中期评估报告》。

近年来，随着我国人口红利的减弱，劳动力稀缺的加剧，劳动报酬逐年提高。农村剩余劳动力进城务工就业难度较低，收益有了明显提高，在农户家庭收入中占有举足轻重的地位。因此，外出务工成为大部分农村青壮年劳动力的首要选择。劳务经济一直是甘肃农村扶贫开发的重要部分，并取得了显著成效。进一步壮大劳务产业，提高农民工务工收入，对于促进贫困地区农村家庭脱贫致富具有直接现实意义。促进贫困地区农村劳务产业的健康稳定发展，需要从劳动者和劳动环境两方面采取措施：一是要进一步加强劳动力的技能培训以及道德素养、法制意识、卫生保健、安全生产等教育，提高其综合素质。技能培训已被纳入政府扶贫规划，但目前技能培训的种类、内容、质量、灵活程度以及技能鉴定等还不能满足大量劳动力进城务工的需要，需要进一步提升。同时，农村劳动力对自身的道德、法律、健康、安全等方面的素质教育尚未给予足够重视，而这些方面的知识和能力对于务工人员具有同样重要的意义。由于这些方面知识、能力的贫乏，进城务工人员往往面临各种风险。二是要进一步拓宽就业渠道，加强劳动保护和用工管理，维护务工人员的合法权益。三是要打造劳务品牌，形成品牌效益，从而为农村劳动力外出就业、创业创造良好的文化氛围。四是要提高劳务输出的组织化水平，有计划、有组织地输转劳动力，加强输出地与输入地的联系，畅通和保持输出地地方党政组织与外出劳动者的联系，促进劳务产业的健康发展。五是要进一步完善对外出务工人员的管理和服务，健全完善与外出务工人员密切相关的教育、医疗、户籍、养老、住房及留守家人等的管理和服务，从体制上做好流出地与流入地的衔接，使其在流入地能够平等地享受到基本的公共服务，解决其后顾之忧。

但是，我们同时也要看到贫困地农村劳动力大量外流潜在的危机。劳动力资源的大量外流削弱了贫困地区农村经济社会建设的人力资源，留守人员劳动能力不足以支撑农村经济社会建设，使贫困农村的发展失去后续力量，社会结构塌陷，不可避免地逐步走向衰败和边缘化。农村基础设施的使用率下降，农村学校、医院等公共服务由于人口的减少而失去存在价值，进一步建设则容易导致浪费，不建设又不能满足当前的需要。另外，农村劳动力的大量外流导致农业劳动力减少甚至断层，农业劳动力老龄化程度不断加深，农村"空心化"不断加重，农产品供给保障面临越来越严峻的挑战。统计显示，1990年我国农业劳动力平均年龄为36.8岁，2000年增加到40岁，2010年则超过45岁，已进入农业劳动力老龄化时代。[①] 由于城乡、工农二元结构的存在，进城务工人员长期离乡离农，回乡务农在实践中并不多见。因此，通过大力培育富民产业稳定部分青壮年劳动力，培育新农民，对于保持贫困农村可持续发展能力具有重大现实意义。

第五节 完善帮扶机制，增强脱贫保障

一 增强项目弹性，契合实际需求

在扶贫开发中，扶贫项目的设计与贫困地区农村的实际需要的内在

---

① 数据来源于国家统计局人口和社会科技统计司编《中国人口统计年鉴（2002）》、中国社会科学院人口与老龄经济研究所编《中国人口年鉴（2011）》。

矛盾是制约扶贫开发绩效的难题。甘肃省在扶贫开发实践中，不断改进和完善项目管理体制机制，下放项目设立的决策权，逐步形成了责任、权力、资金、任务"四到县"体制和相应的监管体系。但县与村之间的差距仍然较大，需要进一步下放项目设置的决策权，提高扶贫开发对象的参与水平，从而提高扶贫开发项目与当地实际需求契合度，使得有限的扶贫开发资金能投入到群众最需要、效益最高的地方。甘肃省康乐县在精准扶贫中，将由县扶贫部门实施整村推进等项目的工作办法，变更为由乡镇负责实施，县财政、审计等相关业务部门共同参与投入资金、工程进度、质量等方面的监管，督促指导，实现了由过去的乡村干部"跑项目"到自主决定项目的转变，提高了项目设置的科学化水平。当然，扶贫开发项目的设置也受到政府投入总量的限制，在政府投入不能满足乡村实际发展需要的背景下，下放决定权可能导致贫困乡村对扶贫投入的需求不断膨胀，超出政府的实际投入能力。因此，在下放权力的同时，应进一步完善相关配套机制，特别是要以政府投入带动群众投入。

二 完善后续保障，促进持续发展

随着精准扶贫的推进，贫困村和贫困户必将分批次逐步脱贫。按照中央的要求及甘肃省政府部门规划，2017年全部贫困县要实现整体脱贫摘帽，2017—2020年巩固提高，2020年与全国一道进入全面小康社会。然而，即便顺利按期实现了目标，这些贫困县、乡、村的经济社会建设水平也是比较低的，脱贫是不稳固的，其内生性发展能力依然不足，与相对发达地区的差距依然较大，其实现现代化依然任重道远。近年来，甘肃贫困地区的返贫率一般在15%—20%。因此，构建脱贫摘帽之后的后续长期投入机制，保障在较长的时期内上级政府的帮扶投入力度不减弱、倾斜性优惠政策不缩水，对于增强贫困地区的自我发展能力、逐步缩小发展差距具有直接现实意义。否则，贫困县、乡、村脱贫后将因扶持断档而衰落，甚至难以正常运转。这就需要国家为贫困地区制定明确的长效财政转移投入机制，给贫困地区地方政府和群众吃一颗"定心丸"。

三 完善民生保障，兜底特困群体

农村贫困群体一般是社会特殊困难群体，需要通过提高社会保障水平来为其生活水平兜底。贫困地区农村社会保障从无到有，并逐步得到提高，但总体上保障水平低，不能满足困难群众生活的需要，因而需要进一步提高保障水平，扩大保障覆盖面，并加强科学化管理。一是要进一步提高保障水平。当前，贫困地区农村教育、医疗、低保、养老、救济救助等社会保障体系已经建立起来，但保障的水平偏低，不足以帮助困难群众渡过难关，维持正常的生活水平。促进贫困地区农村社会发展需要进一步提高农村教育补助标准、医疗救助水平、养老保障水平、五保户供养水平、孤儿救助水平等。二是完善管理体制机制。对于不能普惠的民生救助如"低保"，应进一步扩大覆盖面，实现应保尽保。同时，进一步深化"低保"管理制度改革，逐步取消逐级分解名额、指标的体制，实行严格的申报、评议、核查、监督等机制。贫困户申请低保不受名额限制，但必须符合有关标准和条件。有一定劳动能力的家庭享受"低保"应受到相应条件的限制，如劳动状况、享受期限等。强化动态管理和责任追究机制，加大对"骗保"的处罚力度，强化"劳动验证"，敦促有劳动能力的劳动者通过劳动脱贫。为了做到科学化管理，必须逐步建立科学的农村家庭财产收入统计体系，使农村的"低保"评议建立在客观基础之上。

四 关注特殊群体，促进公平发展

甘肃贫困地区农村贫困呈现出群体性特征。从性别看，女性贫困高于男性；从民族看，少数民族贫困高于汉族；从健康程度看，长期患病或残疾人员贫困发生率高于健康群体；从年龄看，老年贫困高于中青年；从收入来源看，务农群体收入低于务工群体。因此，在扶贫开发中，要进一步关注特殊困难群体，特别是妇女、少数民族群众、老人、儿童等，促进公平发展。

（一）要进一步加强对妇女权益的保护和对其社会地位的保障

韩建民等（2012）研究表明，"贫困母亲"已经成为贫困农村地区一个突出现象。在男性劳动力外出务工的背景下，农村劳动力女性化的特征突出，妇女在农业生产、维持家庭生活、抚养教育子女、赡养老人、保护家人健康等方面发挥着主力作用。然而，由于传统文化观念的影响，妇女在家庭和农村社会中处于弱势地位。因此，应将对妇女的帮扶纳入农村扶贫开发政策体系，对农村贫困家庭妇女实施合理的倾斜性帮扶。具体来说，一是要加强女性自身能力培育。通过加强对女性的教育、培训，提高其知识水平和劳动技能，为其通过自身劳动增加经济收入创造条件。教育事业有关抽样调查的结果（见表9-2）显示，甘肃农村女性的文盲率明显高于男性。因此，要进一步加强女性基础教育，减少直至避免因家庭原因导致女性学龄儿童辍学。二是要通过农村精神文明建设改变传统性别观。偏远贫困地区文化观念保守性特征显著，封建性别观念影响深远；在少数民族地区，性别观念更为保守。因此，需要通过思想教育逐步改变群众的性别观念，促进性别平等，实现贫困地区社会现代化和人的现代化。三是要完善妇女组织建设和提高妇女参政水平。建立健全农村妇女组织，落实和加强妇女在参政议政方面的权益，提高妇女的参政水平。2013年，康乐县152个行政村中，村妇代会主任只有59名。① 笔者在康乐县Y镇的调研发现，大部分村根本没有建立妇女委员会，大部分村委中没有妇女委员。在农村学校、卫生院、乡镇政府中，女性工作人员占比也显著低于男性。加强妇女组织建设，提高妇女参与公共活动的能力和实际水平，可以为提高妇女的社会地位创造有利条件，为改变传统性别观念创造舆论氛围。

表9-2 　　2008—2012年甘肃省15岁及以上文盲人口数及性别分布情况（人口抽样调查）　　单位：人

年份	2008	2009	2010	2011	2012
15岁及以上文盲人口数	3349	3026	—	1778	1599
15岁及以上男性文盲人口数	1022	955	—	566	489
15岁及以上女性文盲人口数	2327	2071	—	1212	1070

资料来源：根据国家统计局网站公布数据整理。

（二）要进一步强化对少数民族贫困地区和群众的帮扶

2013年，甘肃省民族地区有贫困人口142.77万人，占全省贫困人口的17%，占民族地区农村总人口的51%。其中，甘南藏族自治州贫困人口占全州农村总人口的51.29%，临夏回族自治州贫困人口占全州农村总人口的52.04%。② 21个民族县中，18个被纳入国家连片特困地

---

① 康乐县地方史志办公室：《康乐年鉴（2013）》，中国文化出版社2014年版，第122页。
② 安文华、包晓霞：《甘肃蓝皮书：甘肃社会发展分析与预测（2014）》，社会科学文献出版社2014年版，第104页。

区，占85%。可见，甘肃少数民族地区的贫困发生率显著高于汉族地区。少数民族地区一般区位偏远、自然条件恶劣，社会发育相对滞后，发展基础薄弱。因此，国家需要采取特殊倾斜性支持政策促进少数民族地区的快速发展，不仅需要进一步增加资金投入，更要增加科技、教育、文化等方面人力物力的投入，给予更多的情感关怀，提高人口素质，转变思想观念，促进其社会转型。

（三）进一步加强对特殊弱势群体的帮扶

进一步加强对老年贫困、儿童贫困、孤儿贫困、单亲贫困、病残贫困等特殊群体贫困类型的帮扶，这不仅是促进公平发展的需要，更是社会主义的本质要求。特殊困难群体由于致贫因素特殊，需要采取有针对性的措施，主要是提高其民生保障水平。他们不仅需要经济上的救助，更需要精神上的安抚，帮扶他们不仅是政府的职责，也是社会公众的责任，需要发动社会力量，从物质、心理两方面加强救助和关照。

结　　论

　　马克思主义理论宝库蕴含着丰富的关于农业和农民、农村问题的论述，特别是其中关于社会主义农业、农村、农民问题的论述，已成为留给我们的极为珍贵的精神遗产，为我们从根本上认识人类解放与社会发展趋势、坚持农业的基础性地位、促进农村的经济发展、实现农民的共同富裕指明了方向和道路。

　　正如马克思所说，每个理论都有它产生的时期。马克思主义中国化进程中积累和发展的中国化的马克思主义理论，经过一代一代中国共产党人的不懈努力和学术界的不懈探求而日趋丰富，我们在中国特色社会主义的道路、制度、理论和实践方面取得的成果举世瞩目。毛泽东思想、邓小平理论、"三个代表"重要思想、科学发展观以及十八大以来党的治国理政战略，是半个多世纪以来，特别是中国改革开放以来理论探索和实践发展凝结的理论成果。

　　中国是一个正在向工业化迈进的农业大国。农业怎样发展、农村怎样致富、农民怎样脱贫，始终是马克思主义中国化理论的重要内容。身处开放的时代，世界社会主义国家、经济发达国家、发展中国家解决农业、农村、农民问题的理论与实践经验，给我们以珍贵的启迪。历届中央领导集体提出的解决"三农"问题的战略思考及中央政策文件，记录了社会主义农村发展和改革的历史业绩，中国学术界对"三农"问题的积极探索，给我们提供了广阔的思路。特别是中共十八大以来，全面建成小康社会的战略目标，农村精准扶贫的战略思想，成为新时期新阶段解决"三农"问题的理论指南。

　　全面建成小康社会的关键在农村，难点在中国西部欠发达地区农村。作为西部地区的典型代表，甘肃贫困地区农村贫困面广、贫困程度深，已成为全国全面建成小康社会的短板。在越来越接近2020年全面建成小康社会的时间节点的情况下，需要以"跨越式"发展加快扶贫开发的进度，加快贫困地区农村脱贫致富的步伐。然而，甘肃贫困地区农村的贫困是集自然条件贫困、资源贫困、生态贫困、基础贫困、人力贫困、能力贫困、精神贫困、民族贫困、性别贫困以及特殊群体贫困于一体的贫困，致贫因素复杂多样，贫困地区农村居民需求也复杂多样。同时，甘肃贫困地区反贫困还面临人力资源大量流失的状况。贫困地区农村由于本地务农收入微薄，外出务工成为当地劳动群众的首要选择。大量优质人力资源的外流使得当地的发展失去了人力基础，农村外出务工劳动力一般不愿回归农村和农业，这使得贫困地区农村社会结构面临"断崖式"塌陷的危险，社会组织面临瘫痪，农村整体上存在走向衰亡的趋向。农村人口的城镇化虽是历史的必然趋势，但是，如果城镇化以大量农村的荒废为代价，则城镇化也难以持续健康发展。

在30多年的扶贫开发历史进程中，甘肃省取得了巨大成就，结出了丰硕成果，积累了丰富经验，为全国扶贫开发事业提供了经验借鉴。但由于客观条件的变化，甘肃贫困地区农村扶贫开发进一步发展面临诸多挑战，扶贫成本越来越高，开发难度越来越大，群众需求越来越多，脱贫标准越来越高。进一步推进扶贫开发，需要以集中连片贫困地区为主战场，聚焦贫困片带、贫困乡村，精确瞄准贫困户，整合资源，调动各方面积极因素，充分发挥政府主导作用和群众主体作用，充分吸收国内外有益扶贫经验，从发展基础、动力、环境、路径、保障等方面全方位发力，多管齐下，协调推进，逐步从根本上解决贫困地区农村贫困问题。

参考文献

[1]《马克思恩格斯全集》(第1卷),人民出版社1956年版。
[2]《马克思恩格斯全集》(第8卷),人民出版社1961年版。
[3]《马克思恩格斯全集》(第16卷),人民出版社1964年版。
[4]《马克思恩格斯全集》(第18卷),人民出版社1964年版。
[5]《马克思恩格斯全集》(第19卷),人民出版社1963年版。
[6]《马克思恩格斯全集》(第23卷),人民出版社1972年版。
[7]《马克思恩格斯全集》(第25卷),人民出版社2001年版。
[8]《马克思恩格斯全集》(第26卷Ⅰ),人民出版社1972年版。
[9]《马克思恩格斯全集》(第36卷),人民出版社1974年版。
[10]《马克思恩格斯全集》(第38卷),人民出版社1972年版。
[11]《马克思恩格斯全集》(第46卷上册),人民出版社1979年版。
[12]《马克思恩格斯选集》(第1、2、3、4卷),人民出版社2012年版。
[13]《马克思恩格斯文集》(第2、7、9、10卷),人民出版社2009年版。
[14]《列宁全集》(第2卷),人民出版社1984年版。
[15]《列宁全集》(第6卷),人民出版社1986年版。
[16]《列宁全集》(第7卷),人民出版社1986年版。
[17]《列宁全集》(第16卷),人民出版社1988年版。
[18]《列宁全集》(第35卷),人民出版社1985年版。
[19]《列宁全集》(第36卷),人民出版社1985年版。
[20]《列宁全集》(第37卷),人民出版社1986年版。
[21]《列宁全集》(第38卷),人民出版社1986年版。
[22]《列宁全集》(第39卷),人民出版社1986年版。
[23]《列宁全集》(第41卷),人民出版社1986年版。

[24]《列宁全集》(第42卷),人民出版社1987年版。
[25]《列宁全集》(第43卷),人民出版社1987年版。
[26]《孙中山选集》(下卷),人民出版社1956年版。
[27]《孙中山文集》,团结出版社1997年版。
[28]《毛泽东文集》(第3卷),人民出版社1996年版。
[29]《毛泽东文集》(第5卷),人民出版社1996年版。
[30]《毛泽东文集》(第6卷),人民出版社1999年版。
[31]《毛泽东文集》(第7卷),人民出版社1999年版。
[32]《毛泽东文集》(第8卷),人民出版社1999年版。
[33]《毛泽东选集》(第1卷),人民出版社1991年版。
[34]《毛泽东选集》(第2卷),人民出版社1991年版。
[35]《毛泽东选集》(第3卷),人民出版社1991年版。
[36]《毛泽东选集》(第4卷),人民出版社1991年版。
[37]《毛泽东著作专题摘编》(上),中央文献出版社2003年版。
[38]《建国以来毛泽东文稿》(第4册),中央文献出版社1990年版。
[39]《建国以来毛泽东文稿》(第7册),中央文献出版社1990年版。
[40]中央档案馆:《中共中央文件选集》(第11册),中共中央党校出版社1991年版。
[41]《毛泽东书信选集》,人民出版社1983年版。
[42]《邓小平文选》(第1卷),人民出版社1994年版。
[43]《邓小平文选》(第2卷),人民出版社1994年版。
[44]《邓小平文选》(第3卷),人民出版社1993年版。
[45]《邓小平思想年谱(1975—1997)》,中央文献出版社1998年版。
[46]《邓小平年谱(1975—1997)》(上、下),中央文献出版社2004年版。
[47]中共中央文献研究室:《十三大以来重要文献选编》(上),人民出版社1992年版。
[48]《江泽民论加强和改进执政党建设》(专题摘编),中央文献出版社、研究出版社2004年版。
[49]江泽民:《论社会主义市场经济》,中央文献出版社2006年版。
[50]《江泽民文选》(第1卷),人民出版社2006年版。
[51]《江泽民文选》(第2卷),人民出版社2006年版。

[52]《江泽民文选》（第3卷），人民出版社2006年版。
[53]习近平：《摆脱贫困》，福建人民出版社1992年版。
[54]康有为：《春秋董氏学》，载朱维铮校注《中国现代学术经典·康有为卷》，河北教育出版社1996年版。
[55]《康南海自编年谱》，中华书局1992年版。
[56]俞良早：《东方视域中的列宁学说》，中共中央党校出版社2001年版。
[57]贺静：《西方经济学穷人和贫困问题研究及启示》，中国社会科学出版社2013年版。
[58]王雨林：《中国农村贫困与反贫困问题研究》，浙江大学出版社2008年版。
[59]倪国良：《摆脱精神贫困》，民族出版社2002年版。
[60]谢冰：《贫困与保障——贫困视角下的中西部民族地区农村社会保障研究》，商务印书馆2013年版。
[61]陆学艺：《中国农村现代化基本问题》，中共中央党校出版社2001年版。
[62]赵曦：《中国西部农村反贫战略研究》，人民出版社2000年版。
[63]程丹峰：《中国反贫困》，经济科学出版社2000年版。
[64]康晓光：《中国贫困与反贫困理论》，广西人民出版社1995年版。
[65]汪三贵：《贫困问题与经济发展政策》，农村读物出版社1994年版。
[66]向德平、黄承伟：《中国反贫困发展报告（2012）》，华中科技大学出版社2013年版。
[67]韩建民等：《西部农村贫困与反贫困路径选择》，中国农业出版社2012年版。
[68]张春光等：《农村全面建设小康社会及评价体系研究》，山东人民出版社2004年版。
[69]胡鞍钢：《2020年中国全面建成小康社会》，清华大学出版社2012年版。
[70]盖军：《改革开放十四年纪事》，中共中央党校出版社1994年版。
[71]朱智文、罗哲：《甘肃蓝皮书：甘肃经济发展分析与预测（2014）》，社会科学文献出版社2014年版。

［72］徐勇:《中国农村研究（2001年卷）》,中国社会科学出版社2002年版。

［73］《马克思主义基本原理概论》,高等教育出版社2015年版。

［74］李志荣、田刚:《甘肃省情知识简明读本》,兰州大学出版社2005年版。

［75］段舜山、徐建华:《反贫困的战略选择》,甘肃科学技术出版社1995年版。

［76］康乐县地方史志办公室:《康乐年鉴（2013）》,中国文化出版社2014年版。

［77］康乐县地方史志办公室:《康乐年鉴（2014）》,中国文化出版社2015年版。

［78］康乐县志编纂委员会:《康乐县志》,生活·读书·新知三联书店1995年版。

［79］樊怀玉、鲜力群:《农村贫困监测实务与贫困问题研究》,甘肃人民出版社2007年版。

［80］樊怀玉、鲜力群:《2013甘肃发展报告》,甘肃人民出版社2013年版。

［81］［印度］阿马蒂亚·森:《以自由看待发展》,任赜、于真译,中国人民大学出版社2002年版。

［82］［美］阿历克斯·英格尔斯:《人的现代化》,殷陆君译,四川人民出版社1985年版。

［83］阎海军:《崖边报告》,北京大学出版社2015年版。

［84］［美］詹姆斯·M.布坎南、理查德·E.瓦格纳:《赤字中的民主》,刘延安译,北京经济学院出版社1988年版。

［85］［美］塞缪尔·亨廷顿:《变化社会中的政治秩序》,王冠华等译,生活·读书·新知三联书店1989年版。

［86］［美］道格拉斯·C.诺思、罗伯托·保尔·托马斯:《西方世界的兴起》,张炳九译,学苑出版社1988年版。

［87］［美］西奥多·W.舒尔茨:《经济增长与农业》,郭熙保、周开年译,北京经济学院出版社1991年版。

［88］［美］西奥多·W.舒尔茨:《论人力资本投资》,吴珠华译,北京经济学院出版社1990年版。

[89] [美] 西奥多·W. 舒尔茨：《穷人的经济学》，罗汉译，上海人民出版社 1998 年版。

[90] [美] M. P. 托达罗：《第三世界的经济发展》，于同申等译，中国人民大学出版社 1988 年版。

[91] 樊怀玉、鲜力群：《2015 甘肃发展报告》，甘肃人民出版社 2015 年版。

[92] 国家统计局人口和社会科技统计司：《中国人口统计年鉴（2002）》，中国统计出版社 2002 年版。

[93] 安文华、包晓霞：《甘肃蓝皮书：甘肃社会发展分析与预测（2014）》，社会科学文献出版社 2014 年版。

[94] 姚万禄等：《政治学视野中的中国农民问题》，甘肃人民出版社 2010 年版。

[95] 曲玮、李树基：《新时期农村扶贫开发方式与方法——甘肃省"整村推进"研究》，兰州大学出版社 2007 年版。

[96] 国务院扶贫办：《国家重点扶持贫困县统计资料（1993、1994、1995）》，中国统计出版社 1996 年版。

[97] 沈红、周黎安等：《边缘地带的小农——中国贫困的微观理解》，人民出版社 1992 年版。

[98] 郑宝华、张兰英：《中国农村反贫困词汇释义》，中国发展出版社 2004 年版。

[99] 国家统计局农村社会经济调查总队：《2001 中国农村贫困监测报告》，中国统计出版社 2001 年版。

[100] 国家统计局住户调查办公室：《2011 中国农村贫困监测报告》，中国统计出版社 2012 年版。

[101] 财政部社会保障司：《中国财政年鉴》，中国财政杂志社 2014 年版。

[102] 陆学艺：《全面建设小康社会　社会指标难于经济指标》，《党政干部文摘》2002 年第 12 期。

[103] 乌东峰：《论中国小康社会》，《求索》2002 年第 6 期。

[104] 李君如：《十六大与"全面建设小康社会"》，《新华文摘》2003 年第 3 期。

[105] 向德平、肖小霞：《小康社会研究综述》，《社会与经济发展》

2003 年第 8 期。

[106] 朱剑红：《全面小康什么样——人民日报记者朱剑红访国家统计局副局长贺铿》，《石油政工研究》2004 年第 6 期。

[107] 孙迪亮：《列宁农村建设理论的逻辑蕴涵探论》，《当代世界与社会主义》2012 年第 2 期。

[108] 中央政研室、农业部农村固定观察点办公室：《"九五"期间中国农民收入状况实证分析》，《农业经济问题》2001 年第 7 期。

[109] 秦兴洪、廖树芳、武岩：《近 50 年来中国农民收入变动的五大特征考察》，《学术研究》2003 年第 11 期。

[110] 吴理财：《"贫困"的经济学分析及其分析的贫困》，《经济评论》2001 年第 4 期。

[111] 林闽钢：《中国农村贫困标准的调查研究》，《中国农村经济》1994 年第 4 期。

[112] 赵冬缓、兰徐民：《我国测贫指标体系及其定量研究》，《中国农村经济》1994 年第 3 期。

[113] 马俊贤：《农村贫困线的划分及扶贫对策研究》，《统计研究》2001 年第 6 期。

[114] 王荣党：《农村贫困线的测度与优化》，《华东经济管理》2006 年第 3 期。

[115] 郭芹：《我国农村反贫困政策研究综述——文献视角下 2009—2011 年》，《现代商贸工业》2012 年第 16 期。

[116] 张新伟：《市场化：反贫困制度创新讨论》，《生产力研究》1999 年第 1 期。

[117] 赵曦等：《西部农村扶贫开发战略模式研究》，《经济问题探索》2007 年第 12 期。

[118] 徐孝勇等：《我国西部地区农村扶贫模式与扶贫绩效及政策建议》，《农业现代化研究》2010 年第 2 期。

[119] 樊胜根等：《中国农村公共投资在农村经济增长和反贫困中的作用》，《华南农业大学学报》（社会科学版）2002 年第 1 期。

[120] 赵晓晨：《中国和发展中国家的贫困根源及其消除》，《国民经济管理》（人大报刊复印资料）2002 年第 6 期。

[121] 苏群、周春芳：《农村女性在城镇的非农就业及迁居意愿分析》，

《农业经济问题》2005 年第 5 期。

[122] 徐友龙：《邓小平小康社会思想的历史渊源及其全面性》，《观察与思考》2014 年第 3 期。

[123] "全面建设小康社会统计监测"课题组：《中国全面建设小康社会进程统计监测报告（2011）》，《调研世界》2011 年第 12 期。

[124] 张启良：《新起点上的全面建成小康社会进程监测》，《调研世界》2013 年第 4 期。

[125] 周慧秋、李东：《我国农村全面建成小康社会的主要制约因素及对策》，《东北农业大学学报》（社会科学版）2013 年第 4 期。

[126] 柯鸿芳：《农民增收缓慢问题分析》，《引进与咨询》2006 年第 7 期。

[127] 孟繁华：《对加快农村小康社会建设的思考》，《学习论坛》2013 年第 8 期。

[128] 杜心灵、赵彦云：《小康社会的指标体系与综合评价》，《统计与决策》（理论版）2007 年第 6 期。

[129] 郑军、张海川：《我国农村社会养老保险覆盖率低的实证考察与政策建议》，《保险研究》2012 年第 2 期。

[130] 刘进军、聂佃忠：《甘肃省经济社会跨越式发展的指标、难点与方案选择研究》，《甘肃社会科学》2012 年第 4 期。

[131] 俞良早：《论列宁关于苏俄农村经济社会发展思想的演进》，《苏州大学学报》（哲学社会科学版）1997 年第 2 期。

[132] 常浩娟、何伦志：《城镇化促进就业增长探析》，《宏观经济管理》2013 年第 5 期。

[133] 郑功成：《中国的贫困问题与 NGO 扶贫的发展》，《中国软科学》2002 年第 7 期。

[134] 汪三贵、郭子豪：《论中国的精准扶贫》，《贵州社会科学》2015 年第 5 期。

[135] 贾琼、南平：《甘肃省农村反贫困道路与现状调查思考》，《甘肃社会科学》2009 年第 5 期。

[136] 宋学功：《甘肃省发展劳务经济的思路与对策》，《开发研究》2007 年第 5 期。

[137] 祁昌贤：《甘肃省劳务经济发展现状问题及对策研究（二）》，

《甘肃科技》2010年第1期。

[138] 刘霞、王生林：《甘肃省典型贫困县农业科技贡献率的测算与分析》，《云南农业大学学报》2013年第5期。

[139] 陈海生：《甘肃省农村妇女小额担保贷款发展现状及问题研究》，《现代经济信息》2014年第6期。

[140] 杨夏林等：《贫困村互助资金的实施成效及发展对策——以甘肃省为例》，《湖南农业科学》2014年第7期。

[141] 欧阳坚：《甘肃30年扶贫开发的探索与实践》，《中国扶贫杂志》2015年第18期。

[142] 张永刚：《浅谈甘肃扶贫开发经验输出》，《发展》2014年第10期。

[143] 张秀岩：《产业创新风险要素分析》，《人民论坛》2010年第23期。

[144] 丁文广等：《甘肃省不同地理区域灾害与贫困耦合关系量化研究》，《经济地理》2013年第3期。

[145] 刘亚桥等：《甘肃省扶贫开发模式的回顾与探讨》，《甘肃理论学刊》2014年第3期。

[146] 张晓旭、冯宗宪：《中国人均GDP的空间相关与地区收敛：1978—2003》，《经济学》（季刊）2008年第2期。

[147] 曹洪明：《甘肃贫困地区区域特征分析》，《甘肃社会科学》1997年第1期。

[148] 景文宏等：《欠发达地区农村贫困性质的转变和扶贫战略调整——以甘肃为例》，《西北人口》2009年第4期。

[149] 刘伟平：《构建一道国家生态安全屏障》，《甘肃林业》2014年第5期。

[150] 尹宪志等：《甘肃省近50年干旱灾情研究》，《干旱区研究》2005年第1期。

[151] 成爱芳、赵景波：《公元1400年以来陇中地区干旱灾害特征》，《干旱区研究》2011年第1期。

[152] 袁松：《基层组织的信息垄断与低保制度在村庄场域的实践》，《天津行政学院学报》2009年第3期。

[153] 张新伟：《反贫困进程中的博弈现象与贫困陷阱分析》，《中国农

村经济》1998年第9期。

[154] 刘青海：《减贫关键在于给贫困者赋权》，《农村工作通讯》2011年第23期。

[155] 林毅夫、张鹏飞：《后发优势、技术引进和落后国家的经济增长》，《经济学》（季刊）2005年第10期。

[156] 吴碧英：《减贫行动前移——救助贫困母亲》，《中国经济问题》2010年第2期。

[157] 樊根胜等：《中国农村公共投资在农村经济增长和反贫困中的作用》，《华南农业大学学报》（社会科学版）2002年第1期。

[158] 甄诚：《民间资本参与西部基础设施建设模式》，《合作经济与科技》2008年第12期。

[159] 曲玮等：《自然地理环境的贫困效应检验》，《中国农村经济》2012年第2期。

[160] 黄帝荣：《农村贫困群体文化扶持的社会学思考》，《湖南商学院学报》2009年第3期。

[161] 杨智：《甘肃民族地区农村待脱贫人口特征与思考》，《西北人口》2014年第1期。

[162] 黄颂文：《21世纪初西部民族地区农村反贫困法制保障研究》，博士学位论文，中央民族大学，2005年。

[163] 岳天明：《甘肃少数民族地区农村社会发展动力机制研究》，博士学位论文，兰州大学，2006年。

[164] 王俊文：《当代中国农村贫困与反贫困问题研究》，博士学位论文，华中师范大学，2007年。

[165] 梁平：《新阶段西部农村反贫困研究》，博士学位论文，西南大学，2009年。

[166] 蒋凯峰：《我国农村贫困、收入分配和反贫困政策研究》，博士学位论文，华中师范大学，2009年。

[167] 祝伟：《经济增长、收入分配与农村贫困——以甘肃为例》，博士学位论文，兰州大学，2010年。

[168] 张晓军：《主体功能区视角下的甘肃公共财政政策研究》，博士学位论文，财政部财政科学研究所，2012年。

[169] 王洪涛：《中国西部地区农村反贫困问题研究》，博士学位论文，

中央民族大学，2013 年。

[170] 周鹏翔：《农村全面小康评价指标体系研究》，硕士学位论文，安徽大学，2006 年。

[171] 陈耀：《建设新农村背景下的甘肃农村贫困问题研究》，硕士学位论文，兰州大学，2007 年。

[172] 李玉洁：《甘肃农村贫困性质的变化与扶贫模式再选择》，硕士学位论文，兰州大学，2012 年。

[173] 张献伟：《甘肃农村贫困影响因素研究》，硕士学位论文，兰州大学，2012 年。

[174] 刘淑萍：《甘肃省承接东部地区产业转移的产业选择研究》，硕士学位论文，兰州大学，2013 年。

[175] 赵长茂、曹立：《解读"全面建设小康社会"》，《解放军报》2002 年 11 月 18 日。

[176] 刘方棫、李振明：《论小康社会》，《光明日报》2003 年 2 月 18 日。

[177] 《5 年脱贫 7000 万，有难度能实现》，《人民日报》2015 年 10 月 18 日。

[178] 《农村全面小康面临六大难点，应首先从农民增收着力》，《人民日报》2006 年 4 月 30 日。

[179] 黄俊毅：《我国两年再减贫 3989 万人 农村贫困发生率从 12.7% 下降到 8.5%》，《经济日报》2014 年 10 月 15 日。

[180] 张晓、叶普万：《世界反贫困战略若干问题探析》，《中国人口报》2006 年 11 月 8 日。

[181] 省委党史研究室：《甘肃扶贫之路》，《甘肃日报》2015 年 4 月 3 日。

[182] 《我省累计发放妇女小额担保贷款 305 亿元》，《甘肃经济日报》2015 年 4 月 29 日。

[183] 《去年我省办理生源地助学贷款 10.4 亿元》，《兰州晨报》2014 年 3 月 4 日。

[184] 《我省进一步拓展社会扶贫领域》，《甘肃日报》2013 年 10 月 18 日。

[185] 《搭建新平台 构筑新格局——甘肃省创新扶贫开发机制回眸》

（下篇），《甘肃日报》2014年10月26日。

[186] 刘伟平：《2015年甘肃省政府工作报告》，《甘肃日报》2015年2月3日。

[187] 《"两后生"成为我省扶贫攻坚重要力量》，《甘肃日报》2014年10月19日。

[188] 《甘肃省五年累计义务植树4.45亿株》，《甘肃经济日报》2013年3月13日。

[189] 中共甘肃省委理论学习中心组：《双联行动探索精准扶贫实施路径》，《人民日报》2015年4月17日。

[190] 宋振峰：《"1236"扶贫攻坚行动：大扶贫带来大变化》，《甘肃日报》2014年10月17日。

[191] 肖俊仁：《让效能风暴成为工业强州的"新能源"》，《民族日报》2012年12月13日。

[192] 《甘肃"1236"扶贫攻坚行动亮点纷呈》，《甘肃日报》2015年3月30日。

[193] 《用"四个全面"引领甘肃各项工作 王三运做客人民网在线访谈实录》，《甘肃日报》2015年3月30日。

[194] 邹海林：《临夏免费教育奠基跨越发展》，《甘肃日报》2014年5月30日。

[195] 张倩、邹海林：《临夏探寻民族地区扶贫开发新路径》，《甘肃日报》2014年5月12日。

[196] 孙海峰：《甘肃省农机化"十二五"发展综述》，《甘肃日报》2015年9月21日。

[197] 魏胜文：《促进农业科技进步 保障全省粮食安全》，《甘肃日报》2013年12月27日。

[198] 《为什么要鼓励承包经营权在公开市场上向专业大户、家庭农场、农民合作社、农业企业流转》，《甘肃日报》2014年1月8日。

[199] 《"十二五"规划鼓励探索户籍改革办法》，《新京报》2011年3月6日。

[200] 吕霞、张丽丽：《甘肃农村学校面临"空壳化"》，《甘肃经济日报》2016年1月19日。

[201] J. Jalan, M. Ravallion, "Spatial Poverty Traps", The World Bank Policy Research Working Paper, No. 1862, 1997.

[202] Martin Ravallion, Shaohua Chen, "China's Uneven Progress against Poverty", *Journal of Development Economics*, 2007 (82).

后　　记

　　2010年夏天，我作为一个年轻后备干部到甘肃省临夏回族自治州康乐县的一个乡镇挂职锻炼。在为期两年的挂职学习锻炼中，我对西部民族地区经济社会发展状况有了较真切的理解。无论是出于乡亲们的深情厚谊和对农村的眷恋，还是出于一个知识分子的强烈责任感，西部民族地区经济社会发展相对滞后的现实深深触动了我。而让我感受最深的，就是农村贫困问题。如何使农村摆脱贫困，与全国一道进入全面小康社会，成为经常萦绕在我脑海中的问题。在快速城镇化的浪潮中，农村人正悄然离开农村，农村的未来发展令人担忧。挂职结束后，我进入兰州大学马克思主义学院攻读博士学位。在导师王维平教授的精心指导和鼓励下，我开始深入学习和研究这个问题，以期为西部欠发达地区经济社会建设提供有益的参考和借鉴。我的博士学位论文就是以"全面小康目标下甘肃农村反贫困"为主题。本书是在博士学位论文的基础上经修改而成。本书的出版也是对博士研究生学习阶段的回顾和总结，并为进一步开展研究夯实了基础。

　　成书之际，衷心感谢我的导师兰州大学王维平教授。王老师学识渊博，治学严谨，对我循循善诱，严格要求，亦师亦友，使我受益良多。在此，我要向我敬爱的导师致以最崇高的敬意和最真挚的感谢。还要感谢兰州大学王学俭教授、刘先春教授、张新平教授、马云志教授等的指导和帮助。感谢甘肃政法学院特别是马克思主义学院各位领导和同事的大力支持。衷心感谢我的家人对我的理解和支持。感谢中国社会科学出版社各位领导和编辑的帮助。

　　由于自身知识和能力有限，书中难免存在疏漏之处，请各位读者批评指正！